Anaïs Nin
Tagebücher
1920–1921

Mit einem Vorwort von
Joaquin Nin-Culmell

nymphenburger

Aus dem Amerikanischen von Irène Kuhn

Der Anschlußband der Tagebücher 1921–1923
ist in Vorbereitung

Titel der Originalausgabe:
The Early Diary of Anaïs Nin · Volume Two 1920–1923
Copyright © 1982 by Rupert Pole as trustee under the Last Will and Testament
of Anaïs Nin
Vorwort: Copyright © 1982 by Joaquin Nin-Culmell
Deutsche Rechte: © Nymphenburger Verlagshandlung GmbH, München 1986
Alle Rechte, auch der photomechanischen Vervielfältigung
und des auszugsweisen Abdrucks, vorbehalten
Umschlaggestaltung: Werner Rebhuhn, Cuxhaven
Satz: Fotosatz Völkl, Germering
Druck und Binden: May + Co., Darmstadt
ISBN 3-485-00510-X
Printed in Germany

Vorwort

Dieser Band von Anaïs Nins Tagebüchern und einige weitere, die demnächst veröffentlicht werden, überbrücken die große Lücke zwischen dem Kindertagebuch (Band I und II, 1914–1920) und den bereits erschienenen Bänden (I bis VII, 1931–1974) des Tagebuchs der erwachsenen Anaïs Nin. Die vorliegenden Texte sind aus vielerlei Gründen bedeutsam, nicht zuletzt deshalb, weil hier zum ersten Mal von dem Mann die Rede ist, den Anaïs später als »mein Ehemann, mein Liebhaber, mein Mitarbeiter« beschreibt: »Die Achse meines Lebens. Er, der meine eigene Arbeit dadurch ermöglichte, daß er noch viel härter arbeitete als ich, dessen Vertrauen und Zuversicht mir Leben einhauchte.« Anaïs' Lesern ist er besser bekannt unter dem Namen Ian Hugo: als eigenständiger, einfühlsamer Künstler, als begabter Illustrator einer Reihe ihrer Bücher. Hugh (Hugo) P. Guiler trug vorsichtig zu Anaïs' wachsender Beherrschung der englischen Sprache bei; außerdem unterstützte er sie gleichermaßen durch mutige, konstruktive literarische Kritik und durch seine glühende Begeisterung für ihr Talent. Er war ihr voll und ganz ergeben, und ihre Liebe zu ihm würde, wie sie meinte, »die Zeit überdauern«. Hauptthema der Jugendtagebücher ist das Entstehen und Wachsen dieser Beziehung in Richmond Hill (Long Island, New York).
Wie in allen früher erschienenen Tagebuchbänden überstürzen sich die Ereignisse eher, als daß sie sich entwickeln, sie explodieren eher, als daß sie zum Blühen kommen; sie greifen eher ungestüm als vorsichtig um sich. Anaïs lebte vorwiegend in der Zukunft, manchmal in der Vergangenheit und immer nur ungeduldig in der Gegenwart. Dies hinderte sie jedoch nicht daran, die Realität der Gegenwart voll und ganz zu erleben.
Cocteau schrieb einmal, er sei die Lüge, die stets die Wahrheit sagt – ein Gedanke, der irgendwie an Bergsons *Mensonge vital* erinnert, ein Ausdruck, den Anaïs zu zitieren liebte. Es ist schwierig, wenn nicht gar unmöglich herauszufinden, wo bei Anaïs die Fiktion, die stets die Wahrheit sagt, beginnt und wo die Tagebuchaussage, deren Wahrheit sich von Tag zu Tag ändert, aufhört. Je mehr ihrer Tagebücher veröffentlicht werden, ob editorisch überarbeitet oder nicht, desto undurchdringli-

cher wird das Geheimnis. Je mehr Anhaltspunkte geliefert werden, desto schwieriger wird es, die Beweggründe nachzuvollziehen. Je mehr Türen geöffnet werden, desto mehr Türen schließen sich. Je mehr Licht vorhanden ist, desto dunkler werden die Schatten. Anaïs war eine Art menschlicher Taucherkugel, die Belastungen aushalten und beschreiben konnte, die tiefer reichten als bei den meisten Menschen. Gerade wegen dieser Leidensfähigkeit, wegen der Intensität ihrer Beobachtungen glaubte sie letztlich an die poetische Wahrheit des Mythos. Sie wäre erstaunt und vielleicht sogar etwas enttäuscht gewesen, wenn sie entdeckt hätte, daß Aristoteles' Definition des Mythos ihrer eigenen, intuitiven Wahrnehmung der Wahrheit als einer prismatischen Illusion sehr nahe kommt.

Auch in diesem Band erscheint das Tagebuch als der Kern von Anaïs' innerem Leben. Und so sollte es bis zum Schluß bleiben. Es ist nicht nur »ein schlichtes Buch« – lebendig, trostreich, zuversichtlich –, nicht nur ein verständnisvoller, wenngleich stummer Zeuge ihrer Hoffnungen und Illusionen; es ist vielmehr ein Beichtstuhl, ein sich immer ändernder Entwurf ihrer außerordentlichen, eruptiven Entwicklung, eine objektive Aufzeichnung ihrer Widersprüche und Zweifel. Sie wußte jedoch, daß das Tagebuch nur ein Schatten ihrer selbst war, ein blasser Widerschein ihrer starken Wahrnehmungen, ein Spiegel ihrer eigenen, aufgewühlten Bilder, ein innerer Garten, der vor dem Eindringen der Außenwelt sicher war. Sicher, aber nicht vollständig abgeschirmt, denn Anaïs' dringendes Bedürfnis nach Kommunikation war der wahre Grund ihres Schreibens überhaupt und mit Sicherheit der Grund ihres Wechsels von der französischen zur englischen Sprache. Vermutlich war ihr Tagebuch anfangs ein langer, imaginärer Brief an ihren Vater, aber es wurde sehr bald zu einem realen Brief an *ihre* Welt, die damals auch ihren Cousin Eduardo Sánchez mit einbezog.

Eduardos Französisch war eher lückenhaft. Er verwechselte *cousine* mit *cuisine* (Küche), und diese Verwechslung wurde zum Familienscherz. Wichtiger jedoch ist, daß die beiden Cousins zu engen Vertrauten wurden, und die englische Sprache entwickelte sich zum Bindeglied zwischen ihnen. Das Französische wurde – ähnlich wie »die große Sehnsucht« in Anaïs' Leben, die große Leere, die durch die Abwesenheit ihres Vaters entstand – nicht vergessen, sondern sorgfältig verwahrt.

6

Junge Männer nahmen jetzt in Anaïs' Tagebuch mehr Raum ein. An der Columbia-Universität in New York, wo sie kurze Zeit studierte, zu Hause in Richmond Hill oder bei der Arbeit, überall war sie umgeben von Freunden, Künstlern, Verwandten oder Bewunderern. Anaïs, die sich damals nie für wirklich schön hielt, deren Photos jedoch das Gegenteil beweisen, muß ihre *Chevaliers servants* buchstäblich geblendet haben. Neben Eduardo Sánchez, der jahrelang ihr standhafter Freund blieb, gab es auch noch ihren Cousin Charles (Carlos de Cárdenas); Miguel Jorrín, den jüngeren Bruder von Tío Enriques Frau Julia; Enric Madriguera, den Geiger und späteren Dirigenten, und eine ganze Reihe weiterer Verehrer. Hauskonzerte wurden veranstaltet, Bücher gelesen und besprochen, Tagebücher verglichen, hochfliegende Themen wurden angeschnitten und lebhaft diskutiert, heitere Tanzabende wurden besucht. Bei all diesen Aktivitäten war Anaïs Mittelpunkt, und dennoch war sie am glücklichsten, wenn sie »schreiben, lesen, studieren, nachdenken, träumen« konnte – wie sie einmal ihrem Vater schrieb.

Interessant zu beobachten ist die Tatsache, daß ihr »leidenschaftlicher Wunsch zu schreiben« immer an erster Stelle kam. Schon in den Kindertagebüchern war das so. Noch bevor sie Hugo traf, war Anaïs fest entschlossen, mit der Welt alles zu teilen, was in ihr liegt und »in einer Sprache flüstert, die ich verstehen, aber noch nicht übersetzen kann«. Sie war entschlossen – und nur Anaïs konnte ihre Entschlossenheit auf diese Weise ausdrücken –, über jene Dinge schreiben zu lernen, die sie hörte, die aber »andere nicht gehört haben«. Sie war nicht weniger entschlossen, »allem, was unbestimmt und namenlos ist, [...] einen Namen [zu] geben. Ich werde meine Visionen denen vermitteln, die keine Visionen haben können. Ich werde meine Phantasien und Träume teilen, [...] die Welt auf eine unbemerkte und zarte Musik aufmerksam machen, auf Geschichten von Welten, die die anderen Menschen aus Zeitmangel nicht entdecken und erforschen können.« Welch ein Ziel für die heranwachsende Linotte! Was für ein sicherer Sinn für den zu verfolgenden Weg, was für eine Vorahnung ihrer eigenen Abenteuer in Regionen, die noch zu entdecken waren! Dennoch fand Anaïs Zeit, Bücher zu verschlingen, und ihr Lesehunger entwickelte eine eigene Logik, die so gut wie nichts zu tun hatte mit einem strukturierten Plan. Sie schwankte wild hin und her zwischen Bossuet und Emerson, Lamartine und Poe, Descartes und Darwin, Rostand und Tennyson, Henri Murger und Sinclair Lewis. In Wirlichkeit jedoch fühlte sie sich stärker hingezogen zu Tagebuchautoren wie Maurice und Eugénie de Guérin, Marie Baschkirtsev oder sogar Amiel. Bücher beeinflußten sie nicht eigentlich, sie lieferten vielmehr ihren eigenen Ideen Nahrung. Diese waren zwar noch unausgegoren, unbestimmt, ja vielleicht unerprobt, jedoch immer eindeutig erkennbar als Anaïs' Ideen, selbst in ihrem noch keimenden Zustand. Für Anaïs waren Bücher wie Menschen: etwas, wofür man sich begeistern konnte, was man schnell in sich aufnehmen und wovon man das in Anspruch nehmen konnte, was sie für die eigene Entwicklung als Mensch oder als Schriftsteller bieten konnten. Bei Anaïs ist es schwer, zwischen den beiden zu unterscheiden. Einmal schrieb sie, sie wäre gern ein Buch gewesen, und tatsächlich waren Menschen für sie wie Bücher.

Aber Bücher genügten nicht. Anaïs mußte noch den menschlichen Gefährten finden, den sie sich in ihren Träumen so glühend herbeiwünschte. »Hin und wieder tauche ich in die Tiefen hinab, werde zum Spielball der Wogen – vom Sturm geschüttelt und vom Wind gepeitscht oder sanft hinweggetragen auf den Schaumkronen der Wellen, in mir die Vision von Küsten und Häfen. Meine Hände umklammern das Haar der Erfahrung; ich gehe überall hin, wo sie mich hinführt, so lange, bis mich ihre anstrengende Gesellschaft ermüdet, dann schwimme ich zurück zu meinem Schiff.« Hugo wurde zu ihrem Schiff, zum Kapitän ihrer Irrungen und Wirrungen. Er war ihr Glück, ihr Heilmittel, ihre Zuflucht, ihr Talisman; ja, all dies war er für sie, und dennoch fand sie ihn »vollkommen verwirrend«. Sie wollte seinen Standpunkt verstehen, ohne ihn unbedingt zu teilen. Sie fragte sich, ob ihre Phantasie und ihre Träume sie nicht vollkommen lebensuntüchtig gemacht, ob ihre Fähigkeit, das Leben zu *beschreiben*, ihre Fähigkeit, das Leben zu *leben* nicht beeinträchtigt hatte. Und dennoch wurden Hugo und Anaïs unaufhaltsam von einer großen Kraft zusammengeführt – trotz Anaïs' Verwirrung, trotz ihrer Zweifel, trotz ihrer Neigung, Kritik zu üben, und zwar nicht nur an sich selbst, sondern an allen, die ihr nahestanden.

Berkeley, Kalifornien
im September 1981   Joaquin Nin-Culmell

1920

Sommer

Richmond Hill. Von weitem sieht unser Haus so aus wie die
Häuser, die auf Weihnachtskarten gemalt sind. Aus der Nähe
sieht man, daß es selbst Farbe bräuchte, daß die Veranda nicht
sehr stabil ist, daß das Geländer, das zum Eingang heranführt,
morsch ist, und daß die Eichhörnchen, die auf dem Dach hin
und her huschen, dort viele Löcher gefunden haben, um be-
queme Nester zu bauen.

Nachts wirkt es am besten. Man sieht nur die hellerleuchteten
Fenster, die deshalb so besonders hell sind, weil wir keine Ja-
lousien haben, und man sieht die Umrisse des steil abfallenden
Dachs, das sich gegen den Himmel abzeichnet.

Wir sind gestern abend eingezogen. Nur ein Teil der Möbel
war angekommen. Wir haben bei Kerzenlicht gegessen und alle im selben Zimmer geschlafen, weil es draußen stürmte und
wir uns fremd und verloren vorkamen in dem großen Haus.
Die Kerzen warfen furchterregende Schatten an die Wände,
und viele Türen, an die wir nicht gewöhnt sind und die in
dunkle Räume führen, sprangen unerwartet auf. Unsere Stimmen klangen hohl und bedrückt. Und dennoch fragten wir ungeduldig: »Mama, wessen Zimmer wird das sein?«

»Das werden wir morgen sehen, bei Tageslicht.«

Es war lange hin bis morgen. Die ganze Nacht lagen wir wach,
weil wir den Regen und den Wind hörten, das Beben der Fenster und, was am allerschlimmsten war, seltsame Schritte auf
dem Dach.

Einmal ging ich zum Fenster, und als es blitzte, sah ich, daß
Joaquins* Augen weit aufgerissen waren, und daß er auch
Angst hatte.

»Was ist das für ein Geräusch auf dem Dach?« flüsterte er.

»Genau das versuche ich herauszufinden.«

»Was macht ihr am Fenster?« fragte Mama.

»Da ist ein Geräusch auf dem Dach.«

»Das ist nichts«, sagte Mama und legte sich schlafen.

---

* Anaïs Nins jüngerer Bruder

Inzwischen erfanden Joaquin und ich Geschichten. Sicher schaute gerade ein Mann durch die Löcher im Dach auf uns herunter, um zu sehen, was das für Leute sind, die das alte Haus gekauft haben. Was dachte er über uns? Warum lief er auf dem Dach hin und her? Würde es denn jemals Morgen werden, würde der Tag ihn davonjagen? Nein. Er nutzte die endlos lange Nacht, den Regen und den einsamen Hügel.

Als Mama schlief, ging ich noch einmal zum Fenster. Joaquin beobachtete mich mit riesig großen Augen. Die ganze Nacht hindurch lief der Mann auf dem Dach hin und her, sehr schnell, sehr aufgeregt. Die ganze Nacht hindurch regnete es. Joaquin und ich warteten auf den Morgen, und sobald er da war, zogen wir uns an, schlüpften heimlich aus dem Zimmer und gingen langsam die Treppe hinunter und aus dem Haus. Uns war angst und bange, als wir das Dach untersuchten. Sofort sahen wir die Eichhörnchen in großer Aufregung hin und her huschen; sie sausten das schräge Dach rauf und runter, raus aus den geheimnisvollen Löchern und wieder rein und am Dachrand entlang: Die Eichhörnchen waren durch unsere Ankunft gestört und unruhig, auch sie konnten nicht schlafen, vielleicht waren sie wütend und hatten Angst, aus ihrem Heim verjagt zu werden. Aber sie hatten nichts zu befürchten. Wir fütterten sie, und sie kamen vom Dach herunter und schauten ins Haus hinein, betrachteten die neue Einrichtung – für uns war sie alt, aber für sie war sie neu, denke ich.

Die Zimmer wurden verteilt. Ich bekam das Eckzimmer, weil ja jeder sehen kann, daß ich den Sonnenschein am nötigsten brauche. Es hat einen offenen Kamin und vier Fenster, zwei zum Wald hin und zwei zum Dorf, von dem ich nur wenige Hausdächer sehen kann.

Joaquin hat ein kleineres neben mir, mit einem Fenster zum Wald und einem zum Bahnhof. Unseren beiden Zimmern gegenüber und mit Blick zum Garten liegen Mamas und Thorvalds* Zimmer.

Wir haben den Vormittag damit verbracht, Kisten auszupakken, Bilder und Vorhänge aufzuhängen und Möbel hin und her zu schieben. Meine Bücher stehen auf dem Kaminsims, zusammen mit meinen Tagebüchern, und somit fühle ich mich zu Hause.

9. Juli

Es gibt da ein kleines Bändchen, dem ich mich oft nachts, nachdem ich meine täglichen Aufgaben alle erfüllt habe, in zärtlicher, stiller Zuneigung zuwende. Ich nenne es mein Tagebuch; mit der Zeit habe ich es sehr liebgewonnen und ihm stets so viel von mir und meinem Leben anvertraut, daß daraus schon viele, viele kleine Bücher geworden sind, in denen zu schreiben ich niemals müde werde. Heute wirst du eines von ihnen, und ich behandle dich genau wie alle andern, nur daß ich englisch statt französisch schreibe. Schließlich ist es ziemlich egal, welcher Sprache sich die Zunge bedient, wenn sie aus dem Herzen spricht, nicht wahr? Gewöhnlich bin ich so ziemlich die einzige, die so eine kleine Alltagschronik führt, aber nun gesteht mir mein Vetter Eduardo**, daß er auch damit angefangen hat in der Schule; und es gibt so viele Dinge, ganze Berge von Dingen, die uns verbinden: unsere gemeinsame Neigung, das Leben so poetisch wie möglich zu betrachten, oder unsere Liebe zu Büchern, unsere Ziele, unsere Ideale. Irgendwie sind wir versucht zu glauben, daß unser Leben nicht uninteressant sein wird ... für uns selbst ... und für einander. Eduardo liest nicht so leicht Französisch wie ich Englisch, und wir möchten uns gegenseitig Teile unserer Tagebücher zeigen.

Ich beginne also heute, dir, mein allerliebstes Tagebuch, Vertrauen zu schenken. Dies sind nun die besten Jahre meines Lebens, denn ich habe Hoffnung. Ich habe unendlich viele freundliche Gedanken im Kopf und eine Menge Hoffnung und Illusionen. Wenn diese Dinge mich verlassen, möchte ich lieber sterben, und bis dahin werde ich dieses herrliche Leben in vollen Zügen genießen, das so eine seltsame Mischung aus eintönigen Pflichten und wunderbaren Gefühlen ist, das hin und wieder mit kleinen außergewöhnlichen Vorfällen durchsetzt ist und in dem zuweilen der eine oder andere Tagtraum Wirklichkeit wird.

Ich hatte von jemandem geträumt, dessen geistiges Leben irgendwie mit meinem in Einklang wäre, damit ich erkennen könnte, daß nicht alles verrückt ist, daß andere auch die Erfah-

---

* Anaïs Nins älterer Bruder
** Eduardo Sánchez

11

rung der Gefühle und Gedanken machen, die ich schuldbewußt auf die reinen, weißen Seiten meines Lebensberichts schrieb. Und mein Traum wurde wahr, denn Eduardo kam zufällig zu uns, und als wir miteinander sprachen, reagierte er auf jeden meiner Gedankenflüge.

Vielleicht schreibe ich später mehr. Ich muß dir erzählen, wie ich eine große Enttäuschung erlitt, den Sturz eines meiner Idole, und doch ging es wie ein Alptraum vorüber; es ist nur noch die Erinnerung an eine schlimme Nacht, nachdem der Sonnenschein wieder in mein Zimmer und in mein Herz dringt.

10. Juli

Irgend etwas läßt mich die Tage jetzt wie Wassertropfen in einem Ozean empfinden; die Stunden huschen unmerklich vorüber, die Tage sind nie zu lang. Ich kann diese wundervolle Zufriedenheit nicht begreifen. Ich bin überaus zufrieden mit dem Sonnenschein, mit den Menschen um mich herum, mit allem; und doch gibt es im Haus viel zu tun, und manchmal nekken mich Thorvald und Joaquin immer noch erbarmungslos, aber diese Kleinigkeiten, die sonst die oberflächlichen Ursachen meiner übermäßigen Traurigkeit sind, bemerke ich jetzt kaum.

Charles* ist hier zu Besuch. Seine Mutter** und Antolinita sind im Hotel und werden morgen kommen. Charles hat sich nicht sehr verändert. Er ist ganz der alte, wie er jetzt so still unten sitzt und liest. Er braucht das, was man Gesellschaft nennt, nicht (denn wirkliche Gesellschaft findet man nur selten bei Menschen, sondern viel eher bei Büchern und in Träumen).

Eduardo und ich waren gestern abend im Theater. Du weißt, daß ich über Theater, Bälle und dergleichen meist sehr oberflächlich und gleichgültig mit dir spreche und diese Dinge schon gar nicht kommentiere. Ich glaube, es liegt daran, daß ich alles, was mit Unterhaltung zu tun hat, so schlecht beurteilen kann, da ich selbst ja ganz und gar nicht gesellig bin. Dennoch wärst du gestern abend gerne bei mir gewesen, als wir zwischen den Akten von den Dingen sprachen, die du und ich

---

* Carlos de Cárdenas, ein Vetter
** Anaïs Nins Tante Antolina

lieben, von Dingen, von denen ich glaubte, ich könne sie nur mit dir besprechen, ganz geheim. Und das Stück selbst war gut gespielt, obwohl weder Eduardo noch ich die Charaktere wirklich bewundern konnten. Es war *The famous Mrs. Fair (Die berühmte Mrs. Fair)* mit Blanche Bates, und alle Nebendarsteller wirkten so natürlich in ihren Rollen, daß wir zuweilen wirklich bewegt und tief gerührt waren.

Wie seltsam das ist! Soeben erlaubte mir Eduardo, sein Tagebuch zu lesen. Ich schreibe »seltsam«, weil ich mich so blind fühle, manchmal so blind, und ich frage mich, wie andere Menschen das Leben betrachten, wie andere Menschen denken und worüber sie sich Fragen stellen. Eduardo versucht, die tiefen, starken, leidenschaftlichen Empfindungen zu ergründen, die die Musik hervorruft, insbesondere die schöne Musik, und vielleicht auch ausschließlich sie, und die Bedeutung von all diesem. Ich erkenne, daß Eduardo die Menschen besser versteht als ich, und das stimmt mich nachdenklich. Ich wollte, ich wüßte sein Geheimnis, dann würde ich nicht so leiden. Einer Sache bin ich jetzt sicher: All das Vertrauen, das ich in meinen Cousin setze aufgrund gegenseitiger Neigungen und Abneigungen, wird nicht lächerlich gemacht ... nicht allzusehr. Der Beweis dafür ist, daß ich in seiner Gegenwart irgendwie keine Angst habe, ihm zu zeigen, was ich schreibe; und dabei würde ich doch jede Seite meines Tagebuchs eher verbrennen als zuzulassen, daß Thorvald es sieht. Auch Charles übrigens – er ist so sarkastisch.

Beim Mittagessen sprachen wir von unseren Nachbarn. Die Leute sagen, ich sei zurückhaltend, vielleicht sogar kalt. Das ist doch merkwürdig, nicht wahr? Ich denke gerade darüber nach, weil ich alleine bin, und ich frage mich ... Wenn es ganz still um mich ist, kann ich hören, wie meine Gedanken einander zuflüstern und dabei sehr liebevoll, sehr leise über mich lachen. Bald wird im Haus wieder fröhlicher Trubel herrschen, und vielleicht werde ich häufig oder häufiger als die anderen lachen. Kalt und zurückhaltend, in der Tat ... Aber so lange, bis ich alt und weise und müde bin, werde ich nicht aufhören, mich über so vieles zu wundern.

13. Juli

Ich bin ganz verzweifelt, daß ich im Bett schreiben muß, weil

wir beide, Joaquin und ich , seit gestern krank sind. Gewöhnlich macht es mir nicht viel aus; offen gestanden genieße ich dieses Ans-Bett-gebunden-Sein meistens, denn es paßt sehr gut zu meiner Gleichgültigkeit gewissen Dingen gegenüber. Aber gerade jetzt hat Mama so viel zu tun, und ich kann ihr nicht helfen, und jede Stunde, die ich vergeude, legt sich schwer auf mein Gewissen. Das Schlimme ist, daß mein Kopf so wehtut, daß ich nicht gehen kann. Der arme kleine Joaquin liegt ganz still wie ein Engel in dem winzigen Zimmerchen nebenan. Ich kann mich nicht einmal um ihn kümmern. Gestern, als ich versuchte, stillzuliegen, begann ich nachzudenken und nachzudenken, so lange, bis sich meine Augen mit Tränen füllten. Dann schlief ich ein und träumte, daß ich starb und daß mich niemand vermißte oder sich etwas daraus machte. Ich dachte so heftig daran, daß ich Mama fragte, ob sie mich auch liebt, als sie um Mitternacht noch einmal in mein Zimmer kam, um nachzusehen, ob ich etwas brauchte. Ich bin sicher, daß Mama mich liebt, und auch Joaquin. Aber Thorvald? Oh, Thorvald wird mehr und mehr zu einem Felsblock. Als ich zu ihm sagte, daß Joaquin und ich *vielleicht* die Masern bekämen, antwortete er: »Na, hoffentlich!« Selbst wenn es nur Spaß war, klingt es eben nach Thorvald!
Ich fürchte, Eduardo findet es bei uns sehr langweilig. Es wirkt wie ein Krankenhaus hier, und das Haus ist einsam und still. Die Blätter rascheln den ganzen Tag. Als mir heute die weiche, prächtige, warme Farbe der Bäume auffiel, mußte ich an ihr Winterkleid denken: an die kalten, glänzenden, eiszapfenbehangenen Äste. Das brachte mich auf den Gedanken, daß ich das, was ich an den Bäumen mag, auch an den Menschen mag, weil ich die Wärme und Sanftheit dem bloßen Glanz und der Kälte bei weitem vorziehe. Manche Menschen erinnern mich an scharfe, glitzernde Diamanten. Kostbar, aber ohne Leben und ohne Liebe. Andere an die einfachsten Feldblumen, mit schimmernden Tautropfen im Herzen und mit allen Farbschattierungen der himmlischen Schönheit auf ihren bescheidenen Blütenblättern.

14. Juli

Was für eine seltsame und völlige Einsamkeit! Ich glaube, daß das nicht mein wahres Ich war, das die Tage so leicht nahm,

aber jetzt ist es das, weil ich wieder einsam bin und so unbe-
schreiblich traurig. Ich ging mit Antolinita ins Theater und sah
Honey Girl. Ich konnte den vielfältig schillernden Charme des
Stückes nicht richtig würdigen und konnte nie an den richtigen
Stellen lachen. Es war sehr heiß, schrecklich heiß, und die Leute schienen müde zu sein; obwohl Antolinita in wunderbarer
Laune war, mußte ich ständig zwei Gedankengänge zugleich
verfolgen – einen, der mit ihrem übereinstimmte, und einen
anderen, der furchtbar grüblerisch und diffus war.
Zwei Dinge sind offensichtlich die Ursache meiner Krise. Ein
Sturm, ein schöner, schrecklicher Sturm wird gleich losbre-
chen; es blitzt und donnert, und seltsame, schwere graue Wolken ziehen auf, aber der Regen bleibt oben, das durstige Gras
scheint sich danach zu sehnen – wie ich mich nach der zweiten
Ursache meiner nachdenklichen Stimmung sehne: Ich glaube,
es ist Eduardos Gesellschaft, die ich vermisse. Die Woche, die
wir zusammen verbrachten, war vollkommen, weil unsere
Übereinstimmung auf magische Weise das goldene Tor zu jener Welt öffnete, die jeder für sich allein geschaffen hatte, die
wir aber nun gemeinsam betreten konnten. Unsere Unterhaltungen waren wie ein Zauber, den wir jedesmal mit Bedauern
brachen. Nie verspottete Eduardo etwas, und er verstand alles.
Ich möchte ihn für dich kurz darstellen, aber es übersteigt meine Kräfte – nicht, weil mir die Worte fehlen, sondern weil ich
ihm keine Gestalt geben kann, ich kann ihn nicht erklären oder
verstehen. Ich *fühle* nur seine Empfindsamkeit, seine Liebe zur
Schönheit. Ich weiß, was er nicht mag und was ihn anzieht, ich
weiß alles; als ich ihn beobachtete, wie er Musik hörte, war ich
fasziniert, als ich bemerkte, daß die Melodie seine Empfindungen bis an die Grenze des Unendlichen erregt. An einem
Abend besuchten wir Tia Coco* im Gasthaus, und ehe wir
wieder nach Hause gingen, schauten wir noch auf einen Sprung
in den Tanzsaal: Es war, als ob man durch die Wolken flöge. Er
ist auch großzügig; er brachte mir Blumen, um das Haus zu
schmücken, und als ich krank war eine rosarote Kewpie-Puppe. In der Zeit, als ich mit Eduardo zusammen war, wurde mir
Thorvalds Gleichgültigkeit, Joaquins kindliches Alter und

---

* Anaïs Nins Tante Edelmira

Mamas in sich gekehrtes Leben bewußt; und ich habe in dieser Woche an keinem Abend vergessen, dem blauen Himmel dafür zu danken, daß er mir einen Cousin wie Eduardo geschenkt hat und die Ahnung davon, was vollkommene Kameradschaft wirklich ist – selbst wenn es nur für eine Woche im Leben war.

Der Regen plätschert, leise und beruhigend, ums Haus. Ich mußte die Veranda verlassen und in mein Zimmer gehen. Viele Gedanken tummeln sich in meinem törichten Kopf, und ich muß schreiben bis zum Schlafengehen. Am Anfang dieses Heftes sagte ich dir, daß ich dir meine Enttäuschung anvertrauen wollte, und dann schienen die Tage so voller Sonnenschein, daß ich Marcus* vollkommen vergaß. Wenn ich aber über die Menschen schreiben soll, die in mein Leben kommen und wieder gehen, wenn ich das Leben beschreiben soll, wie ich es sehe, dann muß ich alles schreiben. Das war meine Lektion, eine strenge und grausame Lektion. Ich darf die Menschen nicht idealisieren, ich darf es einfach nicht. Es ist ungerecht ihnen gegenüber, und es ist auch ungerecht mir gegenüber, aber bis zu welchem Alter werde ich so völlig blind sein?

An einem Nachmittag, am Tag, als Eduardo hierher kam, besuchte mich auch Marcus. Wir sprachen über Bücher, über Künstler, über viele Dinge, mit langen, manchmal unangenehmen Pausen. Es war eine Qual für mich, weil meine ganze alte Sehnsucht mich packte, die Sehnsucht zu flüchten, und ich bemerkte, wie Eduardo Marcus mit einem Augenzwinkern beobachtete, und ich spürte irgendwie, daß es mich sehr, sehr reizte, mit ihm zu lachen. Nach einigen Stunden ging Marcus nach Hause. Ich dachte daran, welch weiten Weg er gekommen war, nur um mich zu sehen. Und ich war immer noch blind, aber froh, daß es nicht Eduardo war, der ging – was also beweist … Es beweist überhaupt nichts!

An diesem Abend gingen wir alle spazieren, nur so aus Freude am Gehen, und ich wurde in einem fort wegen des armen Marcus geneckt. Als die Neckereien ein Ende hatten, und Eduardo und ich ein wenig abseits gingen, bat ich ihn ernsthaft um seine Meinung über Marcus. Er sprach ernst und aufrichtig. Ich war danach sehr nachdenklich.

---

* Marcus Anderson, ein Verehrer von Anaïs Nin

Am nächsten Tag traf ich Marcus, um mit ihm ins Museum zu gehen. Zwanzigmal nannte er mich sehr feierlich »mein liebes Kind«. Es war unser letzter Tag zusammen, weil er danach wegfuhr, um irgendwo zu studieren, und als er sprach, war ich voller Mitleid für ihn. Ich fragte mich, ob ich diesen unglücklichen Jungen nur deshalb mag, weil ihn sonst niemand ausstehen kann und die anderen Jungen ihn für verachtenswert und verweichlicht halten ... und dann war mein Schloß zerstört. Der Junge, den ich einmal wegen seiner Briefe, seiner Gedichte einen Prinzen nannte, den ich idealisierte, der Junge, von dem ich dachte, daß ihn niemand mochte, einfach, weil er anders war, der Junge, den ich einmal bewundert und geachtet habe – bat mich, ihn zum Abschied zu küssen! Ich glaube, er sah die Überraschung, den *Schmerz*, den Zorn in meinen Augen. Ich konnte nicht sprechen. Marcus wußte, daß ich ihn nicht liebte und ihn nie lieben würde, aber er nahm das, was mir kostbar und heilig war, so leicht, daß er es wagte, darum zu bitten. »Wirst du mich küssen?«, fragte er noch einmal, »wirst du?« Ich sagte sehr ruhig nein, und da es mir leid tat, fügte ich sanft hinzu: »Sei mir nicht böse, bitte.« Aber seither habe ich meine Gefühle nicht mehr in der Gewalt, und tief in meinem Herzen fühle ich, daß ich für mein armes zerstörtes Idol nicht einmal mehr Sympathie aufbringen kann. Jetzt ist alles gesagt. Es hat den Anschein, als würde ich immer die gefährliche Leiter zur romantischen Liebe hinaufklettern und immer wieder herunterrutschen. Aber warte – die Romanzen werde ich jetzt zugunsten anderer Dinge aufgeben, ich werde die Leiter des Wissens hinaufklettern. Vielleicht ist die vollkommenste Freundschaft auf der Welt die, die nichts fordert. Und vielleicht wird es in meinem Leben nichts Schöneres mehr geben als diese Woche wunderbarer Harmonie mit meinem Cousin, weil wir einander unser Bestes gaben und nichts als Aufrichtigkeit und Anteilnahme verlangten. Vielleicht habe ich heute graue Haare. Wer weiß? Es ist nicht leicht zu lernen, vor allem nicht durch Erfahrung.

15. Juli

Ein Gedicht zu schreiben ist nicht mühsam, aber nach stundenlangem Feilen und Überarbeiten mischt sich dennoch ein Anflug von Verzweiflung unter unsere anderen Gefühle, der darauf hinweist, daß es die vollkommene, ungebrochene Zufriedenheit nicht gibt. Darin liegt ein gewisser Selbstvorwurf, weil die entstandenen Verse nicht die ganze Schönheit der Gefühlsregung vermitteln. Ich habe etwas geschrieben, was mich ganz und gar begeisterte, als ich es las, und es begeisterte mich auch jedesmal wieder, wenn ich es wieder las. Heute vormittag, als ich mit Mama arbeitete, tanzten Bilder von Wellen, Schaum, Seetang, Sand und Mondlicht vor meinen Augen, und meine Finger führten eifrig die Berechnungen aus, während meine Gedanken umherschweiften.

Heute nachmittag spielte ich wie eine Wilde, aber mit heftigem Widerwillen, eine Runde Tennis. Ich spielte miserabel, und danach saß ich in meinem Zimmer, um über Frances'* Brief nachzugrübeln; er sieht ihr gar nicht ähnlich, und ich befürchte, daß mich auch diese letzte Freundin »verläßt«. Vielleicht stimmt irgend etwas mit mir nicht, obwohl ich scheinbar in einer Liebe oder einer Freundschaft immer so viel von mir hergebe und mir nicht die Sterne vom Himmel wünsche.

Die Leute sagen, ich sähe aus wie ein Gespenst. Wie ein Gespenst auszusehen ist eine ganz neue und ungewohnte Empfindung. Zunächst einmal, wenn man die Wirkung beobachtet, die das eigene Aussehen auf diejenigen hat, die gezwungen sind, einen zu bemitleiden. Und dann beginnen einen die Bemerkungen etwas zu langweilen, vor allem, wenn einem gesagt wird, man habe offenbar Liebeskummer – und das zu dem Zeitpunkt, wo ich gerade alle denkbaren Entschlüsse gefaßt habe, jeden Gedanken an Liebe zu verbannen (worin ich übrigens auch so erfolgreich war, daß der einzige Ort, an dem ich jetzt Liebe finde, das Wörterbuch ist). Die dritte Phase ist dann erreicht, wenn ich plötzlich in mein Zimmer stürme, vor dem Spiegel innehalte und das verabscheute Rouge aus Mangel an echtem auftrage. Oh, Eitelkeit, Eitelkeit!

Heute fühle ich, daß ich Eduardo vermisse und daß ich mich auf seinen Brief freue. Ich frage mich auch (o sinnloser Gedanke!), ob er mich ebensosehr vermißt. Er reist nun Tag und Nacht und wird am Samstag in Kuba ankommen.

---

* Frances Schiff, eine frühere Klassenkameradin

16. Juli

Heute erschien ich vor der versammelten Familie mit einem hellbraunen Schuh am linken Fuß und einem schwarzen Schuh am rechten. Das brachte mir viel Spott ein, und in meiner wortkargen Weise fuhr ich fort, den Tag mit ähnlichen Dummheiten auszufüllen. Einige Tage im Jahr sind nützlich, aber heute kann ich sagen, daß ich mich meiner schäme. Dennoch habe ich noch ein Gedicht geschrieben.

18. Juli

Vorgestern kreuzte Antolinita hier auf und blieb bis Samstag abend bei uns, weil ihre Mutter mit dem Auto nach Lake Placid gefahren war; meine kleine Cousine reiste ihr mit dem Zug nach. Sie fuhr gestern abend ab, und ich sah den geliebten Namen, Lake Placid, auf dem Zugfahrplan. Wieviele verträumte Stunden dieser Name in mir wachruft! Wundervolle Stunden, deren Zauber ich nie, nie vergessen werde, weil jeder Winkel und jede Wolke, jeder duftende Waldweg und das Mondlicht auf dem See sich für immer in mein Gedächtnis eingeprägt haben. Vielleicht sah ich diese ganze Schönheit nicht so deutlich, als ich dort war, aber jetzt sehe ich die Wunder von Lake Placid in meinen Träumen, und ich sehne mich danach, das Wasser zu berühren, ich sehne mich nach dem Duft der Kiefern.

Inzwischen hat der Sonntag für mich auch seine Reize. Allmählich habe ich diese große Ruhe liebgewonnen, und als die Melodie der Orgel sanft über unseren Köpfen schwebte, betete ich ein bißchen und fragte mich, was mich davon abhält, gut zu sein. Warum kann ich Thorvalds Neckereien nicht ertragen? Warum erscheint mir Joaquins Selbstsucht so unerträglich und grausam? Angenommen, ich wäre lieb und heiter, und angenommen, ich wäre gut: Es wäre doch anders, nicht wahr? Nichts könnte mich je ärgerlich oder unglücklich machen. Es wäre wunderbar! Ich führe viele Selbstgespräche während des Tages, aber ich bin nicht redegewandt. Es ist zwecklos.

Letzte Nacht träumte ich von Eduardo. Er erzählte mir, daß Rita Allie* ein Engel sei, und sie erschien mir mit Juwelen in

---

* Rita Allie Bétancourt, eine Freundin der Familie, die für ihre Schönheit bekannt war

ihrem schönen Haar und blauen Flügeln und in einem weichen enganliegenden Kleid. »Du wirst eines Tages sehr berühmt sein, aber du mußt mir folgen«, sagte sie. Ihre Stimme klang wie Musik, und ich sah, daß Eduardo mit ihr fortging. In meinem Traum fühlte ich eine drohende Gefahr und rief Eduardo zurück, aber er hörte nicht, also folgte ich ihnen. Ein großer See dehnte sich wie ein Spiegel vor uns aus. Rita Allie schwebte mit ihren blauen Flügeln darüber hin, aber Eduardo ertrank. Dann lachte sie, und ich erwachte.

19. Juli

Thorvald ist zum Zeltlager gefahren. Er ist nie besonders freundlich, und doch vermisse ich ihn, obwohl ich es ihm um nichts in der Welt sagen würde. Ich schrieb ihm einen Brief in gespielt humorvollem Ton.

Marcus schrieb mir einen kurzen, kindischen Brief. Aber all die kleinen, unbedeutenden Dinge, die sich heute zugetragen haben, erscheinen mir wirklich sehr, sehr unbedeutend. Auf meiner kleinen Bühne, auf der die Vorkommnisse des Tages sich abspielen, stehen viele merkwürdige und interessante Figuren, denn ich habe gerade die Geschichte der englischen Literatur gelesen. Die drei berühmten Mönche der Northumbrian School, Bede, Caedmon und Cynewulf, waren Fremde für mich, aber ich erkannte Chaucer und Spenser wieder. Ich kann kaum schreiben, weil ich so begierig bin, zu meinem Buch zurückzukehren. Es gibt so vieles, was ich Eduardo erzählen muß. Ich könnte einen sechzehn Seiten langen Brief schreiben, aber er hat noch nicht geschrieben. Ich bin fast sicher, daß er es schon vergessen hat. Wenn ich von Eduardo spreche, vergesse ich mein Buch. Über alle unsere endlosen Gespräche habe ich nichts geschrieben. Es war insgesamt etwas, was man nicht auf dem Papier festhalten kann, in das wir selbst, unsere Ideale, unsere Überlegungen eingegangen waren, und das sich mit unseren Stimmungen veränderte, aber auf so aufrichtige und ungekünstelte Weise! Ich hätte nie gedacht, daß Gespräche eine Freude, ja eine Notwendigkeit sein könnten, aber jetzt gehört es zu den Dingen, die mir sehr fehlen.

Einmal wandte sich Eduardo plötzlich nach mir um und fragte mich, ob ich vorhätte, eine Frauenrechtlerin zu werden.

»Der Himmel behüte mich davor!«, rief ich aus, »der bloße

Gedanke daran stößt mich ab.« Erleichtert atmete er auf, als ich hinzufügte: »Ich habe die altmodische Einstellung, daß der Platz einer Frau zu Hause ist.«

»Oh, ich bin so froh«, sagte Eduardo. »Ich habe mich manchmal beinahe verliebt, und dann gestand mir das Mädchen, daß sie an das Frauenwahlrecht glaube. Kaum war es ausgesprochen, war mein Ideal auch schon zerstört.«

Wir lachten. Manchmal sagte ich sehr törichte Dinge und lachte viel, weil ich recht zufrieden war. Es gibt jedoch eine ernste Sache, von der Eduardo nichts wissen wollte: daß ich eine Geschäftsfrau werden könnte. Wenn wir darüber sprachen, war er so schrecklich ernst, daß ich ihm die leisen Zweifel eingestehen mußte, die mich, was die Richtigkeit dieser Tatsache anlangt, selbst beschleichen. Wenn sich während meines Studiums an der Columbia Universität herausstellt, daß ich kein Talent habe, ergreife ich vielleicht einen Beruf, den man »eigennützig« nennt, einen Beruf, zu dem man kein Talent braucht. Wer weiß?

Ich bin gerade dabei, eine Charakterstudie von Lucy* anzufertigen. Ich habe drei lange Spaziergänge mit ihr gemacht, und ich war unzählige Male versucht, sie heftig zu schütteln, weil ihre Sprache ein ständiger Schrecken ist für mich, eine schmerzliche Erfahrung. Aber ich möchte wissen, wie Mädchen, ganz normale Mädchen, sprechen – und worüber sie nachdenken und ob sie ein Herz haben, auch ob es bei ihnen zutrifft, wenn man sagt: »Mein Geist ist mein Königreich.« Ich kann die Skizze nicht ins Tagebuch aufnehmen. Ich glaube nicht, daß ich sie sehr oft lesen möchte.

20. Juli

Heute morgen erwachte ich lächelnd und stieg mit dem rechten Fuß aus dem Bett, was dem Aberglauben zufolge ein Zeichen guter Laune ist. Gute Laune ist eine seltene Stimmung bei mir, und je mehr ich daran dachte, desto glücklicher fühlte ich mich, diese neue Empfindung erleben zu können. Ich kleidete mich in fröhlichen Farben und begleitete Mama nach New York; wir trennten uns am Pennsylvania-Bahnhof. Sie wollte

---

* Lucy Kruse, eine Nachbarin

einkaufen gehen, und ich wollte mich an der Columbia Universität vorstellen.

Ich wurde durch die imposanten Gebäude eingeschüchtert, aber als ich die Statue mit der Inschrift »Alma Mater« sah, lächelte ich ihr zu. Ich mußte nach dem Vorlesungssaal für Philosophie fragen und dann auf Professor Gerig warten, dem ich vor einem Monat oder so geschrieben hatte, daß ich ein Studium aufnehmen möchte, nachdem ich es mit Mama beschlossen hatte. Ich dachte, daß er alt und zittrig sein würde, und ich verlor deshalb beinahe mein seelisches Gleichgewicht, als ein relativ junger Lehrer erschien. Alle Reden, die ich im Zug vorbereitet hatte, waren wie weggeblasen, und ich redete viel Blödsinn, glaube ich. Aber er verstand mich und brachte mich zu Professor Chinard. Hier erfuhr ich, daß der Studienplan für das Wintersemester noch nicht einmal ausgearbeitet sei, daß ich in meiner Angst, den Termin für die Einschreibung zu versäumen, wirklich übers Ziel hinausgeschossen war und daß ich erst im September zu erscheinen brauchte. Der Professor sagte mir, daß ich so viele Kurse belegen könnte, wie ich wollte, und im großen und ganzen verließ ich die Universität genauso leichten Herzens, wie ich gekommen war.

Ich hatte Gelegenheit zu erleben, wie heiß und überfüllt die Stadt war und wie wohltuend die reine, erfrischende Landluft – der Duft der Blumen strömte mir entgegen, als ich aus dem Zug stieg. Und dann die verträumte Stille ... Ein kleiner Junge und ein kleines Mädchen in Badeanzügen spielten um einen Gartenschlauch und ließen sich wie die Pflanzen und das Gras von dem kühlenden Wasserstrahl berieseln. Ich mußte beinahe lachen.

Zu Hause fand ich einen Brief von Emilia* vor, und da er ellenlang war, dauerte das Vergnügen lange. Dann schrieb ich Thorvald einen ausgelassenen Brief und stand träumend an meinem Fenster, überwältigt von einer neuen Welle sinnlicher Freude: einfach darüber, leben zu dürfen. Ja, wie neu war es für mich, zu spüren, wie das Leben in meinen Adern pochte und pulsierte, wo ich doch so sehr zur stillen Betrachtung neige

---

* Emilia Quintero, eine mit der Familie befreundete Pianistin, die Sänger der Metropolitan Opera begleitete

und mir jede Art von Temperament fehlt, mit Ausnahme des ewigen geistigen Enthusiasmus, der wie tausend Flammen brennt und der seinen Ausdruck in meinen Träumen und Gedanken findet. Wie neu und wie wunderbar!

Ich frage mich, was ich heute getan habe. Ich war auf dem Weg zum Bahnhof, als ich bei Macy's auf ein Schild aufmerksam wurde: Bücher zu nur 39 cts. Nur sehr selten kann ich mir ein Buch ohne schlechtes Gewissen kaufen; es kommt mir wie ein ganz persönlicher Luxus vor.

Andere Dinge kann ich teilen, aber ich bin der einzige Büchernarr in der Familie. Heute also beschloß ich, nur ein Buch zu kaufen – nur ein einziges. Ich war sprachlos über die Sammlung staubiger Ladenhüter. Irving, Thackeray, Hawthorne, Dickens, Shakespeares Stücke, Abhandlungen über Spiritismus, die heute eine schrullige Liebhaberei sind, und verschiedene Gedichtbände waren unbeschreibliche Versuchungen für mich. Ich war nahe daran, eines von Mérimées Werken zu kaufen, aus reiner Neugierde, dann vergaß ich es wieder, als ich mich in Bulwer-Lytton vertiefte. Dann ergriff Emerson von meiner Phantasie Besitz; ich lächelte dem voluminösen Lexikon zu, und da es meine Mittel überstieg, schwankte ich zwischen Scott, Eliot, Ruskin, Addison und Austen. Aber ich verschwendete keinen Gedanken an die ungeliebten modernen Romane und spielte mit meinen paar Geldstücken im Überschwang des Bewußtseins künftigen Besitzes. Schließlich fiel mein Blick auf ein Kochbuch! Es ist nützlich, sagte ich mir im stillen, aber?! Die Wahl stellte meine Willenskraft auf die Probe und war eine gute, sehr nötige Lektion in *Nützlichkeitsdenken*, das zweifellos zu den Eigenschaften gehört, die mir fehlen und um die ich andere so sehr beneide. Die Verkäuferin kam auf mich zu. »Ich hätte gerne das Kochbuch«, sagte ich, nicht zu laut, und fragte mich dabei, ob sie mir nicht statt dessen Dickens' qualvoll verführerisches kleines Bändchen geben würde. Aber sie hatte mich verstanden, und ich legte das Geld in ihre Hand und schickte mich an, den Laden zu verlassen. Sie mußte mir nachlaufen: »Hier ist Ihr Buch, Fräulein«, sagte sie, ich starrte sie an und nahm mein wertvolles Eigentum in Empfang. Ich hielt einen langen Monolog, bis ich mich überzeugt hatte, daß ich mit mir zufrieden sei. Eine Probe meiner Willenskraft war es gewesen, und ich hatte sie bestanden. Eines der

stichhaltigsten Argumente für das Rezeptbuch ist folgendes:
Eines Tages werde ich alle Bücher, die ich je gesehen habe, in
meiner Bibliothek haben, deren Regale bis an die Decke reichen und alle vier Wände einnehmen werden. Geliebtes Gefängnis! Das Buch mit den Rezepten werde ich meiner Tochter
schenken.

Gestern abend las ich vor dem Einschlafen mein Tagebuch von
1917 wieder, nicht weil ich mich langweilte, sondern weil ich
den Überblick verloren hatte über:
- all die Geschichten, die ich zu schreiben begonnen habe
- all die guten Vorsätze, die ich gefaßt habe
- all die törichten Dinge, die ich getan habe
- all die grammatikalischen Unmöglichkeiten, die ich angehäuft habe.

Die Schrift war entsetzlich, die Formulierungen unmöglich,
und vor allem erkenne ich jetzt, daß ich alles maßlos übertrieben und dramatisiert habe. Ich frage mich, ob ich das jetzt auch
noch tue. Und trotzdem kann ich nicht sagen, daß es mir jemals leid getan hat, dieses Tagebuch begonnen und weiterge-
führt zu haben, auch wenn ich über meine eigene Dummheit
lachen muß; denn mit jedem Jahr bin ich mehr und mehr in der
Lage, zu kritisieren und zu verurteilen. Ein Trost bleibt mir jedoch: Ich bin sicher, daß ich bei all meinem Selbsttadel oder
Selbstlob die Personen meiner Umgebung von jedem Tadel
und jedem Lob ausnehme – also tue ich das, was man in der
Umgangssprache »sich um seinen eigenen Mist kümmern«
nennt. Und tröstlich ist auch die Tatsache, daß ich zwar in meiner Lebenschronik von 1917 vieles lächerlich finde, daß ich sie
aber dennoch mit großem Vergnügen lese und dabei die liebenswerten Stunden in des Lebens mauvais quart d'heure*
noch einmal durchlebe. Nein, ich bereue die Stunden nicht, die
ich damit verbringe, diese weißen Seiten mit meiner redseligen
Tinte zu füllen.

21. Juli
Ich schreibe Emilia einen langen Brief mit Illustrationen zum
Geschriebenen: ein Photo von Thorvald, Heuwagen und mir.

---

*Etwa: in schlimmen Augenblicken des Lebens

Heute ist ein denkwürdiger Tag in meinem Leben. Hier also meine Geschichte: Ein Brief lag für mich auf dem Frühstückstisch. Wahrscheinlich ein abgelehntes Gedicht, dachte ich, als ich meine eigene Handschrift erkannte. Und ich öffnete ihn. Es war ein freundlicher, ermutigender Brief vom Feuilletonredakteur des *Delineator**, der mir die Annahme meiner Elegie mitteilt und verspricht, mir demnächst einen Dollar zu schikken. Ich lachte und tanzte und war kaum in der Lage zu frühstücken. Ich sauste zu meiner Schreibmaschine und schickte gleich noch eine Anzahl weiterer Manuskripte. Oh, welch seltsame Wirkungen zeitigt die Ermutigung. Ich habe heute die gleichen Träume gehabt, die ich als Kind schon hatte, Träume von literarischem Ruhm. Vor meinen Augen zog eine prächtige Parade jener Menschen vorüber, die mit ihrer Feder so viel geleistet hatten und deren Namen schließlich der Nachwelt überliefert wurden. Diese Leichtigkeit, mit der ein Feuer wieder entfacht wurde, von dem ich glaubte, daß es nur Rauch sei, zeigt, was für ein albernes, unverbesserliches Kind ich noch immer bin. Nicht ein einziger Gedanke in meinem Kopf ist wirklich gefestigt. Ich bin anscheinend voller Widersprüche und Zweifel. Ich wundere mich, wie Menschen diese kostbare Heiterkeit und Sicherheit in der Entscheidung erwerben, die ich an ihnen mit uneingeschränkter Bewunderung entdecke. Ein Fels in der Brandung sein – schau mich heute an, außer Rand und Band vor Freude, nur weil ein kleines Gedicht von mir angenommen wurde, der Himmel weiß warum, und nur der Himmel weiß auch, ob es nicht aus Mangel an etwas Besserem geschah. Dieser letzte Gedanke ist ein großer Trost, nicht wahr? Aber ich verdiene eine kalte Dusche, die mich wieder auf die Erde bringt, und wenn niemand anderes sie mir verabreicht, dann muß ich es eben selbst tun. So gehe ich jetzt zu Bett mit dem Gedanken, daß mein Gedicht faute de mieux** angenommen wurde. Das wird meinen Dünkel kurieren, aber dennoch bin ich schrecklich glücklich!
Oh, wenn nur Eduardo endlich schreiben würde! Meine imaginären Briefe an ihn nehmen gewaltige Ausmaße an. Vielleicht

---

* Eine monatlich erscheinende Zeitschrift
** Als Lückenbüßer

hat er nichts zu sagen. Aber wenn mein Cousin mich enttäuscht, dann werde ich in meinem ganzen weisen Leben keinen Jungen mehr mögen (was natürlich ein Blödsinn ist, aber
was kannst du von Mademoiselle Linotte* schon erwarten?).
Es gibt ohnedies schon etwas, was eine Qual für mich ist, und
zwar an Marcus schreiben. Ich wünschte, er würde aus meinem Leben verschwinden, wie er gekommen ist. Es schmerzt
mich fortwährend, daran zu denken, wie blind, wie völlig
blind und schwärmerisch ich sein kann. Eine Freundschaft, die
für mich einmal ein Ideal war – sie ist jetzt eher kitschiger Flit-
ter. Und doch muß ich das traurige Geheimnis in meinem Tagebuch bewahren. Man beachte, daß ich nicht sagte: in meinem
Herzen. Ich bezweifle dessen Vorhandensein. Ich bezweifle
auch andere Dinge, nicht viele, obwohl ich bei einer Diskussion mit Charles und Eduardo über Religion ganz ruhig sagte,
daß ich nicht an das Jenseits nach dem Tod glaube. Ich bin mir
der Ursachen meines Unglaubens sicher, und auch ihrer Richtigkeit, und dennoch kann ich sie noch nicht in Worte fassen.
Eines Tages werde ich meine Gedanken klarer zum Ausdruck
bringen und dich überzeugen.

22. Juli

»Petit Papa chéri:**
Du solltest Englisch lernen, nur daran liegt es. Du siehst, daß
ich Dir sogar in dieser Minute gerne sagen möchte, wie sehr ich
mich über Deinen Brief gefreut habe, aber mein Französisch ist
holprig, während mir in Englisch (und auch in Spanisch) Hun-
derte von Worten einfallen. Gott sei Dank bin ich sicher, daß
Du mich verstehst. Stell Dir vor, wenn wir Madame Quinteros
Briefe erhalten (wahre Episteln, kann ich Dir sagen!), bin ich
durchaus in der Lage, ihr auf zwölf Seiten in Spanisch zu antworten, und zwar mit einer mikroskopisch kleinen Anzahl von
Fehlern im Vergleich zu denen, die ich im Französischen mache. Trotzdem: Kopf hoch!
Im September, si Dios quiere,*** (ich liebe es, die Verantwor-

---

* Anaïs Nins Spitzname, etwa: Fräulein Spatzenhirn
** Der ganze Brief steht im Original in Französisch
*** So Gott will

tung auf andere abzuwälzen), im September, mein kleiner Papa, werde ich ganz ernsthaft ein Studium an der Columbia Universität beginnen: Sprachen, Literatur und Philosophie. Ich habe große Angst davor, eine Ignorantin zu bleiben und bin fest entschlossen, keine zu sein. Dann werde ich später Briefe schreiben können wie du, Briefe, die wie Musik klingen. Was hältst Du von Mademoiselle Linotte? Ich schicke ein Gedicht in Englisch an eine Zeitschrift; es wurde angenommen, und man hat mir fünf Francs geschickt. Das war so ermutigend, daß ich wieder zu träumen angefangen habe wie in früheren Tagen. Bestimmt werde ich auf der Universität herausfinden, ob ich ein Talent habe, das zu fördern sich lohnt. Mach Dich nicht lustig über mich!

Als ich Deinen Brief noch einmal las, hielt ich wie beim ersten Mal schon bei bestimmten Zeilen inne, die mich traurig machten. Du solltest nicht an den Tod denken, Papa, in Deinem Alter. Du bist jünger als Mama, und sie wirkt so jung, so voller Energie, sie ist unermüdlich, lächelt immer und ist ebenso schön wie tapfer. Du solltest daran denken, daß Du es vorgezogen hast, Dein Leben der Kunst statt Deinen Kindern zu widmen, und jetzt siehst Du ein, daß die Kunst alles verlangt und nichts zurückgibt, nicht wahr? Das größte Opfer ist es, das zu tun, was man nicht tun will. Ich verstehe so gut, ach so gut, wie gerne Du uns wiedersehen möchtest, und wenn der Tag kommt, werden wir darüber ebenso glücklich sein, das weißt Du. Und dieser Tag kommt bestimmt, erstens weil keiner von uns sein Leben lang in den Vereinigten Staaten bleiben will, und zweitens, weil ich es mir mein Leben lang gewünscht habe. Versuche das zu glauben, Papa, bitte.

Um Dir Freude zu bereiten, mache ich weitere Schnappschüsse. Beiliegend findest Du einige neue. Manchmal denke ich, daß ich Dir mehrmals dieselben schicke, weil ich vergesse, welche ich für Dich ausgesucht habe. Du wirst bald ein ganzes Album voll haben. Es freut mich zu wissen, daß Dir mein Bild gefällt. Leute, die mich kennen, behaupten, ich sehe älter aus darauf. Zweifellos sehe ich auf dem Bild sehr intelligent aus, aber in Wirklichkeit bin ich nach wie vor ein Wirrkopf. Manchmal bereite ich mich auf ein Gespräch mit einem bestimmten Menschen vor. Ich führe Selbstgespräche, ich halte Reden vor dem Spiegel, vor den Wohnzimmersesseln, den

Bäumen und den Wänden. Dann, wenn der Augenblick da ist –
Guten Abend – verbreche ich meines Erachtens lauter Banalitäten und andere schreckliche Dinge.

Joaquin hat Gounods *Ave Maria* einstudiert, nur weil es ihn
interessiert. Er spielt es sehr gut und mit einem Ausdruck, der
seine Zuhörer in Staunen versetzt. In unserer Nachbarschaft
hörten wir eine Pianistin spielen, und wir ließen Joaquin bei ihr
vorspielen. Die Dame hörte ihm zu und sagte: »Ich weiß nicht,
ob ich diesem Jungen noch etwas beibringen kann.« Trotzdem
geht Joaquin oft zu ihr, so lange, bis Mama einen anderen Lehrer für ihn gefunden hat. Er hat jetzt Ferien und spielt den ganzen Tag. Thorvald ist zwei Wochen auf einem Pfadfinderlager.
Das Leben in freier Natur mag er am liebsten, und das Resultat
ist natürlich blendend.

Ich weiß nicht, wie es kommt, aber die Tage huschen so herrlich ruhig vorüber, daß wir vergessen, sie zu zählen. Jeden
Sonntag schreibe ich in mein Tagebuch: Oh, Sonntage! Jeder
sieht so engelhaft und friedlich aus ... Warmes Wetter, ein
blasser Himmel, ruhige Bäume, ruhige Menschen. Die kleine
Kirche ist von hier aus in einer halben Stunde zu Fuß zu erreichen. Mama wird am nächsten Sonntag dort singen. Anstatt
mich zu bessern, macht mich das alles verträumter und philosophischer denn je. Tennisspielen läßt mich gleichgültig, das
Theater interessiert mich nicht sehr, ich habe nur eine wirkliche Freundin, einen Blaustrumpf, und allmählich glaube ich,
daß der Weg zur romantischen Liebe zu gefährlich ist und daß
ich den Weg zur Gelehrsamkeit vorziehe; zweifellos bin ich
dazu bestimmt, eine alte Jungfer zu werden. Ich finde diesen
Gedanken sehr komisch und das Gerede über mein Debüt in
Havanna im kommenden Winter noch komischer. Spotte
nicht: Ich fühle eine große Verachtung für den Geist der jungen
Herren, mit denen ich tanzen muß ...«

25. Juli

Marraine* kam heute an, und obwohl der Tag feucht und dun-
stig war, war mir, als schiene die Sonne. Wir gingen zum Hafen, um die einlaufenden Schiffe zu betrachten, und die ganze

---

* Patin, Tia Juana

Szene machte einen tiefen Eindruck auf mich. Gleich bei ihrer Ankunft übergab mir Marraine einen Brief von Eduardo, und meine gespannte Erwartung, meine Freude, als ich ihn öffnete, stimmten mich für den Rest des Tages nachdenklich, obwohl ich glücklich war. Was soll aus Mademoiselle Linotte werden, wenn ihr Glück in einem solchen Maße (ich wage nicht daran zu denken, in welchem Maße!) schlichtweg von einem Jungen, einem Cousin, abhängig ist. Die nüchterne, unabänderliche, unveränderbare Tatsache bleibt bestehen, daß es meine Pflicht, ja eine Notwendigkeit war, Marcus' Brief heute zu beantworten, und dennoch schrieb ich statt dessen ganz bewußt zwölf Seiten an Eduardo. Oh Wankelmut! Aber ich schäme mich so und ärgere mich auch über einen derartigen Mangel an Willenskraft. Ich wünschte, ich wäre gut und entschlossen und *aufrichtig*. Eduardos Brief weckt alle meine glücklichen Gefühle, aber sein ganzer Reiz existiert vermutlich nur in meiner Einbildung. Diese trügerische Phantasie in mir! Nein, ich glaube es nicht. Diesmal ist es wahr, diese Freundschaft zumindest ist vollkommen.

26. Juli

Ich habe es mir zur Gewohnheit gemacht zu warten, bis die gesegnete kleine Familie schläft, und mich dann in das kleine Nähzimmer zu stehlen, um zu schreiben. Nach wenigen Augenblicken gehe ich dann in mein eigenes Zimmer zurück, decke meinen geliebten Vogel zu, stehe ein paar Minuten am weitgeöffneten Fenster, um den Atem der Felder zu spüren. Ein merkwürdiges Bild gebe ich ab, wenn ich so sitze und meine Feder übers Papier hastet. Mein Kimono ist blau, mein Umhang rosarot, meine Hausschuhe sind rosa geblümt – das meiste habe ich von meinen Cousinen geerbt, und es kann nicht beanstandet werden. Mein Haar ist locker geflochten, was mich an die Schulzeit erinnert und an meine große Leidenschaft für einen Geiger, vor langer, langer Zeit. Aber heute bin ich so glücklich, daß mein Überschwang in mir nicht genug Platz findet; er breitet sich aus, bis die Leute anfangen, sich zu wundern. Wie können sie es erraten? Die Ursache sind die Gespräche mit Marraine. Sie hat oft mit mir von Eduardo gesprochen, und dabei hat sie mir nichtsahnend erzählt, daß er als erstes seiner Familie erzählte, daß ich in der Gesellschaft in Havanna großen Erfolg haben würde, und als sie ihn fragten warum, sagte er ihnen, daß ich hübsch geworden sei. Und dann noch etwas viel Schöneres, was für mich viel wertvoller ist: Er hat gesagt, daß ich die weiblichste Frau sei, die er je erlebt hat. Ebenso wie über meine strenge Selbstkritik – die Selbstverurteilung und die Vorwürfe – schreibe ich auch freudig über die wenigen Sonnenstrahlen, die geheimnisvoll in mein eisiges Herz dringen und solche Wärme verbreiten. Unglaublich, wie diese an sich so nutzlosen kleinen Dinge manchmal zum Inhalt meiner Tagträume werden! Wie unvernünftig ist diese kleine Quelle des Glücks in meinem Leben: gemocht und geliebt zu werden! Aber jetzt muß ich mich zur Ruhe begeben, wie mein geschätzter Walter Scott schreibt. Die Nacht ist ein guter Ratgeber, und vielleicht wird sie mir auch Klugheit und Vernunft bringen.

27. Juli

Ich habe mich heute wie ein albernes Mädchen benommen und schäme mich. Zur Strafe werde ich dir meine Vergehen erzählen. Marraines Koffer kamen heute nachmittag an, und heraus spazierten Cucas* alte Kleider, die für mich neue waren, und ich war fröhlich! Ich probierte sie alle an, stolzierte vor der versammelten Familie auf und ab, vergeudete Stunden um Stunden, indem ich das rosarote Organdykleid, das braune Seidenkleid, das pfirsichfarbene Abendkleid, den weißen Rock und die Bluse bewunderte wie jedes andere ganz gewöhnliche Mädchen. Marraine machte für mich ein Wunderland-Kleid aus blauem Organdy fertig, das Mama zu nähen versucht hatte – liebe, fleißige, tapfere kleine Mama –, und das Kleid ist ein Traum. Es wirkt fremd, ungewohnt. Mama gab mir einen rosaroten Hut, raffiniert geschmückt mit hellrosa Federn. Als ich dann in meiner ganzen Albernheit vor dem Spiegel stand, rief ich: »Ich wünschte, Eduardo wäre hier!« Oh, diese Schande! Wie dumm ich bin! Wie unerwartet meine Frivolität zum Vorschein kommt, und wie unangenehm sie mir ist! Niemandem ist sie verdächtig, und niemand verurteilt sie. Meine Ausrufe, meine Begeisterung, meine Erregung brachten mir nur das gut-

---

* Caridad Sánchez, Anaïs Nins Cousine, Eduardos Schwester

mütige Lächeln meiner Familie ein, keinen Vorwurf. Dennoch macht mich der Anblick meiner Aussteuer, die im sonst nicht allzu üppig gefüllten Wandschrank verstaut ist, glücklich.

Schweren Herzens habe ich das Ballkleid aus blauem Georgette weggeworfen, das ich bei meinem ersten Ball, meinem zweiten Ball, bei Emilias Empfang und bei vielen anderen Gelegenheiten getragen hatte, aber ich mußte ein winzig kleines Stück abschneiden, weil seine Geschichte so lang und aufregend ist. Das Stückchen Stoff ist gut versteckt, weil man mich für romantisch halten würde, wenn jemand davon erfahren würde. Das ist das Ende nicht etwa eines erfüllten Tages, sondern eines überflüssigen Tages. Gebe Gott, daß nicht alle so sein werden. Amen.

28. Juli

Ich bin sehr unglücklich heute. Zum zwanzigsten Mal habe ich angefangen, Marcus' Brief zu beantworten, und mich gequält, wie ich mich in meinem ganzen Leben noch nicht beim Briefeschreiben gequält habe; schließlich schob ich dann alles beiseite. Was ist mit mir geschehen? Kann ich irgend etwas tun, um mich Marcus völlig zu entfremden? Sonst bin ich so heiter; diese Tage haben in meiner Erinnerung einen unverwechselbaren Duft und ich liebe sie. Nur am Abend, wenn die Sonne untergegangen ist, werden quälende Sehnsüchte und das Gefühl der Einsamkeit wach, die in mir nur schlafen, die niemals wirklich verschwinden.

9 Uhr 30. Marraine und ich haben einen Spaziergang über die Felder gemacht ... Wie frisch und beruhigend der Geruch der Felder ist! Und weiter entfernt ragen die Bäume des Waldes in die Finsternis empor. Welche Myriade geheimnisvoller Laute! Was für eine glückliche, schöne Erinnerung werden diese friedlichen Tage sein, wenn ich meinen Lebensweg weitergehe und mich in größere Kümmernisse verstricke. Ich vergesse die Menschen, ich gehe ganz auf in dieser neuen Empfindung, diesem Bewußtwerden der Realität des Schönen.

31. Juli

Am Donnerstag besuchte ich zusammen mit Marraine, Tia Coco in Boonton, New Jersey. Die Landschaft beeindruckte mich so tief, daß ich unwillkürlich die Gedanken, die mir in den Kopf strömten, hinkritzelte, während sich der Zug auf der Rückfahrt einen Weg durch die Dunkelheit bahnte. Es ist schwierig, das Gekritzel zu lesen, aber ich schrieb, was ich sah, der Eindruck war frischer als jetzt, und ich werde es abschreiben.

Tia Cocos Haus, ein englisches Cottage, zierlich und schlicht, ist auf der einen Seite von einer breiten Straße und auf der anderen von herrlichen Wäldern und Feldern umgeben. Der Farn wuchert. Ich sah einen Kirschbaum und einen Apfelbaum. Ich hatte noch nie in meinem Leben einen Apfelbaum gesehen! Wir gingen zu einem kleinen Bach, einem versteckten, geheimnisvollen Plätzchen, beschattet von Bäumen, durch die nie die Sonne dringt; er floß so gleichmäßig, so herrlich kühl, daß ich an Tennysons Zeilen dachte: »Die Menschen mögen kommen, die Menschen mögen gehen, aber ich fließe ewig.« Wie gut die Welt eingerichtet ist, wenn dieser kleine Bach ewig fließt. Was bedeuten schon die Menschen?

Mit der Stille des Waldes war es vorbei, als wir zu einem Wasserfall kamen. Zuerst sah es wie ein See aus, in dem Blumen, Bäume und Büsche ihre Schönheit spiegelten; dann stürzten die tosenden, schäumenden Wassermassen eine Felswand hinunter und setzten brausend ihre wunderbare Reise fort, unterhalb auf einen Felsen prallend und sich in einem dunklen, gefährlichen Strudel verlierend. Efeu und wildwachsende Blumen schmiegten sich an die Brücke, die über die Kaskade führte. Ich entdeckte eine sehr zarte Blume, lieblicher als alle andern, an einen Felsen geschmiegt, von den unter ihr tosenden Wasserstrudeln unberührt. Für mich war sie die Königin des grandiosen Schauspiels. Oh, welche Macht, welche unvorstellbare Schönheit und Vollkommenheit waren dort vereint. Wie mächtig erschien die Stimme dem menschlichen Ohr! Im Bann dieser Vollkommenheit hätte man dieses Schauspiel ewig betrachten können. Wir folgten dem Weg, bis das Tosen zu einem Murmeln wurde und schließlich ganz verstummte. Dann begann wieder das Flüstern des Waldes; ein leichter Wind raschelte durch die Blätter und trug ihre geheimnisvollen Botschaften mit sich. Es war jetzt der Zauber der Einsamkeit und der Stille, aber die Erinnerung an den anderen Zauber verblaßte nicht. Plötzlich kamen wir in die Stadt und sahen eine Fabrik mit ihren hohen rauchenden Schloten aus rotem Ziegel;

keuchende Maschinen, die rußigen Gesichter der Arbeiter, die unnatürlichen Mühen und Aufgaben, die ganze Betriebsamkeit. Jäh brachte mir dieser Kontrast die Erleuchtung. Dies hier war das Werk des Menschen, und das andere war das Werk Gottes.

3. August

Manchmal suche ich vergebens nach Worten. Ich kann den Brief nur abschreiben, den ich heute morgen bekommen habe und der mich so glücklich gemacht hat. Siehe da! Ein Brief vom *Delineator.* »Liebe Miss Nin: Ich bin sehr froh, daß Sie uns ein weiteres Gedicht zuschickten, und ich hoffe, es wird Ihnen Freude bereiten zu erfahren, daß wir diesmal so verfahren, wie wir mit einem Gedicht eines erwachsenen Mitarbeiters der Zeitschrift verfahren würden. Das bedeutet nicht nur, daß der Scheck höher sein wird, sondern, was wichtiger ist, daß das Gedicht nicht in der Jugendspalte erscheinen wird, sondern irgendwo in dem Hauptteil der Zeitschrift, wo gerade Platz ist. Vielleicht möchten Sie uns einmal besuchen, wenn sie in New York sind? Ich habe gesehen, daß Sie in Richmond Hill wohnen, aber vermutlich fahren Sie gelegentlich in die Stadt. Mit freundlichen Grüßen,

L. Myra Harbeson, Redakteurin für Lyrik«

Heute morgen war meine Begeisterung kindisch. Ich wedelte mit dem Brief umher und las ihn tausendmal, während ich mein Frühstück hinunterwürgte und jeden Augenblick fürchtete, er könnte sich in nichts auflösen. Ich möchte es der ganzen Welt erzählen. Ich könnte aus ganzem Herzen lachen. Das Schönste dabei ist meines Erachtens, daß es wohl Mama war, die meinen ersten kleinen Erfolg anregte. Mama, meine kleine Mama! Ich denke gerade daran, wie glücklich Papa sein wird. Und meine Tanten, meine Cousins und Eduardo, wenn sie es wüßten, denn ich kann es natürlich nicht allen erzählen. Zur Feier des Tages habe ich an meinem anderen Geschreibsel herumgefeilt.

Heute war einer der schönsten Tage des Sommers. Wir alle sahen dem grandiosen Sonnenuntergang zu, der einbrechenden Dämmerung – halb Schatten, halb Licht. Ich werde mich lange, lange Zeit an diesen Tag erinnern wegen der Träume, die ich auf der Schaukel träumte, während ich auf der einen Seite mein kleines liebes Haus mit seinen erleuchteten Fenstern in der Dunkelheit sah, und auf der anderen den Wald mit dem schönen Himmel als Dach. Und dahinter: das Leben, das Leben. Heute nacht fließt mein Herz über.

Heute nacht kam mir der Gedanke, mein Haus zu zeichnen, es sah so hübsch und liebenswert aus, genau wie ein Mensch, der ein Herz hat. Es braucht neue Kleider, aber am Abend sieht man es nicht, nur die kleinen Fenster voller Licht und die Umrisse des Daches und des Schornsteins, die sich gegen den Himmel abzeichnen. Ich liebe es, mein Haus, und ich liebe alles, was ich jetzt erlebe. Fast wünsche ich mir, immer siebzehn zu bleiben und immer so wie jetzt zu leben, abgesehen von der Arbeit im Haus und in der Küche.

4. August

Heute arbeitete ich den ganzen Tag geschäftlich: Briefe, Rechnungen für Mama; ich machte das Mittagessen und räumte auf im Haus und in der Küche – es blieb mir kein Augenblick zum Schreiben – und so fühlte ich mich nach Ablauf des Tages wie eine praktische, vernünftige kleine Hausfrau, bereit, mein Tagebuch mit Rezepten und guten Ratschlägen zu füllen.

Ich sehne mich danach, zu schreiben. Ich fühle, daß ich etwas schaffen könnte, wenn ich lange Zeit alleine wäre; ich könnte der Stimme nachgeben, die mich Tag und Nacht ruft. Ich wünsche mir Ruhe, Einsamkeit, und ich wünsche mir auch einen Brief von Eduardo.

Mrs. Norman* gab mir ein Photo meiner Mutter, als sie neunzehn oder zwanzig Jahre alt war. Ich konnte meine Augen nicht davon abwenden – und es steht jetzt auf meiner Frisierkommode. Ich möchte so sein wie sie, ich möchte so aussehen wie sie. Und das Photo liegt dort und erzählt mir flüsternd von Mamas Jugend, während ich mich entschließe, sie nachzuahmen. Dabei sehe ich so anders aus. Manchmal fürchte ich, daß ich so schrecklich unscheinbar bin und daß ich anscheinend dazu bestimmt bin, ein gelehrter Blaustrumpf zu werden. Ein unscheinbarer, baumwollener Blaustrumpf. Wer weiß? Aber

---

* Rosetta Norman, eine Freundin von Anaïs Nins Mutter

eines Tages werde ich, selbst als alte Jungfer, als Schriftstellerin, als unauffällige Einzelgängerin nützlich sein und in meinem Leben etwas Wertvolles schaffen.

11. August

Ich habe gerade einen sehr schönen Brief von Marcus erhalten,
dem ich schließlich doch mit einem kurzen Brief geantwortet
hatte. Ich verstehe nicht, wie ich seine Art zu denken bewundern und trotzdem seinen Charakter so wenig mögen kann. Er
ist eifersüchtig auf meinen Cousin Eduardo. Der bloße Gedanke erschien mir so absurd, daß ich die Worte noch einmal las, in
denen er es zwanzigmal ausdrückte, und dann war ich traurig.
Als ob Eduardo mich im geringsten bewundern würde, mich,
die ich so »komisch« und alles andere als schön bin. Und noch
dazu ist er mein Cousin. Der Gedanke ist mir zuwider – es ist
so unmöglich. Aber andererseits verachte ich nicht immer das,
was unmöglich ist: bestimmte Leute zum Beispiel und Freundlichkeit, von der Charles behauptet, daß es sie nicht gibt*.
Oh, mein kleines Tagebuch, wie wenig ich mein Französisch
verleugnen kann! Ich schrieb unbewußt Französisch, obwohl
es kaum einen Unterschied macht. Ich wollte dir erzählen, wie
wir beim Mittagessen auf die Liebe zu sprechen kamen und wie
wir sie definierten. »Bitte fragt mich nicht«, sagte ich. »Ich liebe, das ist alles, was ich weiß, und es ist das wunderschönste
Gefühl auf der Welt.« Jeder definierte sie anders. Wir diskutierten, nannten Beispiele und Beweise. Charles ist ein Heide.
Thorvalds ein Nichtswisser. Joaquin hat sein Herz für die Liebe noch nicht entdeckt. Tia Juana, die Erfahrene, sagte wenig,
und so kam es, daß alle, die über die Liebe diskutieren wollten,
sie nicht erklären konnten; entweder weil sie sie noch nicht gefühlt hatten oder weil sie sie zu heftig gefühlt hatten. Später
wunderte ich mich dann über mich selbst. Ich sagte, daß ich
verliebt sei, und das bin ich auch. Ich glaube, ich habe immer
geliebt, und liebe immer, und werde immer lieben. Wen? Ich
weiß es nicht. Einen Schatten, ein Phantasiegebilde, Schall und
Rauch, eine Vision, noch keinen bestimmten Menschen, sondern irgend jemand. Manchmal habe ich meinem Schattenbild

---

* Französisch im Original

zwar einen Namen gegeben: Ein Junge nach dem andern war an der Reihe, und ich glaubte, ich würde vor Kummer sterben, wenn der Junge aus meinem Leben verschwände. Früher machte ich das oft so; je klüger ich werde oder mir einbilde, klüger zu werden, desto länger und zäher halte ich an meinen Idolen fest, bis ihr Sturz mich weckt ... und alles wieder von vorne beginnt. Wäre ich als Mann geboren, so wäre ich ein ewiger Liebender. Und als Frau, was bin ich da? Die Zukunft wird es zeigen. Soviel ist sicher: Ich liebe, weil mein Herz auf jede Schwingung, auf jede Berührung der Natur und der Menschen reagiert. Ich *fühle*, immer, Tag für Tag, Kummer und Freude. Ich *lebe* und *träume* die Liebe.

Seit kurzem ist Charles wie alle Kinder, die viel wissen und wissen, daß sie viel wissen, etwas pedantisch geworden. Ich werde fast jeden Tag wahnsinnig vor Empörung über seine Ansichten. Er ist für ein paar Tage bei uns, und wir haben Zeit, uns zu unterhalten. Sein Zynismus ist schrecklich, seine »mépris«* der weiblichen Eigenschaften ist abscheulich. Er behauptet, daß intelligente Männer selten heiraten und daß Diogenes, der auf der Suche war nach einem ehrlichen Mann, niemals auch nur den Versuch machte, eine ehrliche Frau zu finden, daß Güte Heuchelei sei, daß Lebenserfahrung das Wissen um das Schlechte im Leben sei, daß es das Gute nicht gebe. Die romantische Liebe existiert nicht für ihn; das sei ganz einfach Quatsch. Liebe sei eine Schwäche, eine bloße Leidenschaft. Die Menschheit ist seiner Meinung nach nichts wert; es ist ihm gleichgültig, was mit ihr geschieht, wenn er nur gesund und munter ist. Entsetzlich! Und doch sind diese unmenschlichen Überzeugungen gepaart mit einem wunderbaren Gedächtnis und der Fähigkeit, logisch zu denken; er nimmt Plato mit unglaublicher Leichtigkeit auf, und er ist ein Gelehrter. Ich wünschte, er wäre menschlicher. Glaubt er, was er sagt? Oder ist das nur die Pedanterie seines Alters und die Liebe zu bombastischen Effekten, die zum Bewußtsein des eigenen Wissens hinzukommt? Ich hoffe, daß seine Eitelkeit sich im Laufe der Lehrjahre geben wird, die den kindlichen, relativ ruhigen Lebensphasen folgen. Warte, bis er jemand anderen als sich selbst

---

* Verachtung

36

liebt, bis er die Liebe liebt. Wie schnell er sich ändern wird! Bestimmt werde ich ihn lieber mögen. Im Moment erregt er meine ganze Neugierde und danach meine Empörung. Wenn er so weitermacht, wird er mein Mißfallen erregen.

15. August
Heute sahen Mama und ich Mary Pickford in *Suds*. In den meisten Fällen sind Kinofilme furchtbar albern; sie sind eine Zumutung für die Freunde von Liebesfilmen. Deshalb haben wir diesmal Mary Pickfords ungekünsteltes Spiel in einer hübschen, menschlichen Geschichte sehr genossen; wie oft waren wir voller Mitgefühl, Begeisterung und Rührung!
Auf dem Nachhauseweg grüßten wir den Schneider, lächelten dem Metzger freundlich zu (alle im Sonntagsstaat), sprachen mit dem Bahnbediensteten, der den ganzen Tag den Bahnübergang bewacht, antworteten auf das stümperhafte Englisch des Gemüsehändlers, nickten hier dem Fischhändler, dort der Frau des Blumenhändlers zu. Das sind die Freuden des Landlebens.
Thorvald und Charles waren während dieser Tage mit Tia Antolina in Edgemere; sie wohnt für einige Wochen in unserem Bungalow. Ich werde morgen dorthin fahren, um mich um Antolinita zu kümmern, während ihre Mutter in die Stadt fährt. Vor Charles' Abreise machten wir einen denkwürdigen Abendspaziergang. Denkwürdig aus mehreren Gründen. Anfangs waren wir zu viert, und Charles und ich waren sofort in ein Gespräch zu zweit vertieft. Dann langweilte sich Thorvald und kehrte auf dem schnellsten Weg nach Hause zurück. Wir setzten unseren Spaziergang und unser Gespräch fort. Dann zog sich Joaquin zurück. Wir gingen weiter, und der weise Mond, der über den Wolken thronte, war unser einziger Zuhörer. Das Thema war die Liebe. Ich versuchte, einen selbstgefälligen, egozentrischen und doch einsamen Jungen von der Richtigkeit meines Glaubens zu überzeugen. Ich sagte ihm, daß die Liebe nicht in unserer Macht stünde und daß wir sie alle bräuchten, und er hörte aufmerksam zu und glaubte mir halb. Er erklärte mir, daß er immer einsam gewesen sei, daß aber Bücher und Spiele ihn diese Einsamkeit manchmal vergessen ließen. »Vergessen lassen, ja, aber nicht heilen!«, sagte ich.
»Die Liebe bringt immer Kummer, Sorgen, Unglück, Anaïs;

aber wenn ich Junggeselle bleibe, werde ich mich um niemand anderen als mich kümmern müssen.«

»Und niemand anderer als du wird dich lieben, Charles. Du denkst nur an den Kummer, den dir die Liebe bringt, aber es gibt eine Belohnung, es gibt die Kameradschaft und vieles andere. Wenn du älter bist und dich nur für dich selbst interessierst, wirst du enttäuscht sein, weil wir uns selbst nie wirklich kennen und du dich selbst vielleicht uninteressant findest. Eigenliebe ist auf Sand gebaut. Auf jeden Fall ist ein Junggesellenleben kein Leben; es ist bloßes Existieren wie bei Katzen und Hunden.«

»Seltsam, sehr seltsam, deine Ideen«, sagte Charles. »Glaubst du denn, daß es Menschen gibt, die freiwillig lieben?«

»O ja, es gibt Menschen, die sich nach Liebe sehnen, die sie sich mit ganzem Herzen wünschen. Ich will sie und ich werde sie haben. Sie ist ein Ideal wie jedes andere, nur daß man es in einem bestimmten Alter erst hat.«

»Dein Ideal ist ein Trugbild«, sagte Charles ernst. »Ich zweifle mehr denn je an der romantischen Liebe, wenn du sie ein Ideal nennst.«

»Nein, diese Liebe ist kein Ideal, sie ist das Leben, mein Leben, dein Leben und das eines jeden – nur willst du es nicht so sehen. Du bist blind.«

»Woran merkst du, daß du verliebt bist?«, fragte Charles. »Ich habe das nie gefühlt.«

»Ich kann es nicht erklären, aber du wirst es wissen, wenn du es fühlst, glaube mir. Übrigens bin ich verliebt, ja, aber in einen Schatten, nicht in eine wirkliche Person, und du könntest nicht verstehen, wie ich mich fühle. Du liebst nur dich selbst, und ich habe genug Liebe, um Menschen *und* Schatten *und* jeden schönen Gegenstand, den ich sehe, zu lieben. Die Menschen sind sehr verschieden, ich weiß das.«

Zum ersten Mal in seinem Leben machte mir Charles ein Kompliment, und ich war glücklich, so einen langen Spaziergang und so viele lange Seiten an so ein abgedroschenes Thema vergeudet zu haben wie diese merkwürdige kleine Sache, die man Liebe nennt.

21. August
Montag und Dienstag fühlte ich mich in Edgemere sehr un-

glücklich. Die lärmende Fröhlichkeit, das grelle Licht am Strand und dann am Abend das *Kartenspiel,* das Flirten. Ethel, eine oberflächliche, geschwätzige Kubanerin, Luis Rey, Charles in seiner Kostümierung, geheuchelte Bewunderung für Ethels Kokettieren – alles wirkte so abstoßend auf mich, daß ich einen Augenblick lang meinte, laut aufschreien und verschwinden zu müssen, vielleicht mich nach Hause zu flüchten, in den Frieden. Auf der Heimfahrt im Zug führte ich ein strenges Selbstgespräch, in dem ich mein launisches Gemüt und meine wilden Gefühlsregungen tadelte. Zu Hause wurde ich wieder ruhig, und sofort war ich wieder ich selbst: Ich sang, sprach mit meinem Vogel, goß meine Pflanzen, die ich meine Kinder nenne und fühlte mich rundum wohl in dem großen, einsamen Haus. Ich war glücklich, wieder an meiner Schreibmaschine zu sitzen. Ich schrieb, ich las und vertrieb die abscheulichen Augenblicke in Edgemere aus meinem Leben.

Am Mittwoch besuchte ich Miß Harbeson. Es war ein Abenteuer, nicht mehr und nicht weniger. Ich stieg am Washington Square aus dem Bus und fühlte mich in dieser Gegend als eine hilflose Fremde. Ich fragte Passanten nach dem Butterick Gebäude, und schließlich wies mir jemand den Weg mit der außerordentlich tröstlichen Bemerkung, daß es eine sehr, sehr verrufene Straße sei. Mein Herz flatterte vor Erwartung. Ich stellte mir vor, wie ich von einer Bande finsterer Schurken überfallen und von einem galanten jungen Ritter des zwanzigsten Jahrhunderts gerettet würde. »Oh Schauer, laut habe ich dich gerufen, du aber hörtest nicht!« Ich ging nämlich eine halbe Stunde völlig unbehelligt und ohne erregendes Erlebnis von der MacDougal-Straße zur Spring-Straße. Die erbärmliche Musik eines Leierkastens begleitete mich, dasselbe taten schmutzige, kleine Gassenkinder und Italiener, die Birnen verkauften. Ich sah nur dicke Mädchen, die auf schmuddeligen Türstufen die staubige Luft einatmeten, arbeitende Männer, schreiende, unbeaufsichtigte Babies, hausbackene kleine Mädchen und eine Gruppe Farbiger, die vermutlich gerade eine politische Diskussion führte. Das einzige, was ich trotz meiner lebhaften Phantasie sehen konnte und was einem aufregenden Erlebnis etwas näher kam, war das neugierige und starre Gaffen all jener, an denen ich auf der Straße vorüberging. Als ich in der Spring-Straße ankam, sah ich das Butterick Gebäude. Ein

Aufzug beförderte mich in den zwölften Stock, und währenddessen las ich aufmerksam die Aufschriften an den Türen. Wir fuhren an der Redaktion, an der Druckerei, an der Abonnementabteilung vorbei. Es war der gewaltige Verwaltungsapparat hinter dem ganz gewöhnlich aussehenden *Delineator*, den ich jeden Monat so unbekümmert gelesen hatte, ohne jemals an die ungeheure Arbeit zu denken, die dahintersteckte. Ich erlebte noch eine weitere Überraschung, als ich Miß Harbeson kennenlernte, die wirklich alle meine Vorstellungen (nein, besser gesagt, meine falschen Vorstellungen) eines Redakteurs über den Haufen warf. Sie war jung und freundlich, interessant und warmherzig. Sie zeigte mir, womit sie gerade beschäftigt war: Vorbereitungen für die Dezember-Nummer des *Delineator*, wir sprachen über verschiedene Themen, und nachdem ich mich schließlich verabschiedet hatte, beschäftigten mich diese Eindrücke den ganzen Heimweg. Wahrscheinlich werden meine Verse im Dezember veröffentlicht. Folgende Eigenschaften scheinen für einen zukünftigen Autor unverzichtbar: Phantasie, Fleiß, Ausdauer, Geduld.

22. August

Oh, wie ich mich in der letzten Nacht amüsiert habe. Im Kew Gardens Inn findet jeden Samstag abend eine Tanzveranstaltung statt, und wir haben uns mit den de Solas* dort verabredet. Nur Mama, Marraine und ich, da Thorvald wegen einer Bronchitis im Bett lag. Ich trug mein duftiges Kleid aus türkisblauem Tüll – und einen glücklichen Ausdruck alberner Freude. Als wir dort um neun Uhr ankamen, trafen die de Solas einzeln ein. Ich hatte keinen Tänzer und begann, die andern gleichmütig zu beobachten. Gerade um diese Zeit traf Mama eine gewisse Mrs. Waterbury, eine ehemalige Bekannte aus der Zeit, als wir bei Tia Coco wohnten. »Nun, Mrs. Nin, wie geht es Ihnen? Was machen Sie hier?«

»Ich habe meine Tochter zum Tanzen begleitet«, antwortete Mama. Später erzählte mir Mama, daß Mrs. Waterburys Neffe, Mr. Sanford, gefragt hatte, wer das Mädchen in Blau sei,

---

* Freunde der Familie: Candelaria de Sola, ihr Sohn Vicente und ihre Tochter Elsie

denn er wolle sie kennenlernen; ebenso ein Mr. Blackwood, und wir wurden einander schließlich vorgestellt. Ich tanzte bis Mitternacht. Mr. Sanford war in meinem Alter und sehr höflich und nett. Mit Mr. Blackwood tanzte ich den schönsten Walzer meines Lebens. Er war älter und auch sehr angenehm. Schließlich gratulierten mir Mrs. Norman, Captain Norman, Marraine und Mama, die sich während des übrigen Abends auf der Veranda unterhalten hatten, zu meinem Glück. Wir gingen sehr fröhlich nach Hause. Marraine hatte mehrere Male getanzt und fühlte sich sehr jung.

Wie liebte ich die Messe an diesem Morgen, als Mamas Stimme zusammen mit dem Gebet der Orgel erklang. Und nun werden wir für zwei Stunden ein Auto mieten und spazierenfahren.

An Eduardo:
»Glaubst Du nicht, Eduardo, daß das Leben sehr eintönig wäre, wenn wir alles wüßten? Zum Glück lernen wir jeden Tag etwas Neues und entdecken, wie wenig wir wissen. Oh, es ist wie fliegen in einem Flugzeug, mit endlosen Flächen unerforschten Landes und Meeren, immer weiter und weiter. Nur die unglücklichen Leute, die keine Phantasie haben, haben kein Flugzeug und müssen zu Fuß gehen.

Ich besuchte wieder einmal Washington Irvings Ecke in der Bibliothek: die Ausstellung seiner Briefe, seines Tagebuchs, seiner Bleistiftnotizen und Aufzeichnungen, die ihm als Vorlage für seine Essays dienten. Voller Ehrfurcht betrachten die Menschen jene Reliquien, unzählige Menschen, die herein- und hinausströmen, den ganzen Tag über, mit Bewunderung im Herzen. Schau, was für eine Kluft sich auftut zwischen dem Ruhm und dem Alltagsleben, das wir führen. Kannst Du Dir jemals vorstellen, daß Deine Briefe, Dein Tagebuch, Deine Gedichte – oder meine? – so der Öffentlichkeit preisgegeben werden? Vielleicht werden die Leute nach unserem Tod sagen: ›Era muy bueno, el pobre.‹* Und das ist alles!«

24. August
Die Familie von Mr. Sanford, mit dem ich am Samstag so oft

---

* Er war sehr gut, der arme Kerl.

getanzt hatte, hat mich heute abend ins Varieté eingeladen. Sie werden mich um acht Uhr abholen. Ich habe den ganzen Tag mit Thorvald gespielt, der mit einer schlimmen Erkältung im Bett liegt. Wenn ich aufhöre, mit ihm zu spielen, nimmt er seine Geige, zu der er sich plötzlich wieder hingezogen fühlt. Ich arbeite viel für Mama, aber ich erledige alles mit Ungeduld.*

27. August

Am Dienstag war es sehr schön. Mr. Sanford macht gerne Komplimente, und ich lachte ständig wie ein albernes kleines Mädchen. Und dann, gestern, das Geheimnis meines ersten Blumenstraußes! Er kam am Nachmittag mit einer kleinen Karte, auf der stand: »Von einem Bewunderer.« Stell dir vor, jemand schickte mir wirklich und wahrhaftig Blumen! Wer war es wohl? Ich träumte davon, nachdem ich sie in meine Kirche getragen hatte, um den Altar zu schmücken. Ich betete zu Gott, daß ich nicht eingebildet werde.

Es ist keine große Tat, Blumen in die Kirche zu bringen, und dennoch liegt darin eine tiefe, wunderbare Bedeutung. Es bedeutet, daß ich jene entsetzliche Kälte, jene Skepsis, jenen Zynismus überwunden habe, die mit jedem Wort, das ich in letzter Zeit in den Büchern der »Christian Science« gelesen hatte, in mein Herz gedrungen waren. Es bedeutet, daß ich wie ein verlorenes Schaf dorthin zurückgekehrt bin, wo ich hingehöre. Es bedeutet, daß ich durch ein unglückliches Ereignis in unserer Familie, nämlich Tia Juanas schwächlichen Verrat an ihrer Religion, Dinge gehört und gesehen habe, die mich verwirrt und tief verletzt haben, und durch den Gegensatz verstand ich später die Reinheit, die Erhabenheit der römisch-katholischen Religion, verstand sie wohl. Sonntags bete ich so inbrünstig, wie ich noch nie gebetet habe, vielleicht seit vielen Jahren nicht, daß ich mich niemals im Netz der Doktrinen der »Christian Science« verfangen möge. Wenn ich dir erzählen könnte, was Tia Juana alles gesagt hat, um meinen Glauben zu gewinnen, dann würdest du es verstehen, aber ich kann es nicht erklären.

Ich habe begonnen, diese sogenannte Religion von ganzem

---

* Französisch im Original

Herzen zu hassen, die von einer unmoralischen Frau gegründet wurde, die nur an unsere niedrigsten Instinkte appelliert: an die Feigheit oder mit anderen Worten: die Angst vor dem Leben, die Angst vor dem Kämpfen, das ja eigentlich »das Leben selbst« ist, die Angst vor physischem Schmerz. Eine dumme, geistesschwache Blindheit und eine heuchlerische Idealisierung; ohne jede Liebe und ohne jedes Gefühl, obwohl sie vorgeben, *jeden* zu lieben. Wie können sie das denn, wenn das Mitgefühl in ihren Adern gefroren ist, wenn das rote Blut in ihrem Körper nicht stärker pulsiert als in einer Qualle? Ist äußerste Kälte ein Zeichen für Geist? Ist ständige Kommunikation mit Gott, das ständige Anrufen Gottes, das ständige Erwarten göttlichen Beistandes bei jeder noch so unbedeutenden Gelegenheit ein Zeichen für Religion? Bete, aber handle auch. Die Menschen und alles Leid und alle Not zu ignorieren, um sich der Betrachtung des Unendlichen hinzugeben, ist nichts als verkappter Egoismus.

Und auf diese Weise hat Tia Juana meiner Liebe zu ihr den Todesstoß versetzt, weil sie so eine schöne Religion um einer solch schwachen, abstoßenden Erfindung willen aufgegeben hat. Im letzten Jahr sind meine Illusionen durch ihre Fehler ins Wanken geraten; in diesem Jahr, als ich glaubte, meine Liebe sei durch mein ernsthaftes Bemühen um ihre Wiederbelebung tatsächlich neu aufgelebt, mußte ich entdecken, daß sie tot, unwiderruflich tot ist. Und wie sehr mich die Gedanken verletzt haben. Oh, manchmal wünsche ich, mir wären einige traurige Erfahrungen für später erspart geblieben.

3. September

Es scheint eine Ewigkeit her zu sein, seit ich mich das letzte Mal deinen Seiten anvertraut habe, und doch sind es in Wirklichkeit nur ein paar Tage. Ich habe das Leben der Miß Anaïs Nin geführt, nicht Linottes Leben. Einmal hat mich Mr. Sanford ins Kino nach Richmond Hill eingeladen, und nach unserer Rückkehr um zehn Uhr unterhielten wir uns bis Mitternacht. Meine kleine Mama hatte sich inzwischen schon leise in ihr Schlafzimmer zurückgezogen.

Am nächsten Tag, einem Samstag, ging ich mit Mr. Sanford, seiner Schwester, einem Freund und Marraine ins Forest Hill Inn, und wir tanzten bis Mitternacht. Einen Tanz hielt ich für

Jimmy* frei. Ich glaube, ich habe dir schon einmal erzählt, daß ich mir Jimmy näher anschauen würde, und seither war unser Umgang gleichgültig und herzlich. Manchmal war seine Rede feurig, manchmal eiskalt, so daß ich glaubte, daß er mich überhaupt nicht mochte; und er glaubte, ich sei zu stolz! Aber am Samstag entdeckte ich, daß er mich mag, weil er neben Marraine saß, die er nicht kannte, und mit seinem Freund über mich sprach. Als ich hörte, was er sagte, war ich so glücklich, daß ich in diesem Augenblick, an diesem Ort entdeckte, daß ich ihm gut war ... et voilà!

Mama brachte Miguel Jorrín und seinen Freund Alberto Bequer für eine Woche als Gäste zu uns nach Hause. Miguel ist ein Bruder von Tio Enriques Frau. Uff, dieser Familienklatsch bringt mich ganz außer Atem. Aber ich muß mich daran gewöhnen oder aber die japanische Staatsbürgerschaft annehmen und Kuba als meine sogenannte Heimat verleugnen.

Am Mittwoch sah ich mit Antolinita die berühmten *Ziegfeld Follies;* gestern *Gold Diggers* mit Antolinita und Charles. Ich mochte beides sehr.

Und ach, die Bücher, die ich in meinen gestohlenen (nicht den freien) Augenblicken lese. *Mary Marie* von Eleanor Porter. Dieses kleine Mädchen, ganz aus Gegenströmungen und Widersprüchen, das Kind zweier ganz verschiedener Menschen, ihrer Eltern ... es war ihr Tagebuch. Als ich anfangs auf den Seiten das Echo meiner eigenen Gedanken fand, fühlte ich mich verletzt, sie unter einem anderen Namen gedruckt zu sehen – meine Gedanken, meine Vorstellungen, und dann vergaß ich das und las weiter und weiter, bis zur allerletzten Seite. Allmählich mochte ich dann Mary Marie, und ich wünsche, ich könnte das Englisch schreiben, das sie schreibt: einfache, alltägliche Wörter, Wörter, die ich beim Sprechen, aber nie beim Tagebuchschreiben benutze, weil ich das andere Englisch liebe, Scotts Englisch, Washington Irvings Englisch. Ich fühle auch das doppelte Wesen in mir: Miß Nin und Linotte. Linotte ist unmöglich und muß verborgen werden, völlig verborgen. Miß Nin ist nicht so übel. Ich dachte an meinen Vater, der ganz für seine Kunst lebt; an Mary Maries Vater, der ganz für seine

---

* Jimmy Forgie, ein Nachbar

44

Sterne lebt. Ihre Eltern sind geschieden, meine Eltern leben getrennt. Aber hier hört die Ähnlichkeit schon auf: Ihr Vater und ihre Mutter verlieben sich wieder! Und meine? Der Schluß von *Mary Marie* war vor langer Zeit die Erfüllung meiner Träume, aber warum sollte ich heute daran denken? Ich weiß nicht. Die Einsamkeit meines Vaters verfolgt mich manchmal bis in meine Träume, aber ich habe niemals darüber gesprochen. Es ist so sonderbar, ohne Vater aufzuwachsen, und so traurig.

7. September

Am Sonntag erreichte Joaquin das ehrbare Alter von zwölf Jahren. Mama und ich gaben ihm Geld, Mrs. Norman Süßigkeiten, und ihr Bruder, Mr. Reilly, zwei Bücher. Er machte einen sehr glücklichen und doch ernsten Eindruck, als ob er neue Verantwortungen und neue Aufgaben vor sich sähe. Wir gingen alle wie gewöhnlich in unsere kleine Kirche. Mit glänzenden Augen und einem äußerst merkwürdigen Gesichtsausdruck legte Joaquin einen von seinen eigenen Dollars in den Klingelbeutel. (Als Mrs. Norman die Geschichte hörte, steckte sie einen Dollar in einen Umschlag und legte ihn heimlich beim Mittagessen unter seinen Teller; dazu schrieb sie: Vom heiligen Anton für Joaquin. Anschrift: Himmelspforten.)
Und dann am Nachmittag – oh, mein kleines Tagebuch, was für ein Abenteuer! Es war ein herrlicher, heiterer Tag, und wir fuhren mit einem alten Mietauto nach Brentwood auf Long Island zu Mamas Klosterschule, um ihre Lehrerin zu besuchen. Mit von der Partie waren Mama, Mr. Reilly, Miguel Jorrín, Thorvald, Joaquin, Alberto Bequer und Linotte. Es war zwei Uhr, als wir aufbrachen. Nach einer zweistündigen, angenehmen Fahrt über schöne Straßen, die manchmal sogar so nahe an der Küste entlangliefen, daß man die salzige Brise spürte, kamen wir in der Klosterschule von Brentwood in the Pines an. Es war außerhalb der Schulzeit, und in dem großen, schönen Gebäude war es sehr still.
Wir gingen hinein und wurden von einer sehr alten Ordensschwester durch die langen, stillen Gänge geführt. Während wir auf Mamas Lehrerin warteten, machten wir die Bekanntschaft einer jungen Schwester. Ich glaube, ich werde ihr Gesicht nie vergessen. Sie nannte uns ihren Namen: Maria de la Concepción. Sie hatte große, blaue Augen, so ruhig wie ein

See, aber viel schöner; wenn sie lächelte, brachten sanftes Licht und Schatten Bewegung in diese Augen. Es schien, als hätten sie eine überirdische Glückseligkeit geschaut, die wir nicht kennen. Ich fühlte, daß ich vor ihr niederknien wollte; wie rein, wie gut und sanft mußte sie sein! Ich konnte mir vorstellen, daß Engel ihren Schlaf bewachen; ich konnte mir vorstellen, wie sie betet, und wie der Himmel ihrer vollkommenen Stimme lauscht. Als sie uns verließ, blieb in mir ein seltsames Gefühl zurück, als ob mich in ihrer Gegenwart eine Woge von Licht umspült hätte. Die vollkommene Heiterkeit ihrer Gedanken, die sich in ihren Augen widerspiegelte, verbunden mit der Reinheit ihres Herzens. An solche Dinge will ich mich erinnern, wenn ich betrübt und böse bin.

Später lernte ich Schwester de Paul kennen. Anscheinend setzte sie große Erwartungen in die Eigenschaften von Rosita Culmells Tochter! Ich mochte sie, sobald ich sah, wie sie Mama küßte, wie sie sie zu einer Sitzgruppe führte, sich an ihre Seite setzte, in ihre Augen sah und ihr etwas zuflüsterte. Mama errötete und wurde verlegen und bescheiden. Es war das erste Mal, daß ich Mama so sah. Sie antwortete, aber wandte dabei ihr Gesicht ab. »Oh, ungefähr vor einem Monat!« Später erzählte sie mir, daß Schwester de Paul sie gefragt hatte, wie lange es her sei, seitdem sie das letzte Mal die heilige Kommunion empfangen habe. Und Mama wußte, wie verletzt sie gewesen wäre, wenn sie die Wahrheit erfahren hätte, die liebe, liebe Schwester. Dann wandte sie sich zu mir um und hielt mein Gesicht zwischen ihren Händen, küßte mich und sagte mir, daß ich wie eine *gute, liebenswerte* kleine Tochter aussähe. Sie war Mamas Französischlehrerin, selbst eine Französin aus der berühmten Familie der de Guise, und deshalb nannte sie mich eine kleine Parisienne, hielt meine Hand während des ganzen Besuches und sagte jedesmal etwas Nettes, wenn ihre blauen Augen die meinen trafen. Sie war so einfach, so mütterlich und erinnerte sich nach über dreißig Jahren sogar an den Vater, an die Schwestern meiner Mutter. Man hatte ihr von Tia Juanas unglücklichem Sinneswandel erzählt, und sie beauftragte mich, Tia Juana zu ihr zu führen. »Petit ange du foyer«* flüsterte sie im-

---

* »Kleiner Engel des Hauses«

mer wieder, und ich spürte, daß ich in Zukunft niemals etwas würde tun können, was Schwester de Pauls Glauben an Rosita Culmells Tochter verraten würde, wie böse ich früher auch gewesen sein mochte. Sie sagte mir, daß sie für uns beten würde und daß wir auch für sie beten sollten.

Wir fuhren einen anderen Weg zurück, über eine noch reizvollere Straße, die den Vanderbilts gehört, und wir mußten am Anfang der Straße Maut bezahlen. Wie schnell wir fuhren! Wie begeistert wir waren! Wie bald würden wir zu Hause sein! Und dann – Knall! Eine Reifenpanne. Nach einer Unterbrechung von vierzig Minuten waren wir wieder startbereit. Inzwischen war die Sonne verschwunden, und die einschläfernde Dämmerung folgte dem herrlichen Nachmittag. Wie schnell wir fuhren! Wie begeistert wir waren! Wie bald würden wir zu Hause sein! Und die Schatten begleiteten uns auf der Fahrt, sie senkten sich, senkten sich nieder auf die schläfrigen Felder und umfingen die Bäume in ihrer dunstigen Umarmung. Plötzlich – das Auto fuhr gerade einen Hügel hinauf – blieb es stehen. Es wurde allmählich kühler, und da wir seit ein Uhr nichts gegessen hatten, begannen wir alle zu murren, wir hätten Hunger. Leute hielten an, um uns zu helfen; wir hatten kein Licht, da es uns an Petroleum oder so etwas ähnlichem fehlte. Das Wort Vergaser wurde im Gespräch oft erwähnt, es hieß, wenn wir irgendwie auf den Hügel hinaufkämen, dann wäre alles weitere leichter. Wir warteten nun auf der Straße in völliger Dunkelheit, und plötzlich setzte sich das Gefährt in Bewegung, den Hügel hinauf, immer weiter hinauf, und wir mußten ihm alle hinterherlaufen. Als es oben angekommen war, nahmen wir wieder unsere Plätze ein, und die Reise wurde einige Meter fortgesetzt. Es galt, den nächsten Hügel zu erobern oder zu sterben. Thorvald wurde zum nächsten Telefon geschickt, während der Fahrer vergeblich mit der vertrackten Maschine kämpfte. Er sagte dauernd, daß wir nach Hause kämen, wenn wir nur erst den Hügel hinaufkämen. Dann geschah etwas Seltsames und Ungewöhnliches: Mademoiselle Linotte hatte eine Idee. Vielleicht lag es daran, daß Linotte die ganze Situation ungeheuer genoß und trotz ihres Hungers ganz begeistert war. »Steigen wir doch alle aus und schieben«, rief ich. Gesagt, getan. Wir schoben. Es war sehr schwierig und anstrengend, und so erreichten wir schiebend den Gipfel des Hügels. Dort hantierte der Fahrer eine Weile mit seinem Werkzeug herum, und plötzlich fing das Ding an zu kriechen. Wir verloren eine halbe Stunde mit der Suche nach Thorvald. Eine Zeitlang war er hinter uns hergelaufen und hatte sich bemüht, uns einzuholen. Um zwölf Uhr wurden der Mond und die Sterne Zeugen eines seltsamen Schauspiels. Das Auto hatte sich irgendwie bis nach Richmond Hill vorgekämpft; nur einen Häuserblock von zu Hause blieb es stehen. Wir gingen zu Fuß zu unserem Haus und zu unserem Abendessen. Wir schliefen bis zehn Uhr. Am Montag morgen rief Mr. Sanford, beziehungsweise Waldo, wie ich ihn jetzt nennen muß, an und bat um die Erlaubnis, mich besuchen zu dürfen. Er kam um vier, und wir redeten und lachten und tanzten zusammen. Er blieb zum Abendessen, und nach dem Abendessen gesellte sich der Rest der Familie zu uns, um Spiele zu machen. Um neun ging Joaquin zu Bett. Um halb zehn verschwand auch Thorvald, dann Alberto. Um elf gähnte Miguel und verließ uns. Und so blieb nur noch Waldo, der kurz vor Mitternacht den Zug nach New York erwischen mußte. Er nahm mir das Versprechen ab, seine Briefe zu beantworten, und schließlich schüttelte er mir die Hand wie Doktor Murray, energisch, so kraftvoll, daß es weh tat, emphatisch. Und heute abend rief er zur Essenszeit an, einfach so, nur um zu reden. Gut, gut, sagte Mademoiselle Linotte, dies ist ein ereignisreiches Leben. Dazu kommt noch ein kalter Brief von Marcus – kein Wort von Eduardo.

10. September

Ich kann mir meine Stimmung heute nicht erklären. Ich sollte eigentlich nicht schreiben und bin doch ganz alleine im Haus und traurig ... Warte ab, ob du mich eine Weile ertragen kannst, bis ich mich bessere. Ich glaube, es liegt daran, daß Thorvald und Joaquin sich gestritten haben und ich beinahe die Fassung verlor. Und doch hätte ich nicht soviel Zeit damit vergeuden sollen, sie zu trennen, da ich so viel Arbeit für Mama zu erledigen hatte. Als Thorvald mit Miguel und Bequer Tennis spielen ging, wurde Joaquin mäuschenstill, und ich arbeitete, bis meine Schreibmaschine den Geist aufgab, dann schrieb ich an Jack, und hier bin ich nun, ein launisches Wesen, das Trost braucht. Ich werde dir etwas sagen, mein kleines Tagebuch: Manchmal komme ich mir sehr böse vor. Vieles bringt mich auf diesen Gedanken, und dann werde ich allmählich ruhig und ernst, immer ruhiger und ernster, bis ich wie eine sauertöpfische alte Jungfer mit einer Schade-daß-ich-so-viel-versäumt-habe-Miene aussehe.

Dann lese ich dieses Heft von der ersten Seite an durch und finde es ganz seltsam. Anscheinend verändere ich mich jeden Tag und so schnell, daß ich keine Zeit habe, mich selbst zu verstehen. Aber das spielt keine so große Rolle; eine Rolle spielt die Erkenntnis, daß jeder Mensch sich verändert. Seltsam, das fällt mir auf, wenn ich Marcus' letzten Brief lese, in dem er mir mitteilt, daß er am Freitag nach New York kommen wird; und mir wird klar, daß ich viel darum gäbe, ihn niemals wiederzusehen – niemals. Ja, du siehst, diesmal bin ich es, die sich verändert hat. Ein anderes Beispiel ist der Briefwechsel mit Frances, bei dem einst die Briefe in so kurzen Abständen aufeinanderfolgten, und jetzt antwortet sie nicht einmal mehr, wenn ich schreibe. Sie hat sich verändert. Anstatt klüger zu werden, werde ich langsam eher wie ein Kind, das Angst hat vor Dunkelheit und Schatten. Unbedeutende Dinge verfolgen mich nachts in meinen Träumen und tagsüber in meinen Gedanken, vor allem Fragen, die nie beantwortet werden.

Und all das ist Unsinn, weil es stimmt, daß wir den größten Teil unseres Glücks selbst in der Hand halten, und was ich jetzt mache, ist Schatten suchen, statt Sonnenschein. Und dennoch wünsche ich mir so sehr, gut zu sein. Es ist wahr, daß Mademoiselle Linotte sich selbst und dir gehört, aber Miß Nin muß sich auf ihre Aufgaben konzentrieren und nützlich sein. Es ist nur so viel leichter, Mademoiselle Linotte zu sein. Ich werde sehr bald Eduardo und Cuca sehen. Sie haben heute Kuba verlassen. Und doch glaube ich, daß es von seiten Cucas ein sehr steifes Treffen werden wird. Der Himmel weiß, wie sehr sich Eduardo verändert haben mag. Vielleicht wird es unmöglich sein, jene Woche der Harmonie, wie ich sie in meinen imaginären Geprächen genannt habe, noch einmal zu erleben.

»Liebe Frances!
Ein Regentag ist ein Tag der Erinnerungen, und der heutige Tag war wohl viel schöner, als viele herrliche Tage zusammengenommen. Kannst Du Dir denken, warum? Ich kniete neben meiner Schublade, und bei der Suche nach einigen Papieren

fand ich alle Deine alten Briefe, die ich einen nach dem anderen las. Oh wenn Du wüßtest, jeder dieser Briefe ließ solche Bilder vor meinen Augen erstehen, daß ich nicht sagen könnte, welcher mir der liebste ist. Deshalb schreibe ich Dir heute, obwohl ich von Dir seit sehr, sehr langer Zeit nichts gehört habe – weil ich an Dich denke. Ich las von den Problemen. Erinnerst Du Dich, als wir versuchten, kleinen Ereignissen auf den Grund zu gehen? Ich las über Dein Buch, Dein Tagebuch, Deine Erzählungen, Deine Gedichte, kurz über alles, was unsere Briefe zu Gesprächen machte. Es waren keine einfachen, gewöhnlichen Briefe. Einen Brief, den Du mit Bleistift geschrieben hast, kann ich nicht lesen. Einen nach dem anderen öffnete ich und fühlte, wie ihr Duft meine Einsamkeit vertrieb (weil ich einsam war, mußt Du wissen, als ich neben der Schublade kniete, jetzt nicht mehr). Ich las sie alle und wünschte, die letzten würden nicht immer kürzer und seltener werden. Aber Mama sagt, daß sehr wenige Leute so viel Zeit fürs Schreiben verschwenden können, wie ich! Nun gut, jetzt habe ich sie alle gelesen – nur Du stehst immer noch vor mir. Ich nehme an, daß Du gehen wirst, wenn ich diesen Brief schließe, und deshalb möchte ich ihn ausdehnen, um den Zauber nicht zu brechen. Du denkst vielleicht, daß ich einen kleinen Knacks habe. Nein, es liegt nur daran, daß ich Dich wirklich mit einem Zauber umgeben habe, so daß ich Dich gegen Deinen Willen hierherholen kann. Es gibt vieles, was ich Dir sagen möchte, weil ich zur Zeit Sokrates und Plato lese. Und wenn Du wüßtest, Frances, wie sie einen zum Denken und Staunen bringen. Erinnerst Du Dich, als Du einmal schriebst, daß Du nicht sicher seist, ob Du eine Seele hättest? In einem langen Dialog erklärt ein Buch, warum es unzählige Dinge gibt, die wir wissen und die man uns auf Erden nie gelehrt hat. Es scheint (ich sage »es scheint«, weil ich mir darüber bis jetzt noch keine Meinung gebildet habe), also, es scheint, daß unsere Seelen, lange bevor wir gelebt haben, in anderen Welten gelebt und gelernt hatten; dann kommen sie zu uns und verlassen uns wieder, wenn wir sterben. Alles, was sie sagen, ist durch Logik bewiesen; manchmal habe ich eine sehr, sehr große Abneigung gegen die Logik, aber es ist offenbar so, daß man keine Aussage machen kann, ohne sie auch zu beweisen. Ich lese diese Bücher zur Vorbereitung auf mein Philosophiestudium. Ich möchte nicht von der plötzlichen Entdekkung so vieler seltsamer Anschauungen überrascht werden. Ich habe selbst schon viele Dinge herausgefunden, die mich nachts in meinen Träumen und tagsüber in meinen Gedanken verfolgen. Manchmal frage ich mich, ob mir die Philosophie gefallen wird und ob ich eine Dichterin bleiben und zugleich eine Philosophin sein kann. Wenn ich entdecke, daß die Philosophie nicht zum Dichterdasein paßt, dann könnte sich doch einfach nur Miß Nin damit beschäftigen, meinst Du nicht? Weißt Du, Miß Nin ist der vernünftige Teil von mir, Frances, die kleine Hausfrau und Schwester und gehorsame (hm ...) Tochter. Linotte ist der Teil, der sich immer in Verwirrung und Aufruhr befindet, der unmögliche Teil, der versteckt oder aber ertragen werden muß – das launische und verschrobene Wesen und auch der Versschreiberling und so weiter. Welchen magst Du lieber? Es ist einfacher, Linotte zu sein. Wenn Du mich noch ein wenig magst, Frances, dann schreibe.

Anaïs & Linotte«

Der Tisch ist gedeckt, und kulinarische Düfte steigen aus der Küche auf – zu Thorvalds großer Freude und zur allgemeinen Zufriedenheit. Ich wollte dir erzählen, wie glücklich unser Sonntag begonnen hatte, und jetzt ... oh, wie schwer es ist, fröhlich zu sein! Thorvald und Joaquin streiten sich, und meine arme kleine Mama ist ärgerlich. Kurz zuvor noch spielte Joaquin auf seinem geliebten Klavier, und Thorvald las. Haben sich die Jungen denn nie in der Gewalt? Müssen sie denn immer streiten und herumschreien und im ganzen Haus herumtoben? Ich weiß nicht, aber manchmal denke ich ... Nein, ich werde nicht schreiben, was ich denke, weil ich befürchte, daß mein verschrobener Teil laut und schadenfroh über mich lacht und sich brüstet, wie leicht ich unter seinen Einfluß gerate.
Ich habe viel über die Sánchez-Familie nachgedacht, besonders über das Wiedersehen mit Cuca und Eduardo. Miß Nin ist sehr frivol und bekam einen neuen Hut, zum Teil wegen des bevorstehenden Besuches ihres Cousins. Miß Nin mag den Hut sehr, sehr gern. Er ist ganz aus Spitze und duftigen Federn und schwarz, was mich sehr würdevoll, blaß und interessant erscheinen läßt – weißt du, mein kleines Tagebuch, Hüte und andere Dinge verändern nämlich das Aussehen, obwohl das Innere vielleicht nur so lala ist.

Ich beobachte das Buch, wie es wächst und wächst. Was für eine geschwätzige kleine Frau ich bin! Ob nun in Englisch oder in Französisch, hast du bemerkt, in welcher Überfülle sich meine Gedanken auf deinen Seiten niederlassen? Es ist schrecklich. Das nächste kleine Buch wird wieder auf Französisch geschrieben, dieses hier wurde Eduardo zuliebe in Englisch begonnen, aber ich habe den Verdacht, daß er es nicht wird lesen wollen. Gott sei Dank, weil ich mich wirklich schämen würde, die Fenster meiner geheimsten Gemächer so einfach von jemandem öffnen zu lassen – außer von Mama und meinem Mann.

13. September

Eduardo ist gekommen! Gestern abend kamen sie im Hotel Waldorf an, und heute morgen besuchte er uns mit meiner kleinen Cousine Anaïs. Sie haben mit uns zu Mittag gegessen, und Joaquin und Anaïs sind dann allein spielen gegangen. Also konnten Eduardo und ich ein Harmonie-Treffen veranstalten. Es war wirklich nicht so, als sei er zwei Monate lang fort gewesen. Er las ein paar von deinen Seiten, Tatsachen und Phantasien, und wir redeten. Mein Gott, wie leicht läßt es sich reden, wenn man etwas zu sagen hat. Es war, wie wenn man ein Buch liest ... Vorwort, Hauptteil und Schluß, als wir einander zuhörten. Dann fragte ich mich, warum ich schlaflos war und nachdenklich und traurig; es kam keine Antwort, und während ich mit weit geöffneten Augen dalag, erlebte ich noch einmal die Ereignisse des Tages. Ich war mit einem sehr frühen Zug nach New York gefahren. Cuca schlief noch, und Eduardo und Anaïs frühstückten, also stahlen Tia Anaïs* und ich uns für eine Stunde davon. Ich glaube, wir wollten einkaufen gehen.

Um elf Uhr dreißig waren wir startbereit für den Zug nach Tarrytown und für das Abenteuer. Im Zug las Anaïs, und Eduardo und ich veranstalteten ein zweites Harmonie-Treffen. Ich weiß kaum noch, worüber wir sprachen, aber offenbar dauerte die Fahrt eine Dreiviertelstunde, obwohl ich selbst die Dauer nicht hätte angeben können. Ich weiß nur, daß der Zug mit einem Ruck zum Stehen kam und der Schaffner rief: »Tarry-

---

* Anaïs de Culmell de Sánchez

town!« Ein ganz gewöhnlicher Bahnhof, ein ganz gewöhnlicher Zug, aber unser Reiseziel … Es war Washington Irvings Haus. Unsere Begeisterung ging jedoch nicht so weit, daß wir unseren menschlichen Schwächen nicht Rechnung getragen hätten. In schönstem Einvernehmen betraten wir ein Lebensmittelgeschäft und kauften Picknickproviant. Erst dann machten wir uns auf den Weg nach Sunnyside, das ungefähr eine Meile entfernt war. Wir ließen die gewöhnliche Stadt hinter uns und gingen abwechselnd an Feldern und langen, hohen Heckenreihen entlang, durch die wir oft hindurchguckten, um die schönen, stattlichen Herrenhäuser zu bewundern, und manchmal konnten wir auch einen Blick auf den ruhig fließenden Hudson werfen, den berühmten, geliebten Fluß. Als wir ein Feld erreichten, auf dem Kühe grasten (grasen Kühe eigentlich?), beschlossen Anaïs und Eduardo, hier zu Mittag zu essen – zur großen Bestürzung von Mademoiselle Linotte, dem Stadtkind, das Angst vor Kühen hat. Eine Schande! Die furchterregenden Tiere waren ganz im Gegenteil auf geradezu verletzende Weise gleichgültig uns gegenüber, manchmal glotzten sie uns an mit ihrem starren Blick und drehten sich im nächsten Moment verächtlich um – sie liefen schon davon, wenn wir nur mit den Händen winkten. Das Mittagessen ließ wirklich nichts zu wünschen übrig. Wir pflückten Blumen und steckten sie in das leere Olivenglas als Blickfang für den reizendsten Eßtisch, den man sich denken kann: frisches, grünes Gras unter hohen, freundlichen Bäumen. Ich dachte an viele Dinge, angenehme Dinge, und schließlich daran, daß es keinen Abwasch gab! Du weißt, kleines Tagebuch, wie einen das freut.

Nach »des gesättigten Schlemmers herrlichstem Mahle« setzten wir unsere Wanderung fort. Wenn ich mich recht erinnere, bestand die Unterhaltung zum großen Teil aus albernem Gelächter und fröhlichen, heiteren Ausrufen. Wenn ich allein gewesen wäre, wäre ich ernst gewesen, hätte vielleicht moralisiert und Fragen gestellt, Selbstgespräche geführt und geträumt. Aber Anaïs' und Eduardos Einfluß machten mich zu dem, was ich sein sollte und nicht sein kann – eine unbeschwerte und sonnige kleine Dame. Aber was kümmert mich das? Es war eine sehr schöne Straße mit den höchsten Bäumen, die ich je gesehen hatte. Stellenweise kam es mir bekannt vor, als ob ich davon geträumt hätte, insbesondere ein Haus, dem die Natur oder der Mensch einen See geschaffen hatte, so glatt wie ein Spiegel mit einer winzigen Insel in der Mitte, auf der eine wunderschöne ausdrucksvolle Trauerweide wuchs. Am Ufer festgebunden lag ein anmutiges Boot, und dann so weit das Auge reichte: Wälder und Hügel. Und dennoch war dies noch der zivilisiertere Teil unseres Ausflugs. Danach schlugen wir nämlich einen unwegsamen, holprigen Feldweg ein, auf dem wir so lange gingen, bis das Tor von Sunnyside vor uns stand. »Wozu ein Tor, wenn doch geschlossen sein soll?« war ich versucht zu fragen. Nicht wirklich geschlossen, sondern bewacht durch ein eindringlich mahnendes Schild: »Betreten für Unbefugte verboten. Zuwiderhandelnde werden bestraft.« Man hatte uns gesagt, daß das Haus geschlossen sei, aber sollten wir auf unseren ersehnten Blick auf Sunnyside so schnell verzichten? Nein, wir verzichteten auch nicht darauf. Wir gingen an der verbotenen Hecke entlang, bis wir den Fluß erreichten und eine Stelle, von der wir dachten, sie gehöre noch zu Sunnyside. Es gelang uns, unter dem Eisengitter durchzukriechen, danach gingen wir an einem reizenden kleinen Bach entlang, kletterten wieder, rutschten aus und flüsterten und lachten. Gott weiß, woher er kam, dieser Mann! Aber er kam von irgendwoher auf uns zu mit seinem strengen Gesicht und dem großen Schatten des Gesetzes, der ihm drohend folgte. Ich konnte den Schatten fast schon sehen. In eigenartigem Englisch forderte er uns auf, das Grundstück zu verlassen. Und wir zogen sehr unfeierlich durch das Tor hinaus, das wir uns nicht gewaltsam zu öffnen getraut hatten. Der arme Eduardo stand ganz niedergeschlagen vor dem geschlossenen Tor zum Paradies und machte eine Skizze. Wir streiften den ganzen Nachmittag herum, immer über und unter Hecken und auf unbekannten Pfaden und Feldwegen. Wir tranken Wasser von dem kleinen Wasserfall und entdeckten Vogelnester in den Bäumen. Ich fragte mich, ob Irving wohl auch solche Streifzüge unternommen hatte, und ich verstand nun, warum er im Herbst seines Lebens in diese Gegend gezogen war. Ein Bus brachte uns zu dem Feld, wo wir einen Teil unseres Mittagessens zurückgelassen hatten. Später gingen wir zum Bahnhof und fuhren mit dem Fünf-Uhr-Zug nach Hause.

Eduardo wollte mich heute besuchen, aber ich war ganz allein zu Hause und deshalb bat ihn Mama, nicht zu kommen. Alberne Konventionen! Ich verbrachte einen ganz einsamen,

schrecklich einsamen Tag und arbeitete für Mama; es war ein
sehr trauriger Tag. Du wirst mir sicher kaum glauben, wenn
ich dir erzähle, daß ich wahrscheinlich Marcus Anderson nie
wiedersehen werde oder nie wieder von ihm hören werde,
wenn ich seinen Brief so beantworte, wie ich ihn beantworten
will, wenn Mama mich läßt. Damit du meinen Zorn und die
Verletzung meines Stolzes verstehen kannst, werde ich seinen
Brief hier abschreiben. Hör zu:

»Ich hatte erwartet, Dich am Montag sehen zu können und war
etwas überrascht, feststellen zu müssen, daß Du nicht da
warst. Im Hinblick auf die Unzuverlässigkeit der telephonischen Verständigung glaube ich, daß es vielleicht das Beste wäre, wenn Du mir schreibst und mir mitteilst, wann Du zu Hause sein wirst, oder, wenn Dir das lieber ist, wann ich Dich in
New York treffen kann. Ich werde nach Boston fahren, um am
Sonntag einige Prüfungen abzulegen, aber Mitte nächster Woche werde ich wieder zurück sein. Wenn ich jedoch daraus
schließen soll, daß Du auf mich böse bist oder Dir aus irgendeinem Grund meine Gesellschaft nicht mehr angenehm ist, wäre es gut, wenn Du mir das offen mitteilen würdest; dann werde ich versuchen, Dir so taktvoll wie möglich aus dem Weg zu
gehen. Offenheit ist immer wertvoll, und in diesem Fall könnte
sie uns der Notwendigkeit gegenseitigen schmerzhaften Ver-
schleierns entheben … Natürlich ist es möglich, daß ich mir
das alles nur einbilde, aber Deine Abwesenheit am Montag hat
mich unsicher gemacht. In der Hoffnung, bald von Dir zu hören und, wenn Du es wünschst, Dich zu sehen, verbleibe ich,
meine liebe Anaïs, Dein Dir zugetaner Freund.«

Welche Arroganz! Ich fühle mich tausend Jahre älter als dieses
wütende und eingebildete Kind. Ich glaube, ich habe fast Mitleid mit seinem Zorn, aber ich werde ihn nie mehr sympathisch
finden. Oh, welch ein Leben voller Masken und Scham! Wie
werde ich denn jemals auf der Welt jemandem glauben können,
der mir sagt: »Ich liebe dich«, wenn er dann so leichtfertig, aus
bloßer Laune, meinen Stolz, meine Freundschaft verletzt? Das
Grausamste ist dabei meine eigene Blindheit! Wie kann ich nur
Illusionen auf Illusionen häufen, einen Schleier der Selbsttäu-
schung über den andern werfen, und dann zusehen, wie mein
Werk zerrissen und zertreten und vor meinen eigenen Augen
bloßgelegt wird.

Manchmal habe ich meine Einsamkeit gepriesen. Dann wieder wollte ich Eduardo hierhaben, in dem Glauben, daß ich, wenn ich in seine freundlichen, ehrlichen Augen schauen könnte, nicht so entsetzlich allein wäre mit meinen Gedanken. Mama wollte ich aus einem anderen Grund: Durch sie würde alles wie eine Lappalie erscheinen; mit ihrer Hilfe kann man alles Unangenehme mit einem Lachen aus der Welt schaffen und vergessen. Ich will Marcus hierhaben, um ihm zu sagen, daß ich ihn hasse, ihm seine Geschenke vor die Füße zu werfen und seine Briefe zu verbrennen.

Ich ging ohne Kopfbedeckung spazieren und war dem Wind dankbar, daß er meine Haare gegen meine erhitzten Wangen blies, als er einige tote Blätter davontrug. Wenn meine Träume nur auch so leicht davongetragen werden könnten. Aber tote Träume lasten schwer. Und doch bin ich jetzt ruhiger. Ich denke an schönere Dinge, an die Natur, an das Schicksal, an Opfer, an Barmherzigkeit und Nächstenliebe, an Jugend. An falsche Liebe werde ich nicht mehr denken. Was bedeuet mir das? Ein Junge, ein schlichter, alberner Junge wird Mademoiselle Linotte nicht sehr verletzen. Seien wir jetzt vernünftig und vergessen es rasch. Weine ich? Nein. Ein toter Traum ist es nicht wert, daß man seinetwegen weint, nicht wahr?

14. September

Wie könnte ich ohne Mama leben? Was wäre ich ohne Mama? Gestern abend war ich Nin, die melodramatische, bombastische, redselige und sentimentale Närrin, nichts weiter. Aber Mama lachte einfach alles fort, sah es mit den Augen der Vernunft und zeigte mir, daß Marcus kein Verbrecher ist und ich keine alte Frau auf der letzten Sprosse der Leiter. Ich lachte auch, aber ich war immer noch wütend. Ich schrieb einen anderen Brief, den ich heute abschicken werde. »Spanisches Blut« sagte Mama moralisierend, und das war alles. Fast hätte ich es vergessen: Sie sagte auch, daß ich, wäre ich ein anderes Mädchen, alles tun würde, um Marcus zu halten, nur der Beliebtheit wegen, um ins Theater zu gehen, Bücher geschenkt zu bekommen und so weiter. Ich war sehr entrüstet. Schon allein der Gedanke! Gott sei Dank bin ich nicht *ein anderes* Mädchen. Lieber bin ich das einsamste Mädchen auf der Welt, als daß ich Leute empfange, die ich nicht bewundere.

Das Wort Einsamkeit erinnert mich an meine Traurigkeit heute morgen. Mit Mama besuchte ich Cuca. Tia Anaïs war krank, und deshalb konnte Cuca nicht ausgehen, und Mama wollte Anaïsita und Graziella* zum Einkaufen mitnehmen. Mir blieb nichts anderes übrig, als wieder nach Hause zu gehen. Ich hatte das Gefühl, daß niemand mich liebt oder mich braucht; ein merkwürdiges und unvernünftiges Gefühl, ich weiß, aber ich sagte dir ja schon, daß Mademoiselle Linotte wunderlich ist, und sie ist es wirklich!

So kehrte ich also in trostloser Stimmung nach Hause zurück. Ich vergaß jedoch bald meine Einsamkeit, als ich Rechnungen und Briefe schrieb, für Sonntag ein Kleid wusch, flickte, ins Dorf auf den Markt ging. Oh, wenn du sehen könntest, wie der Wind die wunderschönen Bäume biegt und einige Blätter abreißt – wie nah der Herbst ist!

Ich wusch meine Haare und ließ sie im Wind trocknen, viel länger als eigentlich nötig, weil ich es sehr genoß. Währenddessen dachte ich an Frances und daß sie meinen letzten Brief nicht beantwortet hatte. Gerade in diesem Moment kam Joaquin pfeifend von der Schule zurück. Er gab mir einen Kuß, bevor er wieder ging, und ich verfiel in eine angenehme Träumerei über all die Dinge, über die ich eigentlich glücklich sein müßte. Nach langen Selbstgesprächen habe ich einen Entschluß gefaßt, und zwar, daß mein Hang zur Romantik erschreckende Ausmaße annimmt und sofort aufhören muß. Es ist eigennützig. Ich tue eigentlich nicht das, was ich tun sollte, um Mama zu helfen, ich denke ständig an Liebesabenteuer – und das in meinem Alter! Ich sehne mich beinahe danach, alt und voller Falten zu sein, damit die Albernheit ein Ende hat.

16. September

Gestern abend, während ich schrieb, erwachte Mama und sagte: »Mach dein Licht aus, fifille**.« Und ich lag wieder im Dunkeln, gerade als ich mit dir ein bißchen plaudern wollte.

---

* Anaïs und Graziella de Sánchez, Anaïs Nins Cousinen.
** Ein zärtlicher Spitzname für Anaïs Nin: »Kleines Mädchen«

18. September

Stell dir mein Zimmer vor, wie es noch vor kurzem war, ganz dunkel, außer an der Stelle, wo der Mond hereinlugte, um mit meinen Büchern Gespräche zu führen und um die Kewpie-Puppe auf dem Kaminsims zu streicheln. Und auf dem weißen Bett lag eine unruhige Linotte, die nicht schlafen konnte. Deshalb habe ich gerade eben auf Zehenspitzen Licht gemacht, damit Mama mich nicht hörte, und jetzt schreibe ich eifrig, so lange, bis das Sandmännchen meine Augen schließt. Ich kann mich selbst im Spiegel sehen: mein unscheinbares Gesicht, aber die sehr kummervollen Augen und mein auf dem Kissen hingebreitetes Haar. Ich fühle mich wie ein weißes, ganz weißes Gespenst, das arbeitet, während die Welt schläft. Warum? Ich kann es nicht sagen. Es ist eigentlich nichts Aufregendes vorgefallen, aber ich nehme an, ich bin nur deshalb schlaflos und unruhig, weil ich in letzter Zeit glücklich war, und es ist nicht gut, wenn man zu oft glücklich ist.

19. September

Ein ruhiger, herrlicher Sonntag. Meine Stimmung steht ganz und gar nicht in Einklang mit meiner Umgebung, und wenn du wüßtest, welch ein Sturm in meinem Herzen tobt! Den ganzen Tag über grüble ich und gehe ruhelos herum, und ich glaube, daß ich heute viel gelitten habe – auch wenn ich manchmal dazu neige, unter Kleinigkeiten zu leiden. Oh, den heutigen Tag kann ich nie vergessen. Dieses Bekenntnis, das ich ablegen werde, ist wie eine Strafe. Gott sei Dank weiß ich, daß du mich dafür nicht hassen wirst, auch für irgend etwas anderes nicht. Ich brauche so dringend ein bißchen Hilfe.

Gestern bin ich, glaube ich, mit einem Seufzer aufgewacht. Ich wußte nicht, was der Tag bringen würde, aber ich konnte weder singen noch mit mir selbst sprechen, während ich die Betten machte. In aller Stille schrieb ich Briefe für Mama. Ich goß meine Pflanzen, versorgte meine Vögel, räumte überall auf, bis das Telephon läutete. Es war Eduardo: »Cuca und ich möchten gern, daß du mit uns ins Theater gehst, Cuisine.«[*]

---

[*] Ein familieninterner, vertraulicher Scherz (Wortspiel: Cousine – Cuisine für Küche)

Mademoiselle Linotte sagte ja, stürzte in ihr Zimmer und zog sich um. Ich trug meinen hübschen Hut und das Alice-im-Wunderland-blaue Kleid, was zwar unwichtig erscheint, aber doch alles ändert, da es die Dame im Spiegel so gut aussehen läßt wie jede andere Dame und ihr ein törichtes Gefühl des Stolzes verleiht. (Vergiß nicht, ich schreibe ein Bekenntnis.)

Also, der Zug hatte Verspätung, und am Pennsylvania Bahnhof sprach mich ein Junge an und fragte mich, ob ich ihn von Dorothys Ball her noch kenne. Und weil ich mich an ihn erinnerte, hielt er mich dort fünfzehn Minuten lang auf, redete, notierte sich meinen Namen und bat mich, mir seinen zu merken (den ich vergessen habe). »Aber ich muß gehen«, sagte ich zwanzigmal.

»Oh, nur eine Minute, wissen Sie, etc., etc.«

Es war ein sehr dummer Zwischenfall, aber danach schien sich mir alles und jeder in den Weg zu stellen, während ich zum Hotel rannte. Ein blinder Mann wollte gerade die Straße überqueren und bat mich, ihm zu helfen. Also ging ich langsam, langsam mit ihm hinüber. Anstatt um ein Uhr dreißig kam ich um zwei Uhr fünfzehn in Cucas Zimmer. Sie warteten auf mich, und ich verlor den Kopf. Die wahren Gründe erschienen mir dumm und vollkommen unmöglich und meine Phantasie war zur Stelle – der größte Fehler meines armen Vaters und mein Erbe, das ich normalerweise unter Kontrolle habe, das aber diesmal triumphierte! Was hat mich dazu verleitet? Ich weiß es nicht. Ich erzählte eine wohlüberlegte und entsetzliche Lüge. Ich erfand einen Zug, der von Streikenden angehalten wurde, eingeschlagene Fensterscheiben. Blieb es dabei? Ich beschrieb lebhaft den verletzten Schaffner! Die teuflische Macht, von der ich besessen war, hinderte mich am Erröten, als ich Cucas graublauen Augen und Eduardos Augen begegnete. Um zwei Uhr dreißig nahmen wir unsere Plätze im Theater ein, um *The Bad Man* (etwa: Der böse Mensch) anzuschauen. Wir kamen nicht eine Minute zu spät. Und wenn du wüßtest, wie gleichgültig Eduardo war, wie er es auch schon am Tag zuvor gewesen war. Und ich fühlte mich weiter von Cuca entfernt als jemals. Im Stück wurde viel gelacht, und ich dachte an Pagliaccis Lachen, als sein Herz brach.

Am Tag zuvor hatte Eduardo zu Mama gesagt, daß er nach dem Theater nach Richmond Hill käme. Am Abend wollten wir zusammen auf einen kleinen, zwanglosen Tanzabend zu Elsie de Sola gehen. Aber nun wollte Eduardo nicht mitkommen. Ich bin sehr albern, und stell dir vor, als ich auf dem Pennsylvania-Bahnhof ankam, rief ich Eduardo an, um ihm zu sagen, daß er es sich immer noch anders überlegen und nach dem Abendessen kommen könnte. Er sagte, daß er es versuchen würde, aber als ich nach Hause kam, sagte er telephonisch ab. Ich konnte kaum glauben, daß Eduardo sich so sehr verändert hatte, weil er am Tag seiner Ankunft aus Kuba gesagt hatte, daß er Mademoiselle Linotte unendlich vermißt habe. Ich erzählte alles meiner kleinen Mama, und über Eduardo sagte sie, daß sie nur hoffe, ich würde rechtzeitig die typischen Eigenschaften eines Sánchez erkennen. Das erinnerte mich an die volle Bedeutung der Worte: »Du bist eine Nin.«

Ich zog mich an – in der betrübtesten Stimmung, die man sich vorstellen kann. Jeden Augenblick glaubte ich, mich auf mein Bett legen und weinen zu müssen. Oh, es tut weh, enttäuscht zu werden – werde ich jemals tapfer sein?

Miguel kam nach der Schule zu uns und ging mit Thorvald auf Elsies Tanzabend. Es war nur ein »Schattenball«, mein kleines Tagebuch. Damit will ich sagen, daß ich die Leute nicht voneinander unterscheiden konnte, es war mir gleichgültig, was sie taten, ich hörte die Musik, ich weiß, daß ich mit vielen tanzte, ich hörte mich lachen. Miguel war sehr galant und machte mir viele Komplimente, aber alle schienen nur Schatten zu sein und ich der seltsamste Schatten von allen. Ich war weder Linotte noch Miß Nin, sondern das boshafteste und unliebenswürdigste Mädchen, das ich kenne. Schließlich ging der Abend zu Ende. Wir kamen um ein Uhr nach Hause.

Am nächsten Tag sollte Tia Anaïs mit ihrer ganzen Familie zum Mittagessen kommen. Am Vormittag rief sie an und sagte, daß sie nicht kommen könne, weil Graziella krank sei. »Können nicht Cuca und Eduardo kommen?« fragte Mama, und ich hörte die Antwort. Cuca hat Angst vor dem Zugfahren, seit mir diese Geschichte passiert ist. Sie sprachen über andere Dinge, und als sie aufgelegt hat, wandte sich Mama mit einem vorwurfsvollen und zornigen Blick nach mir um. Ich mußte ihr alles erzählen, und ich litt dabei so sehr, daß ich nicht weinen konnte. Wir gingen in die Kirche. Ich kniete nieder, und als ich der sanftesten, schönsten, ergreifendsten Musik zuhörte, war meine eigentliche Bestrafung gekommen, weil mir plötzlich die brennende Scham alles Blut in die Wangen trieb und heiße, bittere Tränen fielen. Die Musik schien mir zu sagen: Schande, Schande!

Mama hatte gesagt, daß sie meiner Tante diese Lüge entdecken werde, und ich sah mich schon von zu Hause weglaufen, um weit, weit weg von allen Menschen zu leben, ganz allein auf der Welt. Aber wenn es so käme, würde ich eher sterben. Je mehr ich an die schreckliche Sache dachte, die mein ganzes Leben zerstören würde, desto verzweifelter weinte ich. Und Mama war so kalt und unnachgiebig und sah mich nicht einmal an. Nur Joaquin schien mich zu verstehen.

Es gibt auf der Welt nichts so grenzenlos Gütiges wie das Herz einer Mutter. Eine Stunde später küßte mich Mama und versprach mir zu helfen, meine Lüge so harmlos wie möglich darzustellen. Sie sagte, sie wüßte, wie sehr ich mich ständig selbst kontrolliere und mich bemühe. Oh, was für eine furchtbare Lektion. Ist dieser ganze Schmerz eine Vorbereitung auf größere Kümmernisse? Manchmal scheinen sie nämlich alle auf einmal zu kommen, und zwar eher häufig als selten; mir ist so schwer ums Herz. Liegt es daran, daß ich nicht weiß, wie man glücklich sein kann und kleine Unannehmlichkeiten schnell vergißt? Ich fürchte, daß das der Grund ist, denn heute nacht saß ich in meinem Zimmer im Dunkeln und schluchzte wieder ganz unbeherrscht; als Mama mich in diesem Zustand entdeckte, sagte sie: »Was bist du nur für ein dummes, kleines Mädchen.«[*]

Gut, es ist also niedergeschrieben. Es war schwieriger, darüber zu schreiben als darüber nachzudenken. In letzter Zeit entdecke ich vieles, worüber ich nicht schreiben kann und vieles, worüber es mich schmerzt zu schreiben. Eines Tages, in ein paar Jahren vielleicht, werde ich eines dieser Hefte für immer mit dem Wort »Ende« abschließen. Es wird nicht das Ende meines Lebens sein, sondern das Ende meiner Mädchenjahre, mit ihren einfachen Problemen und kleinen Sorgen. Wenn mich meine Feder jetzt schon im Stich läßt, wie wird es erst sein, wenn ich eine Frau bin?

---

[*] Französisch im Original

Und jetzt gehe ich schlafen, wenn ich kann. Denn ich habe mich tausendmal gefragt, ob *sie* wissen, was ich bin. Und Eduardo? Zerstöre ich seine Illusion, wie andere meine zerstören? Und die ganze Nacht hindurch werde ich träumen, das weiß ich. Nur kann ich jetzt nicht mehr weinen, aber das wird nicht lange anhalten.

Wenn du mich jetzt so sehen könntest, wie ich mich selbst in meinem Spiegel sehe, mit kummervollen, verstörten Augen, dunklen Ringen darunter, einem weißen Gesicht, dann würdest du vielleicht ein wenig Mitleid mit mir haben, obwohl ich nicht einmal das verdiene.

La Nuit Blanche.* Dunkelheit, Dunkelheit rings um mich, und alle, die ich liebe, schlafen ruhig und haben schöne Träume. Kein Geräusch außer meinem Herzschlag. Was brennt auf meinen Wangen? Bittere Tränen. Dann höre ich plötzlich den hellen Glockenschlag von der Treppe her – es ist Mitternacht. Gespenster und Schatten kommen und gehen – sie sind die Gedanken, die ich vergessen möchte, die Menschen, die mich unglücklich machen. Sie flüstern, sie verschwören sich, dann zeigen sie auf mich, und ich vergrabe mein Gesicht in meinem Kissen.

Ich höre, wie die Uhr eins schlägt. Eins, zwei, drei. Werde ich überhaupt jemals einschlafen? Mal denke ich an Eduardo, mal an Cuca. Wie weh es tut! Warum schrieb mir Eduardo überhaupt jemals? Wie weit entfernt er jetzt von mir zu sein scheint, von der glücklichen Woche der Kameradschaft, die so lange zurückliegt! Es ist vier Uhr. Ein hübsches Bild steht vor mir – die langen, schönen Tage ohne Gedanken an irgend jemanden außer an meine kleine Familie, wenn ich arbeite, lese und schreibe, glücklich und allein – wenn ich flicke, koche und fege, wenn ich hinter den Fenstern nach Mama Ausschau halte – wenn ich von der Veranda den Sonnenuntergang betrachte – wenn ich an diesem Schreibtisch hier sitze in meinem Kimono, und von vollendet schönen Tagen schreibe – wenn ich um halb zehn schlafen gehe und früh aufwache, um die erste Pflicht des nächsten vollendet schönen Tages zu erfüllen. Ich denke an das Einkaufen auf dem Markt, an schöne Spaziergänge, und die

---

* Die schlaflose Nacht

großen Bäume in unserem Garten, an unser Haus und an meine Ideale, die nur um Mama, Joaquin und Thorvald kreisen. Ich denke, daß sich daran nichts geändert hat und daß ich immer noch alles habe, um davon zu träumen und dafür zu arbeiten. Das bedeutet Leben und Glück. Was kümmert mich der Rest der Welt? Wenn ich einmal böse war und sie mich deswegen verachten, was kümmert mich das? Was macht es schon aus, wenn mich Eduardo nie mehr ansieht, wenn Cuca mich wunderlich und verschroben nennt. Und was macht es schon, wenn mich niemand liebt, solange es Mama tut? Morgen gibt es viel zu tun – wenn ich es tue, mache ich Mama glücklich. Ich werde nicht weinen! Ich muß versuchen, wieder ich selbst zu sein.

Es ist fünf Uhr. Alle Schatten verschwinden. Die Sonne bescheint einen neuen Tag und breitet sich in einem weißen, weißen Zimmer aus. Der Sonnenschein weckt Mademoiselle Linotte, die ein Auge öffnet und lächelt. Glück ist töricht, aber Kummer ist unverzeihlich.

Der Vogel piepst. Die ganze Traurigkeit der Nacht schmilzt hinweg unter den Sonnenstrahlen. Neuer Tag, neue Hoffnungen; das ewige Geschenk des Einen, der nie schläft.

20. September

Ich schrieb die letzten Seiten, während mir die Erinnerung an die Nacht noch frisch im Gedächtnis war. Jetzt ist es ein Uhr, und die ganze Arbeit ist getan. Ich kann den ganzen Nachmittag lesen und auf Mama warten. Alles in mir ist sehr, sehr still. Ich bin so ruhig wie der Tag, ein kalter Tag ohne das leiseste Flüstern des Windes oder die Spur einer dunklen Wolke.

Eduardo muß heute wohl in die Schule gehen, glaube ich. Ich erhielt einen Brief von Waldo, der genau wie die Briefe von Jack (Cosgrove) klingt. Stell dir vor, wie seltsam das ist. Marcus schreibt – oder schrieb, sollte ich besser sagen – Briefe, die alle meine Lieblingsthemen und Gedanken enthielten, und Eduardos Briefe enthielten soviel Charme. Jack und Waldo schließlich schreiben ganz gewöhnliche, kindische Briefe. Dennoch haben mich beide, Marcus und Eduardo, verletzt. Marcus sehr, Eduardo nur ein wenig. Briefe schreiben ist auch eines meiner großen, schweren Probleme. Keine Philosophie wird es je lösen, aber die Erfahrung vielleicht. Genug moralisiert!

24. September

Ich habe von Eduardo bis Mittwoch nachmittag nichts gehört. Umgeben von Töpfen und Pfannen, die Hände im heißen Seifenwasser, dachte ich über die Höhen und Tiefen des Lebens nach, als das Telephon läutete. »Hallo, Anaïs, ich reise heute nachmittag ab. Die Schule beginnt wieder. Ich schaffte es nicht mehr, dich zu sehen, chica.«

»Das macht nichts, Eduardo.«

»Meine Freunde haben mich nämlich ins Theater mitgenommen, weißt du.* Tut mir leid.«

»Das macht nichts.«

»Ich werde dir schreiben.* Keine Sorge.«

Ich lachte: »Auf Wiedersehen!«

»Auf Wiedersehen!«

Ich ging singend zu meinem Geschirr zurück. Wenigstens hatte er sich an mich erinnert, natürlich.

Seither habe ich mich sehr gut betragen. An demselben Vormittag war ich in der Columbia Universität gewesen. Ich wartete dort, bis ich an die Reihe kam, träumte von meinem Studium und hatte keinerlei Bedenken, daß etwas in mir mich daran hindern könnte, in die berühmte Universität einzutreten. Als ich an der Reihe war, mußte ich mit einer mütterlichen und intelligenten Frau sprechen: Dr. Glass. Ich erklärte ihr, was ich wollte, und sie stellte mir Fragen. Die ganze Zeit über hatte ich das Gefühl, als würde sie ein Inventar zu meiner Person aufstellen, so könnte man es nennen, und aus dem Glitzern ihrer Augen las ich, daß sie sich ihr geheimes Urteil über mich bildete. »Aber, liebes Fräulein«, sagte sie schließlich, »Sie sind ja noch ein Kind. Wenn Sie meine Tochter wären, würde ich Sie in Ihrem Alter nie in dieses College eintreten lassen.«

»Aber ich bin siebzehn«, wandte Mademoiselle Linotte ein.

»Ja, ich weiß, aber Sie sind noch ein richtiges Kind, und Sie können unter solchen erwachsenen und erfahrenen Studenten nicht auf sich selbst achtgeben, im Getriebe einer so freien und großen Schule.«

Ich weiß nicht mehr, was sie sonst noch sagte, aber ich erkannte, daß sie mich für ein »Mamas-Liebling«-Mädchen hielt, ver-

---

* Spanisch im Original

64

hätschelt und verwöhnt, unerfahren und naiv, was mich ungeheuer empörte. Sie gab mir eine Adresse – »die Schule, wo Sie
hingehören« –, und ich ging schnurstracks dorthin. »Die Schule, wo ich hingehöre«, war meiner werten Ratgeberin zufolge
nicht mehr und nicht weniger als eine Privatschule, die Veltin
Schule, wo Mama zweihundert Dollar für einen Sonderkurs in
meinen Lieblingsfächern ausgeben müßte. Ich eilte nach Hause
und stürzte zum Spiegel. Da stand ich, eine siebzehn Jahre alte
junge Dame und doch ein *Kind*. Ich starrte mich an. Ja, natürlich, meine Augen sind sonderbar und groß, und warum um alles in der Welt sehen sie wie zwei große Fragezeichen aus? Und
kein Tupfer Rouge – wie dumm von mir. Ich hätte auch meine
Lippen ein wenig schminken sollen. Dazu meine Baskenmüt-
ze, meine Samtjacke mit dem makellos weißen, runden Kragen
– wie schulmädchenhaft, wie wenig damenhaft! Ich hätte ein
Seidenkleid, dazu meine zierlichen französischen Schuhe und
meinen Hut mit Spitzenbesatz tragen sollen.

Ein Kind! Kein Wunder, so wie ich aussehe und mich anziehe!
Warum bat sie mich nicht, ihr etwas über Pascal oder über Sokrates zu erzählen? Warum eigentlich nicht? Ich starrte in meinen Spiegel und fragte mich, ob ich jemals weise und intellektuell aussehen werde. Nur ein Kind! Nun gut. Und ein Aristo-
kratenkind dazu, wenn ich in eine extravagante Schule *gehöre*
anstatt in eine einfache, gewöhnliche öffentliche Schule.

Nun nehme ich mir vor, zwei volle Stunden am Tag zu lernen.
Gestern und heute habe ich es getan. Ich verbrachte alle meine
Tage allein im Haus. Monsita* kommt am Nachmittag aus
New York. Heute war es fast ideal. Ich wachte früh auf, machte die Betten und räumte auf. Glücklicherweise kam dann das
Dienstmädchen, und ich nahm Bücher, Bleistift und Papier mit
auf das kleine Dach der Eingangshalle, das man erreicht, indem
man durchs Fenster steigt. Von zehn bis zwölf lernte ich. Oh,
wie ich diese beiden Stunden liebte. Ich las in meiner *Geschichte der englischen Literatur,* machte mir Notizen, vertiefte mich
dann in französische Verben und Übungen. Dann las ich mir
selbst laut Französisch vor. Ich lernte Gedichte auswendig. Ich
las Bossuets** schöne, herrliche Gedankengänge. Manchmal

---

* Montserrat, das Dienstmädchen; sie war Lehrerin in Puerto Rico gewesen.
** Jacques Bénigne Bossuet, Verfasser der *Oraisons Funèbres*

ertappte ich mich beim Träumen, in Ehrfurcht versunken vor der wunderbaren Ruhe und der Nähe der Baumkronen, aber in solchen Momenten klopfte ich immer mit meinem Lineal aufs Buch, um den Nebelschleier aufzulösen, der meine Gedanken umgab, und fuhr dann ernst mit meinem Selbststudium fort. Ich werde mich mit Columbia erst wieder im Winter auseinandersetzen, nach meiner geplanten Reise nach Kuba, die Mama sehr am Herzen liegt.

Ungefähr um halb sechs fange ich an, hinter den Vorhängen des Salons nach Mama Ausschau zu halten: Ich lasse das Grammophon spielen und träume am Fenster, bis ich sie zwischen den Ästen den Hügel herunterkommen sehe. Dann laufe ich ihr entgegen, aber heute hat Mama mit einem Freund zu Abend gegessen, und so saß ich alleine am oberen Ende des Tisches, und das Abendessen verlief in aller Stille wie tausend andere Abendessen auch in all diesen Jahren. Nicht immer so still, zugegeben. Und jetzt bin ich in meinem Zimmer, allein.

Cuca kommt morgen, glaube ich, um mit Thorvald im Inn zum Tanzen zu gehen, und ich gehe vielleicht mit Miguel Jorrin. Es ist mir gleichgültig. Mir steht gerade jetzt der Sinn ganz und gar nicht nach Tanzen und Frivolität.

Manchmal hasse ich wirklich diese Seite des Lebens, und doch habe ich fast jedesmal beim Tanzen irgendein kleines Abenteuer erlebt – aber immer brachte es mir danach Kummer und Verwirrung und traurige Tage. Ich liebe die Ruhe, die man während des Lernens genießt, die Heiterkeit und innere Zufriedenheit, die man aus den Büchern gewinnt. Ich vermute, daß ich Tanz und Theater nur in Zeiten übersprudelnder Jugend, wie man es nennen könnte, genieße. Manchmal ertrage ich sogar das Tennisspielen eine halbe Stunde lang oder weniger – aber keines dieser Dinge steht meinem Herzen und meinen Träumen so nah wie die anderen, die ernsten Freunde.

26. September

Ein Wort ist oft der Schlüssel zu tausend anderen Worten, die miteinander verbunden ein vollständiges Bild in uns erzeugen. Auch wenn es nur solche Dinge wie Mondschein oder Sterne sind, versinke ich doch in eine wundervolle Träumerei. Manchmal erzeugt der Tanz das aufregende Bild der Vorahnung, aber ach, Sonntag!

Wenn ich Sonntag sage, werde ich immer und ewig an das hastige Frühstück denken, an das hastige Ankleiden, bei dem Joaquin am unteren Ende der Schnelligkeitsskala rangiert (das der Langsamkeit am nächsten kommt), an Mamas Stimme, die alle anderen übertönt, wenn sie nach und nach ungewaschene Ohren, fehlende Knöpfe, zerrissene Strümpfe, unordentliche Haare und weiß Gott was noch entdeckt.

Irgendwie sind wir auf dem Weg zur Kirche immer alle böse aufeinander, sei es, weil Joaquin sich noch mehr verspätet als sonst, sei es, weil Thorvalds Schuhe schmutzig sind und Mama es ihm in gereiztem Ton sagt, oder einfach nur, weil wir mangels eines wirklichen Grundes irgendeinen erfinden. Bei dem Wort Sonntag werde ich immer an die Kirchenmusik denken, die mich so sehr aufwühlt, daß ich sterben möchte, und an den großen Wandel, der in mir vorgeht, wenn die Musik verstummt. Wie kalt ich dann werde! Und die entsetzlichen kleinen Einzelheiten, mit denen sich mein Geist beschäftigt, anstatt zu beten. Wie ich von hinten die Hüte der Leute genau betrachte, bis ich sie Sonntag für Sonntag wiedererkenne.

Heute regnet es, und so half ein Herr, der seinen Hut mit den noch frischen Wassertropfen darauf auf die Bank legte, unbewußt einer durstigen Fliege, die aus dem seltsamen Glas oder See trank! Banalitäten? Ja. Ich werde an den Rückweg nach Hause denken, bei dem alle Streitigkeiten vergessen sind, an den Familienrat in der Küche, dem ein leckeres Mittagessen folgt. Und dann die langen, schläfrigen Stunden. Schreiben kann ich dann nicht, weil ich Mama nicht allein lassen will. Die Jungen spielen immer, und so muß ich mit Mama lesen. Ich kann keine ernsten Bücher lesen, weil wir oft unterbrechen und fröhlich plaudern.

Irgendwie kriecht der Nachmittag dahin und mündet ein in den ruhigen Abend. Ich werde an das kalte Abendessen denken und das Gebäck, das wir immer selbst machen, und ich werde auch an meine Abneigung gegen diese lange, unvermeidliche Untätigkeit denken. Der Sonntag hat jene Quallenkonsistenz, die ich weder bei Menschen noch bei Tagen leiden kann.

27. September

Zu meiner großen Überraschung bekam ich einen Brief von Charles. Charles' Interesse zu wecken, schien mir nämlich ebenso schwierig, wie das eines Marmorblocks. Der Schein trügt. Es war die Art Brief, die ich so sehr genieße, obwohl ich gewünscht hätte, er wäre etwas menschlicher. Er war voller Philosophie und Ansichten über Bücher, und dennoch kurz und bündig, wie Charles eben ist. Ich verbrachte einen Teil des Tages in der Küche und den Rest in Ekstase, während ich unten meine Bücher abstaubte (denn ich habe auch in meinem Zimmer Bücher). Ich würde mich schämen, dir zu erzählen, wie viele Stunden ich brauchte, um die schöne Aufgabe zu vollenden. Soll ich? Nein, ich soll nicht. Ich weiß, wie gut du dir vorstellen kannst, wie ich neben einem babylonischen Turm von Literatur knie, das Staubtuch zwar in der Hand, aber keineswegs immer in Gebrauch, vielmehr gedankenverloren – nun, ich überlasse dich der Vorstellung. Ich kann ehrlich sagen, daß ich heute meine Leidenschaft nicht beherrscht habe!

Ich habe meine Lektionen durchgenommen; ich habe einen Auszug aus Bossuets Reflexionen abgeschlossen. Er ist wirklich wunderbar, und ich will noch mehr von Bossuet lesen. Wie ich mich danach sehne, wenn ich einen neuen Schatz, neues unerforschtes Land entdecke, in einem alten Buchladen zu sein! Heureka! Heureka! Ich wünschte, du könntest das Buch lesen, das mich gerade in Entzücken versetzt. Es ist das Tagebuch von Eugénie de Guérin. Zuerst war ich sehr unglücklich, als ich es las. Viele Dinge, die ich ausdrücken wollte oder bereits sehr schüchtern ausgedrückt habe, schreibt Eugénie in ihrem Tagebuch. Und jetzt bin ich froh. Sie schreibt so schön und süß. Hör dir das an: »Während ich schrieb, kehrten die Wolken und der Wind zurück. Nichts ist veränderlicher als der Himmel und die eigene Seele.« »Schmutz, Regen, ein winterlicher Himmel – unpassendes Wetter für einen Sonntag, doch mir ist alles eins, für mich ist es genau wie der Sonnenschein. Nicht aus Gleichgültigkeit, allerdings: Ich ziehe schönes Wetter vor, doch jedes Wetter ist gut. Was kümmert einen alles übrige? Wenn man innerlich heiter ist.« »Dies war einer meiner glücklichen Tage: einer jener Tage, die so süß wie eine Tasse Milch beginnen und enden. Ich danke Gott für diesen Tag ohne Traurigkeit. Solche Tage sind so selten im Leben, und meine Seele ist empfindlicher als jede andere den kleinsten Dingen gegenüber.« »Ich weiß nicht, warum ich seit vier Tagen nichts geschrieben habe: Ich tue es wieder, wo ich jetzt allein in meinem

Zimmer bin. Die Einsamkeit führt zum Schreiben, weil sie zum Denken führt. Man beginnt ein Gespräch mit der eigenen Seele. Ich frage die meine, was sie heute gesehen hat, was sie gelernt hat, was sie geliebt hat – denn sie liebt jeden Tag etwas. Heute morgen sah ich einen wunderschönen Himmel und … etc. etc. Doch lohnt es sich, Tinte aus dem Tintenfaß zu nehmen, um dir all diese Nutzlosigkeiten zu schreiben?«

Wie sehr ich mir wünsche, so schreiben zu können wie sie. Ich fühle oft, daß ich nicht Herrin über meine Feder bin, und es gibt eine solche Menge von Gedanken, die ich niemals erklären kann. Wie ich ihre Worte über die Seele liebe! Natürlich hat sie etwas anderes im Sinn, wenn sie schreibt. Sie gibt viele meiner Gedanken wieder, und doch bin ich nicht im geringsten wie Eugénie. Wie könnte ich auch? Sie ist eine allzu überzeugte Katholikin, sie ist zu engelhaft und rein. Ich kann Gott nicht ständig sehen oder Seine Gegenwart fühlen oder Ihn lieben, wie sie es tut. Ich nehme an, ich bin es nicht wert, doch darin liegt der größte Gegensatz zwischen dem Tagebuch dieser wunderbaren Frau und meinem eigenen, bescheidenen Tagebuch: ihre Leidenschaft und meine gewohnte Kälte im Hinblick auf die Religion. Was hätte sie wohl gedacht in dieser Stadt, in diesem Jahrhundert? Dasselbe? Ich bezweifle es.

Ich bin glücklich, daß das Tagebuch aus zwei Bänden besteht, denn so wird der Besuch meiner neuen Freundin länger dauern. Wenn der Katholizismus nicht so ausschweifend behandelt würde auf diesen Seiten, dann würde Eduardo sie sicher gerne lesen.

A propos Eduardo, ich denke immer an ihn, wenn ich gute Bücher entdecke und bevor ich einschlafe. Diese Stunden widme ich imaginären Unterhaltungen mit denjenigen, an die zu denken ich tagsüber keine Zeit habe. Während ich Geschirr spüle, putze, Staub wische und koche, denke ich an meine Familie, an Mama, an Thorvald und Joaquin. Die Tage scheinen sehr kurz, wenn all diese Dinge erledigt sind. Und langsam, ganz langsam beginne ich, mir selbst die schreckliche Geschichte zu verzeihen, die ich erzählt habe, und vieles andere. Denn ich fühle, daß ich mich selbst ständig, ununterbrochen und so streng kontrolliere, daß es wirklich wehtut, wenn ich nachts schließlich zu mir selbst sage: Tu, was du tun willst.

Ich will all die Gelegenheiten vergessen, bei denen ich getan ha-

be, was ich hasse. Ich merke, daß ich vergessen habe, dir von
Samstagabend zu erzählen. Das zeigt meinen normalen Zustand bezüglich des gesellschaftlichen Lebens. Miguel Jorrin
ist jetzt ein Teil der Szenerie am Samstag und Sonntag. Am
Samstagnachmittag nach der Schule kommt er immer hierher
und geht am Sonntagnachmittag wieder. Letzten Samstag gingen Thorvald, Miguel und ich zum Tanzen. Ich war in so sar-
kastischer Stimmung, daß ich die grinsenden Musiker und all
die Tänzer mit den dummen Gesichtern hätte erwürgen können. Selbst wenn mein Wirklichkeit gewordener Märchen-
prinz dort gewesen wäre, hätte ich ihn, glaube ich, nicht erkannt; ich hätte ihn wohl wie die anderen einen Esel genannt.
Was kann man erwarten von einem *Kind,* das versucht, sich
Bossuet anzueignen, gegen den Darwinismus ankämpft, kleine
Dosen von Platon akzeptiert, gemischt mit den Erfahrungen
des Alltags und mit ungeliebter Hausarbeit? Ja was schon?
Wenn ich in einen Kuchen verwandelt würde, dann flögen in
dem Augenblick, wo ich gegessen würde, Amseln aus mir und
Rotkehlchen und Drosseln und Tauben, die alle in ihren Ei-
genarten und Gattungen durcheinandergeraten sind, denn
mein Verstand befindet sich wirklich in einem traurigen Zustand: lauter Widersprüche, Ekstasen und Zweifel.

28. September

Einen Großteil des Tages habe ich über den Traum nachgedacht, den ich letzte Nacht hatte. Träume sind normalerweise
das Dümmste, was es gibt, und doch stimmte dieser mich traurig. Er war wie ein Orakel, schien mir. Eduardo mochte mich
nicht mehr, und in meinem Traum sagte er mir das. Ich hörte
mich sagen: »Es macht mir nichts aus.«
»O doch, das tut es, Cuisine«, und er zuckte die Schultern wie
Thorvald, wenn ich etwas sage, was ihn nicht interessiert. Und
gerade dann rief mich Mama.
Ich habe heute viele nützliche Dinge getan und hatte keine Zeit
zum Studieren, doch es ist erst fünf Uhr. Der köstliche Duft
eines Cottage Puddings liegt in der Luft, und Thorvald spielt
unten Geige, während Joaquin liest. Wie gemütlich das Haus
an einem Tag wie diesem erscheint, wenn es draußen stürmt
und regnet. Die Ulme verliert schon ihre Blätter. Wenn ich
morgens die Augen aufschlage, bemerke ich jeden Tag die Ver-

änderung der Farbschattierungen im Laub, denn die Zweige sind nah bei meinem Fenster – so nah und freundlich.

Immer wenn ich träume, fühle ich, wie sich Traurigkeit in mein Herz schleicht. So arbeite ich den ganzen Tag, und das macht mich froh. Außerdem gibt es nichts Schöneres für mich, als wenn ich mit mir selbst zufrieden bin, da ich mich selbst immer so hart kritisiere, und heute konnte ich nicht anders, als meinem Spiegelbild zuzulächeln. Mit meiner blauen Schürze, einer Mehlspur auf der Backe und dem aufgelösten Haar sah ich so aus, als ob ich tatsächlich ernsthaft *arbeitete*. Und denk nur: nicht für mich selbst! Bist du nicht ein wenig stolz auf die neue Mademoiselle Linotte?

Schließlich sind die anderen kleinen Ernüchterungen nur dazu da, das Leben interessanter zu machen. Eins der schwierigsten Dinge ist, sich selbst zu überzeugen. Und insbesondere vom Optimismus. Ich würde eine schreckliche Rechtsanwältin abgeben.

Dies hier habe ich heute geschrieben. Es ist noch nicht eingeordnet, weil es weder Prosa noch Lyrik ist: »Das Leben ist das seltsamste Lied, das jemals auf den Saiten des Herzens gespielt wurde, mit seinen Melodien der Trauer, die gelehrt werden von der Welt der Wirklichkeit, und seinen Melodien des vollkommenen Glücks, die in der Traumwelt entstehen. Mein ganzes Herz singt nur von Sehnsucht nach Liebe, bis jemand kommt, der zuhört und dessen Herz mir antwortet. Doch laß mich nun glücklich mit meinen Sehnsüchten leben, denn wenn die Liebe kommt in ihrem leidenschaftlichen Glanz, dann wird sie mein Herz für immer reglos und still zurücklassen, das weiß ich, und alle Saiten werden springen.«

Ob ein umfangreich werdendes Tagebuch bedeutet, daß ich älter werde, daß viele meiner Gedanken, die vergeblich versuchen, einen Ausdruck zu finden, sich schließlich doch einen Weg zum Licht gebahnt haben, oder einfach, daß ich mehr Zeit verschwende als je zuvor – ich kann es nicht entscheiden. Natürlich *sind* diese Kritzeleien eine Zeitverschwendung, doch ich kann es um nichts in der Welt aufgeben. Wußtest du, daß ich alles in Worte fasse, was immer ich tue oder denke, damit ich es dir so vollkommen wie möglich erzählen kann? Manchmal kann ich meine Gedanken und Gefühle nicht genau ausdrücken, und ich spüre, daß sie sich in meinem Innern streiten, lachend, mal schluchzend, mal gegen die Gefängnistür meines Kopfes pochend, laut ihre Freiheit fordernd, doch immer mit einem Ziel: ihren Geburtsort zu verlassen und zu fliegen?

29. September

Ein Abendessen à la Nin. Wir setzen uns alle. Die Suppe ist aufgetragen.

Mama: »Hast du dir die Hände gewaschen, Joaquin?«

Joaquin murmelt etwas, steht auf und geht nach oben, um sich die Hände zu waschen, dabei schlägt er in seiner Wut alle Türen zu. Bis er zurückkommt, sind wir mit der Suppe fertig. Inzwischen haben Mama und ich eine interessante Unterhaltung über Eleonora Duse und d'Annunzio begonnen.

Anaïs: »Sie hat soviel für ihn getan …«

Joaquin (unterbricht): »Thorvald, du hast eine meiner Krawatten genommen.«

Thorvald: »Hab ich nicht.«

Joaquin: »Doch, das hast du.«

Thorvald: »Hab ich nicht, du blöder XXX!!??!! XXXXX!!«

Joaquin: »Doch, du hast.«

Mama: »Und so etwas, nachdem ich den ganzen Tag hart gearbeitet habe.«

Anaïs (kocht innerlich): »Ihr seid jetzt beide ruhig – das ist zuviel.«

Gemüse und Fleisch werden serviert.

Mama: »Gib mir deinen Teller, Joaquin.«

Joaquin: »Ich will kein Fleisch.«

Mama: »Warum nicht?«

Joaquin (schreit plötzlich): »Ein Junge hat mich geschlagen.«

Mama (empört): »Ein Junge hat dich geschlagen? Wo? Warum? Wann?«

Thorvald (ruhig): »Er sagt nicht die Wahrheit.« (Thorvald benützt aber einen kräftigeren Ausdruck.)

Anaïs (ebenfalls ruhig): »Was hast du getan?«

Joaquin: »Nichts natürlich.«

Anaïs (sarkastisch): »Ach wirklich? Ich nehme an, er kam einfach zu dir und schlug dich.«

Joaquin: »Ja.«

Mama (aufgeregt): »Wer war es? Du wirst schon sehen, was ich mit ihm mache. Wo wohnt er?«

Joaquin (den das Gewissen plagt): »Oh, mach dir nichts daraus, es ist nicht schlimm.«

Mama (ärgerlich): »Nicht schlimm! Wer war es? Beantworte meine Fragen!«

Joaquin: »Es war Lucys Bruder.«

Thorvald: »Dieser große Junge.«

Joaquin: »Ja.«

Mama verläßt den Tisch und geht sehr wütend auf die Straße. Joaquin rennt hinter ihr her und sagt ihr, sie solle warten bis nach dem Abendessen. Mama kehrt zurück. Wir setzen uns alle. Das Essen ist eiskalt. Stille.

Mama: »Nimm dir ein paar Kartoffeln, Joaquin.«

Joaquin: »Ich will keine.«

Thorvald: »Ich esse alles, auch wenn ich es nicht mag.«

Joaquin: »Sei still. Kümmere dich um deine eigenen Angelegenheiten.«

Thorvald: »Dummkopf!«

Joaquin: »Selber Dummkopf.«

Mama: »Mon Dieu! Mon Dieu! Thorvald, mach die Türen auf, es ist zu warm hier.«

Thorvald versucht, die Türen zu öffnen, ohne von seinem Stuhl aufzustehen. Anaïs steht auf und öffnet sie, empört über Thorvalds Faulheit.

Mama: »Was würdest du tun, wenn ich für dich so arbeiten würde, wie du für mich arbeitest, Thorvald?«

Thorvald grunzt. Das Abendessen geht weiter. Ab und zu sagt Thorvald etwas und Joaquin antwortet, daß es nicht wahr ist. Mama fühlt sich krank und spricht wenig. Das Telephon klingelt. Niemand bewegt sich.

Anaïs: »Thorvald, gehst du?«

Thorvald: »Nööh.«

Also geht Anaïs. Jemand hat sich verwählt. Das Dessert wird serviert. Joaquin wirft ein Glas Wasser um. Stille.

Mama: »Hast du den Brief an Frau Soundso geschrieben, Anaïs?«

Anaïs: »Oh, tut mir leid, ich habe es vergessen …«

Mama: »Ja natürlich. Sowas vergißt du ja immer. Hast du die Seife für die Küche gekauft? Nein. Die Streichhölzer? Nein. Hast du dem Gemüsemann von den schlechten Birnen erzählt? Nein. Es macht mich krank, zuzusehen, wie mein Haus geführt wird. Wie kann ich Geld verdienen, den Haushalt besorgen und auch noch Mutter sein, alles in einer Person? Oh, es ist zuviel, einfach zuviel!«

Anaïs: »Ich habe an die Streichhölzer gedacht und an die Seife und an das schlechte Obst und an alles andere, Mama. Und ich tue, was ich kann, um mich um das Haus zu kümmern ...«

Mama: »Komm her, Fifille, und gib mir einen Kuß. Diese Jungen strengen mich so an, daß ich nicht mehr weiß, was ich sage. Ich weiß, daß du dir große Mühe gibst, aber du hast einen schlechten Ruf, weißt du ...«

Anaïs: »Ja, ich weiß, doch es ist jetzt anders und ...«

Joaquin: »Gib mir den Serviettenring.«

Thorvald: »Nein, das ist meiner.«

Joaquin (lauter): »Gib ihn her, sag ich.«

Thorvald: »Ich will nicht.«

Joaquin (noch lauter): »GIB MIR DIESEN RING HER!«

Thorvald: »Ich will nicht.«

Mama: »Mon Dieu! Ihr macht mich wahnsinnig.«

Thorvald und Joaquin (zusammen): »Was tun wir?«

Anaïs (sarkastisch): »Oh, nichts. Ihr sagt nur Liebling und Schätzchen zueinander.«

Thorvald läßt eine Gabel fallen. Wir stehen auf und verlassen den Tisch.

Mama: »Deine Arznei, Joaquin. Ich hätte es fast vergessen. Kannst *du* nicht einmal daran denken, schließlich bist du zwölf Jahre alt!«

Joaquin: »Mama, wenn ein Mann bei Sonnenaufgang erschossen werden soll, und die Soldaten vergessen es, dann erwartest du doch nicht von dem *Mann*, daß er sie daran erinnert, oder?«

Thorvald: »Oh, was für eine schreckliche ... Er ... Er ...«

Anaïs: »Ich nehme an, du meinst ›Metapher‹!«

Thorvald: »Natürlich – was für eine entsetzliche Metapher!«

Joaquin: »Kümmere dich um deine eigenen Angelegenheiten.«

Joaquin würgt seine Arznei hinunter und läßt den Löffel fallen. Dann stürmt er zum Spielen hinaus, Mama zieht sich zurück, um zu lesen, Thorvald geht zu seinen Hausaufgaben. Und Mademoiselle Linotte – nun, es wäre eine Schande, dir das Geheimnis meiner Beschäftigung mitzuteilen.

Diese Zusammenfassung könnte eine der beiden Arten von Satire sein: Entweder will sie die Menschen erziehen, indem sie ihre Laster und ihre Lächerlichkeit angreift, oder sie soll meinen Ärger vertreiben – denn ich bin natürlich ärgerlich bei dem Gedanken, daß diese Jungen Mama und mich so gedankenlos unglücklich machen. Dabei könnte ich von so schönen Dingen erzählen, weil ich heute morgen nach New York gefahren bin, nur um einige Bücher zu kaufen, die ich für mein Studium brauche. Zuerst ging ich zu einem Antiquariat, obwohl Mama mir erlaubt hatte, so viel neue Bücher zu kaufen, wie ich brauche. Da ich in solchen Dingen ein Geizhals bin, dachte ich, ich könne viel mehr bekommen, wenn ich sie gebraucht und deswegen billig kaufe. Also fragte ich den Buchhändler, ob er irgendeins von Bossuets Werken habe: »Was ist denn *das*?« fragte er abschätzend. Und ich floh. Bei Scribner's fand ich die geliebten Bücher: *A History of English Literature* von Long (denn die, mit der ich gearbeitet hatte, gehörte Mrs. Noman). Dann *The Journal of Eugénie de Guérin* (aus demselben Grund), *Problems of Philosophy*, *Connaissance de Dieu et de Soi-Même* und *Métaphysique* von Bossuet. In diesem letzten habe ich schon mit großem Interesse gelesen, und ich war glücklich festzustellen, daß ich es ganz allein verstehe, ohne die Hilfe phlegmatischer, strenger, unsympathischer Lehrer. Ein Band der *Cahiers de Saint Denis* enthält alle Grundzüge der Literatur, besonders der französischen. Auch da weiß ich nicht so recht, wann ich sie außer acht lassen soll. Alles in mir ist jetzt ein einziges Verlangen, eine feste Entschlossenheit zu lernen, lernen, lernen.

Ich weiß nun, warum mich Mama immer ihren kleinen Philosophen nannte. Bossuet sagt: »Um ein vollkommener Philosoph zu werden, braucht der Mensch nichts zu studieren außer sich selbst. Ohne viele Bücher zu lesen, ohne eine ermüdende Sammlung dessen anzulegen, was die Philosophen gesagt haben, ohne weit auszuschweifen auf der Suche nach Erfahrung wird er seinen Schöpfer erkennen, indem er beobachtet, was er in sich selbst findet.«*

In bezug auf meine Auffassung der Seele habe ich einen Schock erlitten. Ich hatte die poetische Vorstellung, daß die Seele das ist, was in uns aufrichtig und tief verstört ist, was aufgebracht, erregt, verletzt ist, der Hort unserer Leidenschaften, Gefühle,

---

* Französisch im Original

Empfindungen – aber niemals von Vernunft, Verstand und Willen. Und doch ist es so. Nochmals Bossuet: »Die Seele ist, was uns denken, verstehen, fühlen, überlegen, wollen macht, was uns eines von zwei Dingen und eine von zwei Richtungen wählen läßt, wie zum Beispiel, sich lieber nach rechts zu bewegen als nach links.«

Ich mag das nicht. Meine idealistische Vorstellung gefällt mir besser, der Glaube, daß der Verstand für die Funktionen verantwortlich ist, die Bossuet der Seele zuschreibt – und so machte ich den wohlgeordneten, kühlen und korrekt verteilten Verstand für die Vernunft und den gesunden Menschenverstand verantwortlich. Die Phantasie, ihre Höhenflüge, Leidenschaften und Ekstasen leben in der beflügelten, freien, unsterblichen Seele. Doch es ist offensichtlich alles falsch.

Ich vermute, jede philosophische Wahrheit wird ein Schock für meine romantischen Vorstellungen, meinen Idealismus, meine selbstgeschaffenen Ideen, meine Tagträume sein. Und nun werde ich mich immer, wenn ich träume, plötzlich selbst fragen: Phantasiere ich? Nun, dann gehört dies natürlich zum inneren Sinn, da es etwas ist, das weitergeht, wenn die äußeren Sinne aufhören zu arbeiten etc. etc. Ich verweise auf Bossuet, doch stell mir bitte keine weiteren Fragen. Ich bin ziemlich durcheinander.

30. September

Der letzte Tag eines Monats und die letzten Seiten eines Tagebuchs! Ich vermute, die Sonne geht jeden Tag über vielen Enden unter ... das Ende des Lebens oder manchmal das Ende von Hoffnung, von Illusionen ... wer weiß?

All meine Tränen sind auf deine Seiten gefallen, jedes Lächeln von mir hat zu dir gestrahlt, bis du angeschwollen bist und mich nun verläßt, um zu den anderen Heften zu kommen, um zu einem großen Buch zu verschmelzen – zum Buch meines Lebens! Deine Stärke wird die Woge sein, die mich hinaufspült und trägt zum Höhepunkt meiner Lebensaufgabe, was immer sie auch sein mag.

Ich liebe dich. Du bist die Schatztruhe der Dinge, die mir am teuersten sind – der Bilder eines Menschen, der niemals wieder leben wird, der Bilder von einem Mädchen von heute, das morgen schon älter sein wird. Die Zeit ist der größte aller Diebe, sie trägt Dinge fort, die nie ersetzt oder wiedergeboren werden. Morgen werde ich etwas verloren haben, die Gedanken von heute, doch ich werde andere Dinge lernen, mich entwickeln, mich herauskristallisieren.

So bewahre hier für mich all die Dinge, die ich dir gegeben habe – die ungelösten Rätsel, die gebrochenen Zauber, die Spiegelungen einer sturmgetriebenen Seele, die Spiegelungen des einfachen äußeren und des komplizierten, erstaunlichen inneren Lebens eines Mädchens. Sie gehören mir nicht länger, sie sind dein. Ich liebe sie in dir, weil ein Schöpfer immer seine Geschöpfe liebt wie eine Mutter ihre Kinder. Doch was mich von dir unterscheidet, ist gerade diese Liebe zu ihnen: Du wirst sie für mich bewahren, unbefleckt, während ich fremde, gefährliche Länder durchreise. Und wenn ich zurückkehre, falls ich zurückkehre, werde ich meine Kinder verlangen und sie forttragen zu meinem Haus des Schlafes.

30. September

Auf die erste Seite des Tagebuchs, von dem ich mich gerade getrennt habe, müßte ich schreiben: »Einer der schnellsten Flüge meiner Feder durch die Chronik der Stunden«, denn es war in unglaublich kurzer Zeit gefüllt. Es war auch ein sehr frivoles Kapitel meines Lebens, und darum endete es so schnell. Doch du bist zu etwas anderem bestimmt. Wir studieren und entdekken Dinge, du und ich. Vor mir sehe ich eine ununterbrochene Reihe von heiteren Tagen sich erstrecken, wohlgeordnet und nützlich. Den ganzen Herbst werde ich vielleicht mit meinen Studien alleingelassen. Der Winter bringt möglicherweise eine große Umwälzung mit dem Besuch in Kuba, doch das wird schon ein anderes Buch sein. Ich will, daß du ernsthaft wirst – daß du meine intensiven Reisen in die Welt der Wissenschaft teilst, mit mir zweifelst und lernst, entdeckst und staunst, den ganzen Zauber eines solch kontemplativen Lebens teilst und auch die Heiterkeit, die entsteht, wenn der Kontakt zur Welt aufhört. Denn ich werde nicht viele Menschen sehen, wenn ich es vermeiden kann. All meine Sehnsüchte nach romantischen Liebeleien sind gestillt – nicht tot, weißt du, aber einige schlafen. Ich werde nicht an Jungen oder dumme Tanzabende denken oder an das »große Abenteuer« und an den »Geist«. Nein, nur lernen, lernen, lernen.

Dieses Leben hat bereits begonnen. Morgens weckt mich mein Vogel sehr früh. Ich gebe mir keine Mühe mit meinem Haar – Möchtegern-Philosophen dürfen an so etwas nicht denken –, ich schlinge es nur um meinen Kopf und befestige es hinten. Dadurch sehe ich würdig aus. Dann beginne ich damit, das Haus zu säubern, die Betten zu machen etc. Der Rest des Morgens ist meinen Sekretariatsaufgaben gewidmet. Meine Schreibmaschine und meine Finger (wenn ich rechne) sind fleißig bis zum Mittagessen. Danach habe ich mir selbst eine Stunde flicken auferlegt – ich hasse es – und als Belohnung zwei Stunden studieren. Meine Bücher sind noch nicht gekommen, und ich habe nur Bossuet zum Lesen und meine französische Grammatik. Doch gerade jetzt genügt Bossuet, um mich in die abstrakte Welt zu versenken. Dann ist das Einkaufen zu erledigen und das Dessert zum Abendessen muß zubereitet werden: ein Kuchen oder ein Pudding. Ich kann den ganzen Abend lesen. Ich lege meine Bücher nur weg, wenn Mama mich bittet zu kommen und mit ihr zu sprechen. Sie liegt zu dieser Zeit immer im Bett, liest und ruht sich aus. Thorvald macht seine Hausaufgaben, Joaquin spielt. Gefällt es dir? Kannst du dir das alte, gemütliche Haus am Abend vorstellen?

Während ich ins Dorf ging – es war nicht wirklich erforderlich, doch das Wetter lockte mich –, dachte ich jeden Moment, daß der Wind mich fortblasen würde. Wie er die Bäume bog und den Regen um und um trieb, das Laub in seinem eisernen Griff! Das Wasser rann in meine Schuhe und peitschte meine Wangen, und der Wind trug mich fast ins Dorf: Sein Respekt vor meinem Gewicht war ebenso gering wie vor dem eines Blattes. Ich freute mich aus ganzer Seele und wünschte mir, der Wind trüge mich fort, weit fort. Was für eine herrliche Reise das wäre, fort von der rundgesichtigen, grinsenden, platonischen kleinen Erde, hin zum Mond ... irgendwohin. Die Verfasser meines Nachrufs würden sagen, daß ich gestorben bin, wie ich gelebt habe, denn werde ich nicht immer mitgerissen von meiner Begeisterung, meiner Phantasie, meiner Vorstellungskraft, meinen Träumen?

2. Oktober

Stell dir vor, als ich gestern aus New York nach Hause kam, fand ich einen Brief von ... Marcus!

Er ließ mich an all die unerwarteten Dinge denken, aus denen das Leben besteht, an all die begrabenen, vergessenen Schauspieler. Und nun, genau entgegengesetzt zu all meinen Plänen, entgegengesetzt zu allem, was ich mir vorgestellt hatte, taucht Marcus wieder auf. Ich hatte mir schon ausgemalt, wie ich, alt und grauhaarig, mein abgenutztes, altmodisches Tagebuch lese und an der Stelle haltmache, wo Marcus aus meinem jungen Leben verschwindet. Ich stellte mir vor, wie ich meinen Kopf schüttele und mit brüchiger Stimme sage: Ich frage mich, was um alles in der Welt aus diesem verrückten kleinen Jungen geworden ist! Doch so etwas geschieht nur in Büchern. Im wirklichen Leben tritt Marcus wieder auf, und der Akt zieht sich ewig und sehr unromantisch in die Länge. Er hat weder ein gebrochenes Herz noch ist er gedemütigt oder auf grandiose Weise hochmütig! Einfach ein Junge, der sein Bedauern ausdrückt und versucht, dir eindringlich klarzumachen, daß alles, was er in jenem Brief schrieb, nur ein ungestümer Ausdruck seiner Verärgerung darüber war, mich nicht sehen zu können, obwohl er mich so gern mag. Kurz, es war wirklich nicht sein Fehler, weißt du, doch die Fesseln, durch die ich ihn an mich binde, sind zu stark und viel zu zauberhaft, um von irgendeinem vorübergehenden Streit zerrissen zu werden. Ich glaube, ich zitiere seinen Brief Wort für Wort, kein Wunder, denn ich habe ihn vier- oder fünfmal gelesen. Nein, ich bin nicht sarkastisch – überhaupt nicht. Ich bin nur geplagt und kein bißchen glücklich. Lieber Himmel, ich werde nie eine andere Möglichkeit finden, Marcus jetzt loszuwerden, wenn der zornige Brief, den ich ihm geschickt habe, so wenig Wirkung zeigt. Armer Marcus! Was für eine Abneigung Mademoiselle Linotte nun für ihn empfindet! Und doch tut es mir so leid für ihn, daß ich freundlich sein und versuchen muß, das Beste aus einem unglücklichen Abenteuer zu machen.

Ich denke, die Wurzel von allem ist meine Begabung zum Kokettieren. Der Himmel weiß, was ich beim Weihnachtstanz tat, damit Mr. Anderson sich verneigte, um mir seine Zuneigung darzubringen.

Gestern fuhr ich nach New York, um Ana Maria* zu besuchen,

---

* Ana Maria Sánchez

meine kleine Cousine, die nach mir gefragt hatte. Sie mußte sich einer Halsoperation unterziehen, und nun liegt sie dort in ihrem kleinen Bett, der dunkelhäutige Liebling, eine lebende Puppe in einem japanischen Gewand. Oh, ich mag kleine Leute tausendmal mehr als Erwachsene. Wie sie dir vertrauen und jeden lieben, wie klar und rein ihre Augen sind. Du kannst in ihren winzigen Herzen lesen wie in einem Märchenbuch, und ihr Lachen ist schöner, als man es mit Worten beschreiben könnte. Ana Maria schob ihre zarte kleine Hand in meine und hieß mich neben ihrem Bett sitzen. »Ich will, daß du den ganzen Tag hierbleibst. Ich mag dich«, sagte sie keß.

Ich begann, ihr selbsterfundene Geschichten zu erzählen, und sobald ich geendet hatte, wollte sie noch mehr. Da saß ich nun und goß all meine verrückten Ideen in Geschichten für Ana Maria. Sie wollte das Glas Milch nicht trinken, das ihr der Arzt verordnet hatte, also erfand ich ein phantastisches Königreich in einem Glas Milch, und dann hielt ich plötzlich inne: »Nun, siehst du, ich kann dir nicht erklären, wie sich die Prinzessin fühlte, bevor du nicht das Glas leertrinkst.«

Sie trank es so schnell, daß ich sie bitten mußte, sich nicht so zu beeilen. Wir hatten den denkbar größten Spaß mit Papierpuppen. Ich ließ sie gehen und reden und sich verbeugen, einmal verwandelten sich Lämmer in Prinzen, dann wieder in Hexen und Dämonen. Ich war so glücklich, sie lachen zu hören, daß ich den ganzen Nachmittag bei ihr blieb. »Du bist sehr verrückt, Anaïs«, sagte sie nachdenklich. »Du erzählst mir Geschichten, die mir niemand vorher erzählt hat.«*

»Und du bist so nett, daß ich dir immer und immer Geschichten erzählen könnte.«

Der traurige Moment kam, als sie mich nicht gehen lassen wollte; ich mußte ihr versichern, daß ich bald wiederkommen würde. »Oh, ich weiß, du gehst nach Hause. Komm her und gib mir einen Kuß!«

Ich tat, als sei ich ein Prinz, und verbeugte mich tief und küßte ihr die Hand, was ihr sehr gefiel. Und dann verließ ich sie und befand mich wieder in der ernsthaften Erwachsenenwelt.

Heute war ein so geschäftiger Tag, daß ich nicht studieren konn-

---

* Spanisch im Original

te. Ich fegte und wischte Staub und putzte. Zwischendurch schrieb ich Briefe für Mama, kochte, wusch und flickte, dann gingen wir zum Einkaufen, und ich schrieb noch mehr für Mama. Im Käfig meines Vogels fand ich drei seiner kleinen Schwanzfedern. Eine von ihnen malte ich mit meinen Wasserfarben rot an und klebte sie auf die Ecke eines leeren Schreibpapierblattes, dann zeichnete ich ein Tintenfaß. Das Spinnennetz und den Federhalter mit der Tinte nenne ich die »Weber«. Errätst du, für wen dieses merkwürdige kleine Werk bestimmt ist? Für Eduardo, obwohl er mir noch nicht einmal geschrieben hat. Manchmal wünschte ich, Eduardo könnte für mich die gleiche Leidenschaft empfinden wie Marcus.

Was hat ihn mir jetzt entfremdet? Ich denke immer an ihn und überlege, wenn ich einschlafe. Ich überlege, ob ich *das* tun würde, wenn ich das »andere Mädchen« wäre, von dem Mutter so oft spricht, wenn sie sagt: »Ein anderes Mädchen würde dieses und jenes tun, um beliebt zu sein und viele Freunde zu haben.«

3. Oktober

Es ist wieder Sonntag. Mama liest in ihrem Schaukelstuhl, und ich habe auch gelesen, um ihr Gesellschaft zu leisten. Nur ist das Sitzen auf der Veranda dem Studium Bossuets überhaupt nicht zuträglich, da die Vorübergehenden zahlreich sind und ich nicht umhin kann, ihnen mit den Augen zu folgen. Deshalb habe ich dich hinuntergebracht und das Tintenfaß in einer äußerst gefährlichen Stellung plaziert, um zu plaudern. Ich sehe, wie Mama ab und zu aufblickt, einen fragenden Blick auf das Tintenfaß wirft und zu ihrem Buch zurückkehrt. Vermutlich wundert sie sich, was um Himmels willen das gefährliche Instrument dort festhält, wo es steht. Ich bin sicher, es ist die gute Fee, die Patin aller Blaustrümpfe, die weiß, daß es, solange es Tinte gibt – auch Hoffnung gibt.

Natürlich gingen wir zur Kirche. Ich liebe den Gesang, und was mich am meisten bewegt, ist das Agnus Dei. Du kannst dir nicht vorstellen, liebstes Tagebuch, wie tief bewegt man manchmal von Musik sein kann. Während ich jenen Stimmen und dem Wort »Miserere« lauschte, fühlte ich Dinge, die ich nicht beschreiben kann. Ich werde versuchen, es dir zu erzählen, wenn ich mich selbst kenne.

Nach einem reichhaltigen und ungestörten Abendessen gingen

Thorvald und Joaquin Tennis spielen, Mama und ich ins Kino. Das erinnert mich an etwas, das ich vor vielen Wochen gesehen habe: *Humoresque*. Ich merke, daß ich nichts darüber geschrieben habe, und doch dachte ich oft an die Schönheit dieses Films. Doch wie kann ich über etwas sprechen, das alle New Yorker in Aufregung versetzt hat, das die Kritiker in den höchsten Himmel gelobt haben, und das Massen von Menschen gesehen haben, die davon angerührt wurden? Es zeigt ein schönes, lebensnahes Bild des jüdischen Heims, der jüdischen Familie, und faßt einfach die Empfindungen zusammen, die einen befallen, wenn man Dvořaks *Humoresque* hört. Tränen, dann wieder das Lächeln, um die Tränen zu verbergen, der lebenslange Kampf der Menschheit, das ewige Spiel auf den Saiten des Herzens, bis sie reißen. Es war so menschlich, so anrührend! Ich konnte meine Tränen nicht zurückhalten, und doch hörte ich mich herzlich lachen, wenn alle anderen lachten, was mir sehr selten passiert. Auch Mama war zutiefst gerührt, und Joaquins Seele konnte man aus seinen großen, glänzenden Augen lesen. Thorvalds Gefühllosigkeit wurde bis ins Innerste erschüttert, obwohl er es nicht zugab. Ich war überrascht von der Art und Weise, wie es auf die Menge wirkte. Ich hätte einer amerikanischen Menschenmenge nie zugetraut, daß sie so etwas verstehen würde. Es schien ihnen absolut fern zu liegen, und es bildete einen so lebhaften, starken Gegensatz zu den gewöhnlichen, unkünstlerischen Dingen, die ihnen sonst angeboten werden. Es war eine gute Lektion für mich und doch auch eine Enthüllung. Wäre es nur Kunst und Schönheit und Wirklichkeit und Pathos gewesen, wäre es gescheitert. Aber es war ein Schmelztiegel von Kunst, Schönheit, Pathos, Wirklichkeit und *Humor,* so klug vermischt, daß niemand, auch mit noch so großen Vorurteilen, seinem Zauber widerstehen könnte. Ich vergaß sogar, daß seine Autorin, Fannie Hurst, eine Frau ist, deren Persönlichkeit ich verachte und deren Moralvorstellungen ich hasse. Kürzlich erregte sie öffentliches Aufsehen durch ihre Ansichten über das Eheleben, mit denen sie zeigte, wie wenig Weiblichkeit und Ideale sie besitzt. Ich kann mir nicht vorstellen, wie eine solche Geschichte aus der Feder einer so abgebrühten Frau hervorgehen kann.

Und während ich schreibe, bewegen sich die Zeiger meiner Uhr in Richtung Abendessenszeit. In einer Weile werden wir wieder essen. Mama hat aufgehört, nach dem Tintenfaß zu sehen. Kein Wunder. Sie liest das Buch mit den Kurzgeschichten von William Locke, das Eduardo mir gegeben hat, und sie hat mich vergessen. A propos (ich kann das nicht auf Englisch sagen) Eduardo, ich habe noch etwas hinzugefügt zu meinem noch zu schreibenden Brief an ihn. Ein kleiner Kobold ist auf einer Ecke des Blattes zu sehen, angezogen in den Farben des Herbstlaubs, er tanzt und wirft Laub fort, das an einer Seite des Briefes hinunterfliegt. Wenn man es von weitem betrachtet, ist es sehr hübsch, doch aus der Nähe, nun, ich bin kein großer Maler, weißt du. Ich verschwende möglicherweise kostbare Zeit, denn … wird er mir schreiben?

4. Oktober

An Antolinita, die mich manchmal fragt, was sie ihren Freunden schreiben soll:

»Ich hoffe, du fragst niemanden, was du mir schreiben sollst! Ich werde dir sagen, was ich tue, wenn ich dir schreiben will, und du kannst dir das Rezept merken!

1. Schau aus dem Fenster, und du siehst die Baumwipfel und das herrlich gefärbte Laub mit dem Wind kokettieren. Du siehst die Eichhörnchen einen Seiltanz auf den Stromleitungen aufführen und die Herbstwolken vorbeiziehen. Schreib eine Seite darüber (es könnte ein Buch werden).

2. Schau in dein Tintenfaß. Sieh in der schwarzen, schwarzen Tinte ein Bild von all den Dingen, die passiert sind, und den Ideen, die dir durch den Kopf gehen. Tauch deine Feder schnell hinein, fische all diese Dinge heraus und verstreue sie über den ganzen Brief. Dann leg das Löschpapier darüber, und nun können sie sich nicht mehr in Luft auflösen.

3. Schau zur Decke auf und hinunter auf das Muster des Teppichs, und du wirst an all das denken, von dem du dir *wünschst,* daß es passiert. Schreib es alles auf, bevor du es vergißt.

4. Jetzt blase einige Küsse in den Briefumschlag, leg den schweren Brief hinein, und du bist fertig! Du siehst, wie einfach es ist! Nun nimm einmal an, ich hätte Thorvald gefragt, was ich dir sagen sollte; er würde dir erzählen, daß die Baseballergebnisse 4 zu 2 waren, und der Koch (wir haben keinen) würde dir erzählen, was wir zum Abendessen bekommen werden. Das wäre nicht

sehr interessant, oder? Natürlich siehst du statt dessen vielleicht Palmen und Affen, und deine Tinte ist vielleicht rot, doch hier kannst du deine Phantasie gebrauchen und deinen Brief origineller gestalten, als meiner es ist. Und nun muß ich gehen, weil ich das Tintenfaß umgeworfen habe und die Spinnennetze von den Fenstern, den Staub von der Decke und den Teppichen entfernen muß. Dieser Brief beweist dir, daß Dichter nicht immer die Wahrheit sagen, denn du siehst, ich habe nichts von dem getan, was ich dir riet, und doch schrieb ich dir einen Brief.
P. S. Bitte zeige Charles diesen Brief nicht, da ich ja eigentlich Philosophie studiere.«

Nach dem Brief an Antolinita schrieb ich einen Essay, und dann, als ich ihn beendet hatte, kam der Briefträger und brachte nur eins der Bücher, die ich neulich kaufte, doch keinen Brief. Um mich zu trösten, las ich Eugénie de Guérin, bis ich dies hier fand, das ich zitieren möchte: »Aber ich beobachte, daß ich andere kaum erwähne und daß mein Egoismus immer die Szenerie beherrscht. Ich sage ständig, ich tue dies, ich habe jenes gesehen, so und so gedacht und lasse das Publikum im Hintergrund nach Art der Eigenliebe; doch meine ist diejenige des Herzens, die nur weiß, wie sie von sich selbst sprechen kann. Der geringe Maler kann seinen Freunden nur ein Selbstbildnis geben. Der große Maler hat Bilder zu verschenken. Ich fahre fort mit dem Selbstbildnis.«
Solche Dinge, die ich niemals sage, weil ich dazu nicht fähig bin, und die ich doch gedacht und auf unbestimmte Weise erklärt habe, drückt Eugénie auf so bezaubernde Weise aus; halb traurig, halb entzückt lese ich jeden Tag in ihrem Tagebuch.

5. Oktober

Der Herbst ist in mein Herz eingezogen, und mit jedem Tag, der vorbeigeht, wird mehr Laub fortgeweht von den Bäumen und vom Baum meiner Hoffnung. Denn der Briefträger, den ich hinter den Wohnzimmervorhängen beobachte, bringt Geschäftsbriefe und Briefe von jedermann außer von Eduardo. Er wird niemals schreiben. Und doch denke ich nie an ihn, während ich arbeite; nur wenn ich ein wenig träumen will, fallen mir Eduardo und seine Gleichgültigkeit wieder ein. Darum bin ich jetzt niemals ruhig, und die Tage sind so herrlich um mich herum. Es gibt nichts außer Schönheit; Schönheit, die ich nie zuvor so tief empfunden habe, und deshalb singe ich, während ich die Betten mache, ich singe den ganzen Morgen und den ganzen Nachmittag, den Blick so oft wie möglich auf die Bäume und die vorüberziehenden Wolken gerichtet. Ich liebe das Leben, aber das Leben liebt *mich* nicht. Es will mich enttäuschen, doch meine Träume und ich, wir werden uns niemals trennen.

6. Oktober

Was für ein seltsamer Tag! Normalerweise kehre ich die Pflicht von innen nach außen, stelle sie auf den Kopf, mische sie mit meinen Freuden, meinen Studien, meinem Gesang und meinen Meditationen, und die Pflicht läßt mit sich spielen. Heute war es die Pflicht, die mich um den Finger wickelte, unnachgiebig, unbeugsam, mit eisernem Griff, vom Augenblick an, als ich die Augen aufschlug, bis jetzt, wo sie zum Schlaf geschlossen sein sollten. Ich habe überall Schmerzen, nicht nur physische, sondern seelische. Und zwar deshalb, weil meine geliebte Mama, der oberste Boß und Direktor, zu Hause blieb, inmitten ihres Berges von Briefen und Rechnungen. Sie saß den ganzen Tag am Schreibtisch und ich vor meiner Schreibmaschine. Zuerst diktierte sie Briefe und dann die lange Liste der Dinge, die Tia Antolina, Tia Anaïs und Mrs. Thayer* gekauft hatten, deren Konten niemals klar sind – und so ging es weiter bis zur Essenszeit, an die uns Joaquin erinnerte. Wir kochen, essen, spülen das Geschirr und sitzen wieder vor unserer Arbeit.

Der Nachmittag schwand dahin. Wir arbeiteten so viel, daß das Abendessen eine Erholung war. Thorvald hatte Fußball gespielt, er hatte ganz rote Backen und jubelte. Auch Joaquin hatte gespielt. Es genügte schon, sie anzusehen, um zu spüren, wie erregend das Leben im Freien sein muß. Und jetzt liest Mama und ruht sich aus.

Meine Finger schmerzen von der Schreibmaschine. Wie dankbar grüße ich meinen altmodischen Federhalter! Und doch habe ich nicht die große Neuigkeit geschrieben! Thorvald hat mir seine Algebra-Prüfungsarbeit gezeigt, für die er die absolut beste

---

* Helen Thayer, Jack Cosgroves Mutter; manchmal nennt Anaïs Nin sie »Tante Helen«

Note bekommen hat! Stell dir vor, jemand versteht diese komplizierten Probleme so gut, wie ich meinen Walter Scott verstehe. Was um alles in der Welt befindet sich in seinem Kopf, der so normal aussieht? Wie ich unter diesen griechischen Puzzle-Spielen litt während der Schulzeit! Wenn man bedenkt, daß dieses Folterinstrument für *meinen eigenen Bruder* ein offenes faszinierendes Buch ist! Denn er mag es und gibt es lächelnd zu. Die Note hat mich überrascht. In Wadley war ich stolz, wenn meine Note eine Spur besser als sechs war. Was für ein Unterschied! Es scheint, daß man mir meine Gedanken leicht vom Gesicht ablesen konnte, denn Mama sagte, nachdem sie mich eine Weile beobachtet hatte: »Komm her, fifille – du brauchst das alles nicht, um deiner Mama zu helfen und Kuchen zu backen.«* Worauf sie mich küßte. Mama küßt mich immer, wenn sie nicht in gewandten Sätzen zum Ausdruck bringen kann, was sie denkt, und wenn sie mich küßt – verstehe ich sie.

Kein Brief. Frances macht mich auch traurig. Jetzt, wo ich plötzlich müßig bin, empfinde ich wieder die große Einsamkeit in meinem Herzen. Ich fühle mich ohne Freunde, ohne Gesellschaft. Wo immer ich mich hinwende, um Sonnenschein zu sehen, ist eine Wolke dazwischen, eine schwere, dunkle, beständige Wolke. Welken Sonnenblumen, wenn die Sonne fort ist? Und vor mir liegen zwei Postkarten von Marcus, die ich vor vielen Tagen erhielt. Ich habe keinen Mut zum Schreiben. Kannst du erraten, was ich gerade tue? Was ich in meinem Spiegel sehe? Traurige Augen voller Tränen und nichts, das groß genug ist, um mich selbst zu erklären. Ich wünschte, es gäbe keine Briefträger auf der Welt, keine Cousins, keine Jungen und keine Herzen.

7. Oktober

Ich habe nie so sehr bemerkt, daß Mamas Papiere so viel Arbeit machen, wie in diesen letzten zwei Tagen. Ich habe meine regelmäßigen Studienstunden aufgegeben, das Stopfen, das Aufräumen; ich sitze den ganzen Tag vor meiner Schreibmaschine bei der Arbeit. Ich hatte kaum Zeit, Waldos Brief zu lesen, der heute morgen kam.

---

* Französisch im Original

Gegen fünf Uhr dreißig brauchte ich Mamas Entscheidung, um weitermachen zu können. Also hörte ich auf und gönnte mir die Freude, einen Ingwerkuchen zu backen. Jetzt warte ich auf sie und springe ab und zu auf, um mich ans Fenster zu stellen. Oh, wenn du die Bäume sehen könntest! Manchmal bin ich so fasziniert, daß ich das Laub aufhebe und es küsse.

Ich studiere nachts, und statt nun von Eduardo zu träumen, bin ich verloren in einem Labyrinth wilder Fragen und spreche ganz ernst mit mir selbst über Dinge, die mich zum Beispiel in den Kapiteln meiner *Problems of Philosophy* beeindruckt haben. Ich wache allerdings nicht weiser auf aus meinen strebsamen Träumen!

9. Oktober

Die Beschreibung der Ereignisse des heutigen Tages würde wie ein einziger, langer Alptraum erscheinen, und ich bin noch nicht daraus erwacht. Die arme Mama arbeitet die ganze Woche ununterbrochen, so daß sie manchmal an ihrem Ruhetag zusammenbricht – dann wird sie so reizbar und ungerecht, daß ich den ganzen Tag nichts höre außer Streitereien und Klagen. Wenn du das nur verstehen könntest – ich kann keine Zeile über Mamas Fehler schreiben, ohne zu fühlen, daß sie ihre Berechtigung haben, und diese Vorstellung, daß es einen Grund dafür gibt, macht mich verrückt. Es ist immer nur Arbeit, Arbeit, Arbeit – das Mühlrad, an das Mama gefesselt ist und das langsam ihre ganze Jugend und Energie zerstört. Wenn es etwas gibt auf der Welt, das mich an Gott zweifeln läßt, dann ist es *Geld,* und meine Mutter leidet, um es zu verdienen, nur weil ein bösartiges Gesetz, das ich nicht verstehe, es so will – es gibt einigen so viel und anderen so wenig. Welche Bitterkeit liegt in den Worten »seinen *Lebensunterhalt* verdienen« und welche Grausamkeit. Als ob es ein Leben wert wäre, daß man seinen Unterhalt verdient, wenn dieses Verdienen einem die Seele zerstört. Empörung, eine wilde, brennende, leidenschaftliche Empörung, das ist alles, was ich heute abend empfinde.

Ich habe versucht, einzuschlafen, seit ich diese Zeilen schrieb, doch ich konnte nur schluchzen. Und nun, da ein kaltes, seltsames Gefühl in mir hochgestiegen ist, fühle ich mich so weit fort von meinem Zuhause, meinem Leben und mir selbst, daß ich diese schreckliche Stille ebensosehr fürchte wie die brennende

Verzweiflung. Ich frage mich, ob ich jedesmal, wenn ich die dunkelsten Seiten des Lebens sehe – sei es in kleinen Dingen oder in großen Ereignissen –, so schrecklich leiden werde und dann plötzlich so kalt und fremd werde; derart, daß jeder Kummer einen tieferen Eindruck hinterläßt, und daß ich langsam, langsam die große Lektion lerne – jene Lektion, die Träume und Ideen und jede aufblühende Hoffnung und Illusion tötet und nichts übrigläßt als den großen, traurigen, gleichgültigen Zynismus der Männer und Frauen.

Oh, ich fühle es, ich fühle es in meinen dunkleren Stimmungen! Ich fühle, daß ich meine Mädchenzeit hinter mir lasse, ich fühle die Frau in mir, das Wissen, die Erfahrung. Ich verliere meine Sorglosigkeit, vielleicht verliere ich die Begeisterung, die übersprudelt, wenn ich glücklich bin – und das ist sehr selten. Ich denke zuviel, ich suche zuviel, ich erwarte das Unmögliche. Ich empöre mich und zweifle. Bin ich noch ein junges Mädchen? Oh nein. In wenigen Monaten habe ich mehr geweint als in meinem ganzen Leben. Wenn sie nur langsam käme, diese wachsende, dunkle, schwere Wirklichkeit! Doch manchmal scheint sie die Arbeit eines ganzen Lebens an einem Tag zu zerstören!

»Papa Chéri:[*]

… Der Sommer ist so schnell vorübergegangen. Das Laub verfärbt sich schon. Vor einem Jahr lebten wir noch in unserem kleinen Haus. Vor einem Jahr, an einem schönen Tag wie heute, besuchten wir dieses große, leere Haus, in dem wir unser Nest bauen wollten. Und alles geht dahin, um nie mehr zurückzukehren. Glücklicherweise kann ich, wenn ich mir diese glücklichen Tage wieder ins Gedächtnis rufen will, zu meinem Tagebuch greifen, und jeder Tag läuft noch einmal vor meinen Augen ab. Ich finde darin alles: ein getreues Bild, die Träume, die ich nicht wieder träumen werde, und das Alter, das nun Vergangenheit ist. Mein Tagebuch und ich gehen sozusagen um die Welt. Wenn einer ein wenig zu sehr Idealist ist, ist es manchmal nicht sehr erfreulich, doch andererseits …! Wenn wir müde werden, weißt Du, legt man uns unter einen weißen Stein, und dann entdecken die Menschen, die uns niemals einen Gedanken widme-

---

[*] Der Brief steht französisch im Original

ten, all unsere Tugenden … Nein, ich bin nicht sarkastisch. Wir müssen denken wie Henri Murger,* der trotz allem bereit ist, dem Leben zu applaudieren! Oh! Ich habe Dir ja noch gar nicht von Murger erzählt, und auch nicht von meinen Studien, und … – nein, wir müssen systematisch sein, wir müssen am Anfang beginnen. Also, ich beginne:

Besuch in der Columbia Universität. Ergebnis? Nun, es ist ziemlich unüblich, daß man sich darüber beklagen kann, daß man zu jung ist. Das gibt es nicht, sowas kann nicht akzeptiert werden, es ist sogar unglaublich. Doch genau das passierte mir. Meine Studien – E. de Guérins Tagebuch – der Versuch, meine Ideen auszudrücken.

Dasselbe mit *Scènes de la vie de Bohème*, das mir jemand auslieh. Ich war irgendwie enttäuscht davon. Ich verstehe zwar den Zauber des Buches, all seine Schönheit, das Talent des Autors, alles, alles, was die Franzosen das Buch so sehr lieben läßt. Und doch war ich so lange Zeit vertieft in die klassische Literatur, daß – mir selbst zum Trotz – mein Herz und mein Kopf voller »Antiquitäten« sind. Das heißt, ich habe altmodische Vorstellungen vom Leben, ich bin idealistisch, was Liebe, Ehre, Konventionen betrifft – Jahrhunderte zurück, die Ritterzeit etc. Wenn ich nun ein Buch wie dieses lese, stoße ich auf Dinge, deren Existenz ich nie, selbst nicht in meiner Vorstellung von einem Bohème-Leben vermutet hätte. Da ist zum Beispiel die Art, wie die Liebe von Mimi und Musette geschildert wird – lauter Dinge, die mich überraschen, muß ich sagen. Es scheint wirklich, als hätte ich wie im Märchen hundert Jahre geschlafen und als wäre ich neunzehnhundertzwanzig aufgewacht, in der heutigen Zeit. Und so steh' ich da mit meinen siebzehn Jahren, mit Augen wie Fragezeichen, weil ich ein Buch von Henri Murger lese. Hier ist ein Bild für Dich, mein kleiner Papa, wenn Du magst! Ich persönlich bewundere diesen Typ nicht. Ich mag Menschen nicht, die hundert Jahre schlafen. Die nur daran denken, all die Zeit träumen zu können, ohne daß die Ereignisse des Tages die Träume zerstören!! Wie entsetzlich!

Joaquins Geburtstag – Klavier, gute Gesundheit, gutes Benehmen, Schule.

---

* Verfasser der *Scènes de la vie de Bohème*

Thorvald möchte Arzt werden – doch was mehr zählt, er hat die beste Note in Algebra bekommen!!!
Ein Brief von Großmutter über ihre Reise, die ins Wasser fiel. Mama kam nach Hause. Ein Tagtraum, wie ich mit einem Studenten umgehen soll, der mir einen Brief schrieb.
Sag, was Du willst, tu, was Du willst, sei untreu, wem Du willst, doch – schreib mir, bitte.

Zärtlich etc. ...

Anaïs.«

11. Oktober

Ich merke, daß ich vergessen habe, dir von dem Abendessen am Freitag (8. Oktober) zu erzählen, weil ich am Samstag einen neuen Anfall von Empörung hatte. Mama und ich waren eingeladen bei Madame Sorel. Es war ein Geschäftsessen, denn Madame Sorel und ihr Mann besitzen den schönsten Laden in New York, in dem sie Kleider für zweihundertfünfzig Dollar und mehr verkaufen. Im Haus, in dem sie auch leben, entwirft Madame Sorel ihre Kleider sehr kunstvoll, ihr Mann erledigt die geschäftlichen Dinge, die Kleider werden genäht und dem exklusiven Publikum wunderschön präsentiert. Ich hatte Zeit, die Französin zu beobachten, ihre Faszination, ihre bezaubernde Koketterie, ihre undefinierbare und unnachahmliche Anziehungskraft. Sie war nicht schön, nicht einmal hübsch, doch ausgesprochen vorteilhaft und gleichzeitig ungekünstelt gekleidet, mit einem künstlerischen Sinn für Posen, mit kindlichen Manierismen und weltklugem Takt, Geist und Fröhlichkeit. Während Monsieur Sorel und Mama über Geschäfte sprachen, bedienten Madame Sorel, ein Freund und ich das Grammophon, redeten über Bücher und lachten. Sie fragten mich, was für ein Leben ich mir wünschte, und ich sagte ihnen, eins voller ungeheurer Abenteuer. Madame Sorel sagte, ich sähe aus wie eine Prinzessin, und meinte, ich sollte einige ihrer Kleider tragen, doch Mama lehnte es ab. Madame Sorels Freund sah mich sehr oft an und wurde deswegen geneckt.
Ich ging nach Hause mit mehr Erfahrung und einem geliehenen Buch; es heißt *Scènes de la vie de Bohème* von H. Murger, ich sprach in dem Brief an Papa darüber. Das Buch hat einfach Zauberkräfte, und ich geriet von der ersten bis zur letzten Seite in seinen Bann. Meine Bewunderung ist nichtsdestoweniger ge-

mischt mit Staunen und einer leichten Enttäuschung (wie ich Papa erzählte), weil die Frauen – natürlich – in gewissem Sinne Fremde für mich sind, und zugleich mißtraue ich meiner Meinung über sie, weil sie mich verwirren.

Und nun habe ich das Buch ausgelesen, und ich muß es zurückgeben. Und doch behalte ich sein Andenken im Gedächtnis bis zu der Zeit, wenn ich umgeben sein werde von den Büchern, die ich liebe. Bis zur Decke wird meine Bibliothek reichen, bis in die Wolken, wenn nötig. Vielleicht werde ich es nochmals lesen, wenn ich graue Haare habe, und dann werde ich die ganze Geschichte lieben und besser verstehen, weil ich vielleicht eher an das, was mich jetzt schockiert, gewöhnt sein werde.

Der Sonntag war nahezu vollkommen. Aber ich war außergewöhnlich ruhig, weil ich reiten gegangen war und mich wie eine kleine Porzellanstatue fühlte, die jeden Moment in tausend Stücke brechen kann. Ich ging zusammen mit Elsie de Sola, doch ich tat so, als sei es jemand anderes. Und während des zweistündigen Ritts war ich glücklich und froh, obwohl sich mein Pferd, Johnny, nicht so leicht erregen ließ wie seine Reiterin – was beweist, daß sich die Begeisterung nicht von Menschen auf Tiere überträgt! Bossuet hätte diese Tatsache in seinen »Reflexionen« benutzen können, aber ich weiß nicht so recht, was ich damit anfangen soll.

Mama ist so glücklich, daß ich mich für eine Beschäftigung außer Haus interessiere, daß sie mich öfter reiten lassen würde, doch ist es eine Extravaganz, die mein Gewissen beunruhigt.

Kein Brief. Ich wünschte, ich könnte mich selbst verstehen. Weißt du, es ist nicht nur Traurigkeit, die ich fühle – sie scheint irgendwie mit Ärger über mich selbst vermischt zu sein. In Zeiten wie diesen denke ich daran, daß Tia Lolita sagte, man könne nie *alles* in ein Tagebuch schreiben. Ich kann dir alles sagen, was ich denke und fühle und liebe und hasse. Ich kann schreiben über die Welt, mein Heim, meine Familie und mich selbst, doch mich selbst *erklären* kann ich nicht. Ich weiß nicht und werde niemals wissen, warum ich mir einen Brief so sehr wünsche. Ich kenne Eduardos Fehler, ich weiß, daß ich älter bin als er, ich weiß, er ist mein Cousin, doch all das scheint dahinzuschmelzen angesichts des vollkommenen Traums einer vollkommenen Kameradschaft, die ich mir ausgemalt, vielleicht auch geschaffen und vollständig erdacht hatte. Und doch kann es nicht nur

Phantasie sein. Eduardo hat es auch bemerkt, er fühlte, wie gut
wir einander verstanden, er wußte, daß die ganze Familie ihn
einen Verrückten nannte, und daß er nur mir allein all seine wilden Pläne und seine Träume erzählen konnte. Und wenn du nur
wüßtest, wie außergewöhnlich unsere Briefe waren! Es schien,
als würde diese vollkommene Freundschaft unser ganzes Leben
lang dauern. Wenige Menschen können träumen, ohne ihre
Träume zu teilen, besonders Eduardo, der in jeder Weise ent-
mutigt war, und der nicht allein träumen *kann,* weil er nicht
stark genug ist. Was ist geschehen? Was hat ihn verändert? Ich
weiß, er versteht seine »Cuisine« so gut, daß er merken muß,
daß ich verletzt bin. Und er würde nicht verletzen ohne einen
sehr zwingenden Grund. Es gibt nur zwei Gründe, die ich mir
vorstellen kann: sein Fehler oder meiner. Die Kubaner sind die
zynischsten, gefühllosesten Menschen der Welt. Ich weiß, daß
die ganze Familie Sánchez Eduardos Gefühle für mich ins Lächerliche gezogen hat. Ich hörte, daß er meine Briefe und meine
Bilder in seiner Tasche bei sich trug, und daß seine kleine Schwester seinen Freunden erzählte, Eduardo habe einen Schatz. Graziella sagte das eines Tages in unser beider Gegenwart, und ich
versuchte, es wegzulachen. Vielleicht hat seine Mutter ihn meinetwegen gerügt. Ich vermute, sie glauben alle, daß ich »seltsam« bin. Und vielleicht hat sich Eduardo geschämt. Und nun
bedauert er es und denkt, Freundschaft ist die Anstrengung
nicht wert, seiner Familie etwas begreiflich zu machen, das zu
fein für sie ist, zu idealistisch. Aber wenn Eduardo der Mensch
wäre, den ich da beschreibe, würde ich ihn niemals wieder mögen. Aber er ist es nicht, dessen bin ich sicher.
Der andere Grund würde mich weit mehr verletzen, wenn er zu-
träfe, denn es wäre mein eigener Fehler.
Vielleicht hat er mich während seiner Reise nach Havanna zu
sehr idealisiert. Als ich sein Tagebuch las, war es voll von – mir.
Damals. Und als er mich wiedersah, war ich nicht das, was er
glaubte, und das ist alles.
Oh, du kannst dir nicht vorstellen, wie ernsthaft ich darüber
nachdenke. Es ist, als ob man sich an einer Wolke festhält, damit
sie nicht für immer verschwindet.

12. Oktober

So ein entsetzlich regnerischer Tag! Ich kann mich kaum beherrschen an solchen Tagen, denn ich liebe es, am Fenster zu stehen und träumend die Regentropfen zu beobachten. Ich habe in meinen »Kindheitserinnerungen« gestöbert. Und was für seltsame Dinge ich in dieser langvergessenen Schublade fand! Geschichten, die ich schrieb, als ich neun Jahre alt war, Bücher über Bücher voller schrecklicher Erzählungen in einer Sprache – mein Gott! Pläne für die Zukunft im Alter von zehn Jahren, eine manische Nächstenliebe und dann der Ehrgeiz, Waisenhäuser, Heime, Klöster zu errichten, alles mit dem Geld, das ich als *Malerin* verdienen würde. Auch kindisch und leidenschaftlich religiös: Gebete und Hymnen habe ich verfaßt. Und diese Poesie! Ich könnte sterben vor Scham, wenn ich nicht schon fast vor Lachen gestorben wäre! Ein Notizbuch, in dem ich alle Komplimente aufschrieb, die man mir machte, mit jeweils dem Datum. Was für eine Menge Dinge habe ich heute verbrannt. Ich hatte eine Manie der Bekenntnisse und schrieb lange Artikel, in denen Vater und Mutter beschrieben wurden. Ich begann viele poetische Wörterbücher, erfand Wörter, verschwendete Stapel von Papier nur mit den *Titeln* all der Bücher, die ich schreiben wollte, zum Beispiel *Leben, Gedanken eines Philosophen, Essay über die menschliche Natur, Die Pflicht einer Mutter.* Und ich träumte davon, ein Mitglied der Académie Française zu werden.

13. Oktober

Heute war einer der glücklichsten Tage, und zwar von dem Zeitpunkt, als ich die Augen öffnete, bis ich ins Bett sprang. Keine Sekunde für Träumereien verschwendet. Ich habe den ganzen Tag gearbeitet, und ich bin zufrieden. Es war die Vorbereitung für Tia Anaïs' Besuch morgen. Ich glaube nicht, daß Tia Anaïs oder Cuca Wert darauf legen, ihre armen Verwandten zu besuchen, doch als sie Anaïsita und Graziella fragten, was sie am Donnerstag – dem Tag, an dem sie nicht in die Klosterschule gehen – tun wollten, baten beide darum, uns zu besuchen. Und so machten Mama und ich sauber, wischten Staub und machten einen schönen französischen Karamelpudding und mit dem restlichen Eiweiß eine köstliche Meringue. Außerdem machte ich einen Schokoladenkuchen für den Nachmittagstee.
Ich hörte vor einigen Tagen, daß Eduardo Ferien hätte und nach New York käme. Er ging mit Ana Maria Maciá (dem Mädchen mit den Rosen) zum Eislaufen. Mamas Ratschläge sind un-

schätzbar, und heute habe ich den Wert eines ausgewogenen Urteils begriffen. Mama weiß alles, was ihrer Linotte durch den Kopf ... und durch das Herz geht, darum sprach sie ruhig und vernünftig mit mir. Irgendwie ist aller *Schmerz* vergangen, aller Zorn und alle Reue. Ich glaube nicht, daß es mir nun etwas ausmachen würde, wenn Eduardo sich völlig von mir abwenden würde! Zumindest heute abend nicht, wo ich vor Liedern und Optimismus und einer seltsamen, neuen, stolzen Selbstzufriedenheit nur so übersprudele.

Mama erzählte mir, wie Monsieur Sorel nach seiner Inventur bei jenem Besuch über mich gesprochen hatte. »Ihre Tochter hat ein richtiges kleines Pariser Gesicht!«* Mademoiselle Linotte schmunzelte. »Wissen Sie, diese Kleine wird einen Millionär heiraten. Sie hat eine Art an sich ...«* Er machte Mama Komplimente über meine Art, mich wie eine Prinzessin zu kleiden, zu halten, zu gehen, zu sprechen!

Mademoiselle Linotte lachte und lachte! Und sie lachte noch mehr, als Mama mir die folgende Geschichte erzählte. Als sie jung verheiratet war, las Mama sehr gerne und verbrachte einen Großteil des Tages damit. Dann donnerte Papa: »Deshalb sind die Socken nicht gestopft! Kein Wunder, daß es hier zugeht wie im Irrenhaus und daß nichts richtig gemacht wird. Du liest den ganzen Tag und tust sonst nichts!«

Ich konnte mir Papa so richtig vorstellen. Seine Augen müssen lodernd gewesen sein wie Joaquins, blitzend wie Stahl so wie Thorvalds und flammend und durchdringend wie meine. Die arme kleine Mama war daraufhin den ganzen Tag fleißig und las heimlich, nachts, wenn Papa schlief (so wie ich es mache, wenn Mama schläft). Nun, einige Wochen später erzählte Papa allen Nachbarn: »Es ist schrecklich, wenn man bedenkt, daß ein so intellektueller, Literatur liebender Mann wie ich eine Frau heiratet, die *niemals liest!*«

Und alle Nachbarn gaben zurück: »Wie schrecklich! Solch ein intellektueller Mann! Solch eine unwissende Frau! Armer Monsieur Nin!«

»Nun ja«, sagte der Mann im Mond, »ich habe schlimmere Geschichten als diese gehört.«

---

* Französisch im Original

Doch auch wenn der Mann im Mond mein Schatz ist, so muß er doch einsehen, daß ich nicht alle Erfahrung in einer Lektion sammeln kann. Sie muß nach und nach kommen. Doch warte, du wußtest nicht, daß der Mann im Mond mein Schatz ist? Ich werde dir erzählen, wie das kommt. In New York wird eine widerlich gewöhnliche Zeitung gedruckt, die *New York Journal* heißt. Nun, darin gibt es etwas, das für alles andere entschädigt. Es ist eine Serie von Zeichnungen, die ab und zu erscheinen, aus der Feder von Nell Brinkly. Es ist wirklich eine schlaue Darstellung all der Träume, die das Wort Romanze hervorrufen kann. Ich mag sie. Einige erzählen davon, wie alle Mädchen der Welt zum Mond hinaufschauen und sich vorstellen, daß es dort oben ihr Ideal gibt. Und auf die Frage »Wann hast du dich in mich verliebt?« antworten einige Männer: »Als ich das erste Mal sah, wie du Brot gebacken hast.«

Ich gebe zu, es sind alles ein wenig Gemeinplätze, vielleicht, doch ich mag die Zeichnungen, und wenn ich meine Anfällle von Unsinn habe, träume ich oft vom Mann im Mond.

Doch – horch! Ich höre die Stimme meines Gewissens, oder in anderen Worten, die ersten Seiten dieses Hefts, sie sprechen zu mir. Versprach ich nicht, dies zu einem vernünftigen und ernsthaften kleinen Buch zu machen, dem Wissen gewidmet, und den vertraulichen Geständnissen einer alten Jungfer mit tiefem Verlangen nach weltlichen Oberflächlichkeiten?

Niemand außer mir könnte so zerstreut aussehen und dabei einen Kuchen backen. Ich wünschte, man könnte den morgigen Tag überspringen. Es gibt eine Invasion in meinem Traumhaus von Leuten, die keinen Sinn für Schönheit haben, wenn der Anstrich fehlt und man durch Vorhänge sehen kann, die nicht aus Samt sind. Wir haben außerdem auch kein Mädchen, und du weißt, Joaquin ist auch einer von *diesen Künstlern,* und ich bin natürlich ziemlich verrückt. Ich liebe sie auf meine eigene Weise. Aber wenn das Leben ein Garten wäre, der durch einen eisernen Zaun unterteilt ist, dann wären die Sánchez' wohl auf einer Seite und wir auf der anderen. Und wenn wir nah beieinander leben müßten, würde ich mich an diesem Zaun aufhängen. Eduardo kam für eine Weile auf unsere Seite hinüber, und dann ging er wieder heim. Doch das hätte nichts zu tun mit meinem Selbstmord. Ich hoffe, du bemerkst das.

14. Oktober

Ich habe die letzten Seiten noch einmal gelesen und sie passen nicht zu meiner frohen Stimmung heute. Ich bin nicht sarkastisch, ich bin wieder versöhnt mit aller Welt – wie üblich –, weil sie mir leid tut! Der Spott vom Mittwoch schützte ein verzagtes Herz. Der Donnerstag ging auf bezaubernde Art und Weise vorüber. Was Cuca anbetrifft, so ist ein Schleier zwischen uns: Mangel an gemeinsamen Interessen, Mangel an Verständnis. Ich kann Kälte noch nicht verstehen, auch wenn sie mit Traurigkeit vermischt ist. Anaïs und ich vertragen uns besser. Sie scheint Liebe zu wollen, und ich habe mehr als genug Liebe zu geben! Das Abendessen war ein Erfolg. Anschließend haben wir gesungen und Klavier gespielt. Anaïs fühlte sich von meiner kleinen Schreibmaschine angezogen, und sie schrieb darauf einen Brief an Eduardo auf meinem Papier, unterschrieben mit Anaïs und doch nicht von mir. Doch seit diesem Zeitpunkt habe ich Eduardo vergessen, ich bin zufrieden und träume andere Träume. In wenigen Monaten werde ich überhaupt nicht mehr an ihn denken. Am Samstag habe ich mich wie ein vernünftiges, normales kleines Mädchen mit Miguel und Thorvald beim Tanz im Inn amüsiert. Miguel ist nett und sieht gut aus, außerdem liebt er Bücher, und allmählich werden wir gute Freunde. Ich war seltsam erregt an jenem Abend durch viele kleine Ereignisse und Dinge, die man mir sagte. Dir kann ich sagen, ohne zu erröten, daß von nun an und für immer Linotte, die deine Seiten beschreibt, von aller Welt für hübsch und verführerisch gehalten wird! Ich habe mich sehr, sehr verändert seit dem letzten Mal, als ich mich selbst beschrieb. Ich bin sicher, daß das Tagebuch einer Person, die nicht absolut unscheinbar ist, später einmal interessanter sein wird.

Und nun siehst du, daß alles an mir ausgewogen ist, meine Fehler und meine Vorzüge. Und wie sich die Waagschale neigt, so wird die Welt mich behandeln.

Ich habe einen Brief von Waldo (Sanford) beantwortet, der besorgt war, weil ich auf seine anderen Briefe nicht geantwortet hatte. Wie jungenhaft er ist, wie enthusiastisch! Er zählte so eifrig und ungeduldig die Tage zwischen unseren Briefen. Und ich war so unverschämt glücklich, weil ich jetzt sicher bin, daß es nicht mein Fehler war, daß Eduardo nicht mehr schreibt. Ich weiß nun, daß ich mich in keiner Weise verändert habe, daß es wahr sein muß, daß ich »verführerisch« bin, wenn zwei Jungen sich in mich verlieben können, nur weil sie mich einmal beim Tanzen gesehen haben. Doch genug der Selbstgefälligkeit! Ich versuche nur, mich selbst von meiner Gleichgültigkeit zu überzeugen, doch die Vernunft ist nicht erfolgreich, die Zeit dagegen durchaus! Ich fürchte, ich habe ein sehr kompliziertes philosophisches Buch ausgesucht. Mein Lieblingsthema und meine Stärke war immer ein umfangreicher Wortschatz, doch jetzt bin ich verloren in einem Labyrinth seltsamer Wörter, die alle zusammen die Definition eines noch seltsameren Wortes ergeben sollen! Solche Wörter wie zum Beispiel Noumenon, Fetischismus, Norm, Atomismus, qualitativ, Substrat, Sensorium, Stimulus, Postulat, epigrammatisch bilden den Grund dafür, warum ich gestehen muß, daß ich es nicht ganz verstehe, obwohl ich mit dem Sinn des Buches ganz gut zurechtkomme.

Ich habe gerade Mama zur Kapitulation geküßt, das heißt, ich darf mit einem Teil von Tia Anaïs' Geschenk zwei Bücher kaufen! Zwei Bücher! Zwei Bücher! Die Worte klingen wie Musik, himmlische Musik! Ich weiß schon, was ich will. Oh, Freude der Freuden, zwei Bücher.

19. Oktober

Der Tagesablauf eines einigermaßen braven Mädchens. Sieben Uhr dreißig: Frühes Aufstehen mit dem Kanarienvogel. Acht Uhr: Frühstück und wilde Toastherstellung. Frühstück zu Joaquin hinauftragen, der an Verdauungsstörungen leidet. Neun Uhr: Kummer, während ich nach dem Briefträger Ausschau halte. Neun Uhr dreißig: Noch mehr Kummer, weil er nur Geschäftsbriefe bringt. Hausarbeit. Sekretariatsarbeit. Singen. Zwölf Uhr: Das Mittagessen ist fertig und wird aufgetragen – das Geschirr wird gespült. Zwölf Uhr dreißig: Weitere Rechnungen und Briefe. Übereifriges Studieren. Stricken. Eine Stunde stopfen. Stricken. Einkaufen. Für eine Minute allein – ich schalte das Grammophon ein. Fünf Uhr: Beginn der Abendessenszubereitung. Ich bin zutiefst verunsichert über das Putzen von Karotten – es erscheint mir schrecklich schwierig. Trotzdem ist die letzte Karotte einigermaßen vorzeigbar – doch meine Finger sind es *nicht*. Sechs Uhr dreißig: Abendessen erfolgreich, wenn man die Umstände in Betracht zieht. Sieben Uhr: Stricken und denken. Sieben Uhr fünfzehn: Tia Coco ruft an, daß sie kommt und für längere Zeit hierbleibt. Mademoiselle Linotte wird innerlich wütend, denn es scheint, daß wir nie für mehr als ein paar Tage ein friedliches Leben führen können – und dann noch mehr Arbeit, wo ich mich mit ganzem Herzen danach sehne zu lesen. Wie selbstsüchtig ich bin – oh wie selbstsüchtig!

Stell dir vor, Tia Anaïs hat mir einhundert Dollar geschenkt, die Mama für einen Pelzmantel verwenden möchte. Als ich von Büchern sprach, war Mama nicht begeistert, und ich bestand nicht darauf, denn ich merke, daß Bücher nicht unbedingt etwas Praktisches sind – und dennoch träumte und träumte ich von all den Büchern, die ich hätte kaufen können.

Die Strickarbeit, die ich erwähnt habe, ist der Anfang einer Jacke für Joaquin. Ich kann singen, während ich stricke, und ich habe den ganzen Tag gesungen, damit ich nicht zuviel denke, denn immer wenn ich denke, stelle ich mir zu viele Fragen!

22. Oktober

Wie still die Welt nun zu sein scheint! Mein Leben besteht nur aus Sonnenschein und Hausarbeit, aus lernen, singen, träumen. Mama verläßt mich um neun Uhr. Tia Coco fährt den ganzen Vormittag nach New York, und so bleibe ich zurück als Herrin des großen, stillen Hauses. Als erstes werden mein Vogel und meine Pflanzen großzügig bemuttert. Jede Windbö fegt Tausende von Blättern fort und entlaubt die Bäume, und trotzdem ist die Sonne noch warm und blendet. Die Leute sagen, der frühe Fall der Blätter ist ein Zeichen für einen milden Winter. Ich bin ganz hingerissen, wenn ich diese übernatürliche Schönheit betrachte.

24. Oktober

Tia Coco verließ uns gestern, und wenn ich von ihr spreche, erinnert mich das daran, daß am Tag, als wir Nunas Geburtstag feierten, Mama sich die Haare hatte kurz schneiden lassen. Diese neue Frisur nennt man jetzt Pagenkopf, und sie ist große Mode bei den Damen, allerdings eine so saubere, gesunde und vernünftige Mode, wie es sie selten gab. Es macht Mama um Jahre jünger, sie wirkt irgendwie unabhängig, auch wenn es mich zuerst schockierte und aufregte, weil es so furchtbar modern aussieht. Ich fühlte mich, als sei ich Mamas altmodische Mutter mit meinem langen Haar, das gesetzt auf meinem Kopf aufgetürmt ist, während ihres so bezaubernd um ihr glückliches Gesicht fliegt.

Heute empfingen wir die heilige Kommunion. Die meiste Zeit waren meine Gebete ein Schrei der Verzweiflung: »Ich will glauben, Jesus – ich liebe dich. – Ich will glauben, doch manchmal kann ich es nicht, oh, ich kann nicht!«

Im Geiste stiegen zwei Bilder vor mir auf: der Ungläubige, der Zweifler, der Atheist mit all seinem Unglück und seinen Sorgen, seinen Unsicherheiten und seiner Verzweiflung; auf der anderen Seite der gute, treue Katholik mit seinem kindlichen Vertrauen, seinem schönen Glauben, seinen reinen Ideen, der dieses ruhige Innenleben genießt, diese Heiterkeit der Seele und das ungebrochene Glück eines reinen Gewissens und frommer Gedanken. Oh, wenn ich doch nun beten könnte wie als kleines Kind. Ich erinnere mich, vor langer Zeit, als ich ohne Kuß zu Bett geschickt wurde, weil ich böse gewesen war, betete ich und schlief ein, beruhigt und getröstet. Ich betete, wenn ich mich verletzte. Ich hatte einen kleinen Altar neben meinem Bett mit einem Kruzifix, kleinen Statuen, einem Rosenkranz und Heiligenbildern. Ich entzündete kleine Kerzen vor der Jungfrau und brachte ihr jeden Tag frische Blumen. Solch ein blinder, schöner Glaube! Und nun bin ich zynisch und kalt. Ich *denke* so lange, bis all mein Glaube fort ist. Doch nein, mein Glaube ist nicht fort, er schläft manchmal, aber gelegentlich kann ich immer noch mit Inbrunst beten.

27. Oktober

Mama war den ganzen Tag im Bett, weil sie einen Abszeß unter dem Arm hat. Ich habe mich viel um sie gekümmert, und nichts schien mich zu entmutigen, solange es Mama gefallen konnte. Und doch, was für ein Feigling ich bin, und wie sehr schäme ich mich! Ich konnte es kaum ertragen, den Abszeß anzusehen, und Mama mußte ihn selbst behandeln, während Mademoiselle Linotte neben ihr stand und zitterte wie Espenlaub, dabei genauso krank wie Mama selbst aussah oder sogar noch schlimmer, denn über Mama muß man staunen, sie ist immer so tapfer und geduldig. Mehrere Male fand dieselbe Prozedur statt, und ich litt so sehr, daß ich dachte, ich fiele in Ohnmacht. Und heute abend macht mich allein schon der Gedanke an die Ereignisse des Ta-

ges schaudern. Ich habe versucht, meine verachtungswürdige
Schwäche auszugleichen, indem ich mit aller Kraft im Haus arbeitete. Am Abend überkommt mich das Verlangen zu lesen,
und ich lese bis spät in die Nacht.

Immer wenn der Briefträger kommt, versuche ich zu vergessen,
nach der Post zu sehen, denn Eduardos Vernachlässigung
schmerzt mich mehr, als ich es mit Worten ausdrücken kann. Da
ich von Eduardo spreche, fällt mir ein, daß Thorvald und ich am
Sonntagnachmittag Anaïs und Graziella in ihrem Internat besucht haben. Anaïs zeigte mir einen *langen* Brief, den sie von
ihrem Bruder bekommen hatte; denn nun, erzählt sie mir,
schreibe er ihr all seine Geheimnisse. Er war wirklich halb so
lang wie die Briefe, die er mir schrieb. Ich sah auch Rita Allie,
und ihre Schönheit machte tiefen Eindruck auf mich, denn sie ist
hübscher denn je, obwohl sie sich dessen jetzt bewußt ist, und
das verringert ihren Charme ein wenig, aber wirklich nur ein
wenig.

Ich vertraute Mama halb im Scherz an, daß ich fürchte, mich in
meinen Cousin zu verlieben, wie seltsam der Gedanke auch
scheinen mag, denn ich könne mir nicht anders erklären, warum
ich so oft an ihn denke. »Unsinn, fifille, du wirst bald entdekken, daß Eduardo nur ein kleiner Junge ist, und du bist in jeder
Beziehung viel älter als er.«

Es war nicht genau das, was ich von Mama zu hören erwartet
hatte, doch dann sah ich, daß der Gedanke sie beunruhigte, und
ich versuchte, sie es vergessen zu lassen. Neulich jedoch strickte
ich nachts, die Beine angezogen, am Fußende ihres Bettes, und
plötzlich dachte ich: »Es macht mir nichts aus.« Nur flüsterte
ich die Worte, statt sie zu denken, und Mama fragte: »Worüber
denkst du nach, fifille?« Ich errötete heftig und versuchte zu lachen. »Über Eduardo, nehme ich an?«

»Ja Mama.«

»Du wirst darüber hinwegkommen, Liebes, sei nicht dumm.«*

Liebe kleine Mama! Wo wäre ich ohne ihre praktischen Ratschläge, wo wäre ich, wenn ich meinen eigenen dramatischen
Impulsen und meiner schwarzen Verzweiflung überlassen bliebe? Weiß der Himmel. Doch sicher nicht schreibend in meinem

---

* Französisch im Original

ruhigen blauen Nest wie jetzt. Liebes, kleines blaues Nest mit den Geheimnissen einer jungen Dame, was für Gedanken werde ich denken, vor dem Sturm geschützt durch deine vier blautapezierten Wände? Was werde ich sehen in deinen wechselhaften Spiegeln? Wird der ewige, neugierige Mond immer durch die dünnen Vorhänge schauen und über dem weichen Federbett liegen, wo ich ihn meine vielen schlaflosen Nächte hindurch beobachten kann? Oder werde ich bald wieder glücklich und fröhlich sein und schlafen können? Wie der Wind bläst und pfeift! Das bedeutet, daß morgen noch mehr Laub fort ist. Oh, wie weit meine Gedanken wandern in einer Nacht wie dieser – wie ich es liebe, so allein zu sitzen und dabei der Geschichte meines großen Abenteuers ein Kapitel hinzuzufügen.

28. Oktober
»Liebste Dick!*
All die Angst, die ich wegen Deines langen Schweigens empfand, ließ mich erkennen, daß ich, einfach weil mein Leben aus ewigen Ferien besteht, vergesse, daß Du unzählige Dinge zu tun hast. Ich vergesse, daß Du nicht an Deinem Tisch sitzen kannst und drauflos kritzeln, wenn Dir danach zumute ist, so wie ich es kann, weil Du ja studierst und den ganzen Tag ernsthafte, echte Arbeit tun mußt, während ich – nun, ich könnte gar nicht anfangen, Dir zu erzählen, wie ich das verbringe, was ich die schönsten Jahre meines Lebens nenne. Und außerdem will ich Dir erzählen, was ich über Deinen Brief denke. Wenn Du schreibst, daß Du glaubst, die Schule wird Dich ruinieren, weiß ich, daß Du nun empfindest, was ich mein ganzes Schülerdasein hindurch fühlte, aber damals nicht ausdrücken konnte – dieses niedergedrückte, verletzte Gefühl, als ob die ganze Schule nichts sei als ein unvermeidliches Rad, das Tag für Tag jedes liebenswerte Atom in uns überrollt und nur eine Art banales Skelett übrigläßt, ausgestopft mit »Bildung«, und nicht den kleinsten *Funken* der Freiheit, die wir brauchen, um unsere Träume schaffen und spinnen zu können. Oh, Frances, es ist vielleicht nicht nett, wenn ich das sage, doch Du weißt, daß ich immer eine schreckliche Schülerin war und es bewiesen habe; aber ich denke

---

* Frances Schiff

auch, wenn man tapfer genug ist, die Schule zu überstehen (ich war es ja nicht!) und immer noch den Willen hat, sich nicht ruinieren zu lassen, dann kann man es schaffen, weißt Du. Du kannst lernen und lernen, und dabei doch nicht Dein schöpferisches Ich aufgeben. Und vor allem gib Deinen Federhalter nicht auf, wenn Du kannst, und bevor Du es merkst, wird die Schule plötzlich in den Hintergrund treten, und Du wirst dem Leben gegenüberstehen – allein, frei – frei, um die Schönheit anzubeten, die Du empfindest, Du wirst so stark und so frei sein, sie auszudrücken.

Nein, ich glaube nicht, daß Du schreibst, weil Du jung bist, Dick, ganz und gar nicht. Ich glaube ernsthaft daran, daß der Himmel uns das Leben gegeben hat und eine Welt, um darin zu leben, Gedanken und Gründe, um sie zu verstehen, und Wege, die Gefühle auszudrücken. Und wie einige das durch Schauspielerei, durch Singen etc. oder durch ihre bloße Existenz tun, so tun es andere durch das Schreiben etc. Und keines dieser Dinge lernt man, sie werden vielmehr in uns geboren und, Frances, Dinge, die tief verwurzelt sind in uns selbst, ändern sich nicht durch bloße Einbildung oder durch die Zeit. Zumindest denke ich so, aber ich weiß so wenig. Doch ich weiß, daß Umstände – und die Welt ist voll davon – einen Menschen zwingen können, seine besonderen Neigungen zurückzustellen und irgendeine gewöhnliche Aufgabe zu akzeptieren. Aber wie dem auch sei, sie ändern sich niemals ganz und gar. ›Ein geborener Künstler bleibt ein Künstler bis zu seinem Tod.‹* Ersticke Deine verrückten Träume nicht. Wie wundervoll ist diese Begeisterung, die in Dein Herz einzieht, wenn Du Deine innersten Gedanken ausgedrückt hast und sehen kannst, wie sie den anderen bewegen. Wie wundervoll, Frances, wie eine Feder führen und lenken und befehlen und Vergnügen bereiten und anrühren kann. Es ist ein Segen und ein *Trost*. Ich würde nie die vertraulichen Geständnisse und die Nähe meines Tagebuchs gegen irgendeine menschliche Freundschaft der Welt tauschen. So seltsam dieser Gedanke Dir auch erscheinen mag …«

Der Brief von Frances freute mich sehr, und gleich als er heute morgen ankam, verspürte ich Sehnsucht, ihn zu beantworten.

---

* Französisch im Original

Vielleicht bist du überrascht, daß ich ihr erzähle, dies seien die glücklichsten Jahre meines Lebens, wo ich dir doch besorgt und traurig erscheine – aber das kommt, weil ich merke, daß die kleinen Sorgen, die ich jetzt habe, in Wirklichkeit sehr, sehr klein sind, verglichen mit denjenigen, die noch kommen werden. Und ich liebe diese Jahre und fühle, daß ich die Erinnerung an sie behalten werde, wenn das wirkliche Leben beginnt, mit mir zu spielen. Und ich will, daß es rücksichtslos mit mir spielt.

Ich habe die Kewpie-Puppe, die Eduardo mir schenkte, mit schwarzem Tüll über dem rosa Kostüm angezogen! Die komische Puppe wird um die zerbrochene Freundschaft trauern. Mama lachte und ich mit ihr.

Ich stelle fest, daß ich am Anfang nur wenige Bücher in meinem Zimmer hatte, und jetzt ist der ruhmreiche Feind in mein blaues Nest eingefallen. Ich habe Bücher auf dem Kamin, Bücher auf dem Hocker neben meinem Bett, Bücher auf dem kleinen Tisch, und die Freude, die ich empfinde, wenn ich sie ansehe, ist übergroß.

Denk an das, was auf mich wartet. Am Samstag ein Maskenball mit den Mädchen von nebenan und Miguel, und heute hat eine Schneiderin eins von Cucas Tanzkleidern in Ordnung gebracht, das beinah schon in seine Teile zerfällt und mich doch seltsam aussehen läßt. Ich kann noch nicht schreiben »hübsch« – das macht mich verlegen. Es ist pfirsichfarben und hat eine ungewöhnliche Form, die mir sehr gefällt.

29. Oktober

Manchmal fließt mein Herz über vor merkwürdiger Glückseligkeit. Und doch gibt es keinen Grund dafür, kein Ereignis, keine Veränderung in meinem Leben, nichts, das außerhalb von mir liegt. Das Glück wie ich es liebe, scheint aus den Tiefen meines Ichs hervorzugehen. So wie ich den größten Teil meiner Sorgen selbst schaffe, schaffe ich manchmal einen glücklichen Tag, und er steigt herrlich aus meinen Händen auf, steht vor mir und blendet mich.

So lebte ich heute innerhalb einer halben Stunde ein Leben voll verwirrender Gefühle und unendlicher Freuden. Es war ein Tag mit grauen, rasch ziehenden Wolken, ein Tag mit Wind, fliegendem Laub und Herbstkälte, als ich das Haus zu einem Spaziergang verließ. Ich trug mein Cape, und als es der Wind einmal von

mir fort und dann plötzlich wie eine Peitsche gegen mich wehte,
fühlte ich mich so leicht – ich fühlte mich wie ein Blatt, das vom
Wind fortgetragen wird. Ich sah den silbergrauen Himmel
durch dunkle, gebogene Äste hindurch; ich fühlte das Moos neben mir, und so wie ein Blatt empfand ich die große, erregende
Seele des Waldes. Immer noch ein Blatt – und nichts, vor dem
man Angst hat – ich konnte mir vorstellen, wie die Büsche miteinander flüsterten, als ich vorbeiging, wie der Wind mit den
Bäumen redete. Elfen tanzten auf den toten Zweigen – darum
knisterten sie leicht, als ich vorüberging. Und ich fühlte mich
jung und frei und glücklich, glücklich, weil ich den Wald liebte,
und der Wald liebte mich.
Erst als ich in Mamas Zimmer trat, und sie mich bat, ein paar
Socken für Thorvald zu stopfen, hörte ich auf, ein Blatt zu sein.
Die Liebe zur Natur scheint der größte Trost für menschlichen
Kummer zu sein, den der Himmel uns je gab. Obwohl ich mich
vielleicht nach seltsameren Geschenken sehne, nach der Liebe
eines Mannes, nach einem Heim und nach Kindern – oder lieber
noch nach Ruhm anstelle der beiden letzten Dinge –, erkenne
ich mit tiefer Dankbarkeit, daß ich die größten Geschenke
schon bekommen habe – die Liebe zur Natur und zu Büchern!

1. November

Glücklicherweise habe ich es bis heute unterlassen, die Ereignisse vom Samstag zu beschreiben, denn in den Stunden nach dem
Maskenball litt ich unter einem akuten Anfall von melancholi-
schem Zynismus, und es überkam mich eine seltsame Abneigung gegen Frivolitäten, die nun geheilt ist. Ich hatte mich die
ganze Woche lang vorbereitet, die Forgie-Mädchen eingeladen
und gebetet, daß Miguel keinen Ärger in der Schule bekommt,
damit er am Samstag nach Hause darf. Und so wartete am Abend
in unserem Salon folgende Gruppe auf das Taxi: Mama, der es
besser ging und die voller Begeisterung war; Thorvald in einem
normalen Anzug, aber mit einer Maske; Miguel ebenso; Jimmy
ebenso. Jimmys Kommen war ein Triumph, da er die ganze Woche den Gleichgültigen gespielt hatte, was die Einladung betrifft. Martha Forgie sah aus wie die Königin von Spanien, blond
und blauäugig, mit einer Mantilla, die ich ihr geliehen hatte.
Wilhelmina mit den tizianroten Haaren sah bezaubernd aus in
einem gelben Clown-Kostüm. Ich fühlte mich ganz wie ich

selbst in einem schwarzen Samtrock und einer kirschfarbenen Bluse unter einem Samtmieder, ich trug ein kirschfarbenes Tuch um meinen Kopf, zwei lange, seltsame, schwarze Jett-Ohrringe, einige Armbänder und ein Jett-Halsband. Da stand ich also, halb Katalanin, halb Zigeunerin. All meine Erwartungen und meine Aufregung flammten in meinen Augen und machten sie so gefährlich groß, daß ich fürchtete, sie würden herausfallen … doch sie taten es nicht. Statt dessen wurden sie, wie die Augen aller anderen, hinter der schwarzen Maske versteckt, um die Fremden raten zu lassen. Mein erster richtiger Maskenball hatte begonnen.

Er entsprach natürlich nicht genau Dumas' Beschreibungen, denen meinen Erwartungen nach jeder Maskenball ähneln mußte. Aber, *enfin!* Es war der fröhlichste Tanzabend, den ich je erlebt hatte. Spanische Mädchen und Toreros, russische Bräute und russische Soldaten, Araber, spanische Bauern, Clown, Dominos, Zigeuner, Italiener, Maler und Dichter, Feen und Sing Sing-Insassen, Dorftrottel und Ludwig XVI., alle maskiert, lauter lachende Gestalten. Sie tanzten die ganze Nacht unter roten, grünen und blauen Lichtern in einem merkwürdig gewundenen Durcheinander und Konfettiregen. Ab und zu gab es Spiele, durch die Leute zusammengewürfelt wurden, die sich nicht kannten, und das Gelächter ertränkte beinahe die Musik. Ein Mann küßte mich heimlich auf den Hals. Ich tanzte bald mit Thorvald, bald mit Miguel, der sentimental wurde, dann mit Fraser,* dann mit Jimmy; doch nur mit Jimmy, der ein vollendeter Tänzer ist, machte es mir Spaß, weil ich in leichtsinniger Stimmung war und jeder Tanz mich an jenen Traum erinnerte, in dem ich ein Blatt im Wind war. Ich wirkte so glücklich, daß Miguel mich fragte, wie es denn möglich sei, daß ich die Philosophie mag und nun sogar das schlichte Tanzen genießen kann. Ich weiß es selbst nicht. Vielleicht ist es, weil ich siebzehn bin, wer weiß?

Ich war versucht, darüber zu schreiben auf deinen Seiten, zynisch und verächtlich hätte ich geschrieben. Die Worte »langweilig« und »dumm« tanzten in meinem Kopf neben Bruchstücken von Tanzmusik und herzlichen Komplimenten. Heute

---

* Ein Freund, der in Forest Hill wohnte.

sind sie wieder versöhnt, sie sind freundlich, und ich habe mit der normalen Welt meinen Frieden geschlossen. Ich sehe Eleanors* morgigem Besuch mit ganz normaler Selbstzufriedenheit entgegen. Miguel ist noch bei uns wegen der Ferien. Ich lerne mit ihm zusammen und finde, daß er wie die meisten kubanischen Jungen eine polierte Oberfläche aus ewigem »choteo«** und Neckereien hat, doch daneben finde ich, daß er sehr intelligent ist und daß er die Literatur liebt. Wir führen viele interessante Unterhaltungen zusammen. Er ist feinfühliger als die durchschnittlichen Jungen, er ist ein Gentleman, ein höflicher und kultivierter Junge, und deswegen mag ich ihn.

2. November

Manchmal, wenn ich so sitze, scheinbar allein in dem großen, stillen Haus, frage ich mich, ob das Leben, das ich führe, Traum oder Wirklichkeit ist. Ich fühle mich weit fort von allem und jedermann, so weit fort, und ich fühle mich, als entwickelten sich all die Abenteuer, die unaufhörlich aufeinander folgen, wie ein Stück in einem Theater – und ich sehe zu, Meilen und Meilen weit entfernt. Heute nacht habe ich lange Zeit absolut stillgehalten, verloren in einer merkwürdigen Selbstbetrachtung, und ich beobachtete mit einem inneren Auge das Voranschreiten dieser Jahre in unserem Leben.

Es war Eleanors Besuch, der mich in die Tage der 158 West 75th Street versetzte, unsere Schulzeit, die Spaziergänge und die gemeinsamen Hausaufgaben – die bescheidene, einfache, unveränderte Eleanor. Unverändert, ja, denn ich konnte kein Anzeichen von Eitelkeit oder Befangenheit oder irgendeinen der Fehler entdecken, die all meine Freunde und ich selbst haben, weil wir denken, daß wir alt genug sind, um sie zu haben. Ihre Augen sind noch immer erstaunlich rein, ehrlich und unbesorgt, genau wie früher, als wir über einfachere Dinge sprachen. Als kleines Mädchen schon fühlte ich, daß von Eleanor eine ansteckende Ruhe und Einfachheit des Herzens ausgeht, und das fühlte ich auch heute wieder. Und ich war glücklich, als ich feststellte, daß ich mich nicht sehr verändert haben kann, denn ich liebe Eleanor

---

* Eleanor Flynn, eine frühere Mitschülerin
** Spöttisches Geschwätz

wegen derselben Eigenschaften, die mich vor vier oder fünf Jahren anzogen, als ich sie zur Freundin wählte. Was für ein seltsamer Gegensatz zwischen Eleanor und Frances! Diese zwei Schulfreundinnen stehen für die zwei Neigungen meines Herzens. Mit Eleanor kann ich nur die einfacheren Dinge des Lebens teilen, und ich fühle mich angezogen von ihrer bescheidenen und netten, lächelnden Lebensart. Bei Frances ist es sehr viel mehr, was ich mag – die schöpferischen, einfallsreichen, phantasievollen und poetischen Züge – die Exzentrik, die wechselhaften Stimmungen, die Launen, die komplizierte und verwirrende Seele, das Künstlerherz, das weder treu noch unbeständig ist. So wanderte ich von einer Freundin zur anderen, einmal erstaunt, einmal beruhigt. Niemand versteht, warum ich beide liebe, niemand versteht, wie ich beide lieben kann. Aber ich weiß, warum. Ich habe dir die Charakterzüge der beiden beschrieben, aber nicht ihr Äußeres. Außenstehende (so wie Miguel heute) haben eine geringe Meinung von Eleanor. Sie wirkt nicht sehr intelligent, lebhaft oder schlau. Und sie ist nicht hübsch (so wiederum Miguel), doch ich habe unter der Oberfläche gelesen, die Seiten zwischen den Buchdeckeln. Auch Frances ist nicht hübsch; ihre Persönlichkeit wirkt auf Fremde unmöglich. Ihr Gesicht hat einen gewöhnlichen Ausdruck, der den Gedanken dahinter Unrecht tut, doch an dieser Stelle lache ich mir wieder ins Fäustchen, denn ich sehe mehr als Miguel. Und ich habe meine Treue bewiesen. Ich hatte keine anderen Freundinnen. Bobby Foerster, die merkwürdige, jungenhafte Pfadfinderin, von der ich immer noch nette Briefe bekomme, und Dorothy Eddina kommen als nächste auf meiner lächerlich kurzen Liste. Und offenbar bin ich nicht bereit, sie zu verlängern, oder?

In wenigen Tagen ist der Jahrestag unseres Umzugs nach Richmond Hill.

Die Welt, das heißt die Vereinigten Staaten, wartet atemlos auf die Wahlergebnisse. Wir teilen auch ein wenig dieses Interesse. Wäre Mama amerikanische Staatsbürgerin gewesen, hätte sie gewählt, und zwar die Demokraten. Wohin treibt diese Welt?

3. November
Heute morgen erfuhren wir, daß die Demokraten geschlagen

wurden, und das bedeutet, daß Warren Harding gewählt worden ist. Die Zeitungen sind voll von Beschreibungen vom »Einfluß der Frauen auf die Wahlergebnisse«. Es scheint, daß es die Männer besänftigt, die sonst aufgebracht und schroff gewesen wären, und viele andere Dinge werden auch über weibliche Wähler gesagt. Ich bin nicht Politiker oder Patriot genug, um die außerordentliche Bedeutung dieser neuen Ordnung der Dinge zu erkennen – und doch spricht jeder in meiner Umgebung mit großer Freude und Begeisterung von dem Frauenwahlrecht. Mama insbesondere ist sehr stolz und versucht, mich von meiner großen Gleichgültigkeit gegenüber dem gelösten Wahlrechtsproblem zu heilen. Ich wende mich einem Band von Eugénie de Guérins Tagebuch zu und finde folgendes: »... Das Herz einer Frau ist redselig und verlangt nicht viel; es ist in der Lage, aus sich selbst heraus sich ins Unendliche auszudehnen ... Es regnet; ich habe den Regen beobachtet, und dann nahm ich mir vor, meine Gedanken Tropfen für Tropfen auf dieses Papier fallen zu lassen.«

Und hier ist Mademoiselle Linotte, einfach ein Mädchen mit einem Herz voller Unsinn, die versucht, das gleiche Tagebuch des Lebens zu schreiben wie diese erfahrene und kluge Frau, die ich oben zitierte; ich komme mir wirklich sehr klein vor. Und machtlos, wenn auch *wagemutig*, denn ich habe nicht die Absicht, dich aufzugeben, jetzt oder überhaupt jemals, wie blaß und leblos du auch immer scheinen magst, verglichen mit Eugénies wundervollen Seiten.

Während ich heute durch die große Stadt bummelte, ab und zu mein Spiegelbild in den Schaufenstern einfing und die vielen Blicke bemerkte, die auf mich gerichtet waren, fühlte ich mich plötzlich wie ein altmodisches Schattenmädchen, das aus den abgenutzten, vergilbten Seiten einer Bücherwelt aufsteigt – einfach ein komisches, unerklärliches Wesen, das sich selbst verloren hat, weil es aus einem altmodischen Geschichtenbuch herausgetreten ist. Und die seltsamen Dinge, die mir passieren! Eine kleine Sache, die ich für Mama erledigen sollte, war, ein Päckchen ins Hotel zu bringen, und da die Dame nicht zu Hause war, brachte ich meine Botschaft und das Päckchen zu einem Tisch, an dem ein Spanischdolmetscher saß. Ein Kubaner wartete, bis er an die Reihe kam und überhörte, daß ich Spanisch sprach. Und dann stell dir meine Verwirrung vor, als ich, sobald ich fortging, den Herren laut ausrufen hörte: »Que simpática la Francesita! Que bonita!«*

Neulich erweckte Miguel mein Interesse, indem er mir ausgiebig von den Geschichten von *Don Juan Tenorio*** und *El estudiante de Salamanca**** erzählte. Er ist ein guter Geschichtenerzähler und hat ein ausgezeichnetes Gedächtnis, so daß ich einen lebhaften und schönen Einblick in die spanische Literatur bekam. Ich war entzückt darüber, daß er die *belles lettres* innig liebt, entzückt und überrascht, weil ich es bei keinem Jungen erwartet hätte, und schon gar nicht bei einem Kubaner. Langsam, ganz langsam vergesse ich Eduardo, wie er mich vergessen hat. Wenn ich manchmal an ihn denke, tue ich es mit weniger Wehmut und Schmerz – nur mit einer ruhigen, kleinen, mir ganz eigenen Traurigkeit, die sich sanft wie ein Nebelschleier zwischen mich und meinen Sonnenschein schiebt, doch keine Stürme von Fragen, Schmerz und Zorn wie am Anfang. Vielleicht ist der einzige Grund, weshalb ich bedaure, was geschehen ist, daß es meine Sympathie und Bewunderung sehr geschmälert hat. Oh Eduardo, Eduardo, du sagtest einmal, daß du mich besser verstündest als ich mich selbst, und daß es grausam sei, willentlich die Illusion eines anderen zu zerstören – und doch warst du der erste, der das getan hat!

Ich frage mich oft, was er sagen wird, wenn er mich wiedersieht, denn da wir Cousin und Cousine sind, werden sich unsere Wege eines Tages wieder kreuzen. Doch laß es ruhen, genau wie meinen kleinen Kanarienvogel, der unter einem Fliederbusch begraben liegt. Ich werde all meine Gefühle auf mein Tagebuch konzentrieren, ich, die ich mir wünsche, so viele Dinge und so viele Menschen leidenschaftlich zu lieben! Laß uns so tun, als seist du wenigstens mein treuer Verehrer und mein bester Freund. Die Herzen meiner menschlichen Freunde sind Treibsand und Fragezeichen. Jungen – nun, ich werde sie alle,

---

* »Wie nett die kleine Französin ist! Wie hübsch!«
** Ein Stück von José Zorilla, das in Spanien im 19. Jahrhundert sehr berühmt war
*** Eine Novelle von José de Esproneeda, einem spanischen Schriftsteller des 19. Jahrhunderts

wie die Leute beim Maskenball neulich, für maskiert und kostümiert halten.

5. November

In bin in einer so düsteren Stimmung, düsterer geht es gar nicht. Seit Freitag, als ich wieder in den Wäldern umherwanderte und die gleiche Vergiftung des Herzens spürte, wurde ich plötzlich böse und zynisch. Am Samstagabend waren Thorvald, Miguel und ich beim Tanzen im »Kew Gardens Inn«, und zwischendurch redeten wir Unsinn. Ich trug eines von Cucas alten Tanzkleidern, das umgearbeitet wurde, ein pfirsichfarbenes Bild von einem Kleid, das jeden dazu veranlaßte, sich umzudrehen und mich anzustarren und sich um einen Tanz mit mir zu bemühen. Doch nichts veränderte das kalte, stille Herz unter dem Kleid. Schluchzend – ich hatte absolut keinen Grund dazu – ging ich schlafen.

Ich habe tausendmal das große, reine Glück, das ich während meiner Wanderungen in den Wäldern verspürte, mit dem Ekel verglichen, den ich am Samstag für die wilde Musik, die Lichter, die starrenden Augen, die klettenhaften Jungen und die Komplimente, das dumme Gelächter und die große, ungeheure Verschwendung von Worten empfand. Intuitiv wußte ich, daß Miguel sich auf seine Art in demselben Gemütszustand befand, obwohl ihm das Tanzen Freude machte. Er neckte mich den ganzen Abend mit seinem kubanischen »choteo«.

8. November

Ich habe gerade den dritten Band von Eugénie de Guérins Tagebuch zu Ende gelesen. Wenige Bücher haben mich so tief beeindruckt, und kein anderes Buch hat mich je auf so besondere Weise beeindruckt. Ich habe niemals etwas so Reines und Schönes gelesen, und all diese Seiten, in die diese unvergleichliche Frau ihre Seele gegossen hat, heben sich heraus aus allen Büchern, die ich gelesen habe wie eine Vision eines blauen Vogels, den ich gesucht habe und in meinen Händen finde. Ich drückte all diese Reinheit und Weiblichkeit, die Schönheit und Güte an mein Herz, und Mama, Joaquin und Thorvald wunderten sich über mein Benehmen. Ein Buch ans Herz drücken, als sei es ein Mensch, also wirklich! Doch kein menschliches Wesen, das ich kenne, hat mir je so gut getan.

Und so war ich heute abend, im Gegensatz zu meiner gestrigen schrecklichen Stimmung, mit jener köstlichen inneren Heiterkeit gesegnet. Und die Welt, die Novemberwelt draußen, ist grau und feucht. Es macht nichts. Oh nein, nichts von dem da draußen macht etwas aus. Ich habe den ganzen Tag gearbeitet, ganz allein im Haus, mit niemandem zum Reden außer mir selbst. Ich sang. Und gleichzeitig empfand ich Dankbarkeit für das Leben, dieses Leben mit Büchern, Liedern, Freiheit, Arbeit, Einsamkeit, Dankbarkeit für alles und jedes. Weißt du, selbst ein gewöhnlicher Strumpf, der gestopft werden muß, kann interessant sein an einem Tag wie heute. Genau wie Eugénie will ich die seltenen Worte unterstreichen: *Ich bin glücklich heute.* Was mein Tagebuch angeht, nein, ich will und *kann* es nicht genauso schreiben.

Und Mama sagt, ich sei mit der Feder in der Hand geboren. Du und ich, selbst wenn wir zwischen Mamas Geschäftspapiere (zu ihrem großen Kummer) geraten – ich saß in ihrem Direktorenstuhl und benutzte ihren Geschäftsfederhalter –, können immer noch die ganze Welt vergessen und schneller reisen als die Herbstwolken, schneller als das windgetriebene Laub, neuen Gedanken und neuen Hoffnungen entgegen.

9. November

Wir haben herausgefunden, daß Manén, der große Geiger und Papas lebenslanger Freund, bald ein Konzert geben wird. Mama wird ihm »um der alten Zeiten willen« einen Besuch abstatten, und er wird ihr erzählen, warum er sich mit Papa zerstritten hat. Manén ist, in der Theatersprache ausgedrückt, einer der Schauspieler in der früheren Szenerie meines Lebens. Eines Tages werde ich dir von meinem Leben erzählen, soweit ich mich zurückerinnern kann, und ich bin sicher, das wird dir besser gefallen als diese Chronik von 1920. 1920 ist ein komisches Jahr, weißt du, und es mag wahr sein, daß »weiterleben, weitersehen heißt, die schönsten Dinge hinter uns zu lassen«. Die schönsten Dinge. Wann beginnt ein Leben? Zu dem Zeitpunkt, wo man das Licht der Welt erblickt? Irgendwie glaube ich, daß es lange vorher beginnt – in den goldenen Jahren von Mama und Papa; die romantische Liebe muß etwas damit zu tun haben, als ob der Unsichtbare die getrennten Fäden zweier Leben zusammengezogen hätte, und aus dieser Vereinigung werden drei andere Leben in dasselbe Spiel verwoben. Wie Mama und Papa sich trafen, sich liebten und heirateten, davon habe ich früher schon gesprochen in meinem Tagebuch. In Mamas Schrank ist eine Schachtel voller alter Briefe, die mit einem verblichenen Band zusammengebunden sind, das mich von den Tagen träumen läßt, als Mama vielleicht in meinem Alter war und meine Träume träumte, meine Vorstellungen hatte und jeden Gedanken, jede Laune, jede Hoffnung kannte, die ich jetzt gerade erst kennenlerne. Ich kann mir die Zärtlichkeit, die Weiblichkeit, den Charme vorstellen, der aus Mamas Briefen an Papa hervorgeht, so wie ich die Leidenschaft, die Schwüre, die Beredsamkeit von Papas Briefen an die Frau, die er gewinnen wollte, nachlesen könnte, wenn ich es wagte.

Das erste Ehejahr verbrachte Mama in der Rue du Four mitten im Quartier Latin, der Pariser Welt der Dichter und Verrückten. Vielleicht bin ich deshalb als Dichterin geboren. Diese Atmosphäre, diese Umgebung formte das wichtigste Faktum meines Schicksals, denn wäre ich keine Dichterin, so erschiene mir die Welt als das genaue Gegenteil von dem, was sie jetzt für mich ist oder zu sein scheint. Mademoiselle Linotte wurde damals geboren in einem Haus aus weißem Stein in der Rue Henrion Berthier, in Neuilly, am 21. Februar 1903, um acht Uhr abends. Als ich Mama noch einmal fragte, fand ich heraus, daß es ein schöner Tag war, wahrscheinlich kalt, doch das beeinflußte mein Temperament nicht sehr. Ich hätte gedacht, daß das Wetter von Bedeutung gewesen sei, wenn Mama mir erzählt hätte, es sei dunkel und stürmisch gewesen, mit Donnerschlägen und Blitzen, die den Himmel zerrissen. Wie es aussieht, nahmen die wilderen Elemente keine Notiz von meiner Geburt. Der arme Papa war nach Mamas Berichten tief enttäuscht: Er wollte einen Jungen. Er hatte keine Verwendung für ein schreiendes, schlechtgelauntes Mädchen. Ein Junge hätte nicht geschrien. Glücklicherweise war Mama (Mamas Bericht zufolge) überglücklich. Ich nehme nicht an, daß irgend jemand versuchte zu entscheiden, wem ich ähnlich sah. Der arme Papa dachte, er könne an meinen Händen sehen, daß es einen Klavierspieler in der Familie gäbe; er vermutete nicht, daß sie dazu bestimmt waren, die meiste Zeit eine Feder zu halten. Ich wurde auf den Namen Rosa Juana Anaïs Edelmira Antolina Angela Nin getauft!

112

Natürlich erinnere ich mich nicht an Thorvalds Geburt. Ich habe Mama ausgefragt, so daß ich meine Geschichte erzählen kann, weil in meinem Gedächtnis so viele Lücken sind. Nur wenn Mamas Hilfe ausfällt, werde ich gezwungen sein, meine Phantasie zu gebrauchen. Zum Beispiel erzählt mir Mama, daß mein Bruder geboren wurde, als sie nach Kuba fuhr, um bei Tia Cocos Hochzeit Trauzeugin zu sein, am 12. März; und den Rest leite ich daraus ab: Thorvald, der am wenigsten Aristokratische in der Familie, wurde in Großvaters Haus geboren, das ein Palast war! Ich habe eine Erklärung für seine ungeheure Faulheit und Liebe zum Schlaf gefunden: Er wurde um fünf Uhr morgens geboren, und dieses frühe Wecken hat ihn für das ganze Leben müde gemacht. Papa muß wahnsinnig glücklich gewesen sein (Phantasie). Er wollte einen Jungen, und da war er nun. Er muß sich über Thorvalds gesegnete Wiege gebeugt und die winzigen Finger geküßt haben, denn Thorvald war nicht nur ein Junge, sondern seine Augen waren blau, das Blau der Augen des stolzen Vaters! Seit damals war Thorvald, wie ich weiß, Papas Lieblingskind (Phantasie) und viele Jahre lang auch Mamas, bis ich beinahe vor den Augen meiner Eltern starb und dann, weil ich doch bei ihnen blieb, belohnt wurde durch genauso große Liebe.
(Hier wurde ich von Thorvald unterbrochen, für den ich Socken stopfen sollte. Zuerst wollte ich zornig werden, doch dann dachte ich, es sei nützlicher, seine Socken zu stopfen, als über ihn zu schreiben.)
St. Cloud. Heute werde ich dir von einer Zeit in meinem Leben erzählen, als ich begann, mich an Dinge, Orte und Personen zu erinnern. Dieses kleine Haus in St. Cloud, das Papa mietete, als wir aus Havanna zurückkehrten, war alt und brauchte dringend einen Anstrich und Reparaturen, und doch machte dies weder Mama noch Papa viel aus, weil es das malerischste und poetischste Heim war, das du dir für eine Familie, die nicht reich war, vorstellen kannst. Es war mit Efeu bedeckt und durch schöne Bäume vollständig von der Welt verborgen. An den Garten kann ich mich undeutlich erinnern als einen Ort voller Blumen, Früchte und Büsche. Tia Juana, die Feenpatin, war damals bei uns, und sie hat mir viele Geschichten über diese Jahre erzählt. Thorvald war noch ein Baby und hatte noch keinen Anteil an diesen Geschichten, wie das später dann der

Fall war. Zu dieser Zeit war ich ein sehr lebhaftes kleines Mädchen, das ewig hinter Mama oder Marraine herlief. Man erzählt mir, daß ich damals den Saum meines Kleides hochzuheben pflegte, um die Straße zu überqueren nach Art der Damen, die Schleppen trugen. Du siehst, wie früh ich anfing, elegant sein zu wollen. Meine Lieblingsspielsachen waren alte Hüte und Federn, die ich zusammensteckte und aufsetzte. Wenn du diese Tatsache genau untersuchst, ist das der Anfang eines der bedeutendsten Fehler in meinem Wesen; meine Vorliebe für Hüte und Kleider und das Kostümieren, denn ich steckte sogar ganze Päckchen Stecknadeln an Mamas Kleider, um den Schneider nachzuahmen.

Es scheint, daß Thorvald und ich einmal knapp dem Tod entgingen. Beim Bahnübergang bekam unsere Kinderschwester Angst, als ein Expreßzug kam, und sie floh. Dabei ließ sie den Kinderwagen, in dem Thorvald schlief, und mich zurück, ich stand an seiner Seite, mitten auf den Schienen. Der Schrankenwärter, der selbst eine vielköpfige Familie hatte, riskierte sein Leben und rannte, um mich auf seinen Armen fortzutragen, nachdem er Thorvalds Kinderwagen mit einem Fußtritt außer Gefahr gebracht hatte. Ich erinnere mich, daß Papa viele Puppen und mehrere Zinnsoldaten für die Kinder des Schrankenwärters kaufte.

Dann fällt mir ein, daß uns Mama eines Tages verließ; als sie Monate später zurückkehrte, war sie schwarz gekleidet, und ihr schönes Gesicht war versteckt hinter einem langen, schwarzen Schleier. Großvater war gerade in Havanna gestorben. Mir wurde damals kaum bewußt, was für einen großen Schmerz Mama zu ertragen hatte. Es ist sehr seltsam: Wenn ich auf diese Jahre zurückblicke, kann ich mich nicht an Papa erinnern. Nur an Mama und ihre Berührung, ihre Küsse und ihre Augen. Irgendwie läßt mich hier mein Gedächtnis im Stich. Ich kann mich nur noch an eine Szene in der Schweiz erinnern, als Mama in einem sehr blauen See badete und Thorvald und ich heftig weinten, weil wir dachten, sie würde ertrinken.

Von dort aus fuhren wir nach Berlin in eine sehr saubere und schöne Wohnung, wo die Fenster mit Geranien geschmückt waren. Ich erinnere mich nur an eine strenge Gouvernante und daran, daß wir Mama weniger sahen. Der Grund war, daß sie in das Berliner Gesellschaftsleben eingeführt worden war und

Papa und sie überallhin eingeladen wurden, so erzählte sie mir. Mama wurde bewundert, verwöhnt und gefeiert. Wir waren reich, scheint mir, und es ging uns gut. All die dicken, ungraziösen deutschen Frauen bewunderten Mamas Art, sich zu kleiden und zu tanzen. Die Jahre in Berlin müssen einige der glücklichsten in Mamas Leben gewesen sein, obwohl ich weiß, daß Papa dort mehr ausgab als je zuvor, viel mehr, als er sich leisten konnte. Ich erinnere mich dunkel an Papa während dieser Jahre. Ich weiß, er war immer ernst, streng und vielbeschäftigt. Er pflegte mit einem Käfig voller weißer Mäuse Versuche anzustellen (er studierte Medizin und so weiter), und ich kann mich sehr gut an die Mäuse erinnern.

Eines Tages verließ Mama ihr Zimmer nicht, und eine große Stille kam über das Haus, und viele Tage lang durften wir sie nicht sehen. Wir mußten auf Zehenspitzen gehen und leise sprechen, und unser armer, literaturbegeisterter Papa wußte nichts mit uns anzufangen. Ich weiß, er liebte seine Bücher mehr und hielt uns für störend. Er sollte einen zweiten Sohn bekommen, und an dem Tag, als das Ereignis bekannt wurde, bekamen wir die Erlaubnis, den Neuankömmling anzuschauen. Thorvald und ich betraten Mamas Zimmer mucksmäuschenstill, und nachdem wir sie geküßt hatten, sahen wir in Joaquins Wiege. Ich werde niemals den ersten Eindruck vergessen, den ich von meinem neuen Bruder hatte: Er war schrecklich dunkel und häßlich und begrüßte uns mit einem entsetzlichen Heulen. Sein dunkles Gesicht und seine wütenden Augen verfolgten mich lange Zeit im Traum. Dies war der 5. September 1908. Nach jenem Tag betete die ganze Familie Joaquin an, jede Bewegung wurde mit Begeisterung beobachtet: wie er sein Fläschchen festhielt – früher als die meisten Babies –, wie er lachte und schlief. Die Kinderschwester, eine Deutsche, war erschrocken über seine schlechte Laune und sagte, er würde einen guten deutschen Soldaten abgeben.

Es war in Berlin, als ich eines Tages zornig wurde und beschloß, fortzulaufen. Ich bat einen kleinen Jungen etwa in meinem Alter, an der Straßenecke auf mich zu warten. Ich packte ein Hörnchen und meine Kleider ein. Mama und Papa beobachteten mich, doch das wußte ich nicht. Ich ging mit meinem Bündel die Treppe hinunter und auf die Straße hinaus. Doch noch bevor ich sehr weit gekommen war, holte Papa mich zurück.

Brüssel. Nach Joaquins Geburt erinnere ich mich an nichts weiter bis zu der Zeit, als wir in der Rue Beau Séjour in Uccles bei Brüssel in einem netten kleinen Haus wohnten. Unser Heim war vier Stockwerke hoch, und ich erinnere mich sehr genau und mit einer gewissen Wehmut an jede Einzelheit dieses Hauses. Von diesem Zeitpunkt an wird Papas Persönlichkeit deutlicher. Er lebte hauptsächlich in seinem Studierzimmer oder am Klavier. In seinem Studierzimmer gab es Bücher bis zur Decke und einen großen imposant aussehenden Arbeitstisch am Fenster. Wenn er wegging, stahl ich mich in das Studierzimmer und las Bücher, die ich nicht verstehen konnte. Ich saß oben auf der Leiter, lesend und zitternd, daß mich jemand entdecken könnte. Papa ging von seinem Studierzimmer in die Diele, wo sein Klavier stand, und solange ich zurückdenken kann, saß er und spielte stundenlang. Mama, Joaquin, Thorvald und ich hielten uns meistens in den Schlafräumen und im Garten auf. Der Garten war ein wenig größer als unser Hinterhof in New York, doch Papa hatte ihn mit Sand angefüllt, so daß wir dort den ganzen Tag ohne Schuhe und Strümpfe spielen konnten. In jenen Tagen begann Joaquin diese Wildheit und die Neigung zum Unfug zu entwickeln, die ihn immer noch kennzeichnen. Thorvald und ich wollten spielen, aber Joaquin wollte Dinge zerbrechen. So lange, bis Papa ihn einfangen und ihm den Hintern versohlen mußte. Papa gefiel es ohnehin, uns den Hintern zu versohlen. Joaquin bekam schreckliche Angst vor Papa, doch er unterließ es nicht, Unfug anzustellen, auch wenn er versuchte, es geheimzuhalten. Die meiste Zeit mußte er in seinem Zimmer eingeschlossen werden, wo es keine Möbel mehr gab, die er ruinieren konnte, nur sein Spielzeug, mit dem er nie spielte; am liebsten zerschlug er es mit einem Hammer. Währenddessen lehrte Mama Thorvald und mich lesen und schreiben, notenlesen und Geige und Klavier spielen. Thorvald gab sich große Mühe mit dem Geigenspiel, doch ich haßte das Klavier, und jedesmal, wenn eine Unterrichtsstunde beginnen sollte, schluchzte und stampfte ich mit den Füßen auf und geriet in Wut, bis Mama es aufgab, und um sie zu trösten, sagte ich ihr, daß ich beschlossen hätte, Malerin zu werden.

Zu dieser Zeit waren Thorvald und ich unzertrennlich. Er war damals sanft wie ein Lamm und folgte mir überall hin. Wir

spielten oft Häuschen unter dem großen Tisch in der Bibliothek – kannst du dir vorstellen, wie klein wir waren? Die eine
Hälfte war Thorvalds Haus, die andere meines, und das herun-
terhängende rote Tischtuch bildete die Tür und die Fenster.
Wir hatten eine Fußmatte aus einem übriggebliebenen Stück
Linoleum. Ich habe diese Fußmatte nie vergessen. Oft krochen
wir plötzlich aus unserem Haus und überraschten Mama und
Papa bei einer Unterhaltung. Ich war zu klein, um zu verstehen, was vor sich ging, doch ich war mir der großen Kämpfe,
der leidenschaftlichen Szenen, die uns erschreckten, voll bewußt. Ich erinnere mich, daß sich Papa und Mama einmal so
heftig stritten, daß ich mich in einem Anfall von Hysterie auf
den Boden warf, um ihre Aufmerksamkeit abzulenken, und
weil ich fürchtete, Papa würde Mama umbringen: Meine Eltern verstummten vor Schreck.
Papa las während der Mahlzeiten und unterbrach seine Lektüre
nur, um über die Bakterien auf dem Silberbesteck zu schimp-
fen, das er über einen Spiritusbrenner hielt, bevor er es benutzte. Er aß niemals das Stück von einem Keks, das er mit den Fingern berührt hatte. Er war Vegetarier und glaubte daran. Wir
wurden gelehrt, uns vor allem außer filtriertem Wasser zu hü-
ten.
Er war uns ein strenger Vater, und nur durch eine Menge
Schauspielerei entkam ich den Bestrafungen, denn ich war eine
begabte Schauspielerin und konnte Papa sehr leicht zur Rührung bringen, wenn ich auf die Knie fiel, meine Hände ver-
schränkte und unter Tränen flüsterte: »Bitte, bitte nicht.« Ich
tat alles, um ihn davon abzuhalten, mein Kleid hochzuheben
und mich zu schlagen. Joaquin wurde am häufigsten bestraft,
und Mama versuchte immer, ihn vor der Peitsche zu bewahren. Papa tötete einmal eine Katze mit einem Besen. Wie gut
ich meinen armen Vater verstehe, weil ich Joaquin kenne. Er
war impulsiv, spontan, schnell bei der Hand mit verletzenden
Worten, hart in seinem Urteil und fast so unverantwortlich wie
ein Kind für das, was er tat.
Abgesehen von diesen Szenen schienen es glückliche Jahre zu
sein. Wir hatten viele kleine Freunde, fröhliche Weihnachtsfe-
ste, Freunde von Papa und Mama, die das Haus mit Musik füllten. Ysaÿe, der große Geiger, kam zu uns. Mama studierte
Konzertgesang. Thorvald und ich wurden in eine deutsche

Schule geschickt. Am liebsten mochte ich einen sommersprossigen Jungen, den kleinen Teufel Henri, der nicht aus unserer Klasse war und mit dem wir nicht spielen durften. Eines Tages gingen Henri und ich zur Kirche, während der Messe knieten wir vor dem Altar und betrachteten uns als »verheiratet«.

Dann kam meine Krankheit, die so viele Veränderungen mit sich brachte. Lange Zeit lag ich still und ängstlich in meinem Bett, weil der unkundige Arzt gesagt hatte, daß ich Rückenmarkstuberkulose bekäme. Was für Gedanken mich bewegten, als man mir sagte, ich würde nie wieder laufen können! Papa gab plötzlich alles auf, was ihn beschäftigte und von mir fernhielt und überlegte sich den ganzen Tag, was mir Spaß machen könnte. Er kaufte mir Bücher, Zeichenstifte und einen Kompaß mit allem Drum und Dran. Mama sah mich den ganzen Tag so ängstlich an, wie ich es seither nie wieder gesehen habe. Alle Nachbarn besuchten mich und schenkten mir Bücher. Ich begann gierig zu lesen und Geschichten zu schreiben. Jeden Tag ging es mir schlechter. Ein- oder zweimal mußte Mama den ganzen Tag fortgehen, und Papa brachte seine Schreibarbeit in mein Zimmer und arbeitete, während er auf mich aufpaßte. Ich war damals schrecklich glücklich. Ich werde nie vergessen, wie er mit mir all meine Medizin trank, nur um mir zu zeigen, daß sie nicht schlecht schmeckte. Es war das einzige Mal, daß Papa seine Liebe zeigte. So wurde mir durch meine Krankheit Papas und Mamas stille, *gemeinsame* Liebe zuteil. Und heute, da diese große Liebe, die mir geholfen hat, so viel zu ertragen, aus meinem Leben gegangen ist, denke ich gerne daran wie an einen vollkommenen Traum, der unerreichbar für mich ist. Papa und Mama! Wie teuer mir diese beiden Worte waren. Wie oft ich Gott gefragt habe, warum er mir diesen großen Kummer auflud. Und einigen Mädchen, die ihre Eltern nicht so lieben wie ich, gibt Er beide, Vater und Mutter.

Für mich ist »Papa« ein Geheimnis, ein Phantasiegebilde, ein Traum. Was für unendlich schöne Geschichten habe ich um den magischen Namen gesponnen, was für einen Raum habe ich ihm in meinem Heim und meinem Herzen gegeben. Papa! Papa! Mein ganzes Leben war eine einzige große Sehnsucht nach dir. Eine Sehnsucht nach dir, so wie ich dich wollte. Leider nicht so, wie du gewesen bist, nicht wie andere glauben, daß du bist. Oh teurer, geliebter Schatten, was für eine große Leere hat dein Fehlen in meinem Leben geschaffen!

Ich dachte nicht, daß es so schwierig sein würde, dir von meiner Kindheit zu erzählen. Ich hatte vergessen, daß während dieser Jahre, die für andere Kinder so glücklich waren, über uns eine ständige schwarze Drohung des Unglücks hing.

Nachdem ich viele Monate lang schrecklich gelitten hatte, kam eines Nachts der Arzt, an dem Papa zu zweifeln begann, und sagte weniger als sonst. Niemand außer ihm wußte, daß ich sterben würde. Es war eine der Nächte, in denen Papa an meiner Seite saß, und ich beobachtete ihn mit einem seltsamen, unbeteiligten Gefühl, als ob ich des Lebens so müde sei und bald schlafen würde – für immer.

Später wurde Papa dann von einem Besucher nach unten gerufen. Es war der Vater einer meiner Spielkameradinnen, Clairette, der den Arzt auf der Straße getroffen hatte. Der Arzt hatte zu ihm gesagt: »Monsieur Nins Tochter wird in der Nacht sterben.« Mr. Hostelé spürte, daß es seine Pflicht war, Papa zu warnen. Einige Stunden später berieten sich drei der besten belgischen Ärzte aus Brüssel miteinander. Wenn ich nicht innerhalb einer Stunde am Blinddarm operiert wäre, würde ich tot sein. Ein Arzt beugte sich barsch über mich: »Hast du Angst?« »Oh nein«, antwortete ich und schloß die Augen. Ich war müde vom Schmerz. Ich wurde so, wie ich war, in das Auto eines Nachbarn getragen. Es war ein Uhr nachts, und er stand aus dem Bett auf, um mich selbst zum Krankenhaus zu fahren, das glücklicherweise nur wenige Minuten vom Haus entfernt lag.

Ich wurde auf einen sehr weißen Tisch gelegt. Ich küßte das Kruzifix einer Nonne. Ich fühlte, wie die Maske mir über das Gesicht gelegt wurde und schlief ein.

Nach der Operation litt ich noch drei Monate lang. Eines Tages bestellte Mama Dutzende von Orangen und Schokolade, um meine Genesung zu feiern. Ich wurde in einem Stuhl herumgerollt, während ich das Obst und die Süßigkeiten an die Armen des Krankenhauses verteilte. Dann kam ich nach Hause. Die kleine Straße war mit Fahnen geschmückt, und die ganze Nachbarschaft stand an den Fenstern. Das Haus war voller Blumen und Geschenke.

Arcachon. Villa Les Ruines. Wegen meiner Genesung fuhren

wir nach Arcachon, wo Papa sich bereits aufhielt. Wir kamen an meinem zehnten Geburtstag dort an. Es war eine entzükkende Imitation einer Schloßruine, düster, prächtig, kalt. Seltsame Vorahnungen führten dazu, daß ich, als wir ankamen, den größten Teil der Nacht heftig weinte. Niemand konnte mich verstehen. Doch wir verbrachten dort einige glückliche Monate, spielten in dem riesigen, schönen Garten und am Strand; und das »Schloß« gefiel mir wegen seiner Fremdartigkeit und Düsternis. Ich wußte damals nicht, was »Les Ruines« für uns noch bedeuten würde. Einige Monate später verließ uns Papa, angeblich um auf eine neue Konzertreise zu gehen, doch er hatte vor, nie zurückzukehren. Er hatte uns oft wegen einer Konzertreise verlassen, und ich hatte nie geweint. War es eine Vorahnung? Ein Instinkt? Dieses Mal war Papa gezwungen, mehrere Male umzukehren, als er fortging; ich küßte ihn wild und rief nach ihm, dabei weinte ich hysterisch und klammerte mich an ihn – eine Szene, die niemand außer ihm verstehen konnte. Er ging nach Brüssel und nahm aus unserem Haus alles mit, was ihm wertvoll erschien. Dann mußte Mama gehen und versiegeln, was übrigblieb. Wir wurden in der Obhut einer reichen kubanischen Familie gelassen, in der Obhut von Vaters junger Geliebten! Als Mama zurückkam, schifften wir uns dritter Klasse ein nach Barcelona, um zu Großmutter zu gehen.

Barcelona. Zuerst lebten wir bei Großvater, der sehr streng und kalt war. Ich werde niemals diesen wunderlichen Mann mit all seinem Stolz und seiner Strenge vergessen. Und die liebe, unterwürfige, traurige Großmutter! Wir lebten nur bei ihnen, solange Mama nach einer Wohnung suchte. Dort, in Barcelona, gab sie ein Jahr lang Gesangsstunden. Tia Antolina kam, um uns zu besuchen und erzählte Mama von New York. Während dieser ganzen Zeit schrieb ich seltsame Gedichte und Beschreibungen der Dinge, die ich sah und fühlte. Als ich Barcelona verließ, um nach New York zu gehen, begann ich das erste Heft dieses Tagebuchs.

15. November

So viele Kleinigkeiten sind geschehen, seit ich anfing, über die Vergangenheit zu schreiben, daß ich zuletzt ungeduldig wurde und nur darauf wartete, damit aufzuhören. Stell dir vor, am

9. November habe ich Enric Madriguera* wiedergesehen, und zwar in einem Konzert, das ein junger kubanischer Pianist gab, Pepito Echaniz, und Mama und ich hatten eine Loge. Enric trat ein, und ich beobachtete ihn, während er sich setzte, und war schrecklich durcheinander, obwohl ich den ganzen Morgen gewußt hatte, daß es für Enric die natürlichste Sache der Welt sein würde, dem Konzert dieses jungen Pianisten beizuwohnen. Mama hatte ihn hergebeten, und für den Rest des Konzerts vergaß ich fast, daß er an meiner Seite saß. Kannst du das glauben? Nach der ersten Aufregung bemerkte ich, daß Enric mich nicht mehr im geringsten beeindruckte! Vielleicht war das anders, als ich sehr jung war. Und so stellte ich fest, wie wundervoll Pepito Echaniz spielte, obwohl Mama sagte, daß er bei seiner Chopin-Interpretation wegen seines jugendlichen Ungestüms den Rhythmus verloren habe. Nach dem Konzert gratulierten wir ihm im Empfangsraum der Künstler. Er interessierte sich sehr für Joaquin, denn er hatte viel von Monsieur Nin gehört. Plötzlich wurde ich einem alten Schüler und Freund von Mrs. Quintero vorgestellt, der lachend sagte: »Ich kenne einen Ihrer Bewunderer, Anaïs.«

»Was?« Ich fragte unschuldig, während Enric Augen und Ohren aufsperrte.

»Einen jungen Amerikaner, der Gedichte schreibt, Mr. Anderson.«

»Mr. Anderson!« gab Mademoiselle Linotte zurück, errötend und verwirrt. Aber im nächsten Augenblick lachte ich und hatte mein weltgewandtes Gleichgewicht wiedergefunden. Enric ging mit uns zur Penn Station. Morgen gehe ich zu Manéns Konzert. Dort werde ich einen von Papas Freunden treffen, der Mama vor einigen Tagen schrieb, daß er gerade aus Paris zurückgekehrt sei, wo Papa ihn gebeten hatte, uns zu besuchen und zu beschreiben. Die Dame, die von Marcus sprach (und die ihn kennt, weil sie auch ein Haus in Greenwich, Connecticut besitzt), wird auch dort sein, außerdem Enric und Vicente und ein junger Franzose, ein Freund von Tia Juana, der mich treffen will.

Mama sagt, wir kehren zu unserem alten Leben zurück – den

---

* Ein junger Geiger, der eine Zeitlang bei den Nins gelebt hatte

intellektuellen Freunden, den Musikern, der Gesellschaft. Was für ein Gegensatz zum amerikanischen Leben! Mama gehört zu solchen Menschen, Künstlern und Gesellschaften; dann ist sie brillant und faszinierend. Ich merke, wie sich die Menschen um sie scharen, wie gefragt ihre Meinung ist, wie gut sie in diesen kosmopolitischen und künstlerischen Rahmen paßt. Zurückkehren zum alten Leben! Wenn man bedenkt, daß Mama für ihre Kinder die Bewunderung der Welt, ihre Karriere als Sängerin und ihr Vergnügen geopfert hat – denn wenn ich sie jetzt sehe, verstehe ich, wie sie das alte Leben liebt, auch wenn es nur ein paar Tage dauert. Wenn Manén nach seinem Konzert wieder abreist, wenn das ganze musikalische Leben langsam um uns versinken wird, ertrunken sein wird im Lärm von Arbeit, Handel und amerikanischem Geschäftsleben, dann werden wir dem alten Leben wieder adieu sagen.

Wir haben letzthin viel von Papa gehört. Er ist natürlich ein Teil des alten Lebens. Entfernte Bekannte, die wir selten sehen und die Mama als Madame Nin kennen, fragen sie, wann Papa zurückkommt oder ob er hier bei uns ist oder wo er ist.

Und von jeder Reise in die wirkliche, lebendige Welt kehre ich zurück mit Kummer und Sorge. Ich fürchte allmählich den Kontakt mit der Außenwelt und liebe mein ruhiges Zuhause. Nach einem Tag in der Welt ziehe ich mich erschreckt in mein Schneckenhaus zurück und denke traurig über die Ereignisse nach. Dann tröstet mich die heitere Ruhe meines Schneckenhauses, und ich bin wieder glücklich, glücklich mit meiner Einsamkeit, der Stille, den Büchern. Ich höre das Summen des Lebens draußen, und es erscheint sehr weit entfernt. Und doch ist es so nah, und ich muß es ab und zu erleben, ich muß in die Wirklichkeit treten und in mein Schneckenhaus zurückkehren, niedergeschlagen und verzweifelt. Als ich am Sonntag Anaïs und Graziella besuchte, war ich so lange glücklich, bis Anaïs anfing, mir zu erzählen, wie gut Eduardo in der Schule sei und wie lang seine Briefe seien. Da plötzlich fühlte ich mich sehr verletzt.

Miguel war wie üblich Samstag und Sonntag hier. Er sagt, daß er niemanden kennt, der aus solchen Gegensätzen besteht wie ich. Er kann nicht verstehen, daß ich mich als Dichterin *fühlen* und wie ein Philosoph reden kann, daß ich gern tanze und lache und doch Bücher und Ernsthaftigkeit mag, daß ich mein

Zuhause lieben und umsorgen und doch exzentrische Dinge mögen und Aufregendes, Merkwürdiges tun kann. Das ist ein Bild von Mademoiselle Linotte, wie es Miguel sieht.

Ich sagte ihm, daß er mich auch ein wenig erstaunt. »Du bist Kubaner«, sagte ich, »und doch bist du kein Ignorant.«

Er wußte nicht, ob er geschmeichelt oder verletzt sein sollte, also lachte er.

Was für ein Weihnachten wird es dieses Jahr geben! So viele von uns versammelt. Ich nehme an, Eduardo wird auch da sein. Wie wird er sich verhalten? Was wird er sagen? Ich bin froh, nicht an seiner Stelle zu sein, denn ich weiß, ich würde mich schrecklich *schämen.* Aber er ist ein *Junge,* und das ist etwas anderes.

Wie schnell werde ich dich weglegen müssen. Du bist nach weniger als zwei Monaten schon fast voll. Ich werde eine Bibliothek brauchen, um deine Bände unterzubringen. »Das Herz einer Frau hat so viel zu sagen«, schrieb Eugénie, aber ich bin noch keine richtige Frau, und mein Herz fließt über.

Es ist schrecklich! Wenn ich sterbe, werden die Leute sagen – wie sie von einer Frau sagen, die zuviel redet: »Meine Güte, wenn diese Frau anfing zu schreiben, dann konnte sie nie aufhören. Denk an all das Papier, das sie verschwendet hat!«

Und dennoch wird der Tag, an dem ich dich verbrennen muß, sehr schmerzvoll sein. Es wäre schöner, dich von meinen Enkeln lesen zu lassen. Sie werden sich wundern, wie um Himmels willen ich so »altmodische« Ansichten haben konnte. »In was für komischen Zeiten unsere Großmutter lebte«, werden sie sagen. »Kann es wirklich sein, daß sie mit achtzehn noch nie geflogen ist? Du lieber Himmel!« Ich werde schmunzeln in meinem Grab, wenn sie solche Dinge sagen. Genauso wie ich mich gefragt habe, wie Mama nur ohne Auto leben kann.

Thorvald, der mich gerade beim Schreiben beobachtet, sagt mir, ich solle nur eine Seite für mein Tagebuch benutzen und jeden Tag herausreißen, was ich zuvor geschrieben habe. »Spar Papier«, sagt er.

16. November

Ich komme heute abend zu dir mit einem Herz voll neuer Gefühle. Oh, ich habe Juan Manén gehört, den Geiger aller Geiger! Keine Feder und keine Zunge sind beredt genug, die feinen und unbeschreiblichen Empfindungen in Worte zu fassen, die auf das Ohr des Hörers einströmten. Es war himmlische Musik. Eins der Stücke, die mir am besten gefielen, war seine eigene Komposition. Das amerikanische Publikum, das normalerweise so korrekt ist und wenig Gefühle zeigt, war rasend vor Begeisterung. So viel Applaus und Dacapo-Rufe. Plötzlich gingen die Lichter aus, das Konzert war beendet, aber das Publikum wollte noch mehr von diesem Zauber. Die Garderobe des Künstlers war brechend voll, und Mama war mitten drin und lachte zusammen mit Manén. Er erkannte uns alle und sagte, ich hätte mich sehr wenig verändert. Er interessierte sich für Enric Madriguera, und Enric fand keine Worte, um Mama dafür zu danken, daß sie ihn vorgestellt hatte. Pepito Echaniz war auch dort und Vicente. Papas Freund, Mr. Velasco, saß während des Konzerts neben uns und sprach anschließend mit uns, er stellte Fragen, und wir antworteten und fragten ihn nach Papa. Manén kommt morgen zum Abendessen, und am späten Nachmittag kommen Pepito und Enric.

Später. Und jetzt ist aller Glanz der Ereignisse des Tages vorüber. Einmal mehr merke ich, wie glücklich ich in meine Gedanken zurücksinke. Nein, ich kann es nicht leugnen – und mit welchem Schmerz erkenne ich es – ich bin nicht wie Mama. Ich bin wie Papa. Heute sagte man mir, daß ich genauso aussehe wie er, und gleichzeitig sagte man, daß er ganz allein lebt. Warum? Oh, ich weiß warum. Er ist stolz und hochmütig. Und doch bin ich wie er, und auch ich wirke reserviert. Es ist das Blut, das Blut in mir, das mich so seltsam handeln und vor Menschen erschrecken läßt. Verglichen mit Mama, die dieses glänzende, lärmende Leben liebt, die so gut zu reden versteht, die soviel lacht und spricht, verglichen mit Mama bin ich ... bin ich anders. Aber das kann nicht sein. Oh, wenn ich wie Papa sein muß, wenn ich seine Ausdrucksweise habe, seine Gesten, sein leidenschaftliches Temperament, seine Verachtung für die Menschen seiner Umgebung, dann will ich, daß diese Ausdrucksweise durch meine unterschiedliche Lebensauffassung gemildert wird, daß meine Gesten durch Mamas Wunsch zu gefallen gemäßigt werden, ich will, daß dieses leidenschaftliche Temperament gezügelt wird und diese Verachtung gemildert wird. Vielleicht wird das durch meine Neigung zu Abenteuern und Romanzen geschehen, denn ich werde keinen Ehemann finden können, wenn ich mich wie eine Wilde benehme. Und ich sehne mich so sehr nach ihm. Es scheint, daß der Himmel, da er mir einen Vater gab, nur um mich von ihm fernzuhalten, mich auch mit einem seltsamen Traum geschlagen hat, einen, den ich nicht allzu oft zu träumen wage. Ich will, wenn ich mich schwach und mutlos fühle, meinen Kopf an die Schulter meines Mannes legen.

Soll ich diese Seite durchstreichen? Nein, ich habe versprochen, dir all meine Gedanken mitzuteilen, und dies ist einer davon. Schäme ich mich? Nein, ich bin verwirrt. Vielleicht hat Miguel recht. Ich bin eine komische Mischung von unverträglichen Elementen.

17. November

Viele Leute hätten heute viel darum gegeben, an meiner Stelle zu sein. Manén spielen zu hören ist eine Sache und das Recht des Publikums, doch nicht viele können ihn sprechen hören und während eines Abendessens »en famille« an seiner Seite sitzen, und seinen Geigenkasten gezeigt bekommen, mit zwei wunderschönen Geigen, die auf blauem Samt liegen. Er erzählte uns, daß er gestern auf einer Geige mit einem Sprung gespielt hatte, und dann sehr viele andere Dinge über sich und seine Reisen um die Welt. Enric war hypnotisiert, und Pepito war entzückt. Dies war wirklich einer der interessantesten Tage meines Lebens.

Ich dachte gerade mit einem Lächeln daran, was Pepito Echaniz zu mir sagte, als er ging. Vielleicht werde ich mich, wenn er älter und sehr berühmt ist – und das wird er meiner Ansicht nach sicher eines Tages sein –, mit noch mehr Lächeln an seinen Besuch erinnern und daran, wie der bekannte Pianist zu Mademoiselle Linotte sagte: »Ich küsse dich nicht, weil ich erkältet bin.«* Du hättest sehen sollen, wie Enric mich anblickte, aber es machte mir überhaupt keine Freude. Und wenn ich daran denke, daß ich vor Jahren dachte, ich würde vor Kummer sterben, als er nach Spanien ging! Weißt du, ich frage mich manchmal, ob ich Eduardo ebenso leicht vergessen werde. Vielleicht bin ich *von Natur aus flatterhaft*, und dabei hasse ich Flatterhaftigkeit bei *anderen*.

---

* Spanisch im Original

Zehn Uhr abends. Wie der Wind nachts heult und an meinen Fensterscheiben rüttelt. Vielleicht wegen des Sturms, der draußen wütet, vielleicht weil ich gerade Edgar Allan Poes Gedichte gelesen habe, fühle ich mich unbeschreiblich verlassen. Alle anderen schlafen, und ich habe versucht, mein Gesicht in meinem Kopfkissen zu vergraben und zu vergessen, doch nach einer langen Weile waren die Gedanken, die mir durch den Kopf gingen, so furchtbar und traurig, daß ich aus dem Bett sprang, Licht machte und mich an meinen Toilettentisch setzte, um mit dir zu sprechen. Ich sehe ein so merkwürdiges Spiegelbild von mir in meinen drei Spiegeln. Wenn mich jetzt irgend jemand ansehen würde, würde er in Ohnmacht fallen, denn ich weiß, viele Menschen denken, ich sei lieb und freundlich, doch da sitzt mir ein Mädchen gegenüber mit einem sehr gespensterhaften, strengen, dramatischen Ausdruck im Gesicht. Meine Augen sind lang und schmal wie die von Madame Butterfly, und das bedeutet innere Unruhe – ein sturmumtostes Herz. Mein Haar, das in wilden, rötlichen Wellen über meine Schultern fällt, erinnert mich daran, daß ich keine Philosophin bin, die sich mit irgendwelchen großen Fragen abringt, sondern ein gewöhnliches Mädchen, das mit seiner düsteren Stimmung kämpft. In Poes unheimlichen, trostlosen Gedichten stehen diese Zeilen:

Von Kindesalter an bin ich nicht gewesen
Wie andere waren – Ich habe nicht gesehen
Wie andere sahen – Meine Leidenschaft
Konnte sich nicht aus gemeinsamem Ursprung nähren.
Nicht aus derselben Quelle habe ich mein Leid
Geschöpft – Mein Herz konnte ich nicht dazu anregen,
Bei denselben Klängen sich zu erfreuen,
Und alles was ich liebte, liebte ich allein.

Alle Einsamkeit ist in ihnen ausgedrückt, die Wahrnehmung des »Unterschieds«. Deshalb bin ich so verändert heute abend, denn wie damals, als ich Shelleys Leben las, habe ich wieder allen Kummer der Seelen anderer Menschen durchlebt. Ich habe nicht gesehen, wie andere sahen, oder meine Sorgen entsprangen nicht denselben Quellen, und ich kenne die große, große Einsamkeit der Gedanken und Träume. Selbst wenn ich so sitze wie heute nacht, während andere so ruhig schlafen, denke ich und träume seltsame Dinge ganz, ganz allein.

21. November

Ich bin von so vielen Dingen so tief beeindruckt worden, daß ich sehen wollte, ob die Zeit kommen würde, wo ich kühl und ruhig über sie würde schreiben können. Doch da ich finde, daß die Gedanken an das Abendessen am Freitag, statt sich langsam aus meinem Gedächtnis zu verwischen, klarer erscheinen, habe ich das Tintenfaß gefüllt und mich an Mamas Tisch gesetzt, und hier bin ich nun. Am Donnerstag rief Enric an. Wir wurden eingeladen, am Freitag mit Mr. Carl Hamilton, seinem Förderer, zu Abend zu essen, den ich früher schon in anderen Tagebüchern erwähnt habe, da er uns in der Stadt und später auch anläßlich Emilias Konzert besucht hatte. Enric bat darum, mit mir persönlich sprechen zu dürfen und nannte mich »Sweetheart«, damit ich auch sicher käme. Es war ein Essen zu Ehren von Manén. Ich trug das rosa Kleid, das Mama mir gekauft hat, als ich nach Lake Placid fuhr.

Zuerst waren wir etwas verschreckt angesichts des vornehmen Hauses und der livrierten Angestellten. Und doch wurde mein Schrecken schnell von einem anderen Gefühl abgelöst, denn es ist bemerkenswert, wie schnell ich mich inmitten von Luxus zurechtfinde, als sei es ein natürlicher Teil meines Lebens und nicht eine Ausnahme. Du kannst dir keinen einfacheren, ungekünstelteren Mann als Mr. Hamilton vorstellen. Seine Augen sind die freundlichsten und ehrlichsten, die ich je gesehen habe, sein Lächeln ist jungenhaft, und doch wird sein Haar schon silbern – silbern vor Sorge, denn er ist noch jung. Er hat eine Stimme, die selbst in ihrer Männlichkeit freundlich ist. Und dann steht hinter dieser herrlichen Einfachheit ein großes Vermögen und die Geschichte, wie es verwendet wird. Es stehen sechsundzwanzig oder siebenundzwanzig Jungen unter seiner Obhut, er sorgt für ihre Erziehung an den besten Colleges und für ihre Karriere. Es gibt einen Adoptivsohn und Enric; und viele andere Wohltaten. Und ich beobachtete, wie er so einfach redete und handelte in seinem palastähnlichen Haus voller schöner, seltener Gemälde, Antiquitäten und alter Möbel. Vielleicht der einzige Fehler, den ich in diesem scheinbar makellosen Luxus finden konnte, war das Fehlen des weiblichen Einflusses, der weiblichen Gegenwart. Der schöne Palast war kalt und sogar düster. Der Mann hatte nicht an Blumen oder irgend etwas anderes als die große Pracht gedacht. Ich frage mich, ob er weiß, daß es eine große Lücke in seinem Leben gibt, wenn er Frauen aus seinem Herz und seinem Haus ausschließt. Er sah mich oder Mama kaum an, und ich mochte ihn um so mehr, denn wenn seine Augen die meinen trafen, waren sie so respektvoll und zugleich auch aufmerksam und freundlich. Wenn ich jemals in der Lage bin, ein Buch zu schreiben, werde ich mit unendlicher Sorgfalt Mr. Hamiltons Porträt zeichnen, denn ich bin sicher, er ist eine außergewöhnliche Persönlichkeit. Er, Manén und Mama machten Pläne für Enric. Du kannst dir Enrics Freude nicht vorstellen. Er küßte seinen Wohltäter, küßte seinen Lehrer, er küßte Mama, und zum Schluß wollte er auch mich küssen, doch alle schrien auf, und der talentierte Geiger konnte nur meine beiden Hände küssen. Dann beschlossen wir, daß er für die drei Monate bis zu Manéns Rückkehr nach Europa hierher nach Richmond Hill kommen sollte. Der denkwürdige Abend war zu Ende. Ich begann, Manéns Gegenwart wieder wahrzunehmen, ich hatte ihn kaum beachtet, da ich so versunken in meine Betrachtung von Mr. Hamilton gewesen war. Ich wurde mir auch Enrics und seines großen Glücks bewußt. Manén und Enric nahmen uns zum Bahnhof mit, und erst auf dem Heimweg konnten Mama und ich miteinander reden. Mama läßt mich oft Gedanken und Gefühle ausdrücken, die wir beide hatten, denn sie sagt, ich kenne ihre Namen. Dieses Mal fragte ich sie, ob sie sich nicht irgendwie emporgehoben gefühlt habe in der Atmosphäre, aus der wir eben kamen. Wir erinnerten uns an das feierliche Gebet, das Mr. Hamilton vor dem aufwendigen Essen gesprochen hatte, und an die ruhige Art, mit der er bestimmt hatte, wie Auer* beigebracht werden sollte, daß Enric ihn aufgeben wollte, um den alten Meister so wenig wie nur möglich zu verletzen.

Am nächsten Morgen besuchte ich pflichtgemäß Tia Anaïs und Cuca, und plötzlich, als ich ihre Äußerungen vernahm über Mamas Treiben in letzter Zeit und ihren Umgang mit Künstlern, als ich mir ihre dummen Befürchtungen anhörte, Mama könne zum »alten Leben« zurückkehren, dazu ihre schlechte Meinung über Künstler und die Welt der Kunst schlechthin, da

---

* Leopold Auer, *der* große Violinlehrer der damaligen Zeit

überkam mich eine tiefe Abneigung gegen ihre Engstirnigkeit. Vielleicht war es die Art und Weise, in der wir in der Nacht zuvor behandelt worden waren, daß ich die Arroganz der Sánchez' uns gegenüber stärker fühlte: weil Mama so hart arbeitet, weil sie ihr Haar so eigenwillig trägt, weil wir arm sind, weil mein Vater ein Künstler ist, weil wir die Kunst lieben, weil ich schreibe. Oh, ich war so zornig, so verletzt und empört. Ich lauschte den Klagen über andere, und es fiel kein einziges freundliches Wort. Und dann schlug die Welle aus Zorn und Ärger in mir höher und höher und stieg mir bis zum Hals, und ich verließ rasch diese unglückliche, reiche Familie und verbrachte den elenden Tag zu Hause. Wogegen ich ankämpfe ist die Angst, sie zu hassen, und ich will niemanden hassen, schon gar nicht meine Verwandten, meine *armen* Cousins, meine *arme* Tante, arm in jeder Weise, aber in der unnötigsten Weise. Vielleicht schämte sich Eduardo, weil die Leute glauben, *ich* sei arm. Doch bin ich alles *andere* als arm. Vielleicht habe ich bittere Worte geschrieben. Ich wollte nicht, daß sie bitter klingen. Eines Tages wird man mich nicht mehr so leicht deprimieren und verwirren können, und dann werde ich auch nicht mehr so leidenschaftlich und vielleicht ungerecht sein.

Weißt du, wie Manén Mr. Hamiltons außergewöhnliche Herzensgüte erklärte? »Er muß viel gelitten haben.« Und Manén weiß es. Also leide ich nun, damit ich in den Augen anderer wundervoll sein kann. Ich sehe, daß dies wieder das Ende eines Heftes ist. Es war stürmischer als erwartet, doch das macht wenig aus, solange sie alle weiterhin so getreulich gefüllt werden. Morgen kommt Enric hierher, und möglicherweise wird mein Tagebuch ein wenig frivol.

22. November

Ich habe den ganzen Abend gestrickt und dabei dem Wind zugehört, und dann, als meine Gedanken traurig und unvernünftig wurden, beschloß ich, die ersten Seiten meines neuen Tagebuchs zu schreiben. Ich wollte es eigentlich nicht in Englisch weiterführen, doch ich habe entdeckt, daß ich mich auf Englisch tausendmal besser ausdrücken kann, und bis ich mir ein wenig von meinem geliebten Französisch beigebracht habe, werde ich in der Sprache weiterschreiben, die ich jetzt schon in zwei Bänden benutzt habe. Wie ängstlich ich nach dem Briefträger Ausschau halte, nicht wegen irgendeines Cousins, das denkst du, sondern aus einem weit wichtigeren Grund: Wann werde ich von den Verlegern hören? Ich arbeite nun an einer Kurzgeschichte. Manchmal fühle ich eine große, große Sehnsucht, mit meiner Feder etwas zu vollbringen, dann wieder fühle ich mich, als könnte ich sie leichten Herzens niederlegen zugunsten eines geheimnisvollen Wunsches, der mit jedem Tag klarer und schöner wird. Es ist ein großes, schwer zu erklärendes Geheimnis. Ich wurde mir dessen vor wenigen Tagen bewußt, als ich mich dabei ertappte, wie ich die glücklichen Mütter mit ihren Babies in den Armen beobachtete – und statt in den Auslagen Kleider, Pralinen oder Juwelen zu bewundern, sehe ich mir gerne die Schaufenster mit Wiegen und kleinen Babyschuhen an. Oh wie sehr ich kleine Kinder liebe!

Vielleicht errät es Mama. Es ist eine ganz andere Art, das Leben zu sehen. Viele Dinge haben mir in letzter Zeit das Gefühl gegeben, daß Schwärmerei oder Liebe nicht das Wichtigste im Leben sind. Ich erzählte Mama vor einigen Tagen, daß ich die Jungen allmählich nicht mehr mag und daß ich gerne wissen möchte, wie Männer sind. »Gib den Jungen Zeit zum Wachsen« antwortete Mama und lachte. Ich wußte nicht so recht, ob ich lachen oder empört sein sollte. Ich bin fast sicher, daß ich dir in diesem Heft die Ergebnisse meiner Abneigung gegenüber Jungen wegen meiner Abenteuer mit ihnen schildern werde. Du wirst sehen, daß ich niemals wieder meinen Kopf oder mein Herz verlieren werde – und daß der Tanzabend, den wir während der Weihnachtsferien veranstalten werden, mich nicht im geringsten begeistern wird. Oh, ich merke, daß ich allmählich sehr gesetzt und zynisch werde.

23. November

Ich habe wieder einen Tag in der Außenwelt gelebt – und zwar mit wirklichen, menschlichen Wesen. Wann werde ich mich in meiner Innenwelt mit all den Figuren aus der Bücherwelt wiederfinden? Ich sehne mich eher nach der Gesellschaft der letzteren, fürchte ich. Und doch benahm ich mich heute, wie es nur eine echte Linotte kann. Es war in der Stadt, an einem grauen, trübseligen Tag, und, ob du es glaubst oder nicht, ich ging, oder vielmehr trottete die Fifth Avenue auf und ab, um

Einkäufe zu machen, vor mich hin summend, solita*. Mir war danach, jedermann anzulächeln, dabei lächelte ich über meine eigenen Gedanken, und philosophierte vor luxuriösen Auslagen mit märchenhaften, unerschwinglichen Kleidern. Indessen versuchte ich diskret, unter den Regenschirmen anderer Leute zu gehen, da ich selbst keinen hatte. Ich fühlte mich so glücklich, daß es irgendwie ansteckend wirkte. Nachdem ich in einem Laden einige Dinge ausgewählt hatte, wurde die Verkäuferin offenbar ein Opfer meiner Stimmung, denn sobald ich ihr den Rücken zugedreht hatte, rief sie: »Was für ein süßes kleines Mädchen!« Wie kann man meine Stimmung erklären? Sie ist genauso unvernünftig wie meine düstere Krise der Verzweiflung, und der einzige Unterschied ist, daß meine glücklichen Stimmungen auch andere glücklich machen. Ich wünschte, ich könnte öfter daran denken.

Mama und ich waren zum Lunch mit Tia Anaïs und Cuca im Waldorf. Cuca war netter zu mir. Scheinbar haben sie alle bemerkt, wie schnell ich davongerannt war, nachdem ich alles erledigt hatte, was ich bei ihren Einkäufen zu tun hatte. Es gibt wenige Dinge, die ich so schnell bemerke und so stark fühle wie die Tatsache, daß ich unerwünscht bin, und es genügt, um mich ans Ende der Welt flüchten zu lassen. Tia Anaïs war immer sehr großzügig zu mir und Cuca auch. Ich weiß, daß sie mich gern haben, doch sie zeigen es nicht; ihre Gedankenlosigkeit verletzt mich zutiefst. Mama hat es bemerkt, und es ist ihr auch passiert, doch sie sagt, wir müssen uns klarmachen, daß die Reichen tausend Gedanken an die eigene Person verwenden – so sehr, daß Cuca fast den Kopf verliert beim Aussuchen der Farbe eines Kleides, wogegen ich meinen nur bei einem philosophischen Problem verlieren würde. Cuca muß Kleider auswählen, während ich studieren kann, wann es mir gefällt. Das Ergebnis ist, daß ich insgesamt glücklicher bin als sie.

Von fünf Verlegern, denen ich meine Beiträge geschickt habe, erteilten mir bereits zwei eine Absage. Also bleiben noch drei, von denen ich träumen kann. Bewundere bitte meine mathematischen Kenntnisse!

_____

* allein

26. November

Am Mittwoch mußte ich lachen, als man mir eines der Kleider zeigte, die Cuca gekauft hatte: Nichts Geringeres hing in ihrem Zimmer als das »unerschwingliche Kleid«, das ich tags zuvor im Schaufenster bewundert hatte. Auf diese Weise könnte es doch noch zu mir gelangen, in einem Jahr ungefähr, und mit ein paar kleinen Änderungen könnte ich es noch tragen!

Heute brachte der Postbote einen Brief von Papa und einen von Emilia Quintero (die liebe, gute Seele). Alle anderen waren weggegangen, und so vergnügte ich mich mit Putzen und Kochen, gleichzeitigem Gesang und angenehmen Gedanken. Ich entdeckte, daß es die Einstellung zur Hausarbeit beeinflußt, wenn man ein halber Dichter ist. Ich kämmte und bürstete gerade die Fransen meiner Teppiche, als ich ein großes Gelächter hörte, mich umdrehte und die Frau sah, die uns mehrere Tage in der Woche aushilft. Ich brauche wohl nicht zu sagen, daß sie über mich lachte. Mama traf Eduardo, der Herbstferien hat. Er fragte sie nur, was ich im Moment tue und sandte mir »recuerdos*«. Ich lachte. Wenn ich vor selbstgemachtem Glück überquelle, was bedeutet mir dann schon Eduardo?

Papas Brief beantworte ich in Spanisch, denn er hat mich darum gebeten; er sagt, es sei meine Sprache. Richtig, es ist die Sprache meiner Vorfahren, aber Französisch ist die Sprache meines Herzens und Englisch die meines Intellekts, und ich muß leider sagen, Spanisch spricht mich ganz und gar nicht an. Ich nehme an, es ist sehr gut, zu putzen, zu kochen und zu flikken, doch ich fürchte, es hemmt den Fluß meiner Gedanken.

27. November

Ich erlitt heute einen Anfall von Bibliomanie, als ich einen Bücherverkauf zu 25 cts entdeckte. Ich gab mich schon zufrieden mit nur einer kleinen Ausgabe von Tennysons *Princess*, die noch nicht aufgeschnitten war, und widerstand *John Halifax, Gentleman*** und *Les Misérables****, weil ich beides schon gelesen hatte.

---

* Grüße
** Von Dinah Maria Craik
*** Victor Hugo, *Die Elenden*

Diesen Luxus leistete ich mir, weil ich in die Stadt fuhr. Am Waldorf ging ich vorbei, aber nicht hinein. Es war sehr aufregend, denn ich hätte ja plötzlich Eduardo gegenüberstehen können. Wenn es so gewesen wäre, hätte ich sehr fröhlich gelacht, weil ich den ganzen Tag in der wildesten und glücklichsten Stimmung war, die man sich nur vorstellen kann.

Die Verleger rühren sich noch immer nicht. Ich träume jede Nacht von unerreichbaren Dingen: von Ruhm und Ehre, von Reichtum wegen Mamas Weihnachtsgeschenk. Geld wünsche ich mir nur zur Weihnachtszeit – und auch darin bin ich wie die Dichter!

Zwei kleine Straßen- oder Zeitungsjungen, wie du willst, baten mich um ein paar Pennies. Auch bei solchen Gelegenheiten sehne ich mich nach ungeheurem Reichtum, um ihnen Schuhe und warme Mäntel zu kaufen und ihnen eine Wagenladung Pennies zu geben – nein, von Zehnpennystücken –, doch was hilft das Wünschen? Ich bin so eine schlechte Geschäftsfrau, so eine armselige Schriftstellerin, so eine schreckliche Hausfrau – und Geld fällt nicht wie Regentropfen vom Himmel.

Morgen würde ich gerne Anaïs besuchen. Ich möchte sie sehen, und doch habe ich nicht den Mut hinzugehen, denn ich weiß, daß die ganze Familie Sánchez dort sein wird. Hast du dich jemals gefragt, wie es sich anfühlt, unter Schnee und Eis begraben zu sein? Das ist genau die Empfindung, die ich bei den Sánchez erlebe. Wenn Schnee und Eis ein wenig schmelzen durch Berührung mit Feuer, warum kann ich meine Tanten und Cousins nicht zum Schmelzen bringen, und sei es auch nur ein kleines bißchen?

30. November

Ich habe gerade ein sehr verwirrendes Buch zu Ende gelesen. Vielleicht hätte ich es nicht lesen sollen. Ich habe nie zuvor eines dieser Art gelesen; trotzdem fiel es mir in die Hände, wie du vielleicht sagen würdest, weil ich es in Mrs. Normans Bücherschrank fand, und als ich es einmal begonnen hatte, las ich es von der ersten bis zur letzten Seite. Ich frage mich, ob ich dir seine Hauptmerkmale nennen kann, und nebenbei auch seinen großen Fehler: Es ist zu »modern«. Es heißt *The Real Adventure* und ist von Henry Kitchell Webster. Vielleicht ist das Seltsamste an ihm, daß ich es nicht verstanden habe. Wieso selt-

sam? Weil ich normalerweise alle Bücher vollkommen verstehe
oder sie zumindest zur vollständigen Zufriedenheit meiner Intelligenz interpretiere. Die Leute nennen so etwas »Verständnis«. Ich fürchte, daß ich noch nicht einmal in der Lage bin zu
beschreiben, auf welche Weise es mich beeindruckt hat, vermutlich schreibe ich nur Unzusammenhängendes. Wie kann
ich ausdrücken, warum ich in ein und demselben Buch bewun-
derungswürdige, empörende und erhebende Dinge fand; Seiten, die schockierten, verwirrten und blendeten, andere wiederum, die wunderbare Ideale und originelle Vorstellungen
darstellten, wunderschön gezeichnete Charaktere – Seiten, die
für mich leer waren und andere, die mir das Tor zu einer neuen
Gedankenwelt öffneten.

Enric gehört nun genau wie früher zu unserem täglichen Leben. Gestern, während ich meine morgendlichen Pflichten
vollbrachte, erfüllte Enrics Geige das Haus mit bezaubernden
Wogen von Musik. Ich war entzückt, und mein kleiner Vogel,
der so lange Zeit still und trübsinnig war, begann plötzlich mit
aller Kraft seiner sanft pulsierenden, gefiederten Kehle zu singen. Und nun werde ich mich von diesen Gefühlen und Melodien abwenden, um mich eher gewöhnlichen Sphären zu widmen: Ich werde von Mamas Geschenk erzählen. Mademoiselle
Linotte sah sich gestern abend vor ihrem Spiegel und der be-
wundernden Familie in einem wunderschönen grauen Eich-
hörnchenmantel auf und ab stolzieren. Wenn ich ihn beschreiben sollte, würde ich sagen, es ist etwas Weiches, Schönes, An-
schmiegsames, Warmes, Königliches, das folglich einer Frau
gehört. Ich glaube wirklich, daß sein Besitz meinen Gesichtsausdruck verändert hat – so lange, bis ich die unangenehmen,
kalten Blicke bemerkte, als ich die Fifth Avenue entlangging.

Mama und ich besuchten Tia Anaïs und Cuca, unter anderem
um meiner Tante für ihren Beitrag zu meinem Glück zu danken. Die kleine Mama war sehr stolz auf ihr Geschenk. Alle
Augenblicke warf sie mir verstohlene Blicke von der Seite zu,
bis sich meine törichte Zufriedenheit in einem wohlklingenden
Lachen äußerte.

Ist es nicht manchmal merkwürdig, wenn man entdeckt, wie
andere Menschen gewisse Dinge nennen, die man selbst oft getan hat? Zu jemandem zum Beispiel, dessen Herz voll von
Schmerz ist und der kurz davor steht, sein Wehklagen in Worte

134

zu fassen, sagt jemand: »Werde nur nicht tragisch!« Tragisch! Ich nehme an, so würde ein anderes menschliches Wesen mich nennen, wenn ich eine meiner unerklärlichen Stimmungen habe. Nun, du siehst, ich habe einiges gelernt, und dazu gehört die Fähigkeit, mich selbst in einem bestimmten Gemütszustand zu definieren. Indem ich mich selbst kennenlerne, werde ich anfangen, andere kennenzulernen. Wenn ich dieses Experiment dann abgeschlossen habe, kann ich danach streben, Schriftstellerin zu werden.

Aus jedem Buch, das ich lese, ziehe ich irgendeine Lehre, eine Reinheit wie von einem Brunnen; ich lasse den Rest aus und hebe eifrig die kostbaren Vorbereitungen auf für einen geheimen, geliebten, ungewissen Traum. Manchmal glaube ich, ich habe diesen Traum vom Schriftstellerdasein aus meinen Zweifeln an den Realisierungsmöglichkeiten anderer Träume geschöpft. »Die Räder des Schicksals« überrollen vielleicht meine Träume von einem Heim, einem Leben als Frau, Ehegattin, Mutter. Dann werde ich mich der Schriftstellerei widmen. Glaube ich etwa, das Schicksal werde letzteres nicht überrollen? Oh nein, aber ich glaube, das Schicksal wird es in gewisser Weise schwerer haben, diesen Ehrgeiz zu besiegen. Er ist stärker, denn er kommt aus dir selbst, und seine Existenz hängt von niemand anderem als von seinem Schöpfer ab.

2. Dezember

Die Kulisse meines Geplauders hat von Mamas Schreibtisch zu meinem Bett hin gewechselt. Ich habe eine Erkältung, eine dieser dummen und langanhaltenden Erkältungen. Trotzdem geht es mir ungeheuer gut. Ich bade in der Nachmittagssonne und bin erst halb erwacht von einer wundervollen Reise in Stevensons Welt. Mit nur kurzen, trivialen Unterbrechungen (wie Frühstück und Mittagessen) habe ich *New Arabian Nights* und *The Dynamiter* gelesen. Und zwischendurch Mark Twains *Christian Science*, das mich aufgerichtet, in Hochstimmung versetzt und befriedigt hat. Wunderst du dich, daß ich die untergehende Sonne mit müden Augen und schläfrigem Geist betrachte? Und bisher ist mir nicht einmal bewußt geworden, daß der Wind heult und mit wütender Kraft an den Fensterscheiben rüttelt. Während ich diese Zeilen schrieb, ist der Himmel über den Wäldern blutrot und purpurfarben geworden. Ich will sehr viel schreiben, und doch scheint es, daß das lange Lesen meine eigenen Gedanken in gewisser Weise gelähmt hat.

Ich sollte schlafen, doch ach, ich bin so gequält und rastlos nach der köstlichen Heiterkeit des Tages. Mama war auch so glücklich, als sie aus der Stadt kam, bis sie ihre Post öffnete. Papa, Papa will, daß wir entweder zurückkehren oder die Scheidung. Ach, wenn du nur wüßtest, wie schrecklich es ist für meine kleine Mama und für mich, die ich diesen Brief verstehe, der bedeutet, daß unser Leben, unser Zuhause in den Händen des Gesetzes liegen! Ich habe Mama niemals so bitter und empört gesehen. Während sie weinte und sprach, fühlte ich einen dumpfen, niederschmetternden Schmerz. Meine Hände waren verkrampft, ich war lange Zeit unfähig zu reden, und hinzu kam, daß mich die Geige im oberen Stock mit ihrer traurigen, fremdartigen Melodie fast wahnsinnig machte! Oh Mama, Mama, wie sie gelitten hat!

Nun ist sie jedoch vollkommen ruhig. Sie war schockiert und verzweifelt, weil alles so unerwartet kam, doch jetzt sieht sie nur noch den Kampf, den man auf sich nehmen muß, und Mamas Geist ist unbezwingbar. Ihr Gutenachtkuß ließ mich ein wenig an ihrer Stärke teilhaben.

3. Dezember

»Liebste Frances,

Dein Brief hat mir die Augen geöffnet! Wie in aller Welt konnte ich erwarten, daß Du alles errätst! Kein Wunder, daß vernünftige Menschen in einer komischen Furcht vor Bibliomanen, Bücherwürmern, Dichtern und ähnlichem leben. Nichtsdestoweniger denke ich, ein Dichter hat einmal Verse geschrieben, um der Welt zu sagen, daß jene Verrücktheiten die süßesten und schönsten Schwächen der Schöpfung sind. Oh Pic, ich fürchte, ich werde unerträglich. Wenn Du mir sagst, Du hast das, was man eine ›gute Zeit‹ nennt, sehe ich, daß Du es schaffst, alles gut zu machen, doch ich ... jemand sollte mich schütteln. Soll ich gestehen? Nun, ich ziehe mich jeden Tag weiter in mein Schneckenhaus zurück. Das heißt, ich muß mühsam heraus in die Außenwelt gezogen werden, und wenn ich dann dort bin, benehme ich mich wie Rip Van Winkle. Das bedeutet, kurz gesagt, daß der Vergleich zwischen Menschen,

Abenteuern und der Welt an sich und den übrigen Dingen –
Büchern, Studien, Meditationen, Selbstgesprächen und so
weiter – für erstere sehr schlecht ausgefallen ist. Wenn Du mich
fragst, was mit den Jungen ist, die ich letztes Jahr so gerne
mochte, nun, was soll ich sagen? Da gibt es nichts zu sagen, ich
kann nur mit den Schultern zucken. Jedes beliebige Buch, jeder
Spaziergang durch die Wälder kann sie und ihre unerklärliche
Dummheit ersetzen. Amen. Ich wollte nicht so kritisch sein,
liebe Pic, ich begreife jetzt, warum man sagt, der Vergleich ist
so grausam, besonders der zwischen Büchern und Jungen …«

5. Dezember

Gestern abend gingen Thorvald, Enric und ich zum Tanzen in
den Kew Gardens Club. Ich glaube, wir haben uns alle amüsiert.
Doch wenn dort ein Schatten gewesen wäre, der mir überallhin
gefolgt wäre, so hätte mich das aufgrund meiner gespaltenen
Persönlichkeit nicht überrascht. Trotz allem war scheinbar
mein geselliges Ich ziemlich dominant. Ich entdeckte, daß ich
einem Jungen so gefiel, daß er mich fragte, ob er mich nach Hause begleiten dürfe. Das andere Ich sehnte sich danach heimzuge-
hen und fragte sich, warum die Menschen im allgemeinen so
schrecklich dumm erscheinen; es fragte sich, wozu es gut sei, zu
irgendeiner entsetzlichen Musik herumzuhopsen, wozu all die
sinnlosen Gespräche nütze seien, das Lächeln – überhaupt die
Anwesenheit bei der Veranstaltung. Oh, es ist schrecklich, daß
ich mit siebzehn bereit bin, der ganzen Welt den Rücken zu kehren und ein Einsiedlerdasein zu führen.

6. Dezember

Sonntag hätte ich mehr geschrieben, wenn nicht Manén zu Besuch gekommen wäre: Er kam zum Abendessen und blieb bis
um neun Uhr dreißig. Mama sang für ihn, und er begleitete sie.
Er neckte uns mit »nach Paris gehen«. Ich bemerkte wieder
einmal, wie angenehm seine Persönlichkeit ist und wie einfach
sie sich entfaltet. Ich schrieb einige Geschäftsbriefe für ihn auf
meiner Schreibmaschine, und darauf war ich stolz, wenn ich
daran dachte, wie göttlich er mir am Tag seines Triumphes erschienen war. Diesen Eindruck hat man aber nur eine Sekunde
lang, wenn man mit Manén spricht. Was bleibt, ist die Erkenntnis, daß er menschlich, normal und liebenswert ist.

Und hier bin ich nun heute – eine düstere, unvernünftige Mademoiselle Linotte, die schluchzt, weil der Wind pfeift und der Himmel grau und stumpf ist.

Es scheint unglaublich, daß ich noch immer so viele lange Jahre vor mir haben soll, denn ich benehme mich wie ein müder Reisender, der sich dem Ende seines Weges nähert. Besonders, wenn ich durch Vorbereitungen für die große Festsaison daran erinnert werde, wird mir bewußt, daß mein Herz schläft und dem Rest der Welt nicht nachfolgt. Und ich möchte doch so gern strahlend und fröhlich erscheinen, zur Freude derer, die um mich herum sind. Was ist das für eine Gewohnheit, in die ich verfalle? Jeden Tag lasse ich es zu, daß die Traurigkeit Herrschaft über mich gewinnt. Es beschämt mich so!

Ich glaube, daß man erst mit zunehmendem Alter den Zauber einer einfachen, gewöhnlichen Freundschaft erkennt, ohne phantastische Aufregungen und Märchen, die man um jedes Wort oder jede Handlung spinnt. So sind Enric und ich jetzt gute Freunde. Wir haben sehr wenig gemeinsam, doch er ist sehr nett zu mir, schenkt mir mal eine Halskette, mal Süßigkeiten. Und ich meinerseits versuche, ihn vergessen zu lassen, daß er sich sehr »langweilt«, wenn er gerade nicht studiert.

Er ist unser normales, gleichförmiges Leben nicht gewöhnt und versucht, mit jedem zu plaudern und zu spielen. Er hat sich sehr verändert seit den Tagen der 158 W. 75th Straße. Wenn ich versuchen sollte, dir zu erklären, wie, so müßte ich wohl sagen, er ist »etabliert«. Oder vielleicht hat auch nicht er sich verändert, sondern ich, und ich sehe ihn jetzt anders. Wer weiß?

Mama liest gerade ihre alten Liebesbriefe, und unten spielen Vicente und Enric das Lied »Sweetheart«. Ach, vielleicht würde niemand außer mir deshalb heiße Tränen vergießen, doch ich kann nicht anders. Und jetzt wechselt die Musik, aber Musik bewegt mich sehr und macht mich trauriger, als ich mit Worten sagen kann. Es gibt niemanden, mit dem ich jetzt reden kann. Ich könnte es nicht erklären, sie würden mich für verrückt halten. Doch dann gibt es dich. – Ich kann nur schreiben, selbst wenn ich dabei aufhören muß, meine Augen mit der Hand zu bedecken und dem großen Sturm lauschen muß, der in mir tobt. Oh, ich möchte fortgehen, fort. Warum erscheint es manchmal so schwierig, einfach nur zu leben? Ich will glücklich, sorglos und gedankenlos sein, wie die anderen Mädchen in meinem Alter, und ich kann es nicht. Ich glaube nicht, daß ich jemals so gewesen bin wie sie.

Joaquin lacht gerade, das arme Kind. Er weint nur, wenn er sich an Steinen oder ähnlichen Dingen wehtut. Ich hoffe, er wird niemals, so wie ich heute nacht, dasitzen und fühlen, wie sich sein Herz auf unerklärliche Weise zusammenkrampft, während er Musik hört, die all die wortlose Trauer ausdrückt. Ja, und das ist Musik – Tränen und Lachen. So wie das Leben – und trotzdem klingt »Leben« nicht so schön. Wie sehr ich doch von ganzem Herzen versucht habe zu glauben, dieses Leben sei wundervoll, wie ich Traum um Traum um seine häßlichen Seiten gesponnen habe! Und dann besah ich mein Werk mit Bewunderung und gab ihm herrliche Namen, und doch wurde der Schleier brutal zerrissen, immer und immer wieder – für immer vielleicht. Ich weiß kaum, ob es die Musik ist, die diese Worte spricht, oder ob ich es bin. Die Noten verschmelzen miteinander, sie gehen auf und verschwinden dann, um neuen Tränen, neuen Gedanken Platz zu machen. Ich arme *selbstsüchtige* Linotte. Habe ich denn gar keinen Mut?

7. Dezember

Habe ich gar keinen Mut? Sehr wenig, doch ich schäme mich, und Scham ist der Schatten des Mutes. Deshalb habe ich heute all meine Schwächen besiegt und summe vor mich hin, während ich arbeite, und ich lese die letzten Zeilen, die ich gestern nacht schrieb, mit einem kritischen, strengen kleinen Lächeln. Doch genug der Selbstverdammung. Ich werde gut sein. Ich habe noch den ganzen Tag vor mir, um gut und nützlich zu sein. Ich kritzle nur ein paar Worte nieder zwischen dem Strümpfestopfen und einer anderen kleinen Pflicht. Ich sehe meine Entschlüsse gern schwarz auf weiß, es macht sie unwiderruflicher.

9. Dezember

Ich weiß wirklich nicht, was mit mir los ist. Manchmal frage ich mich, ob sich mein Charakter zum Morbiden, Ängstlichen hin entwickelt, und ob ich ihn nicht mehr kontrollieren kann. In all diesen Tagen bin ich nicht ich selbst gewesen. Vielleicht, weil ich wieder krank war und jede Nacht einige Male aufwache. Wenn dann die Sonne scheint, fühle ich den Kontrast schärfer, und es macht mich traurig. Und manchmal stehe ich ganz still wie in einem Traum und frage mich, ob etwas in mir »zerbrechen« wird. Mir ist, als wäre ich nicht am Leben. Nur mein Körper bewegt sich, doch in mir – der schreckliche Schlaf der Gefühle! Und doch sind während dieser Tage so viele kleine Dinge passiert, die ich mag und die ich schätze. Sicherlich kann ich nicht bleiben wie ich bin; bitte, Himmel, mach mich wieder gut!

Ich weiß, daß diese Krise vorübergehen wird. Wenn ich nur für eine kleine Weile aufhören könnte, an Papa und Mama, Papa und Mama zu denken – unentwegt, unentwegt. Hauptgrund für all meine Mühsal ist, daß ich glaube.

Meine kleinen Freuden waren Briefe von Frances und Miguel – letzterer mit einer Einladung zu einem Tanzabend am 22. Dezember – und eine schöne, herzliche und lange Unterhaltung mit Enric. Du kannst dir nicht vorstellen, was für eine Offenbarung diese Vertrautheit mit Enric gewesen ist. Ich habe Enric nie gekannt, und der Junge, den ich jetzt kenne, ist weit besser, als ich es mir je vorstellen konnte. Ich bin froh, daß all unsere Dummheit nun vorbei ist. Nun, da wir einander auf so viel schönere Art verstehen, haben wir ernste, sinnvolle Gespräche, die wie kurze Einblicke in den Kopf des anderen sind.

Manchmal wurde ich an meine Gespräche mit Eduardo erinnert, und ich dachte, daß wir alle sind wie »Schiffe, die sich nachts begegnen«, und dann verschwinden wir mit einem Gruß in der Dunkelheit. Ich erkenne nun, daß es so sein muß, und es macht mir nichts aus, Enric ein wenig zu begleiten, wenn er es braucht, selbst wenn wir uns später auf der Reise wieder verlieren. Und nun wird es das letzte Mal sein, daß ich Eduardos Namen nenne, denn ich will dir mein Geheimnis anvertrauen! Ich glaube, daß es eine Lektion war – einfach, um mir zu zeigen, daß wir auf dieser verwirrenden Welt sind, um sie besser zu machen und dann weiterzugehen. Ich war sehr dumm, sehr, sehr kindisch, als ich mich an Dinge klammerte, die ständig im Fluß sind und sich ändern. Ich habe es Mama gesagt, und es ist wahr: Der Gedanke an Eduardo, seinen kleinen Auftritt und seinen Abgang, den ich so schrecklich ernst nahm, erfüllt mich jetzt mit einer großen, wunderbaren Freude.

Was mich beständig überrascht und mir vielleicht mehr Mut

macht, als ich von mir aus entwickeln könnte, ist die Meinung, die andere von mir haben. Vergleiche meine »Bekenntnisse«, meine Selbstzensur, meine Zweifel etc. mit der Meinung derer, die mich kennen. Es scheint, daß ich eine Lüge nach der anderen erzähle. So etwas ist eine herrliche Gabe. Gestern abend wiederholte Enric unbewußt viele Dinge, die man mir direkt oder indirekt schon gesagt hat. Er muß sich gewundert haben, warum ich lächelte, als er mir sagte, daß ich weiblich sei – oder als er etwas über meine Augen sagte. Seine Äußerungen klangen wie Echos.

Das einzige, was mich an Enrics Worten verwirrte und beängstigte, war, daß ich sehr fröhlich wirke, doch daß meine Augen immer traurig seien. »Ich glaube, daß du immer nur versuchst, fröhlich zu sein.« Ich würde dir gerne all die Dinge erzählen, die er mir über sich selbst sagte, denn ich ließ *ihn* reden und genoß es, ihn zu beobachten – doch andererseits habe ich solche Angst davor, ein verzerrtes Bild von Enric zu zeichnen und eine Persönlichkeit zu verderben, die mit bloßen Worten nicht zu beschreiben ist. Darum beschränke ich dummerweise mein Tagebuch auf mich selbst – es kümmert mich nicht, wie verzerrt ich dir mein albernes Jungmädchendasein darstelle. Du kannst es immer wieder zurechtrücken, da du mich ja so gut kennst. Außerdem schreibe ich dich nur für den einen Tag, an dem du mit all meinen Reliquien, Briefen etc. in Flammen aufgehen wirst. Und nun eine weitere nuit blanche – mit ihren Alpträumen und ihrer Ruhelosigkeit. Kann es sein, daß mein Leben gerade erst begonnen hat?

11. Dezember

Mama kehrt gerade aus dem Dorf zurück, Thorvald und Joaquin spielen. Enric studiert oben in seinem Zimmer. Von unten höre ich die Vorbereitungen für das Abendessen (wir haben jetzt ein Mädchen), und ich sitze hier, um zu schreiben, und staune, warum ich mir so oft Sorgen mache über dieses Leben, das doch so einfach und harmlos erscheint.

13. Dezember

Ich frage mich oft, ob es in unserem Leben jemals zwei oder drei Tage gibt, die einander gleichen. Selbst der Sonntag ist umgewandelt. Gestern hatte Enric zwei seiner Freunde hier –

einen sechzehnjährigen Geiger, Joseph Lamkin, und einen achtzehnjährigen Pianisten, William Shaeffer. Und den ganzen Nachmittag hörten wir Musik und Lachen, wundervolle Musik und jungenhaftes Lachen, denn Thorvalds Freunde waren auch hier, Jimmie, Jerry und Edward. Belica (Tallet) kam für ein Weilchen. Zur Abendessenszeit kehrten Enrics Freunde nach New York zurück, und nur mit Mrs. Norman und Belica war es bedeutend ruhiger.

Nach dem Abendessen spielten und redeten Thorvald, Enric und ich miteinander. Dann ging Thorvald hinauf in sein Zimmer, und Enric und ich hatten ein kurzes, merkwürdiges Gespräch, so wie wir es jetzt öfter haben. Enric erzählte mir, daß er den jungen Pianisten mag, und fragte mich, was ich von ihm denke. Und ich sagte Enric, wie sehr er mir gefallen hatte wegen seines Talents, seiner freundlichen, sonnigen Art, seiner Liebe zu Büchern. Mit Lamkin, dem russischen Jungen, sprach ich wenig. Er war ein sehr gutaussehender, stiller Mensch mit einem Glitzern in den Augen, das mich verwirrte und das, wie mir später gesagt wurde, das einzige Merkmal seiner Persönlichkeit ist. Enric sagte, er sei ein großer Heuchler. So lerne ich, durch die Augen anderer, nie durch meine eigenen, in Menschen zu lesen. Wie seltsam es erscheint. Doch es ist sicherer, als völlig falsch zu urteilen, wie ich es ständig tue.

Ich bin am kommenden Freitag zu einem »Clubtreffen« eingeladen. Das heißt, daß ich ein Mitglied des Kew Gardens Clubs für junge Leute werden soll. Eine Hälfte von mir möchte dazugehören – die andere Hälfte schreckt vor dem Kontakt mit der »Torheit« zurück, doch letztlich habe ich die Wahl: Entweder ich gehöre dazu oder ich bleibe ohne Freunde.

Wenn ich in meinen alten Tagebüchern lese, finde ich, daß ich etwas zu impulsiv und ausführlich schreibe. Es ist fast komisch, wie ich die Musik der Worte liebe und unbewußt die einfachsten Gedanken in albern glänzende Aufmachungen kleide. Es ist nicht Unwahrheit oder Übertreibung – es ist einfach eine merkwürdige, unerklärliche Störung meiner Sehweise, die jede Kleinigkeit in Wert und Bedeutung verdoppelt, Trauer wie Glück, Freundschaften und Abneigungen. Deshalb ist der Gedankengang in meinem Tagebuch wild und phantastisch. Ich hoffe, daß ich das ausmerzen kann.

Enric sagte mir, er habe bis gestern nicht bemerkt, wie verändert ich sei. Er sagte mir, mein schwarzes Samtkleid (das Prinzessinnenkleid) sei das schönste Kleid, das er je gesehen hat. (Er weiß nicht, wie *alt* es ist.) Ich war nicht erstaunt über die »Umwandlung«. Wie gut ich mich an die schüchterne Person mit den dürren Beinen und dem bäuerlichen Aussehen von 158 W. 75th Straße erinnere! Doch was mich wieder verwirrte, war die Art, wie Enric es ausdrückte. Er sagt, *alles* an mir sei verändert – meine Art zu sprechen und Leute zu grüßen, die Leichtigkeit, mit der ich meinen gesellschaftlichen Verpflichtungen nachkomme. Doch er scheint es nicht zu bedauern. Ich glaube, er mag mich lieber, weil ich es an tausend kleinen Dingen merke. Er hält mir zu den Mahlzeiten meinen Stuhl frei, er will immer, daß ich beim Spielen gewinne, er ist empört, wenn Thorvald mich neckt, und er fragt mich immer nach meiner Meinung zu allen möglichen Dingen. Ich hätte mir das in Edgemere nie und nimmer vorstellen können, als ich damals seinen Namen in den Sand schrieb.

16. Dezember

Mein Anfall von Traurigkeit ist vorbei, und in den letzten Tagen ging es mir gut. Ich glaube, es ist die Weihnachtsatmosphäre, die mich verwandelt hat; den ganzen Tag treffe ich Vorbereitungen und denke nur an andere, und es macht mich sehr glücklich. Mama und ich sind zusammen beim Einkaufen gewesen – und wie sie mich verwöhnt hat! Ich habe drei neue Kleider bekommen. Eins davon ist für den Tanzabend am 22. bestimmt, ein anderes für das Clubtreffen morgen, das dritte hat Mama gekauft, weil sie schrecklich verschwenderisch ist, wenn meine Augen anfangen zu glänzen wie bei einem kleinen Mädchen. Als ich inmitten von tausend Spiegelbildern von mir selbst stand, konnte ich nur in die Hände klatschen und nach Luft schnappen und staunen. Macht es dir etwas aus, wenn ich dir von den Kleidern erzähle? Mein Tanzkleid ist korallenrot mit einem undefinierbaren Hauch von altmodischem Charme – und doch sehr einfach. Darin sehe ich aus wie … wie … ich weiß nicht. Das zweite sieht aus wie ich – ein dunkelblaues, anliegendes, sehr einfaches Kleid. Ich sehe darin aus wie eine Dichterin, wie eine Person mit einem sehr originellen Charakter. Das dritte verschmilzt mit der Farbe meines Haares und meiner Augen. Man kann fast nicht beschreiben, was für eine

Form es hat – man kann nur das Braun des Kleides und das Weiß von Hals, Händen und Gesicht unterscheiden. Doch genug des Leichtsinns. Heute wurde ich ganz allein zu Hause gelassen. Sogar Enric, der selten nach New York fährt, ist noch nicht wieder hier. Und so habe ich gesungen und mit mir selbst gesprochen, meine Kleider anprobiert und über all die Dinge nachgedacht, die mir passieren werden, wenn ich sie trage. Einmal war ich so vergnügt, daß ich laut auflachte. Einfach nur lachte – und dann – setzte ich mich hin und stopfte Strümpfe zur Strafe.

Jimmy hat plötzlich wieder großen Gefallen an mir gefunden. Aus diesem oder jenem Grund ruft er jeden Abend an und liegt mir mit Unsinn in den Ohren. Miguel schreibt mir wieder – einen wundervollen Brief, der mir zeigt, daß er mich so gut versteht, wie es ein Junge nur irgend kann. Und dann, wenn du nur hören könntest, was Enric mir sagt! Irgendwie habe ich durch dies und das in einen anderen kleinen Winkel der Welt geblickt und es sehr komisch gefunden. Am Weihnachtstag werden wir, glaube ich, alle versammelt sein, die Familien Sánchez, Chase und Culmell – und Eduardo. Jetzt scheint es so komisch und lustig, daß ich mich frage, ob eine Fee mich mit ihrem Zauberstab berührt hat.

Eines Abends fragte ich Mama, ob all die Dinge, die mir begegnen, auch ihr passiert sind, als sie in meinem Alter war.

»Aber sicher«, sagte Mama lachend. »Ich verliebte mich jede Woche in einen anderen.«

»Dann ist es also normal, daß man so dumm ist?« fragte Mademoiselle Linotte.

Mama lachte wieder und sagte: »Naturellement.«

18. Dezember

Es geht mir immer noch gut. Gestern abend war der Termin unseres denkwürdigen Eintritts in den Sans-Souci-Club – für Thorvald, Enric und mich. Es fand in Peggy Jones' Haus statt und begann mit einem geschäftlichen Treffen, gefolgt von Tanz. Enric war blasiert – er amüsierte sich nicht, und ich konnte das in seinen Augen lesen. Thorvald war genau das Gegenteil und lachte mit jedem wie ein Kind. Ich für meinen Teil wußte, daß es dumm war und daß ich wieder umkehren wollte, bevor ich überhaupt dort war, aber danach benahm ich mich hervorragend. Es gibt einen Glücksstern, der nun immer für mich scheint, wenn es ums Tanzen geht, und obwohl ich vorher und nachher ernst und sarkastisch werde, kann ich, solange ich tanze, nicht umhin, es zu genießen. Weißt du, die Jungen sind so unglaublich nett zu mir, immer und überall. Ich kann auch nicht einen Tanz lang auf meinem Platz bleiben.

Etwas sehr Merkwürdiges geschah, was mich glücklich machte. (Du darfst nicht vergessen, daß mir gewisse Komplimente – albern genug – gut tun wie der Sonnenschein!) Es gibt jetzt einen schrecklich unsinnigen Modetanz, der »Tottling« heißt. Gestern abend wurde ich ganz unerwartet zum ersten Mal in meinem Leben zu diesem Tanz aufgefordert. Ich konnte es mit Jimmy ganz gut, der sehr stark ist und mich einfach zwang, ihm genau zu folgen, doch mit den anderen Jungen machte ich Fehler, hauptsächlich, weil ich nicht mochte und mir dessen bewußt war. Mit einem Jungen, der mir erzählte, er habe den Tanz gerade gelernt, war es katastrophal. Ich war sicher, daß er es vermeiden würde, mit mir zu tanzen, ich schämte mich schrecklich. Stell dir meine Überraschung vor, als er, sooft er konnte, zu mir kam, ständig meine Tänzer ablöste, mir folgte, mir Kuchen und Punsch brachte. Mein Gott, wie geduldig er war, und statt etwas anderes zu tanzen, fuhr er fort mit »Tottling«, und ich hielt mich weiterhin fest und lachte und sagte immer wieder: »Oh, es tut mir leid.«

Könnte irgendeine Person mit philosophischen Neigungen der Versuchung widerstehen, die Heldin eines solchen Wunders zu sein, in dem sich ein junger Gentleman ständig auf den Zehen herumtreten läßt? Was war mit ihm geschehen? Gefiel ihm mein neues Kleid (das sogar Thorvald schön fand), nämlich dasjenige, das eng anliegt und »künstlerisch« aussieht? Ich wünschte, ich könnte Miguel davon erzählen, denn sein letzter Brief war voll von unguten Vorahnungen und Zweifel in bezug auf meine Anwesenheit bei seinem Klassen-Tanzabend. Er legt mir ausführlich beide Seiten der Angelegenheit dar, die leichtsinnige und die philosophische – und da er scheinbar die letztere ziemlich schwach findet, gibt er auf und bittet mich einfach, zu kommen. Er weiß nicht, daß ich in einem einfachen Tanz so etwas wie Psychologieprobleme entdeckt habe.

Oh, der Redakteur vom *Delineator* hat geantwortet: »Meine liebe Miß Nin, mir gefällt die Idee Ihrer Liebesbriefe sehr, doch ich denke, sie bedarf noch einiger Politur. Wollen Sie sie mir nicht noch einmal vorlegen? Herzlichst, Redakteur für Lyrik.« Das ist meine größte Schwäche: meine Gedanken in die angemessene Form zu bringen.

20. Dezember

Ein schöner Morgen mit dem Haus für mich allein, Federhalter, Tinte, einem Tagebuch und einem frohen Herzen. Vielleicht hat ein Traum, den ich hatte, diese seltene Stimmung höchster Zufriedenheit hervorgerufen. Vielleicht der Kalender, der mir die Daten zukünftiger Abenteuer zuflüstert. Vielleicht die Art, wie wir den Sonntag verbrachten. Vielleicht der geheimnisvolle Geist, der in den Schubladen voller kleiner Päckchen mit roten Schleifen umhergeht. Vielleicht der Weihnachtsbaum, der geliefert wurde, und jetzt auch die Stechpalmen. Oder vielleicht auch Mamas Abschiedskuß, der sehr lang war, und Joaquins, der sehr leidenschaftlich war. Ich kann es nicht sagen.

Gestern kam Willie Shaeffer wieder und ein anderer von Enrics Freunden, Mr. Figueroa. Wir hörten Musik und hatten eine Unterhaltung, die an Hexerei grenzte, so spontan war sie, so ehrlich, so voller Gefühl und Kunst. Nicht einen Moment lang fühlte ich mich fremd und fehl am Platz, außer, als plötzlich Komplimente auftauchten. Ich fühlte mich in meinem Element, als ich den wohlformulierten Meinungen lauschte, und ich hörte mich ruhig meine eigenen Ideen aussprechen, ja manchmal sogar die Unterhaltung lenken. Es war ein herrliches Gefühl, den Zauber jener Welt zu erfahren, die Mamas und Papas Welt ist und nun auch die meine. Ich spürte auch deutlich den Gegensatz zwischen der anderen Welt voll dummen Geredes und ohne Ideale – Jimmys Welt und Marys* und Mrs. Thayers (zum Beispiel) – und derjenigen, die vielleicht durch Vererbung die meine ist. Obwohl ich nichts von dem aufschreibe, was gesagt wurde, aus Furcht, es zu trüben und falsch darzustellen, werde ich alles, was ich hörte, nie vergessen – es dringt in die tiefsten Tiefen meines Schneckenhauses ein und bildet einen Teil meiner inneren Welt. Viele Dinge verwirren mich, und ich bleibe still, wenn ich sie gehört habe. Sie

---

* Das Dienstmädchen

haben eine oberflächliche Bedeutung. Als Mr. Figueroa fragte, was ich sei, antwortete Mama lachend »Amerikanerin«.
»Oh«, gab Mr. Figueroa zurück. »Una persona tan spirituelle no *puede* ser Americana.«*
Das ist die europäische Redensart – sie deutet auf den großen Abgrund, der zwischen den beiden Kontinenten existiert. Nicht nur der Ozean trennt sie voneinander, es ist der wesentliche Unterschied der Ideale, des geistigen Lebens. Europa ist die Geburtsstätte der Kunst im größten, weitesten Sinne, und für dieses Land hier kann man das gigantische Idol fast aufzeichnen: den Dollar.
Man lernt jeden Tag eine Menge, und die größte Lektion ist, daß man gar nichts oder sehr wenig allein lernen kann. Wenn ich mich selbst vergesse und in die bloße Existenz, *ohne* Selbstanalyse, eintauche, bin ich gesünder an Geist und Körper. Übrigens bemerke ich gelegentlich die egoistische Seite meines Benehmens. Wenn man seine Fehler kennt, hat man sie schon halb besiegt, sagt man. Was wird dieses Tagebuch sein, wenn ich vierzig Jahre älter bin – ein Wunder an Perfektion? Ich bezweifle es.

23. Dezember

Gestern um neun Uhr trafen Mama und ich Miguel im Hotel Commodore. Kurz zuvor hatte ich mich selbst in meinem neuen Kleid gesehen – wie hübsch es aussah. Ich hatte auch einen Fächer aus Federn, Tüll um die Schultern und eine kleine Tasche für mein Taschentuch, alles in türkisblau, was einen schönen und sehr französischen Kontrast ergab. Kurz vorher hatte mir Enric ein großes, schönes Set mit Parfüm, Duftkissen, Creme, Puder etc. in einer Djer Kiss Box geschenkt. Wundert es dich, daß ich ganz aufgeregt und froh war? Die Tanzveranstaltung begann spät in einem sehr hell erleuchteten, eindrucksvollen Saal; der Boden sah aus wie ein riesiger Spiegel, es tat mir leid, als ich ihn mit Miguel zusammen betrat. Ich bekam meine zweite Tanzkarte, die Miguel ausfüllte, der zögerte mich vorzustellen, bis es nicht mehr anders ging. Dann tanzte ich mit einem Puertoricaner und einigen von Miguels Klassenkameraden, während Mama zuschaute und lächelte. Als der Tanz gerade endete, sagte Mama, wir müßten gehen, wenn wir den letzten Zug nach Kew Gardens

---

* »Eine so geistreiche Person *kann* keine Amerikanerin sein.«

noch bekommen wollten. Und wir verabschiedeten uns rasch von Miguel, der zu seiner Schule zurückkehren mußte und heute wieder frei hat. Um zwei Uhr drehte ich mit einem merkwürdigen Seufzer mein Licht aus, denn die ganze Zeit, während ich mein Haar bürstete, hatte ich mich gefragt, wie es sein kann, daß ich mein Kleid so gern mag, meinen Fächer, meine kleine Tasche, die Musik, das hübsche Bild, das man beim Tanz in den Spiegeln sah, den Glanz des ganzen Abends, die Aufregung mit der kleinen Tanzkarte, einfach alles außer den »Jungen«.

Wenn ich nicht mit Miguel getanzt hätte, dessen Gesellschaft ich mag und wirklich genieße, hätte ich jetzt eine sehr düstere Beschreibung des gestrigen Tanzabends gegeben. Heute morgen wachte ich um zehn Uhr auf und fand unter meinem Frühstücksteller eine von Enric gekritzelte Notiz: »Hast du von Miguel geträumt?« Kannst du dir Mademoiselle Linotte inmitten von solchem Unsinn vorstellen? Ich glaube, ich sehne mich wieder nach völliger Einsamkeit. Seltsam genug, daß ich lache, während diese Dinge geschehen, und anschließend merke ich dann, daß ich sie nicht mag. Du würdest verstehen, wie ich mich fühle, wenn du sehen könntest, wie Enric sich benimmt und wie er spricht. Als ich schrieb, daß alle Torheit von mir abgefallen sei, hätte ich Enric nicht mit einschließen sollen, denn er hat zuviel von einem Spanier, um anders zu sein. Und doch habe ich mit dieser leichtsinnigen Phase gerade erst begonnen. Noch steht mir der Weihnachtstag, Peggys Tanzabend und der Tanz im Club bevor. Ich bin es müde, Zeit zu verschwenden. »Ohne Frauen wäre der Beginn unseres Lebens hilflos, die Mitte ohne Vergnügen und das Ende ohne Trost.« Jouy.*

26. Dezember

Oh Wunder dieses Weihnachtstages! Er begann sehr früh, um sieben Uhr, denn wir mußten zur Messe gehen. Etwa eine Stunde später waren wir alle um den Baum versammelt. Der Baum reichte bis zur Decke und war schwer von Lametta und Schnee und Kerzen – doch wer kann schon einen Weihnachtsbaum beschreiben? Der Tannenduft, das hoffnungsfrohe Geheimnis um die Päckchen darunter, der Zauber des Sterns an

---

* Victor de Jouy

der Spitze, die flackernden kleinen Kerzen. Wir sangen »Venite Adoremus«, und dann gingen Thorvald und Joaquin eilends an das Lüften der Geheimnisse. Am Weihnachtstag wie auch an jedem anderen Tag des Jahres dachte Mama nicht an sich, bis ich die Schachteln mit den Kleinigkeiten öffnete, die ich für sie gemacht hatte, und dann war sie sehr glücklich. Wir wurden alle sehr verwöhnt. Für mich gab es Parfüm, Taschen, Taschentücher, alles leichtsinnige Dinge. Trotzdem war ich nicht traurig, denn ich verdiente sie wahrscheinlich, und dennoch sehnte ich mich nach einem Buch. Die beiden Räume waren fröhlich, ordentlich und gemütlich hergerichtet – fröhlich wegen der Stechpalme, den Blumen der Jahreszeit und dem Mistelzweig. Die Lampen waren rot umhüllt. Im Eßzimmer war unser Tisch mit Mrs. Normans Tisch zusammengestellt und wunderschön mit Kerzen in der Mitte und großen Schalen mit Früchten gedeckt worden. In der Küche herrschte Aufruhr: Tia Anaïs' Mädchen half Monsita und dem neuen Dienstmädchen Petra. Irgendwie fanden Mama und ich die Zeit für unsere Toilette. Wir waren kaum angezogen, als Tia Juana erschien. Eine halbe Stunde später trat die Familie Sánchez ein – und Eduardo, dessen erster Blick Mademoiselle Linotte galt, ein Blick, daß ich von jenem Moment an alles vergaß, außer daß er mich mochte und ich ihn mochte. Dann folgte Gelächter und Tanz. Das Weihnachtsessen dauerte lange. Ich hatte alle Mamas und Tia Juanas Weisungen entsprechend plaziert, alle bis auf Eduardo, der neben mir sitzen sollte – das lehnte ich ab und setzte ihn weit weg, so daß ich ihn sehen konnte und doch nicht durch seine Nähe verwirrt wurde. Vor dem Essen tauschten wir unsere kleinen Geschenke aus. Eduardo gab mir ein kleines Bild mit gedruckten Versen, die begannen mit »Ich dachte an dich«, und er hatte auf das Päckchen geschrieben »Para Cuisine de un admirador«.* Es war alles sehr töricht, sehr aufregend, sehr bezaubernd, sehr jungenhaft, und doch paßte es sehr gut zu meiner glücklichen Stimmung. Nach dem Essen sollte ich *Love Letters* (von mir selbst) lesen, und dann standen wir alle auf, fielen wieder ins Wohnzimmer ein und tanzten. Thorvald Sánchez** und Rita Allie waren viel zusammen. Ihr Reiz, ihre

---

* »Für Cuisine, von einem Bewunderer«
** Ein Vetter, der auch »Billin« genannt wurde

Schönheit sind nicht mit Worten zu beschreiben. Sie erinnert mich an das Lilienmädchen, das sich in alter Zeit vor Liebe zu einem großen Krieger verzehrte, nicht an ein modernes Mädchen, das in der heutigen Welt atmen kann.

Eduardo und ich schienen jene Tage der Harmonie noch einmal zu erleben, nur daß ich nun fühlte, wieviel älter ich in jeder Hinsicht war und bemerkte, daß unsere märchenhafte Freundschaft, auch wenn sie sehr schön war, trotzdem sehr zerbrechlich und sehr sturmgeschüttelt war. Später tauchten Jimmy und Jerry auf und trennten uns. Jimmy und ich schockierten Tia Anaïs und Cuca mit den neuen Tänzen. Es war sehr lustig. Ich dachte dabei, daß ich zwar altmodisch bin, aber doch auf eine gemäßigte Art und Weise. Später kamen Mr. Figueroa und Willy Shaeffer, und dann gab es ein Konzert, und die Runde wurde durch die Ankunft von Elsie de Sola, ihren Brüdern und Cousins noch erweitert. Eduardo saß neben mir. Ihre Fröhlichkeit wurde ab und zu gedämpft von den Wogen des Gefühls, die von Enrics Geige und Figueroas schöner Stimme oder Shaeffers Talent am Klavier ausgingen. Ana Maria fragte ihre Mutter, ob Figueroa Caruso sei! Nach einem seiner größten Erfolge setzte sich Mr. Figueroa in meine unmittelbare Nähe, und da er bemerkte, daß ich mich sozusagen in die Ecke gesetzt hatte, machte er ein graziöses, galantes und zauberhaftes Kompliment über »den Duft des Veilchens und seine Bescheidenheit«. Und Eduardo sah mich an! Nichts anderes! *Sah* mich nur *an*! Oh, es schien, als hätte ich das alles in einem Buch gelesen! Ich konnte kaum fassen, daß all diese wundervollen kleinen Abenteuer mir geschahen. Sehr spät erst gingen die Sánchez' nach Hause. Eduardo sagte mir, er habe mir eine Weihnachtskarte mit einer wichtigen Nachricht geschickt und bat mich, es ihn wissen zu lassen, wenn ich sie erhielte. Die de Solas verabschiedeten sich etwas später, und dann servierten wir den restlichen Gästen ein Zigeuneressen, hörten noch mehr Musik, unterhielten uns, machten Komplimente, lachten und trennten uns. Es war Mitternacht. Tia Juana schlief bei mir in meinem Zimmer.

Irgendwie fanden wir die Kraft, die Messe zu besuchen. Der Weihnachtstag war herrlich, kalt und eisig, ohne Schnee.

28. Dezember

Gestern lud mich Tia Anaïs in die Oper ein. Mein erster Gedanke war wie immer, davor zurückzuschrecken, doch dann wurde mir gesagt, es gebe Maeterlincks *Blauen Vogel,* und es war Eduardos Stimme, die mich bat, so daß ich zögernd einwilligte. Ich aß mit ihnen zu Mittag; sie waren alle versammelt, bis auf Cuca, die sich nicht wohl fühlte. In der Oper saß Eduardo neben mir, und wir führten zwischen den Akten lange Gespräche, seltsame, halbausgesprochene Gedanken wurden ausgetauscht, die ihn, wie ich wußte, verwirrten, denn ich machte ihn glauben, ich hätte wenig über sein Schweigen nachgedacht und es ganz natürlichen und literarischen Gründen zugeschrieben. Das Merkwürdigste überhaupt war, daß er mir erlaubte, sein Tagebuch zu lesen, und ich stieß auf die Beschreibung eines Wunsch-Spiels, das wir einmal mit Karten gespielt hatten. Sein Wunsch war gewesen, ich solle ihn »lieben«! Ich fragte ihn mit erstaunten Augen, ob er wisse, was er mir gerade zu lesen gegeben habe.

Graziella und Anaïs waren dabei, und ich verstand nicht, was er sagte, außer einem vagen »Ya todo eso pasó«* und einem linkischen Lächeln. Ich fragte mich, ob all dies wirklich mir geschah. Es sprach beinah meinen Sinn für Humor an, doch dieser letztere Charakterzug ist bei mir immer schwer ansprechbar. Darum regte sich durch die Ereignisse des Tages nur mein Sinn für Tragik, und all meine Lebensgeister schwanden, wie die des blauen Vogels, dessen Tod so beklagt wurde.

Über all diesem Unsinn vergesse ich, vom *Blauen Vogel* zu sprechen. Die Musik bewegte mich an einigen Stellen. Ich hatte das Buch gelesen und bemerkte die Schönheit des Bühnenbildes und der Stimmen, doch meine Gedanken wanderten, niemand weiß wohin. In diesem Zustand kam ich nach Hause und fand dort Miguel vor, der am Weihnachtstag in der Schule krank geworden war. Schweren Herzens bereitete ich mich auf Peggys Tanzabend vor. Jimmy, Jerry und Edward, Miguel, Enric und Thorvald bildeten meine Eskorte.

Der Tanzabend war einfach nur ein Tanzabend. Gestern abend gefiel mir Edward nur deshalb, weil er so still, freundlich und

---

* »Das ist alles vorbei«

beruhigend war. Bei der Damenwahl wählte ich ihn, zu Miguels großer Überraschung und Enrics Mißvergnügen, doch es war so nett, mit einem etwas altmodischen Jungen zu tanzen, der jedesmal rot wird, wenn er mich ansieht. Einige Male flüchtete ich beinah durch die offene Tür, doch es lag schon der erste Schnee, und ich dachte, es würde mir nur noch kälter werden. Um ein Uhr schlief ich ein – zwei heiße Tränen hingen an meinen Wimpern. Ich war es müde zu tanzen, ich war es müde zu lachen, mit Jungen zusammenzusein, ein hektisches Leben zu führen. Ich wollte ein Buch und eine Trauerweide und eine Insel mit dir.

Die Jungen, die unten tanzen und singen, haben ein paarmal nach mir gerufen. Sie wissen nicht, daß ich jetzt meine Kritzeleien mache, um mir ein bißchen Mut zu machen. Ich bekam Weihnachtskarten von Freunden. Keine Karte von Eduardo. Und jetzt verschwindet die Sonne hinter einer dicken Wolke. Wenn sie weg ist, habe ich kein Licht mehr, denn in meinem Innern ist alles dunkel und still, und doch brüte ich neben der Ruhe meiner trügerischen Gefühle Probleme aus. Liebes Tagebuch, was täte ich ohne dich! Wenn ich an die Art denke, in der Eduardo seines füllt, wird mir klar, warum so viele Tagebücher große Fehlschläge sind. Nicht mit sich selbst, sondern mit seiner Umgebung und den äußerlichen Geschehnissen füllt er Seite um Seite. Ich dagegen finde es beruhigend, hier Geständnisse zu machen. Mich tröstet es, wenn ich mir selbst Vorwürfe mache oder mir zustimme. Was werde ich wohl morgen über diese Abschweifungen denken?

29. Dezember

Eine Feuerstelle ohne Feuer übt einen fast ebensogroßen Zauber aus, wie wenn sie mit knisternden Holzscheiten gefüllt ist. Es liegt an den Erinnerungen, die mit dem stillen, düsteren Platz verbunden sind. So verhält es sich auch mit Menschen, jenen, deren Jugend und Glanz vorbei sind, und die wegen der Erinnerungen in ihren erloschenen Augen immer noch Charme besitzen. Darum habe ich von allen gemütlichen Ecken des Hauses jetzt die am Kamin gewählt, von der es heißt, sie gehöre den alten Frauen – ich füge hinzu, daß sie auch den Dichtern gehört.

Die Erinnerungen, die mir in den Sinn kommen, sind erst einige Stunden alt; vorhin saßen nämlich Miguel, Enric und ich um die wohlige Wärme herum und redeten. Es war Enric, glaube ich, der auf die Idee kam, wir sollten uns gegenseitig unsere Meinung übereinander sagen und versprechen, dabei die Wahrheit zu sagen. Es begann sehr fröhlich und endete in bedrückendem Schweigen: Enrics Ausdruck verdüsterte sich unerwartet, und die Bitterkeit in seinem Gesicht war nicht ganz zu verbergen – weit mehr, als ich verstehen konnte. Miguel drückte es aus, indem er sagte: »Enric ist tragisch geworden.« Ich fürchte, ich werde dieses merkwürdige Experiment in Zukunft vermeiden. Trotzdem machte es mich glücklich, und auch Miguel war froh. Er sollte als erster anfangen, und er sprach von mir, bis ich ihn unterbrach und sagte: »Was für eine Heuchlerin ich bin!«

Er mußte darüber lachen. Dann sagte ich ihm viele Dinge, darunter, daß er im besten Sinne des Wortes ein »Gentleman« sei. Das meinte ich wirklich, und er bemerkte es und war dankbar. Dann sprach Enric über mich – auf seine übliche Weise, und ich war sehr verlegen. Dann war ich an der Reihe und sollte meine Meinung zu Enric abgeben. Er sah mich so ernsthaft an, daß ich meine Gelassenheit verlor und lauter Unsinn redete; Miguel half mir aus dieser Situation heraus, bis ich dann sagte, was ich nicht zu denken wagte: daß ich Enrics Persönlichkeit nicht verstehe. Von Anfang an, als Miguel mich beurteilte, hatte Enrics Gesicht den ärgerlichen Ausdruck, den ich so gut kenne. Wenige Minuten zuvor hatte er etwas sehr Merkwürdiges gesagt: Es gebe Tage, an denen er mich haßt. Gerade als er das sagte, bemerkte ich, daß eine Veränderung in ihm stattgefunden hatte, und ich wußte auch, wann. Ich fragte ihn, ob er mich am Weihnachtsabend gehaßt habe, und er sagte ja. Später fragte er mich etwas, das seine Aussage erklärt, warum ich *alle* Jungen so nett behandle, alle gleichermaßen nett? Warum ich mir meine Freunde nicht sorgfältiger aussuche? Er möge Eduardo nicht! Und dann schien mir alles so schrecklich, so ungeheuer albern, daß ich lachte, auf Mamas glucksende Art und Weise; dann schaute ich auf und sah, wie Enric die Stirn runzelte und Miguel teils überrascht, teils amüsiert schaute.

Natürlich habe ich all diese Seiten nicht verschwendet, ohne zu wissen, daß ich sie verschwende. Aber ich möchte über diese schrecklich unsinnigen Ereignisse schreiben, um später über sie lachen zu können, und weil sie jetzt ein Teil meines Lebens sind. Du siehst, aller Ärger ergibt sich aus der seltsamen Tatsache, daß Miguel und ich gute Freunde sind, auch Enric und ich sind gute Freunde, Miguel und Enric vielleicht auch; jedes »Duo« ist vom anderen getrennt, und zusammen geraten wir uns in die Haare. Ich habe tödliche Furcht vor einer neuen »Konferenz«.

31. Dezember

Gestern sahen Jack und ich *Mary*, eine süße, nette Musikkomödie; danach haben wir im (Hotel) McAlpin ein Eis gegessen, und ich kam heim, ohne eine Spur aufgeregt zu sein. Du siehst, dies ist eine neue Entwicklung im Prozeß meiner Zivilisierung. Der ganze Morgen war einem stürmischen Hausputz gewidmet, zum Teil aus Gesundheitsgründen, zum Teil, weil wir zu Ehren des neuen Jahres fröhlich sein wollen. Während ich es auf mich nahm, zu polieren, bis ich mein Spiegelbild auf den Möbeln sehen konnte, dachte ich an gestern morgen. Zuerst brachte der liebe alte Briefträger mir Eduardos Weihnachtskarte, auf der stand: »Von Deinem vergeßlichen Cousin, der Dir bald schreiben wird wie in alten Zeiten (vielleicht hat meine Vergeßlichkeit ja einen Grund, der es wert ist, erzählt zu werden!).« Und später kam Eduardo selbst. Ich mußte mich mit meinen Vormittagsvorbereitungen beeilen, weil ich durch die Unterhaltung die Zeit vergaß. Dann hatten wir ein fröhliches Mittagessen. Eduardo begleitete mich zum Bahnhof, während Thorvald und Enric uns mit Schneebällen attackierten. Ich fragte meinen »vergeßlichen Cousin«, warum er nicht geschrieben habe, und er antwortete, daß das schwierig zu erklären sei, daß er es mir vielleicht schreiben werde. Dann sprachen wir von leichteren Dingen und lachten, bis der Zug kam und mich forttrug zu Jack.

In jener Nacht schlief ich ein mit wirren Gedanken über die verschiedenartigen Persönlichkeiten, die in den Frieden meines Schneckenhauslebens eindringen. Eduardo am Morgen, Jack den ganzen Nachmittag, Miguel und Enric den ganzen Abend. Miguel verändert sich ein wenig (indem er Enric beobachtet, der sehr galant ist, wenn er glücklich ist), und er wird sich meiner Gegenwart wundervoll bewußt. Ich entdecke Enric immer mehr, doch jetzt stören mich diese Entdeckungen.

Seine Stimmungen sind sehr wechselhaft, manchmal ist er launischer als jeder andere Mensch, den ich kenne. Bei solchen Gelegenheiten bin ich es, mit der er nicht spricht. Er vermeidet es, mich anzusehen, und seine Mundwinkel verziehen sich zu einem bitteren kleinen Lächeln, das mir sehr wehtut, weil ich jetzt erkenne, wie sehr er gelitten haben muß, um mit seinen eigenen Gedanken und Erinnerungen so unglücklich zu sein. Wenn wir Gesellschaftsspiele spielen, möchte Miguel immer, daß ich gewinne; Enric ignoriert mich völlig, außer wenn ich ab und zu eine Frage stelle, die er mit übertriebener Höflichkeit beantwortet. Es tut mir sehr leid für ihn, und ich wünschte, ich könnte ihm helfen. Doch seine überaus große Empfindlichkeit auf der einen Seite und meine Ungeschicklichkeit und Angst vor Mißverständnissen auf der anderen bilden ein großes Hindernis zwischen uns. Wie sehr er mich heute hassen muß! Ich sehne mich so sehr danach, zu lesen, zu schreiben und wieder zu träumen, daß ich mit einem Hauch von Traurigkeit an die Vergnügungen denke, die heute abend stattfinden werden. Mama macht Einkäufe mit Joaquin. Miguel schreibt Briefe. Enric ist in New York. Und während es im Haus ganz ruhig ist, schreibe ich also über mein verwandeltes Leben – das äußere Leben, das mich so fernhält von den Dingen, die ich am meisten liebe. Ich denke mit Neugierde über die Zukunft nach, so wie man es normalerweise immer tut, wenn das alte Jahr zu Ende geht. Ich denke auch nach über die Vergangenheit und finde, daß die Zeit – so mächtig sie auch sein mag in den Veränderungen, die sie bringt – doch noch nicht das Größte verändert hat, das Mademoiselle Linotte in ihrem Herzen trägt. Jahr für Jahr trage ich meine Abenteuer in der Welt der Männer und Frauen und meine Sehnsüchte nach den anderen Dingen in mein Tagebuch ein. Ich werde älter, vielleicht zivilisierter, weniger schüchtern, hübscher (wer weiß), doch mein Herz ist den Träumen meiner Mädchenjahre treu.

1921

1. Januar

»Das Leben besteht nicht nur aus Theaterstücken und Gedichten« (G. B. Shaw). »Talent ist das, was in der Macht eines Menschen steht – Genie ist das, was Macht über den Menschen hat« (Lowell). Ein glückliches neues Jahr, mein kleines Tagebuch! Du brauchst mir das nicht zu wünschen, da ich sicher bin, es zu einem glücklichen zu machen, trotz allem, was geschehen kann. Denn ich habe so lange nachgedacht, bis dieser merkwürdige Entschluß in meinem Kopf und meinem Herzen feststand. Mit Glück meine ich natürlich die innere Ruhe in meinem Schneckenhaus und dadurch die Verbannung aller äußeren, oberflächlichen Sorgen. Dieser philosophische Gemütszustand begann, als die Feier zum neuen Jahr sich als ein großer Fehlschlag erwies; und während wir Hände schüttelten, Punsch tranken und Sandwiches aßen, als die Uhr zwölf schlug, fühlte ich sehr stark den großen Gegensatz zwischen meinen beiden Welten. Das war mein erster Gedanke in diesem Jahr, eine seltsame Überschrift vielleicht für die Geschichte, die folgen wird.

2. Januar

Gestern morgen besuchten wir die Messe. Am Nachmittag gingen wir ins Theater von Richmond Hill. Abends lehnte ich eine Einladung zu einer »Réunion« ab, entgegen Mamas Ratschlag, Enrics Bitten und einer bezaubernden, galanten, wunderschönen telephonischen Anfrage von Eduardo Figueroa. Warum? Einfach, weil ich zu Hause sein wollte, weil ich den Schutz meines Nestes und seinen melancholischen Zauber genießen wollte; einfach, weil ich in dieser Nacht keine Musik, keinen Tanz, kein Gelächter und keine Komplimente haben wollte – nur deshalb, aus keinem anderen Grund. Es war nicht sehr vernünftig, es war nur einer von Mademoiselle Linottes Einfällen, die oft über mein eigenes Verständnis hinausgehen. Jetzt spielt Enric unten gerade Geige, und Willy Shaeffer begleitet ihn am Klavier; Woge um Woge erreicht mich der Klang. Ich fürchte, ich habe heute zuviel Musik gehört, denn Mama nahm Joaquin und mich zu einem Konzert der Philhar-

monic Society mit. Es dirigierte Joseph Stransky. Enric saß an
meiner Seite, und ich war entzückt von seiner Begeisterung für
Manén, der der »assistierende Künstler« war. Jetzt erst wird
mir klar, wie verwirrt ich war und wie traurig infolgedessen. Es
gibt gewisse Träume, die durch Musik wieder geweckt werden
– das kann ich nicht beschreiben –, und doch höre ich jetzt,
wenn ich seiner Geige lausche, Enrics Herz. Ich sitze hier, um
von einem seiner Geheimnisse zu träumen, das ich dir sehr
wohl beschreiben kann. Enric liebt mich. Ich wurde mir dessen
sehr langsam bewußt, nachdem ich vergeblich versucht hatte,
über all seine Worte zu lachen. Wenn er jetzt gewisse Dinge
sagt, sind seine Augen so ehrlich, die Bedeutung so einfach,
daß ich nur zuhören und staunen kann. Ich habe dies heute
abend geschrieben, denn bevor ich hinauf in mein Nest kam,
sagte Enric mir, er werde *für mich* spielen. Oh, wie oft tut er
das jetzt, und heute abend schreibe ich: Enric liebt mich! – als
ob die Worte für diese Zaubermusik geschrieben worden wären. Es ist gut, am Leben zu sein, das zu fühlen, was man gelesen hat, *Leben* zu spüren, *Liebe* zu spüren, *Jugend* zu spüren.
Sich einfach, so wie ich heute abend, durch Stürme und Abenteuer fortgefegt aus dieser Welt zu fühlen. Nein, ich kann nicht
so schreiben wie ich schreiben will. Ich schäme mich wegen der
Grenzen meiner Feder.

3. Januar

Erinnerst du dich, wann ich *Scènes de la vie de Bohème* las?
Nun, stell dir vor, ich kenne jemanden, der mich an eine der
wundervollen Figuren erinnert – war es Colline? Nein, ich habe den Namen desjenigen vergessen, der immer Bücher in seinen Taschen mit sich trug. 1921 macht das jemand, den ich
kenne, genauso. Oh Willy Shaeffer, du hast mich ein einziges
Mal glauben lassen, daß die Welt der Bücher der Welt der Männer gleicht. Als ich diese Entdeckung machte, klatschte ich in
die Hände und stellte Fragen um Fragen. Meine literarische
Freude war vollkommen, als ich bemerkte, daß ich sie mit Miguel teilte, der meine Verrücktheit verstand und sie zu mögen
schien.
Eduardo kehrt in einigen Tagen zu seiner Schule zurück – nein,
morgen glaube ich, und ich muß mein seltsames Ich jedesmal
streng unterdrücken, wenn ich merke, daß ich von allen Jun-

gen, die ich kenne, immer noch Eduardo am liebsten mag. Unbewußt habe ich diese Vorliebe verraten, die ebenso unvernünftig wie unheilbar ist, und Enric hat mir ein Lied komponiert, dessen Text so lautet: »Me gustan todos, me gustan todos; Pero hay un rubio que me gusta más!«* Ich habe beschlossen, dies als Bestrafung niederzuschreiben. Glaubst du, es ist
eine einfache Aufgabe, Dinge zu schreiben, die mir das Blut ins
Gesicht steigen lassen?
Willy Shaeffer hat ein Tagebuch begonnen, ohne von meinem
etwas zu wissen. Aus irgendeinem Grund gibt es immer Tausende von Dingen, über die wir reden. Ich wünschte, ich könnte
Willy in ein Buch stecken. Er ist an der Lower East Side geboren,
der ärmsten Gegend der Stadt, als Sohn russischer Eltern. An
seiner Sprache kann man manchmal erkennen, wo er geboren
wurde und wo er wahrscheinlich die besten Jahre seiner Kindheit verbrachte. Was unterschied ihn von seiner Umgebung?
»Talent«, der große »Teiler«. Heute ist er Manéns vollendeter
Begleiter. Er hat ein wundervolles Lachen, eines jener Lachen,
die aus dem Herzen und aus dem Kopf kommen, durch die Augen schauen und den ganzen Ausdruck verwandeln; und außerdem hat er einen jungenhaften Humor. Er ist erst achtzehn! Es
ist schwierig, sich Willy über philosophische und poetische
Werke gebeugt vorzustellen – und doch geschieht es zuweilen.
Seine Konversation ist, obwohl sie mit Freude und Humor
durchsetzt ist, reich an Wissen über die Klassiker, an Verständnis, an durchdachten Vorstellungen und Idealen, doch das alles
schaut immer nur kurz hinter seiner ewigen Fröhlichkeit hervor, und er spielt Versteck mit meiner Manie, zu beobachten
und zu entdecken. Aber ich habe entdeckt, daß er Bücher in seinen Taschen herumträgt. Obwohl ich lange um eine Beschreibung von Willy Shaeffer gekreist bin, beweist das alles, daß ich
doch zu meinem Ausgangspunkt zurückgelangt bin: Er trägt
Bücher mit sich herum wie einer von Murgers Helden!
Ich bin in der richtigen Stimmung, um zu schreiben. Es scheint

---

* »Ich mag sie alle, ich mag sie alle, doch es gibt einen Blonden, den ich sogar
 noch mehr mag.« (Es handelt sich um ein bekanntes Lied, aber Enric hat
 den Genus von »sie alle« [spanisch weiblich] verändert und »Blonde« aus
 dem weiblichen in die männliche Form umgewandelt.)

plötzlich, als sei ich mit meiner Persönlichkeit unzufrieden geworden und wendete mich deshalb denen zu, die um mich sind. Doch es gibt niemanden sonst, den ich auf diesen Seiten festhalten könnte, denn sie tragen keine Bücher in ihren Taschen, nur Murmeln, Liebesbriefe, Schnüre und Pfeifen.

4. Januar

Ich bin glücklich, daß der letzte Abend vorüber ist. Eine ganze Nacht mit ununterbrochenem Schlaf und unvollendeten Träumen liegt zwischen ihm und diesem schönen Wintermorgen, der an Frühling erinnert, und ich kann mit einem Lächeln zurückblicken. Es war ein hübscher Tanzabend. Um neun Uhr kamen Thorvald, Enric, Miguel und ich im Kew Gardens Club an, nachdem wir Peggy angerufen hatten, und wir kehrten um halb zwei nach Hause zurück. Ich bekam meine dritte Tanzkarte und tanzte jeden Tanz. Ich bin sicher, daß auch Miguel und Enric sich amüsierten – es gab dort so viele hübsche, lebhafte Mädchen. Ich liebe es, sie zu beobachten; sie sind so leicht wie Schmetterlinge, mit blitzenden Augen und einem frohen Lachen, das mich mit seltsamer Sehnsucht erfüllt. Mädchen sind so wunderbar, und in diesem Alter sind sie fürs Tanzen scheinbar am besten geschaffen. Gestern abend verriet gerade meine Lust am Beobachten meine große Einsamkeit, eine grundlose Einsamkeit, denn Enric folgte mit Blicken all meinen Bewegungen und stand immer bereit, mich um einen Tanz zu bitten. Miguel wollte auch mit mir tanzen, und wir haben immer angenehme, kurze Gespräche, weil wir die Stimmungen des anderen verstehen. Um uns zu unterhalten, gingen wir einmal nach unten, und als wir die Musik zu einem Tanz hörten, kehrten wir zurück und fanden Enric mit einem merkwürdigen Ausdruck in den Augen, den Miguel verstand. Ich war glücklich, als sich die Musiker verbeugten und ihre Zelte abbrachen! Ich flüchtete beinahe nach unten, um meinen Mantel zu holen und klatschte in die Hände, als wir in den Ballsaal der Schatten traten. (Ich meine die Nacht.) Ich schlug meinen weichen Pelzkragen hoch, versenkte meine Hände in den Taschen, schauderte ein wenig und trippelte lachend heimwärts.

5. Januar

Miguel verließ uns heute. Wenn ich auf diese vergangenen Ferientage zurückblicke, stelle ich fest, daß seine Gegenwart ihnen viel Reiz verliehen hat. Miguel ist wie ein unbeschreiblich angenehmer Einfluß, den man sehr vermißt, wenn er fehlt. Der letzte Abend war der schönste von allen, als nämlich Enric, Miguel und ich ins Dorf gingen, eigentlich nur, um an dem kalten, frostklirrenden Abend spazierenzugehen und uns zu unterhalten. Enric war in einer Stimmung, die mich oft an Murgers Buch erinnerte, und Miguel und ich, obschon weit weniger erfahren im Leben der Boheme, fühlten gerade genug von diesem ansteckenden Geist, um das perfekte Trio zu bilden, und so verwandelten wir in einer Weise, die Rationalisten tief erstaunen würde, einen Spaziergang in ein Kapitel eines exotischen Abenteuers. Die wichtigste Tatsache war, daß Enric keinen Pfennig Geld besaß und den Tag ohne Mittagessen hinter sich gebracht hatte. Dann erzählte er uns, wie oft er hungrig gewesen war und seine Taschen leer gefunden hatte. Die Erkenntnis, daß eine Geschichte, die es nur in Büchern zu geben schien, Wirklichkeit war – und daß ein Künstler, ein Bohemien, eine jener Personen, auf deren Verrücktheit, Exzentrik, Schwächen sich all jene stürzen, die mit der Feder umgehen können, unter uns weilte, ließ uns staunen. Auf diese Weise hatte der Abend begonnen, und natürlich folgten sagenhafte Höhenflüge unserer Phantasie. Beobachtet von Mond, Sternen und majestätischen Bäumen, hier und da ein kleines Licht, das durch die halbgeschlossenen Läden eines Hauses drang, gingen wir also und redeten wie sprudelnde Fontänen von – Unsinn. Nur kurze Zeit zuvor hatte Enric aufgehört, Geige zu üben; er schrieb eine Botschaft auf ein Stück Papier, das er an eine Schnur band und vor meinem Fenster schwang. Er wollte wissen, ob ich ihn liebe, und ich antwortete zum tausendsten Mal »Ich mag dich«. Beim Schreiben entdecke ich, daß er gerade heruntergekommen ist und jetzt nur einige Meter von mir entfernt mit Mama spricht. Es ist so aufregend, einfach alles zu schreiben, was mir Spaß macht, so nah bei meinem Opfer und doch ohne sein Wissen.

6. Januar

»In der größten menschlichen Einsamkeit fühle ich die süßeste Form von Gesellschaft.« So ging ich heute ins Dorf mit einem kleinen Stück Papier (einer Liste prosaischer Besorgungen), und ich kehrte zurück wie verwandelt durch tausend Dinge, die ich auf meinem Weg gehört und gesehen hatte – die lange, stille von Bäumen gesäumte Landstraße und die gemütlichen Häuser, die so zufrieden und ruhig inmitten ihrer Gärten zu liegen scheinen, als würden sie schlafen. Ich war versucht, auf Zehenspitzen zu schleichen, als ich an ihnen vorbeiging und die Sonne ihre Dächer so freundlich streichelte. Ich machte eine Pause, um all den kleinen Geräuschen zu lauschen, die ich hörte. Ich genoß auch den Geruch der Dinge, die mich umgaben und die sogar im Winter einen ihnen eigenen, undefinierbaren Duft verströmen, etwas Namenloses, Liebliches, das mich anhalten ließ, um zu staunen und zu lächeln. Es war ungefähr halb fünf, als ich zum letzten Mal zurückschaute, bevor ich das Haus betrat. Die Sonne versank gerade hinter den Wäldern: ein feuriger Kupferball. Ich legte meine Hand auf die Brust und lauschte all den Gedanken, die in mir waren und fühlte, wie mein Herz weit wurde angesichts dieser Schönheit, angesichts der Zauberkraft dieses herrlichen Bildes.

7. Januar

Wieder einmal sehe ich die Welt von einem Kopfkissenberg aus – den Füllfederhalter in der Hand und ein wenig gedemütigt – wegen der Gewöhnlichkeit meiner Krankheit. Ich fühle mich wie eine überflüssige Person, die es gerade versäumt hat, interessant zu sein und die außerdem kurz davor steht, eine öffentliche Gefahr zu werden – denn ich habe eine Erkältung.

Ich habe eine Pause gemacht, um Enrics Geige zu lauschen. Für mich ist er »Le violoniste sous les toits«*, und so mag ich ihn am liebsten. Meine Stimmung ist heute wie ein Blatt. Plötzlich hat sie vom Spott zu Nachdenklichkeit und Traurigkeit gewechselt. Und dort bleibt sie, bis der Wind sie aufhebt, mit ihr spielt und sie aufs neue verändert, zu Boden fallen läßt. Es kommt daher, daß ich darüber nachdachte, wie sehr mein Zimmer doch ein Spiegel meiner Persönlichkeit ist. Mutter ist die Königin, ihr Porträt habe ich über meine Bücher gehängt; dann sind da meine Lieblingsbücher – zur Hälfte Bücher zum Stu-

---

* »Der Geiger unter den Dächern«, eine Anspielung auf das Büchlein *Un Philosophe sous les Toits, Ein Philosoph unter den Dächern*

dium, zum Nachdenken und Meditieren. Um die anderen habe ich jene Träume herumgesponnen, die ich Leben nenne. Dann gibt es eine Pflanze mit einer halboffenen Blüte, eine weiße, zarte Traumblume, der ich all die Liebe gebe, die ich für die Wälder und Felder empfinde. Und schließlich der Papierkorb, in den alle meine literarischen Versuche wandern, als Symbol meiner Mühen und meiner Fehlschläge. Ich dachte nie, daß ein Papierkorb so voller Bedeutung sein könnte, so menschlich in den Vorwürfen, die aus seinem Gebrauch als Möbelstück hervorgehen! Und hier beende ich meine betrübliche Aufzählung mit einem Lächeln. Ich bin verzaubert von einem plötzlichen Besuch des Sonnenscheins; er verändert mein ganzes Nest; er liegt ganz unten in meinem Papierkorb und meinem Herzen. Er läßt mein Spiegelbild sehr merkwürdig erscheinen. Mein Haar ist golden und rot. Wie schön und blau mein Kimono ist! Warum war ich traurig? Ich habe es vergessen. Mein Vogel singt, meine Blume scheint so glücklich zu sein, sie spricht gewissermaßen mit dem Sonnenschein. Sie ist die erste von sechs Blumenstöcken, die ich eines Tages aus der Stadt mitbrachte. Ich werde sie Hoffnung nennen – weil sie so groß und gerade und stark ist – stark wie nur Blumen und Frauen sein können, und das ist die größte aller Stärken!

Den ganzen Tag hatte ich unvorstellbare Kopfschmerzen. Schließlich ließ der Schmerz nach, und ich lag ganz still, beobachtete, wie die Schatten länger wurden und staunte, ohne zu wissen warum, wie ich es zur Zeit oft tue. Es ist wirklich so: Die meisten meiner Fragen kann ich niemals ausdrücken. Sie sind einfach in meinem Herzen und bewegen und verändern sich darin, bis meine Ruhelosigkeit Erlösung in Tränen oder manchmal im Glück findet, wie ich es zum Beispiel bei meinen Spaziergängen durch die Wälder erfahre, doch niemals unter Menschen.

9. Januar

Trotz Husten und einem schrecklichen Verlangen, ganz ruhig im Bett liegenzubleiben – denn ich fühlte mich schwach und seltsam –, ging ich gestern mit Mama in die Stadt, um mich von Tia Anaïs und all meinen kleinen Cousins zu verabschieden. Ich hatte sie kaum gesehen und im übrigen liebe ich sie ja, auch wenn sie mich alle manchmal verletzen: Ich kam nach Hause mit einer schönen Erinnerung an Cuca, die in Lake Placid die kleine Tür öffnete, die ich so gut kenne. Tia Anaïs und Graziella versprachen zu schreiben. Ana Maria klammerte sich bis zum letzten Moment an mich, und so fühlte ich ihre liebevolle Wärme, die mich so unendlich glücklich und dankbar macht. Eduardo war auch dort. Er war sehr blaß, und es ging ihm gar nicht gut. Wir sprachen sehr wenig miteinander.

Willy Shaeffer ist jetzt unten; demnächst wird er Joaquins eine Stunde geben. Ich bin vor all der Musik, den Gesprächen und dem Gelächter geflohen. Ich fühle mich genauso wie das Kleid, das ich trage – mein schwarzes Samtkleid, das so streng und ernst wirkt. Jetzt habe ich nur noch ein paar ruhige Minuten vor dem Abendessen.

Inzwischen ist es spät geworden; wir sind im Kino gewesen. Mama ließ sich sofort aufs Bett fallen, weil sie sich sehr schwach und nervös fühlte. Während sie sich ausruhte, las ich, bis die Dämmerung hereinbrach, dann stand ich am Fenster und starrte gedankenlos auf die halbverschleierten Bäume, die sich vom bleigrauen Himmel abhoben. Dann setzte ich mich hin, um zu schreiben, doch ich habe all meine Gedanken verloren, als ich dem Weg einer einsamen Wolke folgte, und es ist für dich nichts mehr übriggeblieben als das Nachdenken über eine unendliche, furchterregende Einsamkeit.

10. Januar

Mama geht es nicht gut; du kannst dir nicht vorstellen, wie wenig im Vergleich dazu alles andere bedeutet. Ich kann an nichts anderes denken als an ihren Zustand. Jetzt schläft sie, und ich sitze schreibend am Fenster, nicht so sehr, weil ich all diese Tage mit dir teilen will, sondern weil ich dich brauche. Ohne Mama fühle ich mich hilflos und so, als hätte ich keine Freunde. Angenommen, das Fenster vor mir öffnete sich zur Zukunft hin – ihr unergründliches Geheimnis entmutigte mich. Würde ich so ruhig schreiben, mit nur einer einzigen kleinen Sorge, über die ich nachdenken müßte, mit so vielen Erwartungen, so viel Neugier und so viel Begeisterung, Eifer, Glauben – ja, sogar Vertrauen? Ich merke, daß es besser ist, wenn man es nicht weiß. Mein Blick fällt auf die schlichten weißen Gardinen, die ich halb geöffnet habe, auf ein kleines Stück vom Dach, auf dem ich im Sommer studiere, dann auf die kahlen Äste eines unserer eigenen Bäume. Ein kurzer Blick auf die Häuser unserer Nachbarn, noch mehr Bäume, noch mehr Häuser, dann nur noch Baumwipfel und der Horizont. Und auf diese Weise werde ich daran erinnert, daß ich, statt die Zukunft zu befragen, lieber dankbar sein sollte für die Veränderungen der Vergangenheit. Ist es nicht so? Was hatte ich vor einem Jahr, um meine Sehnsucht zu stillen, jene Sehnsucht nach der Freiheit der Träume? Immer wenn ich an Mamas großem, massivem Schreibtisch saß, konnte ich auf den Hinterhof sehen, doch wenn ich meinen Blick nach oben richtete, wurde ich von einer bedrohlichen Mauer aus lauter Häusern erstickt, mit Milchflaschen auf den Fensterbänken, ja, Milchflaschen und Gemüsedosen und vielleicht Bananen. Wenn ich an meinem Lieblingsplatz schrieb, in dem mit rotem Samt bezogenen Stuhl am Wohnzimmerfenster, so pflegte mich die Türklingel zu stören oder die dröhnende Stimme des Eismannes, der sein Geld verlangte, oder die vorbeigehenden Zeitungsjungen, die zahlreichen Autos – kurz, alle Geräusche der Straße –, und ich war auch da noch gefangen, bewacht, genau beobachtet von einer anderen ungeheuren Häuserreihe. Immer wenn ich mich entschloß, an dem Tisch in unserem Zimmer zu sitzen, mußte ich Joaquins engelsgleiches Verhalten ertragen, sein immerwährendes Kreischen, Thorvalds Wutausbrüche und das Telephon. Dem Himmel sei Dank für die Freiheit zu schreiben, zu träumen und zu staunen!

Vor einigen Tagen, als ich »auf der Suche nach einem vergrabenen Schatz« in meinen Sachen wühlte, entdeckte ich einen Zettel, auf dem ich die schlimmsten Fehler in meinen alten Tagebüchern aufgeschrieben hatte. Jetzt erkenne ich die Richtigkeit dieser Bemerkungen, und ich frage mich, ob ich heute damit beginnen könnte, ein anspruchsvolleres System für diese Chronik meines Lebens einzuführen. Ich fürchte, ich bin sehr egoistisch. Wirklich, ich erkenne, daß es mein Tagebuch, mein Leben, mein Ich ist, was ich in eine Geschichte hineinverwebe, und doch besteht mein Leben nicht aus »mir«. Im Gegenteil. Es erscheint mir alles wie ein großer Kreis; ich fühle, daß sich alles um einen zentralen Punkt bewegt. Das bin ich. Merkst du, wie klein ich bin? Wie unbedeutend? Wie uninteressant? Genauso fühle ich mich, und der große Kreis steht für alles, was ich liebe, womit ich lebe – Menschen, Bücher, Möbel und so weiter. Natürlich ist es am einfachsten, den Punkt selbst zu beschreiben, zu analysieren, zu zerteilen, auf ein Stück Papier zu spießen und ihn wie in einem Museum der Kritik der Menge auszusetzen. Daraus schließe ich, daß ich die zentrale Figur dieser Seiten bin, sehr zu meiner unangenehmen Überraschung, meiner Verwirrung und meinem Schrecken. Und was ich nun vorschlage ist, dir einen weiteren Blick auf das All zu bieten. Kurz, ich werde anfangen, mehr über den Kreis zu schreiben. Ich werde dich einführen, genau wie ich eingeführt werde. Ich habe dir oft Menschen beschrieben, doch in einer sehr phantastischen Weise. Wie ein Röntgenstrahl dringe ich direkt in die Tiefen ihres geistigen Charakters ein, und ich verschwende nie einen Gedanken an das Äußere. Oh, ich habe lange gebraucht, um diesen großen Mangel zu entdecken, doch jetzt lese ich zufällig in zwei Büchern von diesem Fehler, und das hat meine guten Absichten geweckt. Ich spreche heute auch davon, weil ich vorher selten die Zeit dazu hatte, meinen Entschluß auf deinen Seiten auszubreiten und seine Wirkung schwarz auf weiß zu beobachten.

Ich sollte Papa schreiben, doch wie entfremdet wir uns sind in unseren Gefühlen und Idealen – in allem! Ich liebe ihn, wirklich, ich liebe ihn jeden Tag mehr, jetzt wo ich ihn nicht bewundern kann. Oh Papa, Papa – wenn ich nur den Traum bis zu meinem Tod hätte festhalten können, den ich meine ganze Kindheit und beinahe all meine Mädchenjahre hindurch so treu bewahrt habe! Ich dachte, du seist nur für eine Weile verloren und würdest wiederkehren, doch du bist mehr als verloren: Du wirst von niemandem unter diesem Dach mehr geliebt – außer von mir, und ich liebe dich nur, weil du mein Vater bist.

11. Januar

Ich glaube nicht, daß Eduardo mir schreiben wird. Ich dachte heute morgen daran, während ich nach dem Briefträger Ausschau hielt. Er brachte mir einen Brief von Dorothy Eddins, die mich einlud, einen Großteil des Samstags mit ihr zu verbringen; ich las ihn mit Vergnügen, schob ihn in die Tasche und kehrte zurück zum Fenster und zu meinen Gedanken. »Nein, ich glaube nicht, daß Eduardo schreiben wird«, sagte ich laut zu mir selbst, und du würdest dasselbe denken, wenn du Eduardo kennen würdest. Kennst du die Prinzen aus den

verschiedenen Märchen? Nun, Eduardo ist ihnen ähnlich. Oh doch, sehr ähnlich, nur ist er nicht alt genug, um standhaft und treu zu sein; er ist siebzehn! Tatsächlich scheinen sich all meine Tanten, Cousins, entfernten Verwandten etc. verbündet zu haben, um mich zu überzeugen, daß mein Cousin die Verkörperung der Unbeständigkeit ist. Ich hielt darüber ein Selbstgespräch und fragte mich, wie Unbeständigkeit wohl zu Eduardo passen kann. Ich weiß es nicht. Er ist größer als ich, breitschultrig, gelenkig, er hat eine gute Figur, ist leichtfüßig und anmutig in all seinen Bewegungen. Seinen Kopf hält er stolz, ohne arrogant zu wirken. Sein Gesicht ist sehr hübsch und gekennzeichnet von gewissen vertrauten Zügen, die all seine Gedanken widerspiegeln – ein sehr blasses Gesicht für einen Jungen. Er hat blondes Haar und Augen, die man schwer beschreiben kann: Sie stehen weit auseinander, und ihre Farbe ist eine seltsame Mischung aus Grau, Blau und Seegrün. Was sie ausdrücken, gefällt mir: Da gibt es Träume, Freundlichkeit, Entschlossenheit, Ehrgeiz, jungenhafte Wünsche, Staunen, Überraschung und manchmal etwas sehr Sanftes und Schönes, das ich immer darin fand, wenn er mich gern hatte. Auch tausend andere Dinge liegen in diesen Augen, doch ich kann sie nicht benennen, weil Augen sich mit den Gedanken und Gefühlen verändern. Sie können nachsinnen, blitzen, verwunden, sie können Scham oder Freude, Liebe oder Stärke hervorrufen. Alle Augen können das, wenn dahinter eine Seele steckt. Hin und wieder trifft man auf seelenlose Augen, doch das sind keine Augen, sie bestehen nur aus Sehnerven etc. ... Doch ich schweife ab; ich bin wirklich ein armseliger Maler, wenn ich anfangs von Eduardo spreche und schließlich Moral predige. Ich frage mich nun, ob du meinen Cousin magst. Abgesehen von dieser Skizze habe ich dir schon vieles über ihn erzählt. Indirekt, durch sein Tun, kennst du ihn sicher gut. Daß er höflich, gebildet, intelligent ist – kurz ein Gentleman –, brauche ich wohl kaum mehr zu schreiben. Du kennst mich gut genug, um zu ahnen, wie eifrig ich diese Charakterzüge bei meinen Freunden suche – wie sehr ich an dem Glauben festhalte, daß Freundschaft auf dem Intellekt begründet ist, wenngleich so vieles auf das Gegenteil hindeutet.
Ich bin froh, daß ich diese Seiten meinem »vergeßlichen Cousin« gewidmet habe. Sicher werde ich, wenn ich alt, welk und

verbraucht bin, meine Vorstellung von Eduardo aus der Zeit, als ich siebzehn war, mit Vergnügen wiederlesen. Selbst wenn die Zeit einen verändert und äußerlich verwandelt, selbst wenn sie vielleicht unsere Wege trennt oder sie kreuzt oder sie Seite an Seite laufen läßt, glatt oder holprig, trotz allem werde ich diese Meinung unberührt, unverändert aufrechterhalten. Du siehst, ich bin alt genug, um den unschätzbaren Wert einer »guten Meinung« von einem Menschen zu erkennen. Ich weiß, daß dieser Gemütszustand, in dem ich mich in diesen Tagen oft befinde, seltener wird: Man wird kritisch, streng, welterfahren und intolerant, so wie viele Menschen, die ich kenne. Ach Eduardo, wenn du wüßtest, wie viele Seiten ich dir gewidmet habe, du würdest lachen bis in alle Ewigkeit.

Ich schrieb dies, bevor ich in die Stadt fuhr. Ich kam rechtzeitig zum Mittagessen zurück, las ein Buch, das mich ernsthaft beunruhigte und setzte mich dann hin, um zu schreiben. Nach New York war ich gefahren, weil ich Bücher brauchte, und vielleicht wegen meiner unterschwelligen Sehnsucht, die Stimmen der Stadt wieder zu hören, eine Sehnsucht, für die es keine Entschuldigung, keine Erklärung, kein Gegenmittel gibt. Sie stiehlt sich einfach in dein Herz und bleibt dort, bis du plötzlich mitten in New York bist. Als meine beiden Bedürfnisse befriedigt waren, das eine mit Hilfe der Leihbücherei, das andere, nachdem ich die rauchige Luft und den Staub eingeatmet, die vorwärtsdrängenden Menschenmassen gespürt, die Drehorgeln auf der Straße, den Slang und die Zeitungsjungen gehört hatte, überredete ich mich selbst, nach Hause zurückzukehren und war bald in eine kritische Studie von Frank Swinnerton über Stevenson vertieft. Ich weiß nicht, warum ich mir herausnehmen sollte, über Kritik zu urteilen – selbst in Form eines vertraulichen Geständnisses an mein Tagebuch. Aber ich liebe Stevenson. Kürzlich habe ich der intensiven Lektüre seiner Bücher viel Zeit gewidmet und bin dem Zauber erlegen, den Swinnerton nicht ableugnen kann. Natürlich weiß ich sehr wenig. Und doch bringe ich in meine Lektüre alles ein, was ich besitze – meine Intelligenz, meinen Enthusiasmus, meine Neugierde, mein Verständnis. Ich empfinde niemals die Langeweile, die manche Menschen dazu bringt, gewisse Bücher »trokken« zu nennen. Darum weiß ich, daß ich bis zu einem gewissen Grad fähig bin, ein Buch zu beurteilen, mir eine Meinung zu bilden. Ich habe Stevenson sehr gründlich studiert, auf meine eigene Weise. Ich fühle, daß ich ihn kenne. Ich erkenne zwar seine Fehler, aber ich kann nicht umhin, die kritische Studie ungerecht und intolerant zu finden. Sie hat mich manchmal sogar geärgert; aber dann habe ich auch die Richtigkeit einiger Stellen erkannt und bin stillschweigend darüber hinweggegangen.

Es war ein neues Gefühl, das mich heute nachmittag überkam; die gefährlichen Bewegungen, die ich mit meinem kleinen Schaukelstuhl vollführte, sprachen Bände über den stürmischen Charakter meiner Gedanken. Es war seltsam, all meine Vorlieben kühl zergliedert und verdammt zu sehen, die Entwicklung von Meinungen zu beobachten, die meinen eigenen ganz und gar widersprechen, kurz, mitzuerleben, wie Schwarz als Weiß bezeichnet wird. Es war noch seltsamer, diesen neuen Aspekt eines Schriftstellerlebens wahrzunehmen, den ich bislang in aller Gelassenheit übersehen (oder quasi übersehen) hatte. Denn natürlich wußte ich, daß es Kritik gibt, doch ich wußte nicht, daß ein Mensch das Lebenswerk eines anderen nehmen und es zergliedern, in die Mangel nehmen, das Innere nach außen kehren und es auf den Kopf stellen, es in den Schmutz ziehen und es in alle Himmelsrichtungen verstreuen kann. Und dann noch die ganzen Ergebnisse veröffentlichen! Und es eine kritische Studie nennen! Doch ich vergesse mich. Sogar Stevenson würde, wenn er noch lebte, über meinen liliputanischen Ausbruch lachen. Und so bin ich gezwungen, »de faire la révérence*« vor Mr. Swinnerton, da ich ihn schon fast sagen höre: »Geh im Garten spielen, liebes Kind, überlaß Stevenson mir.« Lieber Stevenson, ich bin keine besonders bedeutende Freundin für einen so berühmten Mann wie Sie, aber meine Vorliebe für Sie würde ein Buch füllen – das Sie sicherlich einer kritischen Studie vorziehen würden! Ich werde jetzt spielen gehen.

Auf die letzte Seite dieses Tagebuchs schreibe ich jetzt eine Chronik über meinen Narzissengarten. Inzwischen habe ich insgesamt zwölf Zwiebeln adoptiert und sie getauft. Siehst du, so kann ich dir erzählen, daß Opal-Weiß und Jeanne d'Arc in

---

* mich vor Mr. Swinnerton zu verbeugen

bezaubernder Weise blühen. Eine, die darauf besteht, in Zick-
zackform zu wachsen, habe ich Mark Twain genannt. Walter
Scott und Dickens bringe ich manchmal durcheinander. Colline, Rodolphe und Schaunard zeigen schon Bohemien-Neigun-
gen; sie breiten sich aus und hängen über, ohne Symmetrie und
Ordnung, sie werden bald aus dem Topf fallen.

12. Januar

Ich schreibe Papa über den Weihnachtstag, über Willy Shaeffer
und Joaquin und über die Tanzabende im Sans-Souci-Club:*

»Ich merke, daß ich die Mädchen in meinem Alter beobachte –
sie sehen aus wie Schmetterlinge, so hübsch, so lebhaft, so voller Fröhlichkeit – ihre Augen funkeln, und ihr Lachen ist so beständig, so frisch und hell. Ja, ich merke, daß ich mich über vieles wundere. Ich bin überhaupt nicht wie sie. Warum bin ich
wie grünes Moos, still und unergründlich, statt wie ein
Schmetterling zu sein? Du mußt deshalb nicht denken, daß ich
immer ernst bin. Oh nein. Ich bin sicher, dies sind die glücklichsten Jahres meines Lebens. Ich habe tausend Gründe, um
glücklich wie eine Lerche zu sein – ich habe alles, wovon ein
junges Mädchen träumen, was es sich wünschen und was es lieben kann. Oft denke ich beim Einschlafen über die vielen guten
Dinge nach, die ich habe. Nur, all meine gute Laune, mein
Glück, meine Dankbarkeit und mein Lachen enden an der
Spitze meiner kleinen Feder und werden über Seiten und Seiten
verteilt. Genau dann bin ich am glücklichsten – wenn ich
schreiben, lesen, studieren, nachdenken, träumen kann, und
das ist der Grund, weshalb ich mich ein wenig von den
›Schmetterlingen‹ entfernt fühle. Man kann nicht in allem gut
sein ... Die Sonne ist verschwunden, während ich geschrieben
habe. Alles wird grau und still. Das Licht reicht mir gerade
noch, um Dir einen Kuß zu geben. Dein kleines Mädchen –

Anaïs«

13. Januar

Ich bin gerade von einem Spaziergang ins Dorf zurückgekehrt.

---

* Brief französisch im Original

Sobald ich ins Sonnenlicht hinaustrat, spürte ich eine große, wunderbare Freiheit und Freude. Du kannst dir nicht vorstellen, wie sehr ich die Berührung der kalten, frostigen, winterlichen Luft liebe, wenn sie meine Wangen peitscht, bis das Blut zu kribbeln beginnt, wenn sie mir ins Kinn und in die Nase kneift, wenn sie mit meinem Haar und den Falten meines Rocks spielt. Die Straße liegt sonnenbeschienen und verführerisch vor mir und blendet mich. Ab und zu legt sich der Wind. Dann kann ich das entfernte, vibrierende Geräusch eines Autos hören. Erneute Stille, und dann wirft die Luft das Echo von tausend zwitschernden Vögeln zurück, die in großer Zahl aus dem Norden zurückkehrten und alle, unzertrennlich, in einem Baum sitzen. Die Bäume entlang der Straße werfen ihre Schatten auf den Gehsteig. Sie erinnern mich an manche Leute, die sich damit zufriedengeben, das Spiegelbild anderer zu sein und für immer im Staub zu liegen. So gehe ich und wandere und führe Selbstgespräche und summe manchmal vor mich hin, wenn ich zu glücklich bin, um zu philosophieren, bis die Straße eine scharfe Kurve beschreibt und ich die Bahnlinie und das Dorf vor mir sehe. Zu manchen Tageszeiten und besonders vor Schulschluß erinnert mich dieser Blick auf Richmond Hill an ein verlassenes Dorf, und die Illusion hält so lange an, bis ich das Rumpeln von Karrenrädern, Peitschenknallen und ein gemurmeltes Kommando höre, das die Ankunft von Richmond Hills Haupttransportmittel ankündigt. Ich liebe es, den vorbeifahrenden Zug zu beobachten – lang, schwer, mit rasselnden Ketten, Glocken, dichtem Rauch – und den Männern mit den schwarzen, lächelnden Gesichtern zuzusehen, die Kohle in die dampfenden Kessel schippen; ihre sehnigen Arme erinnern mich an den »Dorfschmied«. Eine Welt von Gedanken tut sich auf bei solch einem einfachen Spaziergang.

Mama liegt weiterhin im Bett. Einen Großteil des Tages liest sie oder diktiert mir Briefe, die unbedingt geschrieben werden müssen.

Traurig und unendlich einsam habe ich beobachtet, wie die Schatten in die Wälder kriechen. Ich habe den Flug einer Vogelschar am Himmel verfolgt, einem Himmel, der sich von Blau zu Purpurrot und dann zu Grau verfärbte – dem Grau der Winterdämmerung. Ich fühlte, wie dieser große graue Vorhang mein Herz ebenso umschloß wie die Bäume. Und langsam stiegen mir Tränen in die Augen, die eine nach der anderen auf meine Handflächen fielen – heiß und bitter. Ich habe Mama verärgert. Ich kann sie nicht bitten, mir zu vergeben, mich zu küssen, es gelingt mir einfach nicht; mein ganzes Gemüt lehnt sich dagegen auf und besiegt diese kindische Sehnsucht und so – kannst du erraten, was mich unterbrach? Es war Mamas Stimme: »Fifille, was machst du gerade? Komm her.« Und Mama nahm mich in ihre Arme. »Weißt du, ich werde alt. Aber warum weinst du denn? Was ist mit dir los?«

»Du warst immer so geduldig mit mir, und jetzt bist du es nicht mehr. Das ist der Unterschied.«

»Nun, Fifille, man wird ungeduldiger, wenn man älter wird. Du kommst kaum noch, um mit mir zu reden, und ich vermisse das, Fifille.«

»Oh, ich wußte nicht, daß du es wolltest. Warum hast du mich nicht gerufen? Ich habe all die Tage damit verbracht, über meine Einsamkeit zu schreiben.«

»Erzähl' solche Lügen deinem Tagebuch.« Mama lachte.

»Nein, nein, willst du es lesen? Ich lüge nie. Als du mich riefst, hatte ich gerade geschrieben, daß ich dich um Verzeihung bitten wollte, es aber nicht wagte.«*

Dann küßt mich Mama noch einmal, bittet mich, das Fenster zu öffnen und erzählt mir, was sie gelesen hat. Ich wiederum erzähle ihr, was ich geschrieben habe, und ich bin viel glücklicher! So dreht sich die Welt, und die kleinen Dinge sind dabei genauso wichtig wie die großen. Doch die kleinen wie auch die großen stellen meine Welt auf den Kopf. Welch ein Unglück. Welch eine Katastrophe! Doch ich bin als Mademoiselle Linotte geboren worden und werde als Mademoiselle Linotte sterben – es sei denn, es kommt jemand, der mir rote Rosen schickt, der mich trotz meiner Fehler liebt und der mich ändert, weil er stark, männlich und voller Überzeugung ist. Ich bezweifle, daß es einen solchen Menschen gibt. Mitten im Winter sollte ich außerdem keine Zeit mit diesem Thema verschwenden. Es kann im Frühling behandelt werden, wenn wirklich alle starken Persönlichkeiten unterwegs sind. Und jetzt muß ich dem Dienstmädchen Anweisungen geben. Sie

---

* Dialog französisch im Original

lenkt mich immer ab und sollte lieber nicht von mir beaufsichtigt werden. Sie hat keinerlei Phantasie, verlangt Anweisungen mit lästigen Einzelheiten und stellt meine Geduld und meine mangelnden Fähigkeiten auf eine harte Probe. Lerne ich, um zu leben, oder lebe ich, um zu lernen? Bisher sterbe ich beim Versuch zu lernen.

15. Januar

In diesen Tagen fühlte ich mich zuweilen sehr schwach und lustlos. Die gesunde Farbe, die ich allmählich bekommen hatte, ist wieder verschwunden, und Mama beobachtet ängstlich, wie mein Gesicht von Tag zu Tag schmaler wird. So war es wohl nur natürlich, daß ich gestern abend während des Treffens im Sans-Souci-Club so sehr litt. Ich war sehr fröhlich und voller guter Vorsätze, als Fraser kam, um Enric und mich abzuholen – in seinem großen, komfortablen, luxuriösen Wagen – und uns zu Helena Ketchani in Forest Hills zu fahren. Von dort gingen wir zu einem anderen Haus, weil unsere erste Gastgeberin zu einer wichtigen Bridge-Party eingeladen war. Erst als ich in meinem blauen Kimono vor dem Spiegel stand, verlor ich die Fassung; ich warf mich auf mein Bett und weinte heiße Tränen.

Heute besuchte ich Dorothy (Eddins), und das machte mich sehr glücklich, denn ihr Zuhause strahlt eine sehr große Vornehmheit der Sprache und der Gedanken aus, eine Vornehmheit, nach der ich mich so sehne und die ich bei so vielen Menschen vermisse. Ihre Mutter ist eine typische Südstaatlerin: schön, charmant, lieb und klug, was die Lenkung ihres Haushalts betrifft. Sie hat ausgezeichnete Manieren; bei Tisch hatte sie den Vorsitz und wachte streng über den köstlichen Lunch mit einem schwer zu beschreibenden Charme und der Unbefangenheit einer Dame und Mutter. Dorothy selbst ist hübsch und lebhaft. Ihre blauen Augen tanzen ständig umher. Sie nennt Leute entweder »unerträglich« oder »lieb«. Wir sind gute Freundinnen und halten die Versprechen, die wir einander während der Schulzeit gegeben haben. Sie hat einen wundervollen Bruder, ich wünschte nur, er wäre ein wenig älter, denn unser Geschmack und unsere Ideen harmonieren sehr gut. Homer ist ein großes Zeichentalent, und er zeigte mir seine Skizzen und seinen Malkasten; wir beschlossen scherzend, daß er meine Bücher illustrieren würde. »Aber ich zeichne phantastische Dinge«, sagte Homer bedauernd. Ich klatschte in die Hände und antwortete, das sei genau das, was ich bräuchte, denn ich sei auf Phantastisches spezialisiert. Nach dem Lunch und einer kleinen Unterhaltung gingen wir einfach durch die Riverside und den Broadway hinunter zur 72. Straße. Dort nahm ich die Untergrundbahn zur Penn Station. Du kannst dir nicht vorstellen, mit welch ruhiger, altmodischer Zufriedenheit ich aus dem Zug hinaus in die klirrende, frostige Dämmerung trat. Vor mir sah ich, wie ein süßer, geheimnisvoller Traum Wirklichkeit wurde: Kleine Bilderbuchhäuser hoben sich ab von einem Himmel aus rosafarbenen Rosenblättern und Silbergrau. Rauch kräuselte sich graziös und langsam aus vielen Kaminen zu den Wolken empor, Lichter schimmerten hinter den Fenstern. Ja, es war ein Traum. Wie konnte die Welt nur so still sein, so friedlich? Meine eigenen Schritte verloren sich manchmal auf der Erde oder im Gras. Ich fühlte mich wie ein Schatten, der über die Felder huschte, denn während ich ging, verdichtete sich die Dunkelheit. Meine Illusionen brachte ich noch genau bis zu unserer Haustür, doch dort fielen sie wie ein Mantel von mir ab, als ich Thorvald brüllen hörte: »Wann essen wir?« Manchmal danke ich Gott dafür, daß er unsere Familie so ausgewogen geschaffen hat: Joaquin und mich, geschlagen mit einer gewöhnlichen Form von Verrücktheit als Folge übermäßiger Phantasiebegabung; Mama und Thorvald, mit gesundem Menschenverstand gesegnet – eine gewisse Heilung für die Verrücktheit und ein gutes Beispiel. Eine Frage wie »Wann essen wir?« bringt mich zur Wirklichkeit zurück. Also eile ich zuerst in mein Zimmer, ziehe mich um, wechsle auch die Schuhe. Dann stürze ich in die kulinarischen Regionen, wo ich nachsehe, was geschieht, Anweisungen gebe und Aufsicht führe. Eine halbe Stunde später sitzen wir vor einem leckeren Abendessen. Und noch etwas später sitze ich vor meinem geduldigen Tagebuch. Und so vergehen die Jahre!

17. Januar
Am Sonntag war ich sehr glücklich. Manén kam zum Mittagessen, und zufällig kam Marraine mit demselben Zug auch hierher. Später kamen dann Willy Shaeffer und Eduardo Figueroa.

Die Unterhaltung war so lebhaft, das Gelächter so häufig und langanhaltend – ab und zu mit etwas Gesang –, daß wir die Zeit völlig vergaßen. Thorvald und ich machten ein schönes Feuer, und auch Enric und Willy zogen es vor, am gemütlichen alten Kamin zu sitzen. Währenddessen hörten Mama, Manén und Tia Juana Mr. Figueroas vergnüglicher Rede zu, bis er uns verließ und uns dadurch an das Abendessen erinnerte, das wir schnell vorbereiteten und servierten. Später unterhielten sich Mama, Manén und Tia Juana in einer Ecke des Wohnzimmers, während Enric, Willy und ich unsere Stühle zu einem kleinen intimen Kreis zusammenrückten, nahe am Kamin, in dem das Feuer heruntergebrannt war. Nur noch eine duftende Erinnerung daran schwebte im Raum. Ich werde die Gespräche nie vergessen, die wir, Willy, Enric und ich, führten. Es gibt wenige Dinge, die nicht in Büchern stehen und die mich so fasziniert haben wie diese kurzen Blicke in die Herzen und Seelen von Künstlern. Worte können das Glücksgefühl nicht beschreiben, das ich empfinde, wenn ich ihren Ansichten lausche, ihren vertraulichen Geständnissen. Und auch mein Stolz ist unbeschreiblich, wenn ich merke, daß sie es lieben, zu mir und mit mir zu sprechen, weil sie wissen, daß ich sie verstehe. So sitzen wir und plaudern, über ihre Ideale, über ihre Ziele, über Willys Tagebuch, über Bücher, über das Leben, die Kunst, über Wissenschaft, Religion, Philosophie, über kleine Ereignisse in unserem Leben, über die Meinung, die wir voneinander haben, über unsere Erinnerungen, unseren Geschmack, unsere Steckenpferde. Wir plaudern und unsere Augen glänzen vor Interesse, Begeisterung, Verständnis und Sympathie. Einmal ging es um Astronomie, die Willy enorm interessierte, und Manén hörte, wovon wir sprachen. Innerhalb von wenigen Minuten hatten wir unsere Stühle um den großen Musiker herum aufgestellt und lauschten. Von der Astronomie und der Entdeckung des Saturn kam Manén auf die Anthropologie, und er erzählte uns von der Entdeckung des menschlichen Skeletts in den Minen von England*. Ich weiß nicht, wie es kommen konnte, daß ich mich an das, was er sagte, erinnere, denn es trat eine andere Begabung dieses be-

---

* Anaïs Nin spricht hier vermutlich von dem Piltdown-Menschen, dem Eoanthropus Dawsoni.

merkenswerten Mannes zutage, die mich vollkommen verwirrte. Während des Abendessens hatte er uns erzählt, er plane, ein Buch über das Leben eines Wunderkindes zu schreiben. Er sprach auch von einer seiner Opern, die dieses Jahr in Berlin aufgeführt werden soll, von einem seiner Konzerte, das demnächst von Kreisler uraufgeführt wird, und von anderen, bereits vollbrachten Dingen. Und diese Dinge hatte jener Mann vollbracht, der in solcher Einfachheit am Kopfende unserer Tafel saß. Der Zauber von Manéns Persönlichkeit umgibt mich noch immer, während ich diese Zeilen schreibe; er läßt meine Feder sehr kraftlos erscheinen.

Mama war schon halb eingeschlafen. Ich bürstete mein Haar und überlegte. Schließlich nahm meine Nachdenklichkeit Gestalt an, wurde in Worte umgesetzt, und ich fragte Mama, wie es denn komme, daß ich mich in der Gesellschaft zum Beispiel der Mitglieder meines Clubs so unglücklich fühle und so überaus zufrieden in Gesellschaft von Manén, Willy und Enric. »Es ist dein Blut, Fifille. Dies ist deine Welt.« Mama schloß die Augen wieder. Und ich kehrte lächelnd zu meiner Bürste zurück. So hatte ich heute wirklich viel zu überdenken, während ich Strümpfe stopfte. Manchmal war es Willys wundervolles Lachen, das in mir widerhallte, manchmal verfiel ich in lange Träumereien über Manén und sein Leben. Dann wieder war es Enrics Gesicht, das vor mir auftauchte, mit traurigen Augen, so lange, bis ich mich in den Finger stach oder meinen Schaukelstuhl umwarf.

Die ganze Nacht und den ganzen Tag lang blies ein wütender Wind, ein schöner, aber melancholischer Sturm schüttelte das Haus und begleitete alles, was wir taten, mit einem zornigen Tosen. Als ich heute morgen ins Dorf ging, wurde ich wirklich beinahe in Stücke gerissen. Ich kehrte mit zerzausten Haaren und voller Empörung zurück.

19. Januar

»Cher, Papa,*

kurz nachdem ich meinen letzten Brief geschrieben hatte, erhielt ich einen von Dir. Ich wünschte so sehr, Du hättest diese Dinge nie geschrieben und ich müßte jetzt nicht darauf ant-

---

* Brief französisch im Original

worten. Weißt Du, unsere Briefe könnten weiterhin etwas aus unserem Leben erzählen, so wie bei einer Unterhaltung am Ende eines Tages. Doch dann schreibst Du Dinge, die ich zunächst nicht verstehe – aber wenn ich sie dann nach einigem Nachdenken doch verstehe, machen sie mich sehr traurig. Ist Dir eigentlich bewußt, daß all das, was Du über die Vergangenheit schreibst – besonders jene Ereignisse, die das große Unglück verursachten, das mich um einen Vater brachte –, Ereignisse sind, von denen ich niemals wußte und über die ich nicht einmal nachgedacht habe? Oh Papa, Du kennst mich nicht! Ich hätte Dir vor langer Zeit sagen, erklären sollen, was ich empfand, wenn ich sah, wie die Väter meinen kleinen Freundinnen die Bücher zum Schultor trugen, wie sie ihre Kinder küßten und traurig zurückließen, manchmal auch wiederkamen, um sie nach Schulschluß abzuholen. Ich war damals zwölf oder dreizehn Jahre alt. Wie dachte ich darüber? Nein, ich dachte überhaupt nicht. Ich weinte! Ich weinte mich in den Schlaf, ohne irgend jemanden oder mich selbst irgend etwas zu fragen! Wenn ich wie andere kleine Mädchen gewesen wäre, wäre ich neugierig und traurig gewesen, aus Neid. Vielleicht ein wenig schlecht gelaunt. Lieber Himmel, nein – was bewahrte mich davor? Was ließ mich ruhig, glücklich, höchst zufrieden mit meinem Schicksal aufwachsen? Es war die Tatsache, daß mich nichts berührt außer schönen Dingen. Ich höre nur den Gesang der Vögel, ich sehe nur Blumen; die wirkliche Welt ist weit entfernt. Ich höre die Stimmen der Menschen nicht (oder höre sie nur auf meine eigene Weise). Und alles weitere geschieht um mich herum wie in einem dichten Nebel. Ich akzeptiere das Leben, als würde ich träumen, und ich nehme das, was um mich herum vorgeht, kaum oder nur zur Hälfte wahr. Und ein Mädchen wird auf ganz natürliche Weise durch die Zärtlichkeit der Mutter vor häßlichen Dingen geschützt.

Doch wenn Du Thorvald sehen könntest – seine sorglose Art, seine Fröhlichkeit, seine Unschuld, die Ehrlichkeit in seinen Augen, sein ungehemmtes Lachen, seine offene Art –, würdest Du die ungeheure Abgeschiedenheit unseres Lebens begreifen. Du würdest das ruhige, heitere Glück sehen, in dem unser Leben dahinfließt. Darum sind die Jahre vergangen, ohne daß wir je von Dir gesprochen hätten. Wenn ich Dir schreibe, denke ich von Dir, daß Du allein bist, daß Du uns liebst und daß mein Brief Dir Freude bereiten wird. Manchmal träume ich, daß Du eines Tages zurückkommst – doch die Jahre sind vergangen! Plötzlich weckst Du mich nun aus meinem Traum. Unter anderem willst Du, daß ich Deine Kunst nicht beschuldige, und ich muß Dir erklären, wie ich auf diese Idee gekommen bin. Es war, als ich eine Vorstellung brauchte, als ich begann, fast alles verstehen zu wollen: Da begann ich mir vorzustellen, daß Du uns nicht sehr liebtest, weil Du ein großer Künstler bist, der einzig und allein seiner Kunst ergeben ist, und daß Mama deswegen eines Tages fortging und Dich verließ. Verstehst Du, Papa? Wenn Du mich kennen würdest, müßtest Du einsehen, daß nur ich mir so etwas vorstellen konnte. Man muß sehr weit entfernt sein von der Wirklichkeit, sehr weit weg von den anderen Mädchen meines Alters und von der Welt im allgemeinen, um etwas Ideellem ein Unglück zuzuschreiben, das jeden Tag geschieht und von so traurig menschlichen Dingen verursacht wird. Und all das geschah, ohne daß ich je ein Wort der Anschuldigung gehört hätte, ein einziges Wort gegen Dich. Ich hatte nichts gehört, nichts gefragt und nichts wissen wollen bis zu dem Tag, an dem ich einen Teil der Wahrheit entdeckte. Das kam mit dem Alter, mit der Zeit, durch das Denken und Leben. Besonders durch das Leben! Und ich liebe Dich noch genauso sehr. Oh Papa, verzeih mir alles, was ich geschrieben habe ... Ja, ich liebe Dich genauso sehr, doch für mich verkörpert meine Mutter alles Verehrungswürdige, Vollkommene und Überragende. Und nun haben sich plötzlich Deine Briefe verändert. Du schreibst, als müßtest Du Dich verteidigen gegen einen feindlichen Einfluß, der an meiner Liebe zu Dir etwas ändern könnte. Liebster Papa, niemand spricht mit mir über Dich. Wenn nur ich allein Dich liebe, wenn meine Brüder diese Liebe nicht teilen und Dir nicht schreiben, so geschieht dies nur, weil sie Dich nicht kennen. Wir haben ein Zuhause ohne Vater, doch wir sind glücklich, weil wir uns nicht an ein Zuhause *mit* einem Vater erinnern. Wie Du selbst sagst, war es das Schicksal, das uns trennte. Nein, ich werde niemals wegen des Namens erröten, den ich trage. Man hat mich gelehrt, stolz auf ihn zu sein. Das, was Du vor mir versteckst, kenne ich bereits, leider. Doch nichts könnte trauriger sein als meine Verzweiflung, als ich es als Kind zuerst entdeckte. Jetzt weiß ich, wie man leidet. Vergib mir, versuch zu verstehen. Ich würde so gern mit Dir das friedliche Leben teilen, das Du als erster zerstört hast. Doch da dies unmöglich ist, können wir nicht in unseren Briefen vereint sein ohne Bitterkeit? Und wenn Du mich liebst, schreib nicht auf eine Weise, die mich schmerzt, verletzt, schockiert. Das ist schrecklich, Papa, verstehst Du das nicht? Ich werde nun abwarten, und ich verlasse Dich mit einem sehr traurigen, sehr zärtlichen Kuß.

Deine Tochter Anaïs«

Sapperlot! Es ist so kalt! Heute war wirklich ein merkwürdiger Tag, merkwürdig wegen der verschiedenen Gefühle, die ich empfand und wegen der Dinge, die ich getan habe. Als der Tag gerade anbrach, schauderte ich, denn es war eisig und windig, und dann lächelte ich, weil ich jetzt oft am Morgen lächle: Mein Zimmer ist so gemütlich und sauber. Ich saß allein und sehr nachdenklich am Frühstückstisch, als zuerst Mama herunterkam, dann Thorvald und Enric und plötzlich auch Willy Shaeffer! Willy, lächelnd und im Smoking! Er war gestern abend mit Enric von Mr. Hamilton zurückgekehrt (wo sie für seine Gäste gespielt hatten). Unter Gelächter und mit schelmisch blitzenden Augen erzählten uns Enric und Willy, wie sie in perfektem Gleichschritt wie Soldaten die Treppe hinaufgestiegen waren, um niemanden zu wecken. Und in dem Zimmer, das über meinem liegt, hin und hergegangen seien. Willy verließ uns sehr früh, weil er studieren mußte, und er sagte mit seinem typischen Lachen: »Ich werde euch ganz unerwartet wiedersehen!«

Der Tag hatte sehr fröhlich begonnen, doch sobald Willy ging, wandte sich jeder von uns seinen jeweiligen Beschäftigungen zu. Ich beantwortete Papas Brief. Seine Briefe machen mir jetzt so viel Kummer, aber ich hatte noch nie einen davon in dem Ton beantwortet, den ich heute anschlagen mußte. Das, was ich schrieb, schmerzte mich so sehr, daß mir gegen Ende der Federhalter aus meiner zitternden Hand fiel und ich eine ganze Weile warten mußte, bevor ich mit meinem Namen unterschreiben konnte. Wie er leiden wird, wenn er diesen Brief liest! Er ist so verschieden von meiner üblichen Schreibweise, er ist auf so brutale Weise wahr. Aber es ging um Mamas Verteidigung. Ich konnte es nicht ertragen, daß Papa schlecht über sie schreibt, selbst auf versteckte oder unbewußte Art. Ich schrieb lange Zeit, mit brennenden Wangen und schwerem Herzen, und später ging ich ins Dorf, nur um den eisigen Wind zu spüren. Und während ich ging, kamen mir freundliche, ruhige Gedanken, und ein stilles Glück kehrte wieder in mein Herz ein.

Den Rest des Nachmittags verbrachte ich mit Mama zusammen. Ich machte ihr etwas Tee, und wir plauderten über unseren Tassen. Ein Fremder hätte nicht gewußt, ob er uns für Mutter und Tochter oder die besten Freundinnen der Welt halten sollte! In diesen Tagen empfand ich öfter den seltenen Vorzug von Mamas netter Gesellschaft. Die ganze Woche verbrachte sie zeitweise im Bett. Sie war nicht immer fähig zu arbeiten, aber dennoch war sie fröhlich und lieb, die letzten Tage stand sie wieder auf, und es ging ihr gut, doch sie mußte noch viel ruhen. Sie las viel und zog im Haushalt die Zügel wieder stärker an, denn ich halte sie zu locker.

20. Januar

Heute war ich wieder in der Stadt, wo ich mit Marraine zu Mittag aß und anschließend *Broken Wing* sah. Ich genoß dieses Stück wie ein Kind, unterhielt mich aber in den Pausen mit Marraine bei weitem nicht wie ein Kind. Der glücklichste Moment des Tages war trotzdem der kurze Spaziergang zwischen dem Bahnhof und zu Hause, als ich in Begeisterung verfiel, weil die Sterne über mir funkelten, weil das Feld so roch, wie Felder im Winter riechen, weil es so still, so kalt, so freundlich und so beruhigend war – weil ich allein war.

Während des Abendessens fragte mich Thorvald, ob ich mit ihm zum Eislaufen ginge, und ich sagte ja, weil ich dabei an die Sterne dachte. Aber er verdarb alles, indem er hinzusetzte, daß Jimmy und der ganze Rest der »Meute« mitgehen würden. (Man verzeihe mir dieses Wort, es stammt von Thorvald.) Sofort rutschte mir ein Satz heraus, den ich nicht zurückhalten konnte: »Ich gehe nicht mit.« Und meine Familie bekam den üblichen Blick, der besagt: »Sie ist verrückt – laß sie in Ruhe!«

Thorvald ist also jetzt gegangen, und ich widme dir meine erste Stunde der selbstauferlegten Gefangenschaft. Ich liebe mein Gefängnis, ich frage mich, warum sein Reiz sich nicht in meinen Gedanken widerspiegelt. Ich sollte netter sein und mich wohler fühlen, wenn ich so lange Stunden meines Lebens darin verbringe. Wenige Mädchen haben das Glück, ein so hübsches kleines Zimmer zu haben. Im Moment höre ich gerade das »tick, tick, tick« meiner kleinen Armbanduhr. Mein Vogel döst. Aus dem Garten kommt ein lieblicher, köstlicher Duft. Meine geliebten Bücher sehen so zufrieden aus – wußtest du, daß Bücher auch einen Charakter haben?

Nur eins hält mich davon ab, heute abend von meinem Ehrgeiz zu sprechen: mein Spiegel. Ich schreibe vor meinem Spiegel, und wenn ich eine Pause mache und aufschaue, wenn ich das Spiegelbild meiner Augen sehe, schüttle ich sorgenvoll den Kopf. Oh, ich sehe nicht aus wie jemand, der fähig ist, sehr viel zu vollbringen. Mein Kopf hat eine dumme Art, immer so auszusehen, als sei er bereit, an die starke, praktische Schulter von jemand anderem zu sinken. Und wenn ich mein entschlossenes Gesicht aufsetze, scheine ich gerade noch in der Lage zu sein, ein Essen zu bestellen oder ein kleines Kind zu schelten, doch niemals dazu, die Welt zur Aufmerksamkeit zu zwingen, wenn ich den Inhalt meiner Kritzeleien in ihre unwilligen Ohren gieße. Sehe ich klug aus? Sehe ich philosophisch aus? Ich bin nicht einmal mutig genug, um so zu erscheinen.

21. Janaur

Wenn du wüßtest, wie bösartig und schlechtgelaunt ich heute gewesen bin. Thorvald neckte mich über alle Maßen, und plötzlich stieg mir all mein Nin-Blut in den Kopf, und wie der Blitz verpaßte ich ihm eine Ohrfeige. Ja, ich schlug meinen großen, blauäugigen Bruder, und er lachte! Und als Mama ihn ärgerlich auf sein Zimmer schickte, tat ich, als schaute ich aus dem Fenster, um die bittersten und dümmsten Tränen zu verbergen, die jemals geweint wurden. Ich bereute mein Handeln, meinen Ärger, meine schlechte Laune. Dann kam er herunter, die Hände in den Taschen, mit blitzenden Augen, »keß«, und niemand hätte ahnen können, daß es ihm leid tat. Niemand hätte seiner Jungenhaftigkeit, seinem wundervoll ehrlichen Lächeln widerstehen können. Mama konnte es nicht. Sie küßte ihn ohne jeden Widerstand. Und ich schluchzte am Fenster »Wenn ich nur so lachen könnte – o Mama, ce grand bêtelà.«* Und unter Tränen lachte ich über den »grand bête«. Mama verzieh mir auch, weil ich weinte, und verzieh Thorvald, weil er lachte. Solche Dinge machen mich irre. Ich denke unentwegt darüber nach und bin traurig. Meine ganze übrige Umgebung, alles, was später am Tag passiert, bleibt bewölkt und neblig – und diese morgendliche Szene sehe ich die ganze Zeit und überall klar und deutlich vor mir. Sie geschah in Enrics Gegenwart. Später fragte ich mich, was er von mir dachte. Doch wir gingen mit Mama ins Theater, und er schien unverändert in seinem Verhalten. Es ist auch nicht so wichtig. »Du bist meine Inspiration. Wenn ich jemals von einem idealen Menschen geträumt habe, von dem ich nicht dachte, daß es ihn gibt, dann bist du es!«**

23. Januar

Ich habe diese seltsame kleine Notiz hier festgehalten wegen der Erinnerungen, die sie mir im Alter bringen wird: Erinnerungen an Enrics Bewunderung für Mademoiselle Linotte, Erinnerungen an ein Alter, in dem ich glaubte, daß »zu lieben und geliebt zu werden, das größte Glück im Leben ist«. Enric schreibt viele dieser kleinen Botschaften, und gibt sie mir während der Spiele. Einmal schrieb er, daß kein Mann es wert sei, mein Ehemann zu werden! Was mich oft stört, wenn ich mit ihm spreche, ist seine Frühreife. Seine Impulse sind jungenhaft, doch seine Stimmungen sind die eines alten Mannes, der beinah mehr gelitten hat, als die menschliche Natur ertragen kann. Enric ist bitter, enttäuscht und schrecklich unglücklich. Worte, die für mich wunderschön sind, lassen ein seltsames, spöttisches Lächeln auf seinen Lippen erscheinen. Er ist ein müder Junge, noch bevor er ein Mann geworden ist. Natürlich ist sein Gesicht von seinem Charakter geprägt. In seinen Augen vermischen sich der Junge und der Mann auf merkwürdige, fast unnatürliche Weise. Da sind Spuren von schlaflosen Nächten, Leidenschaftlichkeit und langem Grübeln, von ständigem Beobachten seiner Umgebung mit traurigen Ergebnissen, von Ruhelosigkeit, verblaßten Träumen – einige von ihnen sind wie jene Blumen, die sterben, bevor sie erblühen –,

---

* Etwa: »dieser lange Flegel«
** Spanisch im Original

und dann von etwas, das bei meinen Gedanken über ihn immer wiederkehrt: In seinen Augen ist ein ungeheurer Durst nach Freundschaft und Gemeinsamkeit. Es wird ihm kaum bewußt, wie schwierig es ist, mit ihm befreundet zu sein, wie schwierig es ist, seine Stimmungen zu verstehen und ihnen zu folgen, seine vertraulichen Mitteilungen entgegenzunehmen, ihm ein Kamerad zu sein. Er besteht aus lauter Veränderungen, lauter Gegensätzen, Eindrücken und Impulsen. Ein Künstler eben!

Gestern abend machten Joaquin, Enric und ich einen langen Spaziergang; denn es war beinahe so warm wie an einem Frühlingsabend, sehr mild und wunderschön. Der Geruch der Erde stieg in der Stille auf wie eine Traumwolke. Unsere Stimmen vibrierten und zitterten fast in dieser völligen Ruhe, als ob sie von ängstlichen Menschen kämen, die sich gewaltsam Eintritt in eine fremde Welt verschafft hätten und nun fürchten, deren Bewohner aufzuwecken. Und dann wartete ich heute morgen vergeblich auf den Sonnenschein. Statt dessen erwachte ich von dem »tropf, tropf« eines charakterlosen Regenschauers. Doch das änderte wenig an meiner fröhlichen Stimmung. Ich setzte mich hierhin und dorthin, lief auf und ab, kicherte ab und zu, summte und pfiff, floh vor Enric – und ließ mich schließlich andächtig nieder, um mich liebenswerter Zeitverschwendung zu widmen. Meine Definition des Wortes Zeitverschwendung ist diese: »alles, was nicht zugunsten von jemand anderem getan wird«.

Miguel tritt ein. Jetzt ist das Haus wirklich komplett. Ich bereue es nicht, ein wenig geschrieben zu haben, denn dieser Abend wird nicht mir gehören. Es wird einer jener Abende sein, an denen ich in der intensiven Beschäftigung mit Miguel und Enric aufgehe, mich dann zurückziehe, einschlafe und träume von – Eduardo!

Ich dachte an Eduardo. Ich weiß nicht, warum ich an meinen vergeßlichen Cousin denke; er verdient es, vergessen zu werden. Doch andererseits weiß ich nicht sehr viel und eigentlich noch viel weniger über Cousins und ähnliches. Daß ich nachts von ihm träume und manchmal auch am Tag, ist wahr. Ich ärgere mich nicht über sein Benehmen, und ich frage mich, was passieren wird, wenn ich ihn wiedersehe, so wie ich mich schon vor Weihnachten fragte. Seine unerklärliche Nachlässigkeit wird unsere Freundschaft zerstören, die bezauberndste, traumhafteste, schönste, erstaunlichste und unbeständigste Freundschaft meiner Mädchenjahre. Sie richtete sich genau nach den Jahreszeiten: Sie kam im Frühling mit den Blumen, blühte einen Sommer lang, hielt sich noch über den Herbst – und in der ersten Winterkälte loderte sie noch einmal hell auf und starb. Oh Eduardo! Errätst du, wie ich mich rächen werde? Ich stecke dich in ein Buch. Dich und deinen Charme und deine Unbeständigkeit, und vielleicht wirst du dich wiedererkennen – der »vergeßliche Cousin« einer Linotte, die sich an alles erinnert. Und wenn ich daran denke, daß ich dich immer noch so mag! Wenn ich denke, daß ich dir wie in alten Zeiten mit zwanzig Seiten antworten würde, wenn du mir schreiben würdest! Ja, du sagtest, ich sei »weiblich«, doch du weißt nicht, was für eine dumme Göre ich eigentlich bin.

25. Januar

Eduardos Brief ist angekommen! Ich bekam ihn gestern, als ich nach dem Briefträger Ausschau hielt, so wie ich es täglich tue. Ich mußte zu Ende frühstücken, weil Mama dabei war, aber danach las ich das lange und schöne »Werk«, und mein Herz floß über vor kindlicher Freude. Der Himmel ist so gut zu mir! Er erfüllt all meine Wünsche, all meine Träume auf seine eigene geheimnisvolle Art. Hätte ich nicht so lange Zeit Eduardos Gesellschaft und seine Briefe entbehren müssen, daß ich die Zeit hatte, unsere kleinen Gespräche zu vermissen und mich nach ihnen zu sehnen, so hätte ich niemals die wunderbare, ehrliche Freude empfinden können, die ich gestern erfuhr, als Eduardo zu mir zurückkam. Sein Brief reiste den ganzen Tag in meiner Tasche mit mir herum wie ein Talisman. Ich zweigte einige Augenblicke von meiner täglichen Geschäftigkeit ab, um ihn zu beantworten. Mein Brief ist schon geschrieben, doch ich möchte ihn selbst zur Post bringen. Ich bin so glücklich, wenn ich daran denke, daß ich dieses Tagebuch auf diese Weise schließen kann, denn ich habe oft über Eduardo geschrieben, und ohne diesen Brief wäre die Geschichte unserer stürmischen Freundschaft nicht abgeschlossen und unvollständig gewesen. Wegen eines seltsamen und unglücklichen Zufalls muß ich Eduardos Einladung zu einem Ball ablehnen, weil das Datum der 17. Februar ist – Enrics Geburtstag und der Tag seiner Abreise nach Europa. Durch Mama entdeckte Enric den

Grund für meinen gestrigen Überschwang, und es machte ihn so unglücklich, so schrecklich unglücklich, daß ich ihm die Geschichte von Eduardo und Mademoiselle Linotte erzählte, während wir abends am Kamin saßen – daß wir Freunde seien und nur Freunde, weil wir dieselben Dinge mögen und uns dieselben Träume verwirren. Auch heute konnte ich mich von diesem Brief nicht trennen (obwohl ich ihn auswendig kenne), denn wenn ich ihn nur berühre, mitten in irgendeiner Beschäftigung, weckt das unzählige Erinnerungen. Manchmal mußte ich ihn berühren, um zu glauben, daß er nicht nur eine Illusion war.

Tia Coco kam gestern zu Besuch und verließ uns erst heute nachmittag. Ich begleitete sie zum Bahnhof, und bevor ich heimkehrte, brachte ich meine Antwort auf Eduardos Brief zur Post. Wenn du nur wüßtest, welchen Zauber ich nun in deinen Seiten finde, wenn ich meine Beschreibung von ihm lese, meine Gespräche mit ihm, meine Rügen, meine kleinen Anfälle von Traurigkeit, meine Zweifel und Verurteilungen. Es verwirrt mich, daß so leicht zu erkennen ist, wann ich den Mut oder den Glauben verlor, wann sich mein Himmel mit Sturmwolken bezog oder wann plötzlich Sonnenschein mein Herz erfüllte. Tränen, Lachen, all die unzähligen Dinge, die mich bewegen, verzaubern, erregen, entzücken, in Erstaunen versetzen oder schwach machen, alles was ich höre und sehe und fühle und denke – alles, alles fließt in deine Seiten ein. Kein menschlicher Freund könnte so treu sein, so geduldig und diskret. Ich liebe dich jeden Tag mehr. Und manchmal bin ich versucht, zu Menschen, die ich von ihren verlorenen, unbeständigen Freunden erzählen höre und die sich einen treuen und dauerhaften Freund wünschen, zu sagen: Schreib! Schreib! Die Freundschaft zwischen einem Mädchen und einem Tagebuch wird niemals durch Zeit oder Entfernung zerstört, beeinträchtigt oder aufgelöst wie die zwischen Männern und Frauen.

Morgen wird Mama mich in die staubige und faszinierende Stadt mitnehmen, wo ich in einem Antiquariat nach einer Ausgabe von Maurice de Guérins Tagebuch suchen werden, denn ich muß die, die ich gerade lese, der Leihbücherei zurückbringen, und ich sehne mich danach, dieses Buch für immer unter meinen Lieblingsbüchern zu haben. Ich muß dort auch ein neues Tagebuch kaufen. Ich wünsche mir wirklich, ich müßte nie neue Bücher verwenden. Ich bedauere immer, wenn ich eines verlassen muß. Kaum habe ich die ersten Seiten aufgeschlagen, schon bist du wieder vollgeschrieben, scheint mir, und ich muß dich in eine meiner Schubladen sperren. Wenn ich zum Abschluß ein Gebet in dieses Tagebuch schreiben müßte, so wäre es ein Gebet der Dankbarkeit. Wenn ich zurückschaue auf alles, was geschah, bin ich froh, zu leben und vielleicht froh, daß der Himmel mein Leben so verschieden von dem der anderen Mädchen gemacht hat: so wunderbar voll von Phantasien, um mich mit all dem zu versorgen, was mir in der Wirklichkeit fehlt, und so wunderbar voll von Dingen, die faßbar, greifbar und doch oft so schön sind. Ich bin glücklich, erst siebzehn zu sein, nicht einem Schmetterling, sondern dem Moos ähnlich zu sein, eher mit »Büchern und der Natur als mit Menschen« befreundet zu sein, jene innere Welt als Schutz und Trost zu haben.

28. Januar

Ich wünschte, ich könnte dir von all den Gedanken erzählen, die mir kamen, während ich Marc Aurel las. Ich empfand alle Gefühlsregungen eines Forschungsreisenden, seine Schwierigkeiten, Entmutigungen und Zweifel ebenso wie die Freuden des Entdeckens, der Anpassung, des Verstehens. Die *Selbstbetrachtungen*, ein schmales und auf den ersten Blick lebloses Buch, ist für mich eine Offenbarung und eine Hilfe geworden. Nachdem ich die trockenen Passagen und gewisse Unregelmäßigkeiten in Ausdruck und Form bewältigt hatte, wurde ich mir der großen Schönheit und Strenge des Gedankengangs bewußt.

Eine Sache, die mich mit unbeschreiblichem Staunen erfüllt, ist die unendliche und ungeheure Freundlichkeit Gottes, der den Menschen mit Intelligenz und Verständnis ausgestattet hat. Ich dachte daran, weil ich nach dieser Lektüre Dankbarkeit dafür empfand, daß ich sie verstehen konnte, Dankbarkeit dafür, daß meine eigenen Gedanken – verschwindend gering, unsichtbar für alle – den Gedanken dieses großen Mannes folgten, ja manchmal in sie eintauchten. Ein unbestimmter, namenloser, gestaltloser Gedanke von mir, der lange nach einem Ausdruck gesucht hatte, war plötzlich dreitausend Jahre alt.

29. Januar

Ich habe eine sehr schmerzliche Erfahrung gemacht, und nun, da sie vorüber ist, schaue ich mit einiger Verwirrung darauf zurück. So oft folgt auf eine Reihe von ruhigen, ungestörten Tagen ein Tag voller verworrener Gefühle, und der Sturm läßt mich verletzt und traumlos zurück. Den ganzen Tag zog mich meine Feder an wie ein Magnet. Ich habe nie so deutlich jenes *Ersticken des Geistes* gespürt. Ich setzte mich immer wieder hin, um das leidenschaftliche Verlangen zu schreiben, einfach nur schreiben, zu stillen. Es war, als suchten sich nun all die Gedanken, die so oft durch Verse, Essays, halbfertige Geschichten nach außen gelangten, wild ihre Freiheit, als schlügen sie gegen die Gefängnistür und riefen zitternd in namenlosem Schmerz – alles vergebens, denn wann immer ich nach meiner Feder griff, schien es, als würden meine Fähigkeiten absterben.

Ich litt die Schmerzen eines Menschen, der die Inspiration für ein zauberhaftes Gemälde hat und nicht malen kann, eines Menschen, der mit einer wunderbaren Redebegabung zur Welt kam und keine Zunge hat. Doch dann folgte die Wandlung. Ich schob die Menge halbgeschriebener Gedanken fort und erhob mich.

Ich sagte zu mir selbst, daß diese unstillbaren Sehnsüchte mich niemals wieder verzehren würden. Ich sagte zu mir selbst, daß ich *lernen* würde, alles auszudrücken – und es dann mit der Welt zu teilen –, was jetzt in mir liegt und in einer Sprache flüstert, die ich verstehen, aber *noch nicht übersetzen* kann. Daß ich lernen werde, über die tausend Dinge zu schreiben, die ich höre, und die andere *nicht gehört haben,* und die Dinge, die ich sehe, fühle und *schaffe*. Allem, was unbestimmt und namenlos ist, werde ich einen Namen geben. Ich werde meine Visionen denen vermitteln, die keine Visionen haben können. Ich werde meine Phantasien und Träume teilen. Ich werde alles beschreiben, was schön ist. Ich werde die Welt auf eine unbemerkte und zarte Musik aufmerksam machen, auf Geschichten von Welten, die die anderen Menschen aus Zeitmangel nicht entdecken und erforschen können. Oh liebe Vision, wird dich deine große Zerbrechlichkeit vor Zerstörung bewahren?

30. Januar

Richmond Hill wurde nun durch die magische Berührung des

Schnees verzaubert. Seit es dunkel wurde, habe ich ihn beobachtet. Still, sanft und glitzernd fiel er. Es ist so früh, daß noch keine Fußspuren im Neuschnee sind – seit meiner Kindheit bin ich immer so traurig gewesen, wenn ein menschlicher Fuß seine Reinheit zerstörte.

Gestern nachmittag besuchten wir eine Familie, der mich Mama schon lange vorstellen wollte – die O'Kelleys. Mama, Enric, Thorvald und ich trafen Willy und Mr. Figueroa am Bahnhof und fanden uns bald in einem luxuriösen Haus in der Nähe des Riverside Drive ein, bei sanftem Licht, Musik, hinreißender, sprühender Konversation und mit verschiedenartigen Persönlichkeiten. Mrs. O'Kelley ist faszinierend, Mr. Alfaur ist jung und auf interessante Weise zynisch – er entzieht sich jeder Beschreibung. Mr. Costa erinnerte mich an einen Weisen. Und genau in dem höchst dramatischen Moment, als ich mich von Mr. Figueroa, Enric, Willy und Mr. Alfaur umgeben sah, trat Germaine Sarlabous* ein! Theatralisch drückte sie ihre Überraschung, Bewunderung und so weiter aus. Doch sie bemerkte nur die oberflächlichen Veränderungen. Sie konnte wohl nicht ahnen, daß ich vor langer Zeit eine unendliche Bewunderung für ihre hemmungslose Koketterie und Fröhlichkeit empfand und daß ich damals weinend einschlief wegen meiner eigenen Schüchternheit und »Sauvagerie«. Und Germaine war ein so glänzender Stern in der Welt des Lachens und der Komplimente, die ich nur von fern beobachtete.

Sie nachahmen? Niemals! Enric hat eine heftige Abneigung gegen sie und spottet darüber, daß die Zeit ihre Fülligkeit noch verstärkt hat. Und ich wollte ihre Koketterie doch nur nachahmen, um Enric zu gefallen. Aber gestern konnte keiner ihrer Tricks Enric von mir trennen, und ich war glücklich, schließlich eine Freundschaft gewonnen zu haben, die ich mir so ideal vorgestellt hatte.

Während ich auf den Zug nach Hause wartete, bemerkte ich einen älteren Mann, der sehr vertieft in ein Buch war. Er sah beschäftigt und nachdenklich aus und war mit einer gewissen vornehmen Sorglosigkeit gekleidet, die den Bibliomanen ver-

---

* Die Tochter von Dr. Sarlabous, jenes Arztes, der die Sänger der Metropolitan Opera betreute

rät. Die Dame an seiner Seite, wahrscheinlich seine Frau, beobachtete kritisch die Vorübergehenden, wie Frauen es normalerweise eben tun. Der Mann strich ab und zu einige Passagen mit seinem Bleistift an und las sie der Dame mit leiser Stimme vor. Er nahm seine Umwelt absolut nicht wahr, bis die Dame plötzlich auf die Uhr schaute, erschrocken aufsprang, nach
seinem Arm griff und mit ihm forteilte, um den Zug noch zu
erwischen. Sein verwirrter, weltfremder Blick war eine Studie
wert. Diese Beobachtung erfüllte mich mit Sorge vor der Zukunft. Drehe die Situationen um, und du siehst mich mit meinem armen, armen Ehemann. Ich in einem Zustand der Verwirrung und völlig versunken, mein Mann mit seinem gesunden Menschenverstand, der mich unterbricht. Ich lehne es ab,
vollkommen aufzuwachen, erlaube ihm, mich in den Zug zu
zerren, in einen Sitz zu drücken und sich selbst, resolut, keu-
chend, aufbegehrend, an meiner Seite niederzulassen, um mich
zu schützen und zu verteidigen, während ich mich frage, *warum* Marc Aurel sagte: »Das Leben ist ein Krieg und eine Pilger-
fahrt.« Ich frage mich, ob jeder die Freude empfindet, die mich
packt, wenn ein Brief in meiner Tasche steckt, der beantwortet
werden will. Ich frage mich, ob jeder so gerne Briefe mag wie
ich und sich auf den Moment freut, wo er sie beantworten
kann. Der Tag schien heller, weil der Briefträger mir einen
Brief von Jack brachte. Darum schaut aus einer Tasche eine
Ecke von Eduardos Brief hervor – allein seine Berührung ist
wie ein Talisman – und aus der anderen eine Ecke von Jacks
Brief, voller Humor und Komplimente in der ihm eigenen un-
geschickten Art.

1. Februar

Niemand außer dir könnte mich heute abend ertragen. Ich verachte mich für meinen Mangel an Mut, diese unvernünftige
Stimmung abzuschütteln. Ich frage mich sogar jetzt, ob ich es
versuchen soll, von Dingen zu schreiben, die ich selbst nicht
verstehe. Doch ich muß es, oder ich werde verrückt. Mama hat
gesagt, ich bin verrückt, und das Wort klingt immer noch in
mir nach. Mama sagt, ich sei eine tragische und törichte Figur.
Sie hat mich härter getadelt als jemals zuvor. Als ob alles, was
ich fühle, einfach nur »tragisch« wäre. Versteht denn niemand,
wie weh es tut, durch ein Erbe gebrandmarkt zu sein, seine in-

nigsten Gefühle einer Besonderheit der Eltern zugeschrieben zu sehen, wieder und wieder zu hören, daß die »Nin« in mir die Ursache all meiner unerklärlichen Gemütszustände ist? Und dann werde ich von Scham gequält, von einer ständigen Willensanstrengung, meinen Ärger im Zaum zu halten, die gedankenlosen Worte, wie Papa sie immer sprach, den Zorn, den er hatte. Ich kann nicht *ich selbst* sein; ich bin das, was Papa ist. Vielleicht lieben mich die Menschen jetzt, weil ich einfach ein Mädchen bin, doch in einigen Jahren werde ich allein auf der Welt sein, wenn ich die schrecklichen Ketten nicht sprenge. Mama sagt mir, daß sie meine Stimmungen *erkennt*. Wie oft habe ich mich gegen den schmerzhaften Griff unsinniger Melancholie gewehrt. Es kommt über mich wie ein abgrundtief böser Einfluß. Ich besiege ihn oft. Ich halte ihm stand, bekämpfe ihn und schüttele ihn ab. Ich fasse Entschlüsse. Es kriecht und kriecht, es steigt auf aus kleinen Dingen oder kommt aus dem Nichts, es springt mich an aus den freundlichsten Gesichtern. Es versetzt mich in Angst und Schrecken. Es kam letzte Nacht nach einem langen, fruchtlosen Kampf. Erinnerst du dich? Ich schrieb von Germaine, von dem Schneesturm, dem Vorfall am Bahnhof, und dann ging ich mit Joaquin Schlittenfahren. Ich war einen Moment lang so glücklich, ich atmete die frostige Luft der Jugend, und in mir kribbelte das Blut. Der helle Klang der Schlittenglocken erfüllte mich mit ungeheurer Freude. Dann wollte Joaquin, unbewußt selbstsüchtig, nach Hause. Er hatte keinen Grund dafür, es war einfach nur eine dumme Idee. Ich wollte so gerne noch bleiben, und ich rief Thorvald und bat ihn darum. Thorvald drehte mir, ebenso unbewußt, den Rücken zu. Allein konnte ich nicht bleiben, weil es viele ältere Jungen gab, die mich zu küssen versuchten. Traurig mußte ich nach Hause gehen. Diese Traurigkeit, die *nicht* von meinem vergeblichen Wunsch oder der Eigensucht meines kleinen Bruders herrührte, ärgerte Mama. Ihre Worte verletzten mich. Als die Tränenflut versiegte, ging ich zu meinem Kaminsims und nahm *De imitatione Christi** heraus. Ich öffnete das Buch an irgendeiner Stelle und las: »Die Natur hat Respekt vor den zeitlichen Dingen, sie

---

* Von Thomas von Kempen (1379–1471)

freut sich über irdischen Gewinn, trauert über Verluste und gerät in Aufruhr bei jedem kleinsten verletzenden Wort. Doch die Gnade widerfährt den Dingen ewig, und hält nicht an jenen fest, die mit der Zeit vergehen; sie stört sich weder am Verlust der Dinge noch gibt sie ihrer Verärgerung mit harten Worten Ausdruck, denn sie hat ihren Schatz und ihre Freude im Himmel, wo nichts verloren ist.«
Ich legte meine Hände sehr fest zusammen und stand sehr still, ehrfurchtsvoll, verwirrt. Ich wagte kaum zu atmen, denn ich fürchtete, diese wunderbare Ewigkeit könnte mich verlassen. Und dann zog ich mich aus und bürstete mein Haar. Beim Gedanken an das, was Mama von mir dachte, hielt ich stolz neue Tränen zurück.

2. Februar

Nachdem ich gestern abend über meine Schlechtigkeit geschrieben hatte, wollte ich nicht mehr über irgend etwas anderes schreiben. Ich fühlte, daß ich Eduardos Brief nicht verdient hatte und schämte mich, davon zu sprechen. Er kam mitten hinein in meine Verzweiflung, ein langer, typischer Brief. Und weißt du, was ihn bewegt? Er fürchtet, daß ich Enric liebe! Er schreibt: »Ich habe Mitleid mit den Frauen, die so dumm sind, sie (die Künstler) zu heiraten, nicht weil sie – wie sie glauben – den Mann lieben, sondern seine Kunst; dann diese Kunst kleidet ihn, hüllt ihn ein in einen so reinen, so göttlichen Schleier, daß sie sich nicht in ihn, sondern in den himmlischen Schleier verlieben. Wenn sie heiraten und der Schleier zerreißt – denn er muß zerreißen, ich kann es beweisen – dann ... völliger Zusammenbruch! Und diese Frau ist zum Leiden verdammt, wenn sie nicht eine gewisse Lebenspraxis hat. Doch Du, Cuisine, Du hast diese Lebenspraxis nicht ... Ich würde alles, meine Ehre und mein Leben dafür geben, um meine Cuisine umzustimmen und um ihr Glück und Freude geben zu können: Cuisine, Du liebst nicht Enric, Du liebst nur seine Geige.«
Und heute antwortete ich schnell, um seine Einladung zum Ball anzunehmen, denn er hatte sich im Datum geirrt – und über Enric schrieb ich:
»Doch um von ernsthaften Dingen zu sprechen, Eduardo: Dein Brief überraschte mich. Ich hätte nie gedacht, daß ich Dir

eines Tages über Enric schreiben würde, und was noch wichtiger ist, daß Du so treffend den ungeheuren und erschütternden Unterschied erkennen würdest, der zwischen dem Mann und dem Künstler besteht. Oh Eduardo, Du brauchst nichts zu opfern für den Sinneswandel dieser ›namenlosen Person‹ und um sie glücklich zu machen – erstens, weil sie nicht viel verdient und auch, weil es so gewollt war, daß sie nur zu gut verstehen und wissen wollte, was Du sie heute so ernsthaft zu lehren versuchst. War nicht ihr ganzes Leben von Künstlern beeinflußt? Sie kennt durchaus den ungeheuren Reiz des Schleiers – und was dahinter liegt!

Erinnerst Du Dich an Lake Placid? Ich weiß, Du wirst es nie vergessen, aber erinnerst Du Dich auch, wie gerade dieser Ort Träume zu *schaffen* schien – sie stiegen wie subtile Zauberer auf, von überall her und immerzu, nicht wahr? Nun, als zu diesem Ort eine unmögliche Person kam, die plötzlich aus einer häßlichen und schäbigen Stadt verpflanzt wurde, konnte sie nie ihren klaren Verstand behalten (vor allem, weil sie eine Dichterin ist) und hielt natürlich die schöne und Inspiration weckende Szenerie für die denkbar passendste Bühne, um etwas vorzugaukeln. Es war so einfach, in Lake Placid zu phantasieren! Und so stellte ich mir vor, Enric sei der Ritter und der Prinz aus all den Märchen, die ich gelesen hatte, und während meiner Spaziergänge dachte ich mir Unterhaltungen aus, die ich mit ihm führte. Ich konnte nicht mit Cuca sprechen, die eine so kluge und ausgeglichene kleine Dame ist, und Du schienst Dich manchmal über mich lustig zu machen. Ich habe die Angewohnheit, mir Phantasiefreunde zu erschaffen aus Angst, ich könnte die wirklichen Menschen *langweilen!*

Und das ist alles. Liebe? Das ist doch keine Liebe, Eduardo, oder? Meine Liebe wird, wenn sie je geweckt wird (denn es gibt sie, und manchmal regt sie sich), die stärkste und treueste auf der ganzen weiten Welt sein, eine Mischung aus der zärtlichsten Ergebenheit einer Schwester und der ewigen, sanften, unermüdlichen Kameradschaft und Treue. Wie seltsam, daß wir von solchen Dingen sprechen – es zeigt, daß wir erwachsen werden, oder vielleicht sind wir erwachsen! Ich liebe Enrics Geige … (Beschreibung von Enric), und ich dachte oft sehr viel über ihn nach … Doch das ist nicht Liebe.«

4. Februar

Gestern abend machten Joaquin, Enric und ich einen langen Spaziergang. Es war nicht sehr kalt, und ein Teil des Schnees schmolz, so daß die Landschaft jeden Moment anders aussah. Wir wanderten lange Zeit, bis wir ein Haus vor uns sahen, das mich immer schon angezogen hatte.

»Es ist Lhevinnes Haus«, flüsterte Joaquin.

Lhevinne, der berühmte Pianist! Es war sein Haus, das so gut mit den Bäumen und Büschen harmonierte. Ein Licht kam aus dem Zimmer im Erdgeschoß. Wir lauschten angestrengt und hörten den schwachen Klang eines Klaviers. Neugierig schlichen wir zum Fenster. Im Schnee waren unsere Fußtritte kaum zu hören. Ich glaube nicht, daß es falsch war, was wir taten. Als Kinder von Künstlern näherten wir uns mit Hochachtung – um zu bewundern, nicht um zu spotten! Ich werde nie vergessen, wie wir staunend standen und Lhevinne zuhörten. Um uns die halbverschleierten Bäume und Häuser, die sich wie Schatten aus Schneefeldern erhoben, über uns der dunkelblaue Dom und im Haus der Pianist bei seiner Arbeit, sein Profil, das sich abhob, und seine Lippen, die sich bewegten. Er wandte niemals die Augen von seinen Händen; er hatte einen seltsamen Ausdruck von Entschlossenheit und gleichzeitiger Losgelöstheit. Er schien sich selbst und seine Umgebung vergessen zu haben, alles außer seiner schwierigen Aufgabe. Er wiederholte dieselbe Passage immer wieder, intensiv und hingebungsvoll. Und wir standen reglos, lauschten und atmeten so leise wie möglich. Eine Katze kam plötzlich von irgendwoher gesprungen, und die kleine Glocke an ihrem Hals ertönte. Wir sprangen auf – und lächelten. Ich sah in Joaquins Augen: Sie waren so hell und voller Sanftheit und Nachdenklichkeit. Ich bin sicher, er sah die Zukunft – seine Zukunft. Ein ganzes Leben war wie ein Bild in diesem Fenster eingerahmt. Das Leben eines Künstlers, der im Gegensatz zu dem, was man normalerweise glaubt, ein Zuhause, Komfort und Luxus besitzt, die er mit seiner Kunst verdient hat. Wir hätten vielleicht noch länger zugehört, doch dann brach ich den Bann, denn mit der Intuition eines wirklichen Büchernarren entdeckte ich bald die Bibliothek, und mein Interesse schwankte zwischen dem Klavier und den luxuriös gebundenen Büchern. »Oh, sieh dir die Bücher an«, flüsterte ich Enric zu, worauf er lachte, so daß wir so schnell wie möglich fortliefen, um nicht zu stören.

6. Februar

Heute ist Enric schrecklich launisch. Wenn ich mich mit ihm beschäftige, staune ich über die Gegensätze an ihm, doch ich beschäftige mich wenig mit ihm, denn es ist sicherer, vor ihm zu fliehen. Er gehört nicht zu den Personen, die nur Funken sprühen, er explodiert! Ich liebe nicht *ihn*, doch ich möchte leidenschaftlich gerne einen Künstler heiraten; ich *will ein Genie heiraten*. Ich zerberste vor Liebe. Was Eduardo sagt, kümmert mich nicht. Ich habe keine Angst vor Schmerzen, vor Schwierigkeiten. Ich bete das Genie an.

7. Februar

Mama hatte heute großen Kummer. Ihr ganzes unglückliches Eheleben hindurch und während der Zeit der Trennung hatte sie den Trost, von Papas Mutter geliebt zu werden, einer engelhaften und geduldigen, treuen Frau. Meine Großmutter empfindet für ihren Sohn blinde, zärtliche Liebe, fast Anbetung, doch war sie immer wunderbar gerecht in der Beurteilung von Mama als seiner Frau. Und nun hat er sie gegen meine arme Mama aufgebracht, der sie einen leidenschaftlichen, traurigen Brief schreibt, in dem sie sie beschuldigt, unseren Vater zu verleumden, seine Ehre zu beschmutzen, uns von ihm fernzuhalten durch ihren Groll und ihre Vorurteile. Er hat ihr eingeredet, daß seine Versuche, unsere Leben zu vereinen, fehlgeschlagen seien, weil Mama grausam und nachtragend sei. Sie weiß nicht, daß Papa seine Bitte durch die Drohung mit dem Gericht zu einem Befehl gemacht hat – um eine schriftliche Ablehnung von Mama zu bekommen, die er bei einer Scheidung gegen sie verwenden kann – und daß Mama auf Anraten ihres Anwalts es zwar nicht ablehnte, nach Paris zu Papa zu gehen, aber Bedingungen stellte, die uns vor Not schützen sollten. Und jetzt will er seine Kinder und erwartet von ihnen, daß sie ihre Mutter verlassen, die sich aufopferte, die für sie hart arbeitete, litt und durchhielt, die ihre Aufgabe fast vollendet hat, sie zu erziehen, ihre Herzen und Gedanken zu bilden. Thorvald und ich sind beinahe ein Mann und eine Frau, und wenn es sein müßte, würden wir für unsere Mutter sterben. Während Mama weinte, und ich ihren Kopf in meinen Armen hielt, wiederholte sie: »Und nun wird er *euch* auch noch gegen mich aufbringen!« Und dagegen rebellierte mein Innerstes, und während Mama litt, weil sie Großmutters Liebe verloren hatte, ballte ich in namenlosem Schmerz die Fäuste, denn ich fühlte, daß meine Liebe zu meinem Vater dahinschwand. Ich spürte, daß ich niemanden lieben konnte, der meiner Mutter wehtat. Langsam, sehr langsam ist der Vater meiner Träume verschwunden, und nun steht mein wirklicher, unglücklicher Vater vor mir. Das Schicksal hat ihn auf sehr merkwürdige Weise bestraft: durch Vererbung. Niemand außer seiner eigenen Tochter, seinem eigenen Blut, könnte ihn so gut verstehen, und ich kenne ihn aus Intuition, ich kenne die leere Eloquenz seiner Briefe, seinen Mangel an Aufrichtigkeit, seine Art, im Leben zu schauspielern. Oh Papa! Du bist es, der mir die Charakterzüge gegeben hat, die ich ständig versuche zu bekämpfen, auszurotten oder wenigstens zu kontrollieren. Du spielst mit den Herzen der Menschen, du rührst sie und blendest sie. Ein Schauspieler, ja, ein Schauspieler! Ein begabter und brillanter Schauspieler, und jetzt spielst du die Rolle eines Märtyrers für deine arme alte Mutter. Du sagst ihr, du hättest versucht, deine Pflicht zu tun, du hättest an deine Frau appelliert, um Verständnis geworben, doch sie sei zu starrköpfig und antworte mit Anschuldigungen. Du vergißt, daß es ihr das Herz brechen würde, wenn sie wüßte, daß du einfach eine Scheidung vorbereitest, *um eine andere zu heiraten!*

Ist es gerecht, daß Papa unser Glück so zerstört? Mama bemüht sich sehr, alle Häßlichkeit des Lebens vor uns zu verbergen; sie gibt uns ein Zuhause und schafft ein Leben voller Ideale, sie lehrt uns nützlich, einfach, zufrieden zu sein, und durch ihre stete Fürsorge und Liebe sind wir schließlich offen, unschuldig und ehrlich geworden. Und dann füllt Papa plötzlich wieder unser Leben mit Kämpfen, Lügen und Schmerz. Und das Schlimmste daran ist, daß ich ihn liebe, ich liebe ihn trotz allem, was ich über ihn herausfinde. Aber was er auch tun mag, nichts wird mich jemals von ihr entfremden, wie sie befürchtet. Ihr Glück steht an erster Stelle.

9. Februar

Weißt du, was ich jemandem antworten würde, der mich bittet, eine kurze Beschreibung von mir selbst zu geben? Folgendes:

??!!

Mein Leben ist nämlich wirklich ein einziges Fragezeichen – mein Hunger nach Büchern, meine Angewohnheit, Menschen zu beobachten – durch all das versuche ich, meine große, allumfassende Sehnsucht zu stillen: zu wissen, zu begreifen und eine Antwort auf tausend Fragen zu finden. Und nach und nach ergeben sich Antworten, viele Dinge werden klarer, und vor allem werden viele Dinge benannt und *beschrieben,* so daß meine Ruhelosigkeit sich legt. Dann werde ich zu einer *exklamatorischen* Person, applaudiere den immensen Überraschungen, die die Welt für mich bereithält und falle von einer Ekstase in die nächste. Ich habe die Angewohnheit zu beobachten, herumzuschnüffeln, zuzuhören und zu suchen – leidenschaftliche Neugierde und Erwartung. Doch ich habe auch die Angewohnheit, *überrascht* zu sein, die Angewohnheit, *jedesmal,* wenn ich über etwas Merkwürdiges stolpere, erstaunt und zufrieden zu sein. Die erste Angewohnheit könnte mich zu einem Philosophen oder Zyniker oder vielleicht zu einem Humoristen machen. Die andere jedoch zerstört alle zarten Anfänge, und ich komme jeden Tag wieder zu der Erkenntnis, daß ich eben nur eine Frau bin!
Diesmal geriet ich nicht wirklich in Ekstase, aber ich fühlte mich benommen wie jemand, dessen Gedanken plötzlich von einer Windbö durcheinandergewirbelt wurden. Ich lese ein ganz außergewöhnliches Buch: *Der Egoist* von George Meredith. Das Buch hatte die Wirkung eines Bombeneinschlags. Meine erste Reaktion war Ärger. Ich wandte meinen Blick dem freundlichen Himmel zu und rief, als würde ich zum Gott der Schriftsteller sprechen: »Ist denn *alles, alles* schon geschrieben worden!« Und als Antwort stellte ich mir eine endlose Prozession von Büchern vor, die sich über mich lustig machen und um mein Bett herumtanzen. Ich sah *Un philosophe sous les toits,* das *Tagebuch* von Eugénie (de Guérin), *Walden* und tausend andere. Ist schon alles geschrieben worden? Ja. Aber … ich kann nicht aufhören zu schreiben.

An Eduardo:
»Ich bin an der Columbia Universität angenommen worden!

Die großen Collegetüren öffnen sich am Montag für mich! Nur für einen Teil dessen, was ich studieren wollte, denn die verantwortliche Dame ließ mich nicht Philosophie und Psychologie belegen – sie sagte mir wieder einmal, ich sei zu jung. Ich fürchte, jeder wird durch meine Erscheinung irregeführt. Vielleicht wirke ich wie ein Spatzenhirn oder, bildlich gesprochen, wie ein Rehkitz, bei dem es schade wäre, es mit kalter Philosophie zu schockieren, zu verwirren und zu schlagen. Aber ich werde ihr zeigen, daß das »kleine französische Mädchen« (wie sie mich nennt) ungeheuren Ehrgeiz hat, und wenn die Leute auch über meinen *Akzent* lächeln, so werden sie ernst bleiben müssen, wenn ich schreibe.«

Ich bin vor Freude beinahe wahnsinnig geworden. Wie du an diesem kleinen Zwischenspiel meines Briefes an Eduardo sehen kannst, beginne ich Montag mit meinem Studium. Gestern beschloß ich plötzlich, einen zweiten Versuch zu machen, in Columbia angenommen zu werden, und ich ging bei Regen und Schnee dorthin. Ich sprach wieder mit Dr. Glass. Ich bemerkte, daß mein Akzent, mein Mangel an High School-Ausbildung sie negativ beeindruckten. Sie hielt mich nicht für fähig zu der Arbeit, die ich von ihr haben wollte, und da sie für Fehlschläge verantwortlich ist, plante ich einen sehr vernünftigen und vorsichtigen Kurs, der englischen Aufsatz und Grammatik beeinhaltet, außerdem Lesen, Konversation und Übersetzung in Französisch. Der Rest, Philosophie und Psychologie, bleibt im Augenblick noch unerreichbar. Und vielleicht ist das auch besser so, denn wenn man mir erlaubt hätte, diese Fächer zu studieren, dann hätte es Mama große Kosten verursacht, und sie hat in ihrem Geschäft momentan Ärger. So bin ich zu diesem Opfer »gezwungen«, ansonsten hätte ich es ewig bedauert. Wie sehr ich diesen Montag ersehne. Jeder ist überrascht, daß ich so leichten Herzens die Freiheit, die ich die ganze Zeit genoß – Freiheit und Vergnügen, sagen sie – aufgebe, um zu studieren. Enric ist absolut perplex. Niemand außer meinem Tagebuch weiß, daß Studieren meine Lieblingsbeschäftigung ist.

15. Februar
Der Montag ist vorbei. Es war einer jener Tage, die ich nie ver-

gessen werde. Ich war so ungeduldig, so aufgeregt. Ich fühlte mich wie aus einem Blumentopf in einen Garten verpflanzt, und ich brauchte nur wenige Stunden, um neue Wurzeln zu schlagen. Wer weiß, was an frischem Grün und Blumen aus diesem neuen Erdreich wachsen wird, die sonst niemals geblüht hätten. Wind und Sonnenschein spielen mit den Wolken. Der Vorhang geht auf und gibt den Blick auf eine große Anzahl von Gebäuden frei, die das College bilden. Mädchen und Jungen, Männer und Frauen gehen von Gebäude zu Gebäude mit Büchern unter dem Arm. Bevor ich eintrat, sah ich vertrauensvoll der Alma Mater ins Gesicht. In einem großen sonnigen Klassenraum hörte ich die erste Vorlesung in englischem Aufsatz und sehnte mich danach, einer der Schüler zu sein, die ihre Geschichten dem jungen, humorvollen und toleranten Lehrer vortrugen. Dann folgte eine Stunde der Untätigkeit. Ich verbrachte sie mit einem Besuch der Bibliothek für Architektur und einem Gang von Gebäude zu Gebäude, um mich mit ihnen vertraut zu machen. Und um von Freunden zu reden, der erste Mensch, der mir in dem großen College voll von Fremden geholfen und mich geführt hat, ist ein junger Mann. Ich weiß seinen Namen nicht, aber er ist immer bei mir. Um sechs Uhr fällt der Vorhang wieder. Auf meinem Weg zur U-Bahn treffe ich einen Schwarm Studenten, die in die Universität zu den Abendvorlesungen eilen.

Zu Hause hatte Mrs. Norman Enric zu Ehren ein Abendessen vorbereitet. Unter unseren Tellern fanden wir kleine Geschenke zum Valentins-Tag, was mich daran erinnert, daß ich acht Geschenke bekam, alle, bis auf das von Jack, anonym.

16. Februar

Das neue Leben läßt die Tage vorbeiziehen wie Herbstwolken. Mehrere junge Männer bemühen sich um mich. Der erste heißt Frank Holt. Er fährt mit mir U-Bahn, nimmt mich mit zur Buchhandlung, trägt meine Bücher und öffnet mir die Türen. Durch das Schulleben gewinnt man schrecklich schnell Freunde. In der Grammatikklasse war mein Nachbar ungeheuer aufmerksam, doch er war dabei so jungenhaft fröhlich, so lebhaft, daß meine Entschlossenheit, meinen Klassenkameraden mit kalter Gleichgültigkeit zu begegnen, dahinschmolz. Ich werde ihn Nummer 1 nennen. Ich sehe große Anstrengungen auf mich zukommen. Ich wollte ein Stoiker sein und unnahbar, doch ich sehe, daß ich nur eine Frau sein muß und menschlich.

18. Februar

Es gibt Momente im Leben, deren Wirklichkeit man anzweifelt. Gestern und heute schienen ein unbeschreiblicher Traum zu sein. Kann es möglich sein, daß Enric fort ist, fort für ein Jahr? In den Tagen vor seiner Abreise beobachtete ich ihn sehr ängstlich. Spuren großen Leids zeichneten sein Gesicht. Er schlief wenig, aß wenig und lächelte nur angestrengt. Armer Enric! Wenn ich mit ihm sprach und versuchte, ihn zu beruhigen, erhob er sich plötzlich und sagte mit einer leidenschaftlichen Geste: »Oh Anaïs, spiel nicht mit dem Feuer!« Wegen des Unterrichts sah ich ihn selten – glücklicherweise, da meine Gegenwart ihm Schmerz statt Vergnügen zu bereiten schien. Gestern abend schlug Joaquin vor, ins Kino zu gehen, und ich lehnte spontan ab, weil ich sehr müde war. Enric war still, und ich dachte, daß er nicht gehen wollte. Viel später fing ich eine Geste des Bedauerns auf: »Wolltest du gehen, Enric? Es ist noch nicht zu spät, und ich gehe gern.«

»Wenn ich gegangen wäre«, antwortete er, »wäre es nur gewesen, um neben dir sitzen« zu können. Ich hatte dir etwas zu sagen.«

»Kannst du es mir nicht hier und jetzt sagen?« Er schüttelte den Kopf mit einem seltsamen Lächeln. Das Schicksal wollte nicht, daß ich höre, was Enric zu sagen hatte, doch es konnte mich nicht daran hindern, etwas zu verstehen, das keiner Worte bedarf.

Am nächsten Morgen, während Sonnenschein ins Haus hereinflutete – welch ein Gegensatz zu der Traurigkeit, die wir alle empfanden –, erledigte Enric seine letzten Vorbereitungen. Mama sollte ihn zum Schiff begleiten, doch sie wollte nicht, daß ich mitging. Er verabschiedete sich von seinem Zimmer und von allen. Ich werde sein Gesicht nie vergessen, die schreckliche Blässe. Seine ganze Seele lag in seinen Augen, und seinen verzerrten Lippen sah man die Anstrengung an, die er unternahm, um sein Leid zu verbergen – ein Leid, das durch seine furchtbare Empfindsamkeit verdoppelt wurde. Er gab mir die Hand – sie zitterte. Er erinnerte mich mit stockender Stimme daran, seine Briefe zu beantworten. Ich versuchte zu

198

lächeln und sagte: »Du wirst bald zurückkommen.« Und er schüttelte den Kopf. Mit einem Schlag wurde mir klar, was er befürchtete. Was hat die Welt einem leidenschaftlichen, einsamen, empfindsamen und sturmgeschüttelten Jungen zu bieten? Und seine letzten Worte zu Mama waren: »Paß gut auf Anaïs auf. Laß sie nicht heiraten!«

20. Februar

In diesen Tagen habe ich Enric sehr vermißt. Ich vermisse seine Geige, seine Stimme, seine Augen, die mich beobachteten, seine Ergebenheit, seine spontanen Geständnisse und Stimmungen. Ich denke nicht an ihn auf die Art, wie Eduardo es befürchtet. Enric erregt mein Mitleid und ich wünsche, ich wäre seine Schwester, um ihn trösten und aufheitern zu können. Doch es ist unmöglich, ich weiß es, und Enric hat oft genug gesagt, daß er wünsche, ich sei ein Junge, denn dann könnte er mir alles anvertrauen. Es ist schrecklich, daß man nicht jeden lieben kann, der einen liebt. Ich wünschte, ich könnte es.
Heute morgen bereitete ich mein erstes Thema für Montag vor. Es sollte eine erzählende, einführende Unterhaltung sein, und ich entwickelte die Geschichte des Zweiges, der vor langer Zeit abgehauen wurde, erinnerst du dich? Ich bin sehr gespannt auf die Kritik.
Ich muß auch Lektionen lernen und das selbstauferlegte Französisch, damit ich bald meine geliebte Muttersprache wieder beherrsche.

22. Februar

Endlich ein kleiner Moment zum Träumen. Mein Herz ist müde und voll Traurigkeit. Joaquin und ich sind allein vor dem Feuer. Er liegt lesend zu meinen Füßen ausgestreckt. Ich habe ihn einige Minuten lang beobachtet, während ich diese Zeilen schrieb. In seiner typischen Art sprang er auf und gab mir einen Gutenachtkuß. So bleibe ich allein zurück mit dem Feuer und meinen Gedanken. Mein Geburtstag ist vorüber. Ich bin achtzehn. Erst achtzehn, und in größter Einsamkeit – denn niemand steht mir wirklich *nahe* – frage ich mich, was das Leben für mich bereithält und schaue zurück auf das, was es mir gegeben hat. Ich bin so glücklich, lange Zeit still sitzen, ruhen und träumen zu können. Wenn mein Herz hundert Jahre alt wäre, könnte es nicht schwerer sein. Die »Freundschaften«, die man mir in Columbia anbot, lassen nur den Gegensatz deutlich werden zwischen den Menschen, die ich in meiner Umgebung habe und denen, die ich mir vorstelle und wünsche! Am Montag ging ich zur Schule wie immer, kehrte aber mit Marraine zurück. Am Morgen brauchte ich lange Zeit, um zum Bahnhof zu kommen – der Schnee reichte mir bis zu den Knien –, doch bei der Rückkehr stellte ich fest, daß der Schneepflug am Werk gewesen war. An der Tür stampften wir mit den Füßen auf, um den Schnee abzuschütteln, und fanden ein gemütliches, Funken sprühendes Feuer vor. Mama bereitete mir zu Ehren ein gutes Essen vor, und in meinem Zimmer fand ich fünf Töpfe mit Hyazinthen vor meinem Fenster und einen Strauß Rosen auf meinem Frisiertisch. Diese Zeichen, daß jemand an mich dachte, berührten mich. Nach dem Abendessen saßen wir wieder um das Feuer herum und unterhielten uns. Um acht Uhr dreißig sagte ich »Jetzt bin ich achtzehn Jahre alt« und küßte Mama. Ich sprach aus vielerlei Gründen sehr wenig. Ich hatte wenig zu sagen, viel zu denken und hätte lieber geschrieben. All diese Dinge machen mich unerträglich still.

27. Februar

Für kurze Zeit wenigstens werde ich aufhören, über das Wort »Abenteuer« zu sprechen. Die Spannung und Aufregung, die ich hatte, reicht für ein ganzes Jahr und um mich ziemlich mißvergnügt zu stimmen. Viele Stunden lang saß ich und fragte mich, was um alles in der Welt die Menschen an mir lieben würden, wenn ich die lächerlich häusliche Person bleibe, die ich in meinem Spiegel sehe. Viele Stunden lang sagte ich auch den Romanzen adieu, allem, was mit dem anderen Geschlecht zu tun hat, und bereitete mich darauf vor, für mein zwangsläufig altjüngferliches Dasein Trost zu finden in Wissenschaft und Studium. Und alles, weil ... nun, laß mich am Anfang beginnen. Ich ging am Mittwoch abend mit Thorvald Schlittenfahren. Es waren schöne, fröhliche Momente, wir lachten, schrien und fielen in den Schnee. Dann kam der dramatische Augenblick, die Entfaltung der Handlung, wie mein Aufsatzlehrer sagen würde. Thorvald *forderte mich heraus,* einen buckligen Hügel auf dem Schlitten stehend hinunterzufahren. Er forderte mich heraus. Er kennt mich gut. Du sagst, du forderst mich heraus? Sehr gut. Warte nur. Eins, zwei, drei. Ein Buckel, ein Krachen, ein Schlag – ein plötzlicher Halt; ein wenig Blut im Schnee und eine Träne –,und da lag ich, zerschlagen und benommen. Ich stand auf, barg mein Gesicht in den Händen und wankte ins Haus. Schreckensrufe, eilige Schritte, Eis und heißes Wasser. Nein, ich bin nicht tot – keiner meiner Knochen ist gebrochen, und nun, da ich schreibe, sind nur noch einige wenige Spuren meines Sturzes zu erkennen. Ich fiel mit dem Gesicht auf den Schlitten und entging nur knapp einer gebrochenen Nase und dem Verlust meines linken Auges. Statt dessen habe ich allerdings eine schreckliche Gehirnerschütterung und ein blau-gelb-rotes Auge, dessen Umgebung ebenso farbenfroh aussieht. Und »me voilà!«. Das ist alles. Es war ein Schlag für meine Eitelkeit und eine gute Strafe. Es wird mich stoischer machen. Tia Juana hatte kein Mitgefühl für mich – das ist ein Teil ihrer Verwandlung. Sie war diejenige, die von Eitelkeit etc. sprach. Sie versucht vergebens, mich zu verändern und schüttelt den Kopf, weil ich ein hoffnungsloser Fall bin.

Das Komischste an allem ist, daß Tia Juana und Tia Coco zu Besuch kamen. Thorvald brachte Jack zum Wochenende mit, und gestern erschien Miguel. Und so muß ich meinen Platz sorgfältig auswählen, damit ich die Familie mit dem rechten Auge beobachten kann. Ich bedaure, daß ich der gesamten Familie ein so unkünstlerisches Schauspiel bieten mußte, doch sie ertrugen es gut, und wir verbrachten viele gemütliche Stunden am Feuer.

28. Februar

Ich bekam drei Briefe, einen von Eleanor, einen von Frances und einen, der eine Einladung zu einem Tanzabend bei Edith Guiler in Forest Hills enthielt.

Eduardo schweigt, doch ich bin nicht traurig darüber. Eher habe ich eine Vorahnung, daß wir einander bald wieder fremd sein werden. Weißt du, unsere Korrespondenz ist zu idealistisch und unsere intellektuelle Freundschaft zu zart, um den Schlägen und Stößen der alltäglichen Realitäten standhalten zu können.

Ich konnte bis jetzt noch nicht wieder zur Schule gehen. Diese erzwungene Gefangenschaft macht mich unglücklich. Aber morgen gehe ich wieder. Wie ich mich danach sehne, wieder zu *arbeiten*, zu studieren, Hausaufgaben zu machen. Mama sagt lachend, daß nun die Gelegenheit gekommen sei, das Interesse von Nr. 1 und Nr. 2 in Columbia auf die Probe zu stellen. Vielleicht werden sie mir nicht mehr die Bücher tragen oder mir Türen öffnen und meine U-Bahn-Karte bezahlen, wenn sie die Spuren meines »Abenteuers« sehen.

Ich habe wieder damit begonnen, täglich zur Messe zu gehen. Ich bemühe mich so ernsthaft, kein »armer, umnachteter Heide« zu sein. Und doch empfindet mein Herz Dankbarkeit und Liebe nach wie vor nicht in der Kirche. Ich schäme mich – aber ich fühle mich Gott näher auf meinem Weg zur Kirche, in den Wäldern. Dann schaue ich auf zum Himmel, und seine Schönheit erschreckt und inspiriert mich. Ich bete, ja. Ich bete auf diese heidnische Weise zu den Tönen der zwitschernden Vögel oder zum Wind, der ohne Würde oder Ehrerbietung umhertanzt und -springt.

Ich habe den ganzen Tag gesungen, mal mit dem Besen, mal mit dem Geschirrtuch in der Hand. Mein Herz steht nur dann still und verstummt, wenn ich das Pfeifen des Briefträgers höre. Doch ich halte vergebens Ausschau nach Enrics Brief. Sein leidenschaftliches Gesicht spukt ständig durch meine Tagträume. Es ist mir nie gelungen, unsere Freundschaft zu beschreiben oder zu erklären. Wir waren füreinander *nie* dieselben. Jeden Tag schien Enric ein anderer zu sein, und er war immer genauso erstaunt über mich. Wie er allein schon meinen Namen aussprechen konnte: »Anaïs!« Ich schauderte, wenn ich ihn hörte. Manchmal, erinnere ich mich, war er still und launisch, doch vor dem Schlafengehen schob er eine Nachricht oder einige Verse oder eine Zeichnung, ein Porträt von mir unter meiner Tür durch. An manchen Tagen beobachtete er sich ununterbrochen und versuchte, so oft wie möglich mit mir zu sprechen. Ich tat alles, was in meiner Macht stand, um ihn davon abzuhalten, von mir zu sprechen. Ich erschrak vor dem Ton, in dem er begann. Er endete immer traurig: »Du wirst verheiratet sein, wenn ich zurückkomme.« Oder: »Kein Mann der Welt ist deiner würdig.« Seine Komplimente kamen unerwartet. Ich glaube, niemand hat mich so beachtet wie Enric, mit solcher Beständigkeit, solchem Eifer, solcher Ehrlichkeit und dennoch auch mit solcher *Blindheit*. Alles, was ich anzog, bemerkte und lobte er. Er versuchte, meine Stimmungen zu verstehen, meine plötzlichen Einfälle zu erklären und meine endlosen und ständigen Wandlungen zu erforschen. Und eines Tages erzählte er mir, daß er verrückt werde, weil er unentwegt über mich staune und nachdenke und von mir träume. Einmal sagte er mir, ich sei kalt und grausam und gedankenlos und warf mir noch andere häßliche Dinge vor, weil ich nicht reagierte, wenn sich seine Gefühle unkontrolliert in einem Wortstrom ergossen. »Du wirst niemals verstehen, Anaïs; du wirst niemals wissen, wie ich leide, weil ich mich manchmal zurückhalte.« Wenn ich mich vergaß und lachte und spottete, ihm etwas vorspielte, sang oder Joaquin küßte, sagte Enric plötzlich: »Du spielst mit mir. Du bist herzlos.« Das traf mich wie ein Peitschenhieb, als ich es zum ersten Mal hörte. Seit diesem Tag verstand ich, daß ich unglaublich konzentriert und zurückhaltend sein mußte, um diese Überempfindlichkeit nicht zu verletzen – denn ich will vor allen Dingen niemals absichtlich irgend jemanden oder irgend etwas verletzen. Weißt du, wenn ich jemals bösartig oder gedankenlos bin, dann meist, weil ich viele Dinge gar nicht *wahrnehme*. Zum Beispiel dachte ich niemals, daß ich Enric mit einigen dummen kleinen Dingen verletzte, und die Entdeckung geschah in Form einer dringend notwendigen *Lektion*. Ich habe in Wirklichkeit *keine Ahnung vom Leben,* und das Wissen kommt ganz allmählich, sehr langsam und unerwartet.

Mit Enric habe ich sehr viel gelernt. Ich lernte, mehr an andere zu denken. Ich lernte, mein Herz zu zeigen, so daß niemand mehr daran zweifelte, daß ich eines habe! Was für eine wunderliche, stürmische Freundschaft ist in wenigen Wochen zwischen Enric und Mademoiselle Linotte entstanden. Von seiner Seite ist es eine zarte Idealisierung und Ergebenheit, die ich kaum verdiene, und von meiner – leider nur große Sympathie, schwesterliches Interesse und ein Verlangen, ihn aufzuheitern, zu trösten und zu ermutigen.

3. März

Mein erster Tag in der Schule – ein grauer, finsterer, nasser Tag, der mit Donner und Blitz und drückender Schwüle endete. Aller Schnee hat sich in Schlamm verwandelt.

Mama und ich sahen Mary Pickford in *The Love-Light*. Oh, es war eine schöne Geschichte, die mich trotz meiner Versuche, stoisch zu bleiben, weinen und lachen ließ.

In der Schule habe ich Nr. 3 gefunden! Er ist nicht mein Freund, weißt du. Er hat mich kaum angesehen, aber ich tue so, weil ich beeindruckt war von seinen intelligenten, leuchtenden Augen und seinem eigenartigen Lächeln. Sein Aufsatz war originell und gefühlvoll, und er las ihn mit einem seltsamen Akzent vor. Ich ahne, daß er sehr interessant ist und daß ich bald die Gelegenheit haben werde zu entdecken, was an seiner Persönlichkeit in einer so gleichgültigen Person wie mir Neugierde weckt.

In derselben Klasse ist jemand, der mich immer anstarrt, und heute habe ich ihm eine Grimasse geschnitten. Ich konnte beinah die mephistophelischen Hörner fühlen, die aus meinem Kopf wuchsen. So eine Unverschämtheit! Doch ich bedaure es wirklich nicht, denn es wird ihn hoffentlich für immer kurieren. Es war wirklich zu seinem eigenen Vorteil, denn ich habe bemerkt, daß er sehr unaufmerksam und nachlässig war, und nun, da er sich fürchten wird, mich weiterhin anzustarren, wird er sich vielleicht erinnern, wozu er im Unterricht ist.

Um zu »frivolen« Dingen zu kommen: Ich habe von Jimmy erfahren, daß die Einladung zu dem Tanzabend bei Guilers ein großes Privileg darstellt (ihm und auch Thorvald wurde diese Ehre nicht zuteil, doch seine Schwestern gehen hin). Er weiß sonst von niemandem, der eingeladen wurde; es scheint wohl für »Erwachsene« zu sein, was meinem Gefühl für Würde schmeichelt!

4. März

Brief an Frances:

»... Vorher tat ich alles, was ich tat, ohne Ziel oder Disziplin oder Kritik. Und dabei weißt Du ja, wie sehr ich Disziplin und Routine verabscheue. Aber Columbia ist ganz anders. Dort gibt es viel Unabhängigkeit. Man vertraut uns, und wir werden sehr oft uns selbst überlassen in der Obhut der Ehre und des Gewissens. Jetzt muß alles, was ich schreibe, vollständig sein, ausgefeilt und endgültig, denn vorher war mein Geist *unstet;* ich schmierte viel herum, doch ich verwirklichte oder beendete nie etwas. Wir müssen zweimal in der Woche Aufsätze schreiben, kleine Erzählungen, Charakterskizzen, beschreibende Aufsätze. Wir studieren die Nuancen der Andeutungen im Schreiben – kurz, die Dinge, die ich vergeblich allein zu lernen

versuchte. Weißt Du, das klingt, als käme es von einer vernünftigen, praktischen, berechnenden und klugen kleinen Frau. Und ich bin nichts von alledem. Nichts! Ich glaube, ich bin ein Verräter. Ich habe die heiligen Gesetze gebrochen.
1. Narrheit ist Poesie
2. Ein Poet ist ein Narr
Was Du über Jungen schreibst, überrascht mich … Wir hatten bisher doch nicht die Zeit gehabt herauszufinden, ob sie ›Geschöpfe, deren Gefühle ausschließlich den Sinnen entspringen‹ sind, oder stark, männliche Kameraden, mit denen das Leben sinnvoll und glücklich wird.«

Ich habe gerade damit aufgehört, die *Regeln der Zeichensetzung* zu studieren. Ich wurde schrecklich klein, als ich all die Interpunktionsregeln entdeckte, gegen die ich verstoßen habe, besonders in meinem armen, hingekritzelten Tagebuch! Denk nur, wie gut es ist, daß es niemand lesen wird außer mir selbst! Wer könnte meine grauenhafte Grammatik, meine Zeichensetzung, meine Handschrift (die »Ornamente« eingeschlossen) ertragen, wer mein Moralisieren und meinen ganzen Unsinn? Wer? Ich bin, im literarischen Sinne, eine Gesetzlose. Doch ich hoffe, daß man mir eines Tages vergeben wird. Menschen, die ihr Leben in den Wäldern verbringen, können ganz leicht die Etikette der Gesellschaft vergessen. Und Menschen mit wilden Instinkten, die gezwungen sind, sich aus der Schule zurückzuziehen und gewisse Kontakte zu vermeiden, müssen natürlich über die Ergebnisse nachdenken in den … (plötzliche Unterbrechung).

13. März
Zum Klang von Joaquins Improvisationen werde ich nun versuchen, ein wundervolles Abenteuer zu beschreiben. Die letzten Tage haben kaum eine Spur hinterlassen, sie sind verschwunden, verscheucht durch den 12. März. Zunächst war es Thorvalds Geburtstag. Ihm zu Ehren wurde das Abendessen mit besonderer Sorgfalt vorbereitet: Es endete mit der Präsentation der mit sechzehn Kerzen geschmückten Geburtstagstorte. Und danach trennten wir uns. Ich eilte in mein Zimmer, um mit den geheimnisvollen Vorbereitungen für den Tanzabend bei Guilers zu beginnen. Indessen bebte mein Herz vor na-

menlosen Hoffnungen. Nach einer langen Zeit stand ich vor meinem Spiegel und starrte hinein: in meinem wunderschönen rosafarbenen Kleid und mit den Spuren der Aufregung, die mein Gesicht leuchten ließen; ich war nun fertig. Doch ich wußte noch nicht, welch ein Vergnügen mich erwartete, als ich mit Martha und Wilhelmina (Forgie) in Mr. Guilers Automobil stieg. Ich frage mich, welch eigenartige Stimmung mich letzte Nacht bewegt hat. Ich glaube, ich warf all meine Ähnlichkeit mit Moos ab und betrat Mrs. Guilers Haus als Kobold – vielleicht sogar mit einer Prise Teufel vermengt. Ich weiß, daß ich irgendwie nicht »ich selbst« war, und das »andere Wesen« barg ein Herz, das leichter war als eine Feder. Vielleicht *war* es eine Feder, denn *etwas* kitzelte sicherlich meine Kehle, um dieses ununterbrochene Gelächter hervorzulocken.

Das Geheimnis ist dabei einfach, daß das »andere Wesen« es fertigbrachte, die Liebe zu Literatur, Musik, Poesie zu behalten und sie mit anderen zu *teilen*.

Ich hoffe nur, daß diejenigen, denen das »andere Wesen« letzte Nacht gefiel, auch mein wirkliches Ich mögen, die einfache, alltägliche Anaïs, ohne das unbekannte *Leuchten*, ohne Brillanz und sprühende Lebendigkeit, ohne das koboldhafte Gesicht! Weißt du, das ist alles verschwunden und kehrt vielleicht nie wieder zurück.

Laß mich versuchen, in die Einzelheiten zu gehen: Konversation ist eine erstaunliche Sache, wenn man innehält, um darüber nachzudenken, wie sie wechselt, wie sie plötzlich Sympathien und Interesse weckt, welche Macht sie hat, Schwierigkeiten zu beseitigen, Gleichgültigkeit oder Scheu zu überwinden, sie ist die Brücke zwischen Fremden. Ich entdeckte, daß ich viele meiner geliebten »feineren Dinge« mit Edith Guilers älterem Bruder, Hugh Guiler*, teilen konnte, ebenfalls mit Mr. Clapp, auch ein wenig mit einem Maler. Wegen der Aufmerksamkeit dieser Menschen und aller anderen gestern abend sprudelte ich über vor Freude. Wundert es dich, daß ich mich an jede Einzelheit dieses vollkommenen Tanzabends erinnere? Die hübschen Lichter, die Musik, das Lachen, die funkelnden

---

* Später nennt ihn Anaïs »Hugo«, wie er auch in der Familie genannt wurde, da sein Vater ebenfalls Hugh hieß.

Augen, die Komplimente. Ich träumte von Mr. Hugh Guiler und dem »Geheimnis«, das wir haben (denn er schreibt Gedichte), und von dem Maler. Kurzum, ich träumte vom Tanzabend vom Anfang bis zum Ende. Ich werde von Mr. Clapp hören. Er bat, mich in ein Konzert mitnehmen zu dürfen. Und ich werde sicher von Mr. Hugh Guiler hören. Ich war die erste, die gestern abend tanzte, und zwar mit ihm, und ich war auch die letzte auf dem blanken Tanzboden – wiederum mit ihm, denn alle anderen waren müde und schliefen beinahe ein. Doch beim letzten Tanz *vergaßen* wir wegen unserer anregenden Unterhaltung beinah zu tanzen.

14. März

Mein Körper und mein Geist sind müde. Ich fühle die Tyrannei der Schule trotz meiner Liebe zu ihr. Sie trennt mich von dir. Ich lebe zu schnell, ich habe keine Zeit mehr für Selbstbetrachtung und für meine geliebten Meditationen. Ich bin ein seltsames Wesen: Ich bin geschaffen, um meine Umgebung langsam, Stück für Stück in mich aufzunehmen. Ich liebe es, zu beobachten, zu analysieren, von diesem Wunder Welt zu schreiben, wenn es seine Abschnitte vor mir entfaltet, ganz allmählich, Schritt für Schritt. Und jetzt kämpfe ich gegen die Hetze, die Unterdrückung durch Pflicht und Routine.

Oh, wie sehr ich dich jetzt brauche. Ich hänge an dir mit mehr Liebe als je zuvor. Du bist mein kleiner Leuchtturm, beständig und belebend. Ich will dich nicht verlieren, denn dann verliere ich mich selbst!

Nach der Hektik des Tages liege ich eine lange Stunde wach im Bett und rede mit dem Schatten. Dann und erst dann fühle ich die beruhigende Berührung des Schlafs – nachdem ich die Tagträume geträumt habe, die für so viele lange Stunden ausgeschlossen werden müssen. Niemand kann die große Anstrengung ermessen, die ich mir auferlege, um mich in der Schule zu konzentrieren. Und weil ich diese Anstrengung unternehmen muß, bin ich dankbar für die Jahre des Aufschubs – als mein Herz wachsen konnte wie eine wilde Blume, ungebunden, frei. Ich hätte die Schule all diese Jahre hindurch nicht ertragen können; allein der Gedanke daran erstickt mich.

Wie seltsam, daß es immer Eduardo ist, von dem ich träume,

wenn ich Zeit habe, trotz der vielen Jungen, die ich kürzlich kennenlernte.

20. März

Einige Tage lang habe ich wieder ohne Selbstbetrachtung gelebt. Wie ausgefüllt sie waren! Einer von ihnen brachte einen Brief von Eduardo, einen unwiderstehlichen Brief, wie ihn nur Eduardo schreiben kann, doch ich hatte wenig Zeit, davon zu träumen.

Jeden Tag habe ich im Garten gearbeitet. Die Samen, die ich im Keller gesät habe, haben angefangen durch die braune Erde zu stoßen, doch sind sie so zerbrechlich, daß ich Angst habe, sie allzulange anzuschauen. Ich habe Kapuzinerkresse, Mondblumen, Wicken, Gänseblümchen und Akeleien.

Gestern abend schrieb ich an Eduardo, weil er mir so traurig vorkam. Er weiß nicht, warum er mir oder seiner Schwester nicht geschrieben hat. Er sagt, er vergißt alle und alles, wenn er Bücher liest. Mama erlaubte mir, ihn für die Osterferien einzuladen. Und nun hoffe ich fast, daß er die Einladung nicht annimmt. Ich mag ihn *zu sehr*. Miguel wird ebenfalls hier sein.

23. März

Mein Aufsatzlehrer sagte mir, ich leiste »ausgezeichnete Arbeit«.

»Lesen Sie viel Stevenson?« fragte er mich mit einem merkwürdigen Lächeln. Dann sagte er mir viele Dinge, die ich nie vergessen werde, unter anderem, daß der heutige Schreibstil knapp sei, direkt, einfach. »Ihr Stil ist sehr schön, aber ...« Er zögerte, und ich verstand.

»Ist er vielleicht altmodisch, Mr. Seitz?«

Er gab mir den Rat, *Atlantic Monthly* und *The Virginian* von Owen Wister zu lesen, außerdem moderne Kurzgeschichten. Er riet mir, jeden Tag in sein privates Büro zu kommen, so daß er meine Lektüre verfolgen und mir zusätzliche Hilfe geben könne, denn er sei sehr interessiert an mir. Ich war sehr glücklich. Was ich überwinden muß, ist der Einfluß von Romantik und Poesie. Einmal mehr fühlte ich mich wie Rip van Winkle. Meine Reisen haben mich durch die alten Welten des Rittertums geführt, der eleganten, kunstvollen Redeweise, der edlen Form und des Pomps.

Brief an Frances:
»Nicht einmal der Frühling läßt mich Gedichte schreiben – alles, was ich fühle, fließt in Strömen in mein Tagebuch – reine Prosa –, doch ach, Frances, jeden Tag *fühle* ich mehr – und der einzige Grund, aus dem ich von der Poesie Abstand nehme, ist, daß ich mich mit Tennyson, Wordsworth und Dryden beschäftigt habe, und ich fühle mich wie ein gemeiner Spatz, der in Gegenwart von tausend Nachtigallen zwitschert!«

Jack kam heute morgen und bleibt ein paar Tage. Ich glaube, er hat nicht die leiseste Ahnung, was ich wirklich bin. Es ist unmöglich, daß mich irgendein Junge versteht. Vielleicht ist Eduardo derjenige, der mir am nächsten gekommen ist. Ich vergaß, dir von seinem letzten Brief zu erzählen. Einige Tage bevor ich den Brief bekam, in dem er bat, ihm zu vergeben, schrieb ich ihm, nachdem ich gehört hatte, er sei krank gewesen, und ich tat so, als sei ich Mamas Sekretärin und die Ostereinladung eine geschäftliche Transaktion. Er wartete auf meine Antwort und versteckte seine Angst hinter einem Geschäftsbrief, den offensichtlich *sein* »Sekretär«, Edgar Beverly, geschrieben hatte. Als ich ihn erhielt, so kunstvoll und mit einer Botschaft, die man leicht zwischen den Zeilen lesen konnte, amüsierte ich mich sehr. Ich war froh, verstanden worden zu sein, froh, daß meine Phantasien und Spiele irgendwo ihr Echo finden, daß jemand in der Lage ist, mit mir zu »fliegen«. Denn oft schwingen sich meine Gedanken in die Höhe und lassen alle menschlichen Freunde hinter sich zurück. Oh ja, die große Basis unserer Freundschaft ist Harmonie. Harmonie gibt es so selten. Wird sie bestehen bleiben? Ist sie stark? Ich habe Angst um sie. Ich bete, daß sie noch nicht stirbt, bis ich stark genug bin, sie aufzugeben, wenn ich muß.

25. *März*
Gestern froren wir ein, und heute fächelten wir uns Luft zu und keuchten. Diese ständigen Wechsel haben einen eigenen Reiz. Du hast einen kurzen Blick auf den Frühling, und dann wird die Tür gewaltsam vor deinem neugierigen Gesicht geschlossen. Der heutige Tag war hinreißend. Mama kaufte mir einen sehr, sehr roten Hut, der mich aussehen läßt wie einen Kobold statt wie einen kritischen Spargel (Spargel steht für al-

les, was lang, dünn, hoffnungslos, farblos und flach ist). Nach der Rückkehr tauchte ich in die Kellerregionen hinab, wo sich meine Treibhäuser befinden, und pflanzte noch mehr geheimnisvolle Samen, denn weil ich eine Egoistin bin, denke ich an all das Vergnügen, das sie mir machen werden, wenn sie wachsen. Um die Wahrheit zu sagen: Ich dachte an die *Pflanzen,* doch Eduardo vermischte sich mit ihnen. Er kommt am Dienstag.

26. März

Jack ist fort – der lange, schlaksige, helläugige Jack mit seiner Gegenwart, seinem irischen Humor und dem ansteckenden Lachen. Nun erwarten wir Miguel, den gutaussehenden Egoisten. Mein Zimmer ist hübsch und frisch. Es scheint für jemanden vorbereitet zu sein, für Eduardo, der es immer liebte, der immer meine Bücher streichelte und zu raten versuchte, welche Träume sich in meinem blauen Zimmer befanden. Hat er sich verändert?

Ich habe wieder einen ganzen Band meines Tagebuchs gelesen – von Juli bis September. Es gibt kein anderes Wort, um meine Gefühle auszudrücken, außer absoluter »Überraschung«. Ich erkenne meine eigenen Aufzeichnungen nicht wieder! Mein altes Tagebuch ist seltsam, impulsiv, und es scheint gegen meinen Willen aus mir heraus entstanden zu sein. Mehr denn je bin ich entschlossen, weiterzuschreiben – aber warum? Ich weiß es kaum. Ich weiß nur, daß ich dich immer brauche. Vielleicht beruhigst du mich, tröstest, kontrollierst. Denn nach dem Schreiben fühle ich mich *vernünftig,* und bevor ich handle, halte ich inne, um mich zu fragen: Werde ich mich schämen, dies in mein Tagebuch zu schreiben?

Ich dachte über die Zukunft nach, eine schöne, *sinnvolle* Zukunft, und ich faßte tapfere Entschlüsse. Und dann wandten sich meine Gedanken Eduardo zu ... wieder Eduardo.

»Genug davon«, sagte ich zu mir selbst, »ich muß vernünftig sein. Dies ist Unsinn, über den ich mich schäme.« Ich werde Eduardo kaum gefallen, warum muß ich mich benehmen wie ein leichtsinniges, dummes Mädchen? Früher war ich stolz darauf, anders als andere Mädchen zu sein. Wenn sie über Jungen sprachen, schwieg ich und sehnte mich nach Büchern. Habe ich mich verändert? Waren all diese Jahre des Studiums, der Konzentration und des Denkens, diese Jahre der Einsamkeit, die von mir selbst geschaffen wurde, weil ich »distanziert« war und es ertrug, stolz oder verschroben genannt zu werden – waren sie sinnlos?

Nein! Heute verachte ich meine Dummheit. Heute ging die Sonne endgültig unter über meinem letzten Tag der Schwäche, der Zerbrechlichkeit, der Romantik. Genug! Ich fühle mich stark, fast unbesiegbar, unnahbar. Ich will distanziert sein, allein, verlassen. Niemand wird im Namen der Freundschaft in mein Herz gelangen. Ich werde es reinhalten für eine große, übermächtige Liebe zur Menschheit, zur Natur. Ich halte die Peitsche in der Hand; ich werde siegen.

29. März

Die Schritte jedes Fremden klingen in meinem Herzen wie ein Donnergetöse. Ich beginne zu erröten, dann beruhige ich mich, wenn ich entdecke, es ist der Postbote, der Milchmann, der Gärtner, und nicht mein lieber »vergeßlicher Cousin«. Der Postbote brachte mir eine Nachricht von Enric; er ist krank, er langweilt sich, er ist traurig. Ich habe solche Angst, daß er sich wieder in sein Schneckenhaus zurückzieht, wie er es schon einmal getan hat, als er zum ersten Mal zu uns kam.

Es friert, und die Sonne blendet. Ich fürchte um meine zarten Knospen und die Blumen, die noch wachsen müssen. Gestern noch arbeitete und spielte ich in einem leichten Baumwollkleid, und heute sind wir froh, am Kamin zu sitzen.

Miguel kam am Nachmittag. Ich sollte ihn oberflächlich beschreiben, statt mich ständig neugierig mit seinem Charakter zu beschäftigen. Ich könnte ihn für eine Geschichte brauchen. Er ist sehr groß, schlank, vornehm in all seinen Bewegungen, mit einem Hauch von Hochmut, wodurch er sehr auffällt. Er hat kohlrabenschwarze, ausdrucksvolle Augen, gewelltes schwarzes Haar voll blauer Schatten, eine hohe Stirn. Er hat ein sehr einnehmendes Wesen und ist einer jener Menschen, die man gern *in Gesellschaft* trifft, doch das ist alles, denn er ist ein solcher Egoist, daß er alle Sympathie, alles Verständnis, alle Zuneigung fordert, die man geben kann, aber nichts zurückgibt.

30. März

Läßt sich mein Glück mit Worten beschreiben? Ich stehle mir

einige wenige Momente von diesem wunderbaren Tag, der erst zur Hälfte vorbei ist, um dir alles zu berichten. Eduardo kam gestern. Er ist unverändert. Ich kann nur sagen, daß er mir täglich liebenswerter erscheint. Abends sitzen wir am Feuer, bis es Zeit ist, zu Bett zu gehen. Heute morgen gingen wir ins Dorf. Und Eduardo kaufte mir rote, ach so rote Rosen. Er weiß nicht, wie sehr ich von roten Rosen geträumt habe, so lange, bis sie zum Mythos wurden. Und nun ist es Eduardo, der mir meine ersten roten Rosen schenkt. Manchmal wende ich mich ab vom Licht seiner Augen aus Furcht, er könnte erraten, wie sehr ich ihn mag. Manchmal beobachte ich ihn auch und frage mich, ob es möglich ist, daß es auf der Welt soviel Charme gibt, und das in der Gestalt eines Jungen!

31. März

Gestern nachmittag fuhren Mama und Miguel in die Stadt. Eduardo und ich saßen allein am Kamin, lachten, redeten und neckten einander und flogen zusammen hoch über der wirklichen Welt. Von Menschen und Ereignissen sprachen wir wenig oder nur in Metaphern. Wir lasen auch einer im Tagebuch des anderen. Seins ist kurz, aber voller Gedanken über sein Innenleben, und nur hie und da schreibt er etwas Konkretes, gibt er ein Bild von einem menschlichen Geschöpf. Ich zeigte ihm mein Porträt von ihm, und er zeigte mir meins – und mehr als er beabsichtigte, das weiß ich. Denn als er mir sein Tagebuch, an einer bestimmten Stelle aufgeschlagen, gab und mir sagte, auf den anderen stehe etwas, das ich nicht wissen solle, machte er einen Fehler, und bevor ich es merkte, hatte ich das wundersame Etwas gelesen: seine Sehnsucht nach »Cuisine«, während er in Kuba war, und sein Ringen zwischen zwei verschiedenen Lieben: seiner Liebe zu einem schönen, kleinen kubanischen Mädchen, mit »zwei grünlichen, ägyptischen Augen«, deren Blick das aufwühlt, was er »die niedrigen Leidenschaften und das Verlangen« nennt, der ihn hinabzieht und nur seine »Liebe zur Schönheit« befriedigt; und seine Liebe zu einer »Cuisine«, die er als ebenfalls schön (was nicht wahr ist), anmutig und edel beschreibt. *Zwischen den Zeilen* las ich, daß ich nichts zu bieten habe, wenn man meine Schönheit mit der anderer vergleicht. Er sagt, daß ich ihn dazu anrege, edle und große Dinge zu tun, daß ich sein besseres Ich hervorlocke, seine Sehnsucht nach geistiger Kameradschaft befriedige. Er schaut zu mir auf, beinahe so, als wäre ich unnahbar, nicht menschlich. Ich fühlte all dies, und mein Herz war voll von tausend Fragen – nicht von Trauer – aber auch nicht von Stolz.

Ich verstehe ihn so gut. Es ist töricht, zu denken, daß der Himmel *ihn* gesandt hat, um mein Herz zu erwecken. Ich bin älter als er, älter an Jahren, Erfahrung und Leiden! Später wird er zu Perla oder zu einem anderen schönen Lilienmädchen gehen, und ich werde vielleicht jemand finden, der wie ich glaubt, daß Liebe einfach eine Vereinigung von zwei Herzen zu einem ist – daß man dem anderen gibt, was ihm fehlt, daß man die Früchte der vermischten Naturen teilt, und daß man sich dann in gemeinsamer Harmonie einer edlen Aufgabe zuwendet. Nicht Liebe ohne Ideale – sie wäre nutzlos –, die nur andauert, solange Jugend und Schönheit andauern, die verwelkt, wenn die Blüte verwelkt. Nicht Schönheit, sondern Reiz – der Reiz einer guten Frau, einer guten Mutter, einer guten Freundin –, danach werde ich mit ganzem Herzen streben!

Nie zuvor bin ich der Liebe so nahegekommen wie in diesen Tagen. Doch wenn mein Herz jedesmal höher schlägt, wenn Eduardo mich ruft oder mir seinen Blick zuwendet, so geschieht das nur, weil Ideale nach Idealen rufen, Träume nach Träumen, Jugend nach Jugend, und Harmonie bringt uns zusammen, ein Magnet in den schlauen Händen des Schicksals.

Es ist so schwierig, sich daran zu erinnern, daß Miguel da ist. Meine halbausgesprochenen Gedanken finden ihr Echo in Eduardos Herz, und er beantwortet sie in der geheimnisvollen Sprache, die nur ich allein verstehen kann – und Miguel sieht verwirrt und kritisch aus.

Ich fühle mich, als müßte ich mich wie Lamartine gegen das schreckliche, schnelle Vorüberfliegen der Zeit ereifern!*

Die Tage vergehen zu schnell. Bald wird Eduardo wieder wegfahren. Die meiste Zeit verbrachte ich in der Schule, begierig darauf, heimzukehren mit der freudigen Nachricht von einer sehr guten Note im letzten Aufsatz.

---

* Anspielung auf den berühmten Vers: »Oh temps, suspends ton vol, et vous, heures propices, suspendez votre cours« / Oh Zeit, unterbrich deinen Flug und ihr, gnädige Stunden, unterbrecht euren Lauf!

Den ganzen Abend saßen wir am Feuer, während Mama von früher erzählte. Eduardo sitzt jetzt unten am ausglimmenden Feuer an meinem Platz und schreibt. Ich frage mich, was er denkt, wovon er träumt und schreibt. Ich floh schweren Herzens nach oben.

2. April

Ich ging zum Tanzabend im Club – normalerweise eine gewöhnliche und dumme Veranstaltung, doch gestern abend nicht. Ich ging mit Eduardo, der so gut aussah. Ich trug mein rosafarbenes Kleid, und Mrs. Norman lieh mir eine Perlenkette. Es hätte mich nicht im geringsten gestört, wenn ich wie eine Bettlerin angezogen gewesen wäre, denn Eduardo in seiner neuen Verwandlung zog alles in seinen Bann. Denk nur, statt das Innenleben von Mademoiselle Linotte zu studieren, wandte er sich plötzlich dem schrecklich menschlichen Studium der Grübchen zu, die ich, wie er behauptet, habe, der Farbe meiner Augen, die seltsam seien, und meines Haares, das »schimmere«. Wir saßen auf der Treppe, und er schrieb ein Gedicht an mich, das »Unser Tanzabend« hieß. Die verwischten Worte auf der vorigen Seite sind durch sein unerwartetes Eintreten in mein Zimmer entstanden. Ich mußte schnell mein Tagebuch schließen. Wir können nicht fünf Minuten zusammen sein, ohne einen Begeisterungsausbruch zu erleben, an dem wir beide teilhaben: zum Beispiel bei der Entdeckung einer schönen Seite in einem Buch oder von irgend etwas anderem. Mama sieht uns zu mit ihrem besonderen, zwinkernden Lächeln und nennt uns Papageien, Miguel eingeschlossen. Da ich gerade von Miguel spreche: Nun ist er besorgt und hat seinen Egoismus überwunden, um mir *Vie de Bohème* von Murger zu kaufen. Vielleicht gehe ich heute nachmittag mit Jack ins Theater – wogegen Miguel und Eduardo eindringlich und beredt protestierten.

4. April

Der Abend des letzten Tages! Und ich habe Angst zu schreiben. Eduardo ist verändert, aber in einer Weise, die ich mir nie hätte träumen lassen. Wenn du ihn nur sehen könntest! Irgendwie ist die Zeit, als er mir verloren erschien, vorübergegangen wie ein böser Traum, und der jetzige ist so heiter, so schön, daß ich Angst habe, ihn zu berühren. Ich zweifelte, ob er mich

214

mochte, doch nun bin ich sicher, er wünscht meine Gegenwart ebensosehr wie ich die seine. Wir sind voneinander auf unwiderstehliche Weise angezogen, trotz Miguel, der immer bei uns ist, trotz Mama, die immer über uns lacht. Wir hören niemals auf zu reden oder, was noch wundervoller ist, wir können zusammen schweigen.

Gestern ging ich tatsächlich mit Jack ins Theater. Miguel und Eduardo brachten mich zum Bahnhof.

Heute nachmittag machten Eduardo, Miguel und ich einen Spaziergang durch die Wälder, und dabei hatten wir die sonderbarste Unterhaltung, die du dir vorstellen kannst. Wie merkwürdig wir sind, wir drei zusammen, wir sprachen unter anderem von unseren Ehefrauen und Ehemännern. In einem waren wir uns einig: Die Frauen müssen intellektuell und hübsch sein. Eduardos muß auch eine Kameradin sein. Mein Mann ist ein Mensch, den es, wie du weißt, gar nicht geben kann, doch das hindert mich nicht daran, von ihm zu sprechen. Den restlichen Nachmittag lasen wir, redeten und lachten. Das Abendessen war einfach. Weder Eduardo noch Miguel möchten wieder zur Schule. Gestern abend sprachen sie vom unerklärlichen Reiz dieses Hauses, in dem man nichts tut und sich dennoch niemals langweilt, in dem man von all den Dingen spricht, die man liebt.

»Dieses Haus hat eine Seele«, sagte ich.

»Das bist *du*«, sagte Eduardo. Und Miguel meinte dasselbe. Immer tauche ich auf in ihren Gesprächen. Ich dachte nie, daß ich einen so großen Platz in der Welt einnehmen könnte. Doch ich bin müde. Ich gehe immer auf Zehenspitzen und strecke meine Hände aus nach einer göttlichen Flut von Blütenblättern – Blütenblättern von roten, roten Rosen. Mein Herz springt jeden Tag eine Million Mal in die Höhe, und wenn es Zeit ist, zu Bett zu gehen, schlafe ich ein wie ein Kind, das zuviel gespielt hat.

Ich schreibe in Eduardos neues Tagebuch: »Schreib – und denk daran: wenn Du hörst, daß Dich eine Stimme ruft, dann ist es jemand, der die Tagträume liebt, und mit dem Du Deine eigenen teilen kannst.«

Die roten Rosen sind verwelkt, doch ich habe die Blütenblätter in einer Schachtel mit den Briefen meines Cousins aufbewahrt. Er hat auch einige von ihnen in seinem Tagebuch.

In das Tagebuch, das er mir schenkte, schrieb Eduardo: »Schreib: Laß nicht Dante oder Milton Deinen Weg behindern. Sie sind die Meister des Geistes der Menschheit, Du kannst die Meisterin des Herzens der Menschheit sein. Sag nicht, daß schon alle Dinge geschrieben worden sind! Dein Herz ist noch niemals geschrieben worden. Wann immer Du zauderst auf dem Pfad Deines Lebens, wann immer Du Worte des Trostes, Worte der Freundschaft, Worte der Liebe brauchst, gibt es jemanden, der geduldig darauf wartet, Deinen Wünschen nachzukommen – bis in alle Ewigkeit.«

Wie gut wir uns waren in diesen Tagen, ohne Zwietracht oder Entfremdung, kein Moment der Langeweile oder des Überdrusses.

Bist du überrascht, wenn du den Namen Mimi hörst? Eduardo und Miguel nennen mich beide Mimi, ohne zu wissen, daß Enric der erste war, der es sagte: Mimi de Bohème.

Eine unsichtbare Kette verbindet uns auf unbestimmte Art und Weise: Charles, Enric, Miguel, Eduardo und mich. Mr. Guiler ist auch ein Glied dieser Kette, obwohl er es nicht weiß. Ich bin die einzige Frau.

Am Abend ist das Haus still, im Kamin brennt kein Feuer, die Stühle um ihn herum sind leer. Dies ist die Nachlese. Ich sitze allein in meinem Zimmer und schreibe ohne Traurigkeit, denn es gibt in meinem Herzen keinen Platz dafür. Es ist voller Erinnerungen, voll von seinem Lachen, dem Blick seiner Augen, seiner Stimme. Ich sehe ihn am Klavier, als er »Sweetheart«, »Narcissus« und andere Lieder für mich spielte. Ich sehe ihn, wie er ins Feuer blickte und sich mit seinen Meditationen zu mir wandte. Ich sehe ihn lesend, schreibend, träumend, mit seiner Pfeife. Ich sehe ihn überall. Er spricht immer noch mit mir und lacht mich an, neckt mich immer noch freundlich und sagt mir, was ich bin. Er kennt mich gut, er kennt mein besseres Ich und mag meine Gedanken genausosehr wie alles übrige an mir. Er ist fort, aber sein Geist ist immer noch um mich. Ich werde niemals einen Freund so mögen, wie ich meinen Cousin mag.

Wir schufen in perfekter Übereinstimmung eine imaginäre Person: seinen Sekretär, den Schreiber des formellen, gewichtigen Briefes, mit dem er meinen eigenen beantwortete. Ich sagte, daß ich ihn viel lieber mag als Eduardo selbst, da ich zwischen den Zeilen einige interessante Charakterzüge erkannt hatte, die Eduardo nicht hat. Wir sprachen über den Sekretär und beschlossen, er werde über meine Vorliebe für ihn informiert und daß wir korrespondieren könnten, da Eduardo so oft vergaß, mir zu schreiben. Wir hielten dies viele Tage lang aufrecht, bis wir immer, wenn von dem Sekretär die Rede war, in Lachen ausbrachen. Einmal sagte ich, daß ich sogar den Verdacht habe, es sei der Sekretär, der *alle* Briefe geschrieben habe. Sie seien zu schön, um von Eduardo geschrieben worden zu sein. Er war empört. Aber nichts, was ich je schreiben könnte, würde diese seltsame Beziehung zwischen uns darzustellen vermögen, in der die Phantasie eine so große Rolle spielt. Mama sagte, mitten in unsere schlagfertigen Dialoge hinein, sie hoffe, daß wir uns mit alldem eines Tages unsere Brötchen verdienen könnten. »Warum nicht?« antwortete ich. »Du zum Beispiel bist eine müde Geschäftsfrau; sorgen wir nicht den ganzen Tag für Spaß und Unterhaltung? Wir werden damit unseren Lebensunterhalt bestreiten.« Mama konnte nicht leugnen, daß wir sie amüsiert hatten.

6. April

Mir ist, als sei jegliche Empfindsamkeit von mir gewichen. In der Schule bin ich zerstreut. Ich wende mich mit höchster Gleichgültigkeit von eifrigen Klassenkameraden ab. Sie langweilen mich. Ich will allein sein. Zu Hause sitze ich stundenlang mit müßigen Händen, mit Augen, die überhaupt nichts sehen. Eine unbestimmte Betäubung ergreift mich wie ein bösartiges Gift. Sogar die Natur, die sich jeden Tag herrlicher entfaltet, berührt mich nicht. Ich starre vor mich hin ohne Freude oder Schmerz. Leide ich? Ich kann es nicht sagen. Die Stille, die in mich gekrochen ist, ist furchtbar; ist es eine ewige Stille? Werde ich das Flüstern meiner Gedanken wieder hören? Wird mein Herz je in Aufruhr geraten, Sprünge vollführen, beben bei einer Berührung, einem Ruf, einem besonderen Anblick? Nichts verrät die ungeheure Trauer in mir außer meinen Augen, die aufgehört haben zu blitzen. Sie sind versonnen, lang und schmal wie die von Madame Butterfly. Wenn ich nach innen sehe, kann ich beinah einen kleinen Friedhof erkennen. Dort steht auf einem weißen Grabstein geschrieben:

Hier ruht meine Jugend.
Auf einem anderen:
Hier ruhen meine Einfälle und wunderlichen Gedanken.
Und nochmals:
Hier liegt meine Phantasie,
meine Liebe zur Natur.
Hier ruhen mein Herz – meine Träume.

In der Schule treffe ich oft Geschöpfe, die vom Frühling berührt wurden. Sie gehen paarweise spazieren, sie sehen sich in
die Augen. Sie hat einen Strauß Wicken oder Veilchen, die er
ihr geschenkt hat, und er trägt ihre Bücher. Ich gehe an ihnen
vorbei und sage zu mir: »Sie lieben.« Doch es bewegt mich
nicht. Das einzige, was ich zur Zeit liebe, sind vielleicht die
kleinen Kinder. Ich sehe sie überall, und etwas in mir fühlt mit
ihnen. Sie verstehen, denn sie lächeln mich an, immer. Sie sind
die einzigen kleinen Sonnenstrahlen, die die kalte Öde meiner
unerklärlichen Stimmung durchdringen können.
Die Peitsche, die ich in der Hand halte? Ich kann sie nicht benutzen. Ich weiß nicht, was ich erobern muß. Die tiefen,
schwarzen Schatten rücken enger zusammen; meine Seele erstickt.
Eine meiner größten Qualen kommt von jener großen Ruhelosigkeit in mir, jener Ruhelosigkeit, die mich zu all den verwor-
renen Pfaden des Lebens führt, Pfade, die verstellt sind durch
Fragen, Pfade, auf denen manchmal kein einziges Licht
scheint.
Und doch, wie einfach ist es zuzuhören. Dann und nur dann
kommt das Glück, das ein heiteres, ruhiges Leben begleitet.
Ich kann jedoch nicht immer nur zuhören. Ich bin von Natur
aus neugierig. Sogar Eduardo sagte, meine Augen seien zu *groß*
und zu *neugierig!* Sie sind die »Fenster meiner Seele«!
Dies erinnert mich daran, was ein Dichter über die Augen der
Frauen sagte: »... die Schönheit, die in ihnen liegt ...«
Worauf ein Zyniker sprach: »Ja, und wie sie lügt und lügt und
lügt ...«*
Meine Gedanken haben sich einmal mehr Eduardo zugewandt.

---

* Wortspiel: to lie/liegen und to lie/lügen

218

Sie kreisen und kreisen um ihn. Ich will ihn in meiner Nähe haben.

Werde ich viel über Eduardo in mein Tagebuch zu schreiben haben? Oder wird dieser Jemand, mein Schatten, mein geheimnisvoller Fremder, in mein Leben treten? Er wird nur ein klein wenig anders als Eduardo sein. Anders in seiner Liebe zu mir, anders in seinem Alter, mit mehr Stärke, mehr Treue und ohne Bewunderung für Schönheit (von der ich so wenig besitze). Es muß jemand sein, zu dem ich sagen kann: »Ich besitze nichts. Willst du mich trotzdem?«

Mein armer, unmöglicher Ehemann!

Mein Frühstück wird zu etwas vollkommen Unwichtigem, wenn ich mich plötzlich im Besitz eines Briefes von Eduardo befinde. »Meine chère, chère Mimi. Statt zu studieren, stelle ich mir vor, was Du gerade tust, denkst, schreibst. Ich möchte, daß Du weißt, daß ich nicht wankelmütig bin, und ich denke an Dich, erinnere mich an Dich ...«

Ich gehe zur Schule mit dem Talisman in meiner Tasche. Ich kann die anderen ohne Traurigkeit beobachten. Sie lieben, doch dieser Talisman in meiner Tasche ist wundervoll, obschon er Botschaft einer *anderen* Liebe ist. Manchmal bäumt sich mein ganzes Wesen auf: Genug, genug! Ich *fühle zuviel,* mehr als ich ertragen kann. Nach außen hin passierte heute nichts, doch auf geheimnisvolle Weise kroch die graue Dumpfheit des Tages in mein Herz. Ich erschrak vor meiner Umgebung, ich sehnte mich danach, den düsteren Eindringling auszuschließen.

7. April

Ich leide noch immer, ich leide und habe Angst zu ersticken, denn mein Herz kann nicht atmen. Eines Tages werden die langaufgestauten Gefühle in einer wilden, gefährlichen Rebellion aus mir hervorbrechen. Musik verdoppelt den Schmerz.

Ich beantworte Eduardos Brief, so daß er meinen vielleicht an seinem Geburtstag bekommt. Ich verberge meine Stimmung nicht vor ihm. Ich sage ihm, daß ich fortlaufen will. Auch Eduardo ist traurig. Ist das die Reaktion nach einem vollkommenen Glück? Haben wir so viel Licht verströmt, so viele Strahlen geworfen, daß die Flamme in uns wie bei schwachen Lampen flackert und beinahe erstirbt?

Die Erlösung kam, als ich zum Bahnhof ging, während die Regentropfen fröhlich auf meinem Schirm tanzten. Da geriet mein Herz in Aufruhr und antwortete einmal mehr auf die glitzernde Schönheit der Natur. In der Schule lachte ich insgeheim über meine »Verehrer«, die nie erraten können, wie verwirrt mein Herz ist hinter dem Gesicht, das sie mögen. Wie seltsam das Leben manchmal erscheint! Was ist es, das einen Menschen in einer Sekunde leiden läßt und in der nächsten sich freuen? Ist jedes menschliche Wesen diesem Wechsel unterworfen? Oder bin ich die einzige mit so sonderbaren Launen und einem verwirrten Herzen?

Abend. Die Regentropfen peitschen die Fensterscheiben. Ich höre, wie der Wind stöhnt und sich in Böen und bebenden Tönen erschöpft. Joaquin spielt eine langsame venezianische Melodie. Und ich sitze hier heute abend, wie ich es so oft getan habe, um mit dir zu reden – unsere letzte Unterhaltung, denn du brauchst eine Ruhepause; dein Einband ist lose geworden – ein Symbol für deinen stürmischen Inhalt. Ich habe dich zu oft aufgeschlagen und wieder geschlossen, und ich habe einige Seiten herausgerissen. Weißt du, ich bin wirklich eine sehr einfache und gewöhnliche Person, bösartig, launisch, eigensüchtig, gedankenlos – doch es gibt nur einen Grund, warum ich dich geschaffen habe und dich bitte, Geduld zu haben, nur einen Grund, warum ich jede Nacht zu dir komme: Ich habe Träume, Träume, die edler als alles andere sind, was ich je getan oder gesagt habe, und ich will nicht, daß sie sterben. Es ist mein besseres Ich, das Ich meiner Ideale und Entschlüsse, das gegen das traumlose Ich mit seinen Fehlern und Schmutzflecken ankämpft, und sie kämpfen auf deinen Seiten. Allein deine Macht der Spiegelung ist mehr wert als alle Predigten und Ratschläge der Welt. Du bist die beste Hilfe, die ich habe, um meine Vorstellung zu erfüllen, eine vollendete Frau zu werden.

9. April

Ich beobachtete, wie die Schatten über das Land krochen. Ehrfürchtig und still stand ich auf der Veranda und sah, wie das gold- und purpurfarbene Glühen allmählich verschwand. Dann folgte eine atemlose Spannung, als meine Seele von mir zu fliegen schien, um ein Teil dieser geheimnisvollen Verwandlung zu werden. Ein Nebel hing über den Feldern, über den

Straßen und verschleierte die Wälder in einer unirdischen, beinahe mystischen Weise. Nachdem das Gold und das Purpur verschwunden waren, wurden die Schatten schärfer und verwandelten die Welt, die tagsüber so schlicht und einfach schien, in eine unheimliche Szenerie voller phantastischer Fabel- und Zauberwesen. Ich war wie gebannt, in Ekstase von diesem Anblick und hielt den Atem an. Ich hörte Musik, die es in Wirklichkeit nicht gab, eine sehr sanfte, langsame und zarte Musik, die Traurigkeit und Leidenschaft ausdrückte und noch etwas anderes, was ich nicht verstehen konnte. Dann plötzlich ging mir ein Licht auf, mein Herz sprang in die Höhe. Ich wußte, ich wußte! Während ich träumte und die Dämmerung beobachtete, hatte mich dort in der Ferne jemand gerufen. Ich verstand. Ich wußte. Es war eine Sehnsucht und ein Verlangen eines fremden Herzens, die mich vielleicht über eine weite, weite Entfernung erreichten und die ich hörte, weil mein ganzes Wesen darauf lauschte. Wer ist es? Hat er je zuvor vergebens gerufen? Ist dies der Grund für all meine Ruhelosigkeit, meine Sehnsüchte? Ruf mich noch einmal, mein Fremder. Ich werde von jetzt an immer zuhören. Bist du Wirklichkeit? Ich frage es mich. Ich hörte dich rufen, doch wie kann ich dir antworten?

Ich bin nicht verrückt, geliebtes Tagebuch. Ich schreibe dies in aller Ehrlichkeit. Vielleicht hat mich meine ständige Träumerei fortgetragen. Heute war alles, jede Stunde, halb Wirklichkeit, halb Traum. Was bin ich, wenn nicht ein Geschöpf der Träume? Mein Leben besteht aus Träumen; sie sind meine Wirklichkeit. Bitte glaub an sie, wie ich an sie glaube. Es wird noch zu viele Jahre geben, in denen wir sie analysieren und an ihnen zweifeln werden. Liebe sie mit mir, solange wir das Recht, das Vorrecht besitzen, sie zu lieben.

10. April

Thorvald ist krank, und ein kranker Thorvald ist das Unwiderstehlichste, das man sich vorstellen kann. Seine gute Laune, seine schelmische Art und seine ständige Bereitschaft zu Witzen und Bonmots sind für mich unergründlich.

»Oooooh! Mein Kopf schmerzt! Ooooooh …! Ahhhhh!« Das ganze Haus erbebt unter seinem Stöhnen, und ich verliere fast den Kopf. Dann setzt er sich plötzlich auf, ein breites, teuflisches Grinsen im Gesicht. »Was würde Tia Juana dazu sagen, he? Wäre doch nett, wenn sie jetzt käme.« Und das ganze Haus zittert unter seinem Gelächter. Im nächsten Moment steckt er den Kopf in die Kissen und fängt wieder an: »Ooooooh, mein Kopf.«

Es ist eine Magenverstimmung – sozusagen Thorvalds typisches Leiden. Er brüllt nach seinem Frühstück.

Ich sollte viel über Thorvald schreiben, denn er ist sehr viel liebenswerter als ich. Doch er gehört zu den Menschen, bei denen du zufrieden bist, wenn sie nur in deiner Nähe sind, ohne daß du sie studierst. Er ist auf so wunderbare Weise einfach. Ein sonniges Gemüt. Es gibt nichts zu schreiben über ihn. Er ist wie ein großer blauer See mit einem klaren, durchsichtigen Grund. Stark, gesund, lebendig, insgeheim liebend und gefühlvoll, treu und mit einem eisernen Willen: Das ist Thorvald, das und noch etwas dazu: Er ist ein unheilbarer, unwiderstehlicher und zum Wahnsinn treibender Quälgeist. Ich glaube, Thorvald würde selbst einen Engel solange necken, bis er ihn zur Weißglut getrieben hat. Wie um alles in der Welt er um eine Frau werben wird, weiß ich nicht. Thorvald und Komplimente sind stets Todfeinde gewesen. Er wird nie einem Mädchen sagen: »Dein Haar ist wie ... Deine Augen sind wie ...« Ebensowenig wird er seufzen und schmachten. Nein. Thorvald wird einmal hinsehen, und wenn er sich entschieden hat, wird er sie hochheben, so wie er mich hochhebt (es sei denn, sie ist von der Art, die ein Mann allein nicht heben kann, und in diesem Fall wird er Jack, seinen Busenfreund, bitten, ihm zu helfen), und wenn er sie hochgehoben hat, wird er sie zur Kirche tragen, wo er sie heiraten wird, ohne zu fragen, ob es ihr paßt. Und wem, frage ich dich, würde das nicht passen?

Abend. Ich habe den ganzen Tag *Hypatia*** gelesen und wurde oft wegen Dingen unterbrochen, die ich tat wie im Traum, einmal, um einige nichtssagende Besucher zu empfangen, die uns Tia Juana brachte. Doch immer wieder kehrte ich zu meinem Buch zurück und nahm meine Umgebung bald schon nicht mehr wahr. Ich las es langsam, nachdenklich, innehaltend, wenn ich den Sturm meiner eigenen Gefühle nicht mehr mei-

---

* Von Charles Kingsley

stern konnte. Es gibt so viel in diesem Buch, was tragisch ist, wahr und schrecklich. Es weckte eine Million Zweifel, von denen ich dachte, ich hätte sie während meiner philosophischen Studien vor einigen Monaten für immer verjagt. Es beschwor alte Träume, ließ Widersprüche, Trauer, Sympathie, Widerwillen, Bewunderung entstehen – alle Gefühle im Widerstreit mit der Vernunft, und mir war, als müßte ich einen großen und geheimnisvollen Kampf mit mir selbst führen, jede einzelne dieser lebendigen Seiten hindurch, bis zur letzten.

Ich werde die unglückliche Hypatia niemals vergessen, die mir wirklich zu sein schien, bis ich aus dem schrecklichen Traum erwachte. Ebensowenig werde ich Philammon oder Pelagia, Miriam und Raphael vergessen.

Es war wirklich ein unruhiger Sonntag. Doch ich habe mit Philammon viel von der Welt gesehen, und es befriedigt mich zu fühlen, daß man wenigstens im Geiste andere Länder besuchen kann, andere Menschen kennenlernen und mit ihnen das Leben anderer Jahrhunderte leben kann, sich vertraut machen kann mit ihren Zweifeln, die auch die unseren sind, mit ihren Leiden, ihrem Heldentum oder ihrer Feigheit – lauter Dinge, die aus der Menschheit immer wieder dasselbe machen, trotz aller Philosophen und Religionen.

Gefällt dir dies: »Das Herz einer Frau darf des Liebens niemals müde werden; es ist geschaffen, um zu helfen, zu verzeihen, zu trösten und zu ermutigen, um tapfer, geduldig und voll Nächstenliebe zu sein. Es muß beständig, zärtlich und ehrlich sein, mit Liebe zum Heim, zur Natur und zur Menschheit versehen. Es muß immer wach sein, treu, nicht selbstsüchtig, es muß tolerant sein, rein, voller Freundlichkeit und Verständnis. Das Herz eines jungen Mädchens muß all das und noch mehr sein. Es muß weiblich sein.«

11. April

Ich habe meinen Aufsatz über den »Perfekten Gentleman« beendet. Ich begann unwillig und unlustig, erwärmte mich dann bis zur »Leidenschaft des Dichtens« und endete im Triumph. Und nun folgt die Zeit der Spannung. Wie gern ich wüßte, ob ich meinen Mißerfolg wieder gutgemacht habe!

Wenige Minuten, nachdem ich nach Hause gekommen bin, Mama geküßt und frohgelaunt meine schweren Bücher fallengelassen und Mantel und Hut abgelegt habe, schreibe ich schon wieder. Ich kann meine Gedanken nicht länger zurückhalten. Ich bin so glücklich, daß ich lebe! Ich will nichts als schreiben, schreiben, schreiben. Glücklicherweise verschwende ich nicht meine ganze Verrücktheit an dich. Sie fließt in umfangreiche Essays, Fragmente, Gedichte, und all das kritzle ich im Zug und im Klassenzimmer, wo ich übrigens den größten Teil des Morgens an meinen Tisch gefesselt verbringe. Von jetzt an möchte ich mein Schreiben ändern, und heute lernte ich etwas sehr Wichtiges, das wir das erste Kapitel des Änderungsprozesses nennen könnten. Es ist der Gebrauch von Gedankenstrichen, die ich, wie du siehst, großzügig und verschwenderisch über deine Seiten verteile – eine entsetzliche Angewohnheit! Mr. Seitz deutete an, daß der Gedankenstrich zu ästhetisch sei, und daß er einen Mangel an *wirklichem Denken* verrate. Es scheint, daß die Leute ihn gebrauchen, wenn sie all ihre Gedanken niederschreiben möchten, ohne sich dabei um das Problem der Koordination und der Harmonie zu kümmern. Ich werde dir ein Beispiel aus meiner eigenen Erfahrung geben. Wenn ich wie üblich zu dir komme, ohne meine fünf Sinne beisammen zu haben, sage ich: »Oh, ich bin so glücklich (Gedankenstrich) der Tag ist schön (Gedankenstrich) und mein Herz (etc. Gedankenstrich) Gedankenstrich etc.« Vermutlich hätte ich schreiben können, wenn ich meinen Verstand gebraucht hätte: »Die Schönheit des Tages machte mein Herz sehr glücklich.« Wie praktisch und vernünftig. Kein einziger Gedankenstrich, kein einziges Anzeichen dafür, daß ich meine fünf Sinne nicht beisammen hätte!

Abend. Wenn ich das Wenige, was ich weiß, mit all dem vergleiche, was ich noch zu lernen habe, bin ich bestürzt und beginne, mir Sorgen zu machen. In der Klasse verkündete Mr. Seitz heute die Hausaufgabe: Machen Sie eine Zusammenfassung über *The Deserted Village*. Ich wußte, daß es ein Werk von [Oliver] Goldsmith war. Wie gut, daß ich meinen Goldsmith kenne, dachte ich. Ich habe etwas gelesen über seinen Charakter, sein seltsames, eigensinniges Leben und schließlich auch sein bestes Werk, *The Vicar of Wakefield*. Doch ich dachte, *The Deserted Village* sei ein Buch, und ich fragte: »Sollen wir es nach Kapiteln unterteilen?«

»Es hat keine Kapitel«, antwortete Mr. Seitz mit einem merkwürdigen Lächeln, das ich jetzt nur zu gut verstehe, nachdem ich das Gedicht gerade im *Book of Knowledge* gelesen habe. Wie wenig ich weiß! Wie unendlich klein ist mein Wissen über Literatur trotz meines ständigen Lesens. Und wie ich nach Wissen dürste. Ein Durst, der nie befriedigt ist, nie gelöscht, nie gestillt ist, was wird er nur aus mir machen? Je mehr ich studiere und beobachte, desto neugieriger werde ich. Meine Wißbegierde wird allmählich eine pedantische Manie. Ich schlage immerzu im Wörterbuch nach, sehe neugierig in mein Herz, suche nach seinen geheimsten Inhalten und blicke interessiert auf die Charaktere anderer Geschöpfe. Und doch lese ich niemals schnell und vergesse kein Buch, wenn ein anderes kommt. Nein. Soll ich dir erzählen, wie ich lese? Es ist lächerlich und absurd, doch es ist ein Teil meines sonderbaren Wesens geworden. Ein Buch, in welcher Form auch immer, welchen Ursprungs auch immer, ist mir um seiner selbst willen heilig. Und da beginnt mein Wahnsinn, denn ich werde von ihm angezogen, und wenn es mir in die Hände fällt, verliere ich beinah den Kopf vor Freude. Dann fange ich an zu lesen. Ich mache Pausen, um Passagen daraus abzuschreiben, weil ich weiß, daß mir dieses Buch nicht lange gehören wird. Ich habe viele Bücher mit Notizen angefüllt. Dann stürze ich mich in die erfrischende Entdeckung neuer Worte, und wenn ich mit ihnen vertraut bin, fühle ich mich glücklicher, viel glücklicher, und sehne mich nach einer Möglichkeit, sie zu verwenden. Sie gehören mir! Und ich liebe sie wegen der Gedanken, die sie ausdrükken, der Bilder, die sie entstehen lassen, der Saiten des Herzens, die sie erklingen lassen. Und so lese ich, schreibe ich, fließe ich über vor Begeisterung, vor Befriedigung. Meine eigenen Ansichten, meine Kritik halte ich nur mit Mühe zurück. Ich habe noch kein Recht zu urteilen, doch die Zeit dafür wird kommen. Verstehst du, warum allein das Wort »Buch« mir heilig ist? Es ist immer eine lange, vollständige Reise, gefolgt von der Entdeckung irgendeiner neuen Welt. Jedesmal, wenn das Buch gut ist, spricht mein ganzer Geist darauf an. Ich denke, ich fühle, ich lache und weine mit ihm. Sie sind fast immer gut, die schönen alten Bücher, die ich lese. Haben sie mich nicht zu dem altmodischen Mädchen gemacht, das ich bin? Ab und zu strecke ich schüchtern und ängstlich eine Hand nach moderner Literatur aus, und das Schicksal ist mir gewogen. Dann lese ich James Allens Bücher und das *Tagebuch von Opal Whiteley* oder *The Country Interlude* von [Hildegard] Hawthorne. Opal Whiteley lebt wirklich. Ich habe ihren Artikel über Buchrezensionen in der »Times« gelesen. Sie lebt und schreibt und ist eine Autorin, die jene Dinge liebt, die auch ich liebe. Denk nur, wenn die Menschen, die sie beschrieben hat, Kendrik und Imogen, in den Gedanken von jemand anderem außer Eduardo und mir existieren, dann *können* sie wirklich sein.

Nach Tagen glücklicher, nutzloser Tätigkeiten mit den oberflächlichen und albernen Gedanken, die sie begleiteten, habe ich nun noch einmal begonnen, mich in meine innere Welt zurückzuziehen, und es ist mir gelungen. Die Osterferien zogen mich fort von meinem ernsthaften Ich. Ich sagte immer, ich könne keine gute Philosophin sein, wenn ich mit Eduardo zusammen bin. Wir sprechen zwar durchaus von ernsten Dingen, aber irgendwie nicht so sehr um ihrer selbst willen, als vielmehr wegen des Vergnügens, miteinander zu reden. Eduardo weiß es nicht, da er ein Junge ist, aber ich habe es intuitiv herausgefunden. Angenommen, ich wäre sehr, sehr häßlich und unbeholfen, angenommen – würde er mich mögen um meiner Gedanken, meines Verstandes willen? Nein, unmöglich. Er ist zu jung. Darum frage ich mich manchmal, wie ich jemanden finden kann, der mich wegen meiner inneren Werte lieben wird. Ist mein Fremder sehr jung? Doch das sind nicht die Gedanken einer Person, die beschlossen hat, die Welt zum größten Teil auszuschließen und ihre geheime Tür zu Wissenschaft, Literatur, Philosophie und Selbstverbesserung zu öffnen.

Weg mit euch, ihr dummen Jugendsünden. Fort, sage ich, von diesem Tempel des Studiums. Und doch sagen sie, der Frühling sei da, und sie verkaufen Veilchen an der Straßenecke, und die Welt ist voll von »flüsternden Liebenden«. Kann ich widerstehen?

12. April

Ich fragte mich gestern, ob jemand daran denken würde, mir Veilchen oder rote Rosen zu schenken, doch nichts, nichts kann dem schönen Geschenk gleichkommen, das ich heute morgen bekam. In einer Schachtel lag auf einem Stück weichem, feuchtem Moos ein Strauß wilder Blumen. Ich glaube,

226

es ist ein Arbutus* aus dem Wald. Und wer konnte daran denken, sie zu schicken? Wer außer einer Person, die mich gut kennt, die meine Liebe zu Blumen kennt und meine Liebe zu Aufmerksamkeiten? Eduardo.

Und nicht nur die Blumen, auch ein Brief kam heute morgen, einer jener Briefe, die ich gern eine Minute nach dem Lesen beantworten würde. Seine Familie erinnerte sich nicht rechtzeitig an seinen Geburtstag, und er schreibt traurig: »Dein Brief war wie perlende Tautropfen für eine durstige Seele, ja, Cuisine, selbst wenn es nur ein Wort gewesen wäre! Heute morgen wartete ich auf sieben Briefe, Cuisine; ich fand nur einen, doch welch ein Schatz! Du warst das einzige Wesen, das mit Worten zeigte, daß es an mich gedacht hat, und ich bin dankbar.«

Ein anderer Brief kam von Jack, einer, wie ihn Mark Twain hätte schreiben können. Wie habe ich gelacht! Briefe, Briefe, ihr seid so voller Gegensätze, voller Enthüllungen wie die Menschen selbst. Und wie viel den Menschen fehlt, die niemals Briefe bekommen. Verdiene ich soviel Freundlichkeit von der Welt?

Während ich nach Hause fahre, lese ich ein bemerkenswertes Buch, *The Rubáiyát of Omar Khayyám*. Darin erkannte ich die berühmten Zeilen wieder:

> Ein Gedichtband unter dem Ast,
> Einen Krug mit Wein, einen Laib Brot – und Dich.

Sie nennen Omar Khayyám den Astronomendichter von Persien, und ich zweifle nicht daran, daß er sehr weise ist. Doch zunächst war ich unangenehm überrascht von der Sinnlichkeit dieser Zeilen. Ich brauchte einige Zeit, um die edlen Gedanken zu entdecken, die darin verborgen sind. Doch nun erkenne ich wohl, was das kleine Buch unsterblich gemacht hat, und ich bin froh, es zu wissen. Ich verdanke es Mr. Jones, der auch in meiner Englischklasse ist. Er hat intuitiv meinen Büchergeschmack erkannt, und wir führen manchmal kurze Gespräche vor dem Unterricht, in denen wir einfach Meinungen austauschen – kurze, förmliche Gespräche, denn obwohl er intelli-

---

* Erdbeerbaum; da diese Gattung der Heidekrautgewächse im Nordosten der USA nicht gedeiht, handelt es sich wohl um Kriechheide.

gent, vornehm und erzogen wie ein Gentleman ist, trennt uns unglücklicherweise ein tiefer Graben: Er ist ein Neger.

Es gibt einen frechen Kerl in derselben Klasse, der unbewußt meine philosophische Haltung stört. Er stürzt sich auf mich, sobald ich den Klassenraum betrete, und beginnt mich mit langen, schmeichelhaften Reden zu blenden. Ich mache mich lustig über alles, was er sagt, was ihn jedoch wenig zu entmutigen scheint. Manchmal macht er mich verlegen, und das scheint ihm nur noch mehr zu gefallen. Es ist schrecklich, und ich frage mich, wie ich ihn loswerden kann. Er ist eines jener männlichen Wesen, die sich für unwiderstehlich, gutaussehend und charmant halten und glauben, daß sie mich früher oder später in ihren Bann schlagen. Er hat nie von Hypatia gehört; wie kann er verstehen?

13. April

Ich habe heute zwei Dinge entdeckt: Eines davon haben schon viele Menschen vor mir entdeckt, nämlich das unvergleichliche Buch der *Essays* von [Ralph Waldo] Emerson; das andere ist eine eigene Idee, die mir kam, während ich mit Frances sprach. Ich traf sie heute in der Stadt, wir waren verabredet; wir gingen spazieren und redeten, wie wir es in der Vergangenheit so oft getan hatten. Und während wir Vertraulichkeiten austauschten, verglich ich die Freundschaft zwischen Mädchen auf der einen Seite und die Freundschaft zwischen Mädchen und Junge, Mann und Frau auf der anderen. Ich dachte daran, wie hoch ich die Freundschaft schätze, die Frances mir gegeben hat seit dem ersten Tag, an dem wir uns in der Schule trafen. Ich war glücklich festzustellen, wie beständig, wie ehrlich und hilfreich sie immer gewesen ist. Aber Freundschaft zwischen Frauen scheint so natürlich zu sein. Im allgemeinen ist sie tröstlich, freundlich, verständnisvoll und sympathisch, und sie scheint sozusagen selbstverständlich.

Was für einen Unterschied gibt es zwischen dieser und der anderen Freundschaft? Die andere ist voller Geheimnis, voller Spontaneität und doch auch voller Zurückhaltung. Der Mann und die Frau scheinen immer am Rande der Offenbarung zu stehen. Das Herz ist wach, erwartungsvoll, verwirrt, es zittert vor dem Ruf des Unbekannten! Ja, Geheimnis, und die süßen Schritte der Enthüllung werden einer nach dem anderen getan.

Das Herz des Mannes staunt, und das Herz der Frau erschauert bei dem Wunder, daß jemand »über es staunt«. Ist es wieder Eitelkeit? Dann macht das die Freundschaft des Mannes vielleicht wertvoller. Aber es kann nicht sein. Die Frau ist nicht nur Eitelkeit. Wenn ich insgeheim Eduardos Freundschaft höher schätze als die Frances', muß es daran liegen, daß sie seltener ist, schwieriger zu gewinnen und zu wahren. Und dann verstehe ich das Herz eines jungen Mädchens wie Frances so gut, wogegen das eines Jungen ... Es ist der Ruf des Unbekannten. Es ist auch hier wieder meine Neugierde, die mich leitet. Ich will wissen, woraus das Herz eines Jungen besteht. Und durch Freundschaft kann ich ihre Herzen ergründen. Vielleicht würde ich noch lieber ihren Geist ergründen. Ich weiß, daß sie Herzen besitzen, doch frage ich mich, ob sie Geist besitzen.

14. April

Zum ersten Mal konnte ich heute nicht lernen. Wenn ich auf die Veranda ging, wanderten meine Augen, und meine Gedanken trugen mich in andere Welten. Wenn ich im Haus blieb, winkte mir die Sonne durch mein Fenster zu.

In der Schule erfuhr ich, daß ich eine sehr gute Note für meinen »Gentleman« bekommen habe. Ich weiß von niemandem, der eine bessere bekam, und ich war glücklich, sie verdient zu haben.

Während ich heute morgen die Eichhörnchen fütterte, bemerkte ich, daß der Heizungsbauer vorbeiging, und ich lächelte ihm zu. Er lächelte zurück und sagte: »So ist es recht. Füttere das Eichhörnchen, dann wird es abhauen!« Und ich blieb zurück, um über die Undankbarkeit von Eichhörnchen und den italienischen Akzent dieses Mannes nachzudenken. In der Klasse gab es viel Unzufriedenheit wegen des Aufsatzes über *The Deserted Village*. Niemand konnte ihn schreiben. Ein Junge sagte, er wisse ohnehin nicht, warum »diese Leute das alte Dorf verlassen haben; wenn sie dort geblieben wären, wäre das Gedicht nicht geschrieben worden und unsere Aufgabe wäre nicht so schwierig gewesen«.

Meine Klassenkameraden sind überrascht über meine gute Arbeit. Zum ersten Mal habe ich Mr. Seitz lachen hören, von ganzem Herzen lachen. Er hat ein sehr gütiges Gesicht, aber allein sein Lachen verrät das, was ich mir unter einem wunderbaren Charakter vorstelle. Es gibt etwas Undefinierbares an ihm, das manchmal meine Aufmerksamkeit so vollständig fesselt, daß ich vergesse, daß ich ja zum Lernen da bin und nicht zum Erforschen der Menschen. Oft schrecken mich seine Fragen nach Fakten aus einer Träumerei auf, vielleicht wenn ich mich frage, was er denkt und ob er träumt. Lehrer haben immer zwei Wesen. Ihre Arbeit an sich erlegt ihnen eine schwerwiegende Verantwortung und Sorge auf, die sie in ihrer Freizeit sicherlich abschütteln müssen. Und wie ist dann der Mensch? Streift Mr. Seitz gerne durch die Wälder, oder zieht er die rußige Stadt vor? Liest er die neuen Bücher, und bewundert er die heutige Welt? Ist er praktisch, alltäglich und gewöhnlich? Oder ein Träumer, der seine Träume im Zaum hält, während er arbeitet? Ich kann es noch nicht sagen. Ich weiß nur, daß er Sinn für Humor hat, daß er manchmal tolerant ist, aber auch anspruchsvoll und streng zu bestimmten Leuten, daß er aber dennoch niemanden bevorzugt. Mehr kann ich nicht sehen, weil er mein Lehrer ist und ich sonst nie Zeit habe, ihn zu beobachten, außer wenn er Unterricht gibt, und dann ist, glaube ich, ein Mensch weniger er selbst. Eines ist sicher: Ich könnte niemals einen besseren Lehrer haben. Allein der Gedanke an jemand anderen läßt mich zittern.

Ich schrieb an Eduardo: »Ich will Dir sagen, was ich über das denke, was Du in Dein Tagebuch schriebst. Eduardo, ich glaube nicht daran: an die Notwendigkeit, Deine entscheidenden, unwiderruflichen, unveränderlichen Fehler und Schwächen Deinen Freunden zu zeigen. Erscheint Dir das sonderbar? Dann sag mir doch, denkst Du nicht, daß bestimmte Freunde Dich inspirieren? Stimmt es nicht, daß einige Dein besseres Ich zum Vorschein bringen, Deine besten Impulse hervorrufen, Ideale entfachen, Deine besten Gedanken anregen? Das, was Deine guten Freunde aus Dir machen, *bist* Du. Alle Fehler, Schwächen oder schwachen Momente, die Du haben magst in Gegenwart von jemand anderem, einem Freund, der vielleicht nicht feinfühlig genug ist, um Dein besseres Ich herauszubringen, solche Fehler, sage ich, verschwinden, fallen weg wie eine schmutzige Hülle, sobald Du zu dem anderen zurückkehrst, dem, dessen Gesellschaft Dich rein und edel macht. Unbewußt gibst Du mir ein Beispiel. Laddie verliert seine Affektiertheit,

seine absurde Art, wenn er mit Dir zusammen ist. Armer
Cousin, was ließ Dich mir den ersten Brief schreiben? Du
wußtest nichts von all dem Ärger, den er Dir bringen würde!«

15. April
Bis heute war ich glücklich in der Schule. Ich hoffe, ich werde
den heutigen Tag bald vergessen, doch in der Zwischenzeit
kann ich dir ebensogut davon erzählen. Es geschah alles wegen
einer bestimmten Person, die in die Grammatikstunde kam,
um nachzuprüfen, wie wir lernten, offensichtlich eine Autori-
tät, aber (das wichtige Aber) meiner Ansicht nach ein Mon-
strum. Die halbe Klasse wurde zur Tafel geschickt, um irgendwelche Sätze zu analysieren (glücklicherweise ich nicht, da ich
hinten sitze). Er stand vor jedem einzelnen, um zu kritisieren
und zu benoten, doch nicht so, wie es Mrs. Charleston immer
tut in ihrer ruhigen, gerechten Art. Nein, er schlug mit der ge-
ballten Faust gegen die Tafel, er deutete brutal auf das schau-
dernde Opfer, und seine Fragen sprangen hervor wie Teufel
aus ihren Schachteln. Er verwandelte Fehler in rohe Witze,
und mit den Gesten eines Clowns machte er die Klasse darauf
aufmerksam. Und die Klasse lachte. Der Junge oder das Mädchen, die so verspottet wurden, standen da mit rotem Gesicht
und sahen verletzt aus. Ein Junge mit einem feinen, stolzen
Gesicht und liebenswürdigen blauen Augen hielt sein Temperament bis zuletzt unter großen Anstrengungen im Zaum.
Zorn, Scham und Verachtung sprachen aus seinem Gesicht.
Verachtung, ja, es war verachtenswert, und viele von uns fühlten es, denn wir lachten nicht. Doch ich empfand es so heftig,
es ging mir durch und durch, und ich fühlte mich isoliert mit
meiner Meinung. Warum bin ich nur auf so törichte Weise
empfindsam, wenn es darum geht, wie die Klasse behandelt
wird? Canterbury* kam mit mir. Wir waren uns einig, daß wir
wie Zirkusclowns behandelt worden waren. Man hatte sich
über ihn lustig gemacht, doch er nahm es gutmütig hin, und ich
konnte nicht anders, als mit ihm zu lachen, obwohl in mir
gleichzeitig die Empörung brannte.

---

* Ein Mitschüler

231

Vor wenigen Tagen schrieb ich kurz über Emersons *Essays,* doch nun kennt meine Begeisterung keine Grenzen mehr. Ich könnte mich nicht um alles Gold der Welt von dem kleinen Buch trennen. Mama schenkte es mir, das heißt sie erlaubte mir, zwei oder drei französische Bücher zu kaufen, doch statt dessen wählte ich die *Essays,* die erste und zweite Serie, in einem kleinen, in weiches Leder gebundenen Buch mit hellem, durchsichtigem Papier, das man Dünndruckpapier nennt, glaube ich. Schon das Äußere des Buches, abgesehen vom Inhalt, erweckt in mir einen Hauch von Stolz und Befriedigung. Ich glaube, ich entwickle wirklich eine Bibliomanie. Ich lese den Essay über Freundschaft, der, obwohl karg und streng, hervorragend ist, den über Selbständigkeit, ein Meisterstück der Offenbarung, und schließlich den Essay über Liebe, der großartig und erhaben ist, wie es sich für das Thema schickt. Daß ich ihn lese und bewundere, heißt jedoch nicht, daß ich Emersons Philosophie zu meiner eigenen mache. Mehrere Male stimmte ich absolut nicht mit ihm überein, und dies mit dem Mut, den er selbst mich gelehrt hat in dem wundervollen Essay über Selbständigkeit. Gerade in diesem Essay finde ich einen großen Fehler, über den ich mit Eduardo diskutieren werde. Denn wir haben beschlossen, in unseren Briefen Themen zu diskutieren, nicht nur, um unsere gegenseitigen Standpunkte herauszufinden, sondern auch, um uns gegenseitig etwas beizubringen. Wieder kreise ich um Eduardo und kehre zu ihm zurück. Ich kann ihn weder von der Natur noch von den Büchern trennen, und ich muß gestehen, daß er mit meinem ganzen Leben verwachsen ist, ob in der Schule, zu Hause oder im Garten.

Und doch könnte niemand ihn einen Eindringling nennen. Er zwingt sich deinen Gedanken nicht auf, er gleitet einfach wie ein Schatten hinein und verschmilzt mit ihnen. Niemals quälend oder zermürbend, ein stiller Gefährte, ein Schatten, beinah ein Teil meiner Phantasiewelt. Ich frage mich, was er fühlt. Diese Frage erinnert mich daran, daß er Wirklichkeit ist, denn wenn er ein imaginärer Freund wäre, könnte ich mir vorstellen, was er von mir denkt, aber mein Cousin ist wirklich und menschlich und deshalb geheimnisvoll. Oder doch nicht geheimnisvoll, nein. Er offenbart sich in seinen Briefen, offenbart seine Einstellung zum Leben, zu Büchern, zur Natur, nicht jedoch seine Gedanken über mich. Er verbirgt sie in mystischen Träumen, und wenn er sie ausdrückt, vage, unbestimmt, dann fürchte ich, er denkt an jemand anderen.

Glücklicherweise bin ich die einzige, die dazu bestimmt ist, diese Seiten zu lesen, und ich glaube wirklich, daß ich sie im Hinblick auf meine einsamen alten Tage schreibe. Denn ich nehme an, ich werde nicht heiraten, und ich vermute, ich werde alle guten Bücher lesen, die geschrieben worden sind, und dann werde ich nichts mehr zu tun haben, als meine alten Tagebücher zu lesen und über die »Schwäche und Fehlbarkeit der menschlichen Natur« zu urteilen.

Ich höre, wie Mrs. Norman und ihr Mann über Religion diskutieren. Vielleicht werde ich doch heiraten, und abends werden mein Mann und ich dasitzen und über Bücher sprechen oder uns gegenseitig unsere Tagebücher vorlesen, denn natürlich wird mein Mann ein Tagebuch beginnen müssen, sobald er mich heiratet. Tut er dir leid?

17. April

Ich bin gerade aus der Verzauberung von *Thelma* von Marie Corelli erwacht. Es ist eine schöne, rührende Geschichte, und Thelma ist eine wunderbare Frau. Zur Mitte hin wird es etwas schwächer, doch ehe ich die Zeit hatte, es nicht mehr zu mögen, spielte die Geschichte wieder im Land der Mitternachtssonne und strahlte Inspiration aus. Ich liebe Sigurd mit seinen seltsamen, absurden Vorstellungen, seinen geheimen Sorgen, seiner Schwäche. Armes, pathetisches kleines Wesen, das stirbt, weil seine geliebte Thelma ihm genommen wird. Liebe, Liebe, Liebe ist das Lied, das all diese Seiten mir singen, traurige Liebe, edle Liebe, glückliche Liebe, erhebende Liebe, Liebe in all ihren Formen und Gestalten.

18. April

Es regnet, beständig, langweilig, ein lautloser Schauer von sehr feinen, lichten Regentropfen. Der Himmel ist grau und bedrückend. Alles Licht, alle Farben, alle Schönheit und Fröhlichkeit der Welt scheinen ihre Zuflucht gefunden zu haben in dem zarten jungen Laub, denn nur das Laub allein verbreitet Leben. Die jungen Blätter erzählen vom Frühling, von der Hoffnung. Ich bin mit meinen Hausaufgaben fertig und sitze hier, kühl und grüblerisch. Flora hat mich gerade verlassen und drückte in der merkwürdigen Art ihres Landes ihre Dankbarkeit dafür aus, daß ich einige Briefe für sie adressiert hatte.

»Möge der Himmel all Ihre Wünsche erfüllen, Señorita.«

Ich schaue zum tristen Himmel auf und halte Zwiesprache mit mir selbst. Wünsche ich mir irgend etwas? Oh Ja, doch was habe ich verdient? Nichts, nichts. Es ist ein Wunder, daß mich Menschen lieben. Sie können mein Herz nicht sehen, mein Herz ist böse, so böse. Ich habe so viele Träume, so viele Ideale. Ich weiß so gut, was edel und gut ist. Warum kann ich dann nicht so sein wie die Menschen in meinen Träumen, wie meine Ideale? Warum bin ich nicht edel und nicht gut wie Hypatia, wie Thelma? Ich bin nicht schön, ich bin nicht gütig. Verglichen mit ihnen bin ich voll von Fehlern.

Bevor ich gestern abend einschlief, fragte ich mich, was ich für die Liebe tue. Liebe, das unvermeidliche, das größte Geschenk Gottes. Bücher, Tausende von Büchern erzählen mir, daß die Liebe alles ist. Ist sie mehr als Ruhm, als Studien, als Philosophie oder Wissenschaft? Bücher, einige von ihnen, antworten mit ja, doch andere wiederum schließen die Liebe aus. Langsam, ganz allmählich, habe ich gelernt zu glauben, daß zumindest ich für meinen Teil Liebe brauche. Mein Studieren, mein beständiges Forschen und Fragen, meine Arbeit: macht mich all das der Liebe wert, wenn die Liebe zu mir kommt? Was für ein schönes Ideal, um danach zu leben. Nicht die Liebe um der Schönheit willen, die ich nicht besitze, sondern eine Liebe wie die von Browning, Liebe um all der ungreifbaren und selbstgeschaffenen Dinge willen. Und ich werde warten und arbeiten, um mich der Liebe wert zu machen. Nicht nur durch das Studieren allein, denn was ist Wissen allein? Nein, ich werde meine Augen auf mein Ideal richten, mein Ideal einer Frau, und mich anstrengen, ihm so nahe zu kommen, wie ich nur kann, mit all meinen Fehlern und Untugenden.

Mein Durst nach Büchern ängstigt mich beinah, und was noch schlimmer ist: ich vergesse die ganze Welt, während ich sie lese. Ich fühle mich wie jemand, der einen Tempel betritt, denn es ist so viel Heiligkeit in meiner Anbetung wie in einer mystischen Trance. Aus einem Buch erwächst die Sehnsucht nach einem anderen und aus diesem wiederum eine neue Sehnsucht, noch mehr Wünsche, eine noch größere Ruhelosigkeit. Als ich

Thelma las, fand ich Zitate aus dem Buch *Love-Letters of a Violinist* von Eric Mackay, und ich bestehe nur noch aus Neugierde. Nun halte ich jeden Sonntag in den Buchbesprechungen nach dem Namen Hildegard Hawthorne Ausschau und lächle, wenn ich ihn finde, als sei es der Name einer alten Bekannten. Ich kenne sie gut, obwohl sie nie von mir gehört hat, und ich habe sie meine Freundin genannt ohne ihre Erlaubnis. Es ist schade, daß wir einander nicht sehen können. Was für eine wundervolle Frau muß sie sein! Wenn ich jemals berühmt werde (hm!), werde ich sie besuchen und ihr erzählen, daß ich ihr etwas über ihr Buch schreiben wollte, es jedoch nicht wagte und auch nicht wußte, wo sie wohnt. Ich hoffe, sie wird warten, bis ich ganz erwachsen bin. Wenn sie stirbt wie alle meine Lieblingsautoren, werde ich mich in der Welt der Schriftsteller schrecklich allein fühlen. Ich glaube, ich hätte keine Angst davor, sie mein Tagebuch lesen zu lassen. Langsam werde ich auch vertraut mit den Namen moderner Autoren wie William Locke, Ethel Dell, Irving S. Cobb, (Joseph) Conrad, (Marie) Corelli, (Gene Stratton) Porter, (James) Oppenheim und Jack London. Das bedeutet, daß ich mich langsam von dem seltsamen, veralteten Gefühl entferne, Rip van Winkle zu ähneln.

Mein armer Arbutus ist verdorrt, doch ich brachte es nicht über mich, ihn hinauszuwerfen, das gedankenträchtige Symbol der Rückkehr meines vergeßlichen Cousins zu mir, und so nahm ich das unwichtige Flitterzeug aus meiner kleinen Schmuckkassette und legte den Strauß welker wilder Blumen hinein. Einer meiner Fehler ist diese Angewohnheit, so sehr in der Vergangenheit zu leben. Ich empfinde für Erinnerungen eine Ehrfurcht und Liebe, die nur noch von meiner Liebe zu Zukunftsplänen übertroffen werden können. Und ich sehe alles so *lebendig* vor mir. Ein Fremder würde mich für eine Phantastin, eine Verrückte halten. Und so würde auch der kleine Korb mit seinem geheimnisvollen Inhalt von einem vernünftigen Menschen Unsinn genannt werden. Ich kann es fast hören, wie meine Mutter mir sagt, ich solle ihn hinauswerfen. Aber jedesmal, wenn ich ihn sehe, beschwört er ein schönes Bild herauf, halb Phantasie, halb Wahrheit. Ich sehe Eduardo in irgendeinem herrlichen Wald, wie er am Boden kniet, um die frischen, duftenden Blumen zu pflücken und an Mimi denkt – mit einem merkwürdigen Lächeln und dem zärtlichen, zustimmenden Blick in seinen schönen Augen, den ich immer darin fand, wenn ich ihm gefallen hatte.

Ich merke, daß ich nichts über Miguels Besuch am Samstag und Sonntag schreibe. Er kam, er redete und ging, und ich bemerkte es kaum. Ist dies ein weiterer Fehler von mir? Ich kann ihn nicht bezeichnen, aber ich vermute, es ist ein schlimmer Fehler. Aber wie sollte man auch an Miguel denken können, während man *Thelma* liest? Dies ist wirklich ein psychologisches Problem. Auf jeden Fall ist es so besser für meinen philosophischen Seelenfrieden.

19. April

Vor einigen Tagen schrieb ich von einem ungenierten, gutaussehenden Menschen in der Klasse, den ich loszuwerden plante. Sein Name ist Carnival, und etwas sehr Eigenartiges geschieht gerade. Ich lerne, ihn ein wenig zu schätzen, und zwar nicht unbedingt so, wie er gerade ist. Mir gefällt eher das, was ich aus ihm zu machen hoffe. Es ist in verschiedener Hinsicht ein gefährliches Experiment. Ich weiß, daß er nur mit mir spielt, weil er momentan von einem neuen Gesicht angezogen ist, und trotzdem will ich ihn dazu bringen, mich zu respektieren, nicht um meiner selbst willen, nicht für das, was ich bin und für das Mädchenhafte in mir. Ich habe das Gefühl, ich könnte einen guten Menschen aus ihm machen und ihm seine Unverschämtheit, Unehrlichkeit und seinen mangelnden Respekt austreiben. Der Gedanke daran weckt meinen gesamten Kampfgeist. Ich hoffe nur, er wird sich lange genug von mir angezogen fühlen, damit sich die Verwandlung vollenden kann. Aber ich weiß nicht, wie ich es anfangen soll. Ich werde nicht predigen. Ich frage mich, ob mein eigenes Verhalten ausreichen wird. Ich weiß bereits, daß es seine Neugierde erregt. Er wäre sonst ein so netter Junge. Er wirkt wie jemand, der »schlechte Luft« geatmet hat, die all seine Ideale abgestumpft hat, aber vielleicht nicht durch seine eigene Schuld. Wenn ich sie nur erwecken, in ihm noch einmal Ritterlichkeit und Ehre hervorrufen könnte. Ich wurde von Jungen und Mädchen vor ihm gewarnt, und als er mich heute zur Straßenecke begleitete, fing ich mißbilligende Blicke von einem Mädchen auf. Doch das kann Eifersucht sein. Mich zu begleiten, hieß für ihn, zu spät zum nächsten Unterricht zu kommen, und trotzdem tat er es, ohne zu zögern! So verbinde ich Unsinn mit einem höheren Zweck. Ich meine es so ernst, daß ich hoffe, mein Experiment wird nicht scheitern. Kann es so schwer sein, das Beste in einem Menschen hervorzubringen? Kann es so gefährlich sein, mit Menschen umzugehen, als seien sie edel? Hafiz* sagt: »Sie glaubte, daß alle sich als edel erweisen würden, wenn sie mit allen edel umginge.« Die Zeit wird es zeigen, und ich werde es meinem Tagebuch erzählen.

20. April

Ich ging heute mit Tia Juana ins Theater. Das Stück hieß *The Green Goddess.* Der Hauptdarsteller, George Arliss, ist sehr berühmt, und nun verstehe ich, warum. Das Stück an sich war sehr spannend und bemerkenswert klug.

Als ich wieder zu Hause ankam, erfuhr ich, daß Tia Coco für einige Tage gekommen war. Sie hatte aber böse Kopfschmerzen, und ich mußte mich leise in mein dunkles Zimmer stehlen und mir tastend meinen Weg zu Schubladen und Schränken suchen, um meine Bücher zum Studieren und dich zu finden. Und so sitze ich nun statt vor meinem Ankleidetisch an Mamas Schreibtisch. Irgendwie stört diese Änderung der Atmosphäre den Fluß meiner Beobachtungen und meiner Moralpredigten. Es kühlt meinen Enthusiasmus ab, neben Geschäftspapieren, Rechnungen, Quittungen, Scheckbüchern etc. zu arbeiten. Ich starre dauernd auf die blaßgelbe Tapete oder das drohende Telephon und kehre ohne Inspiration zu der unbeschriebenen Seite vor mir zurück. In Wahrheit ist dies nur eine der vielen Veränderungen, die in diesen Tagen in mir stattfinden, Veränderungen, die keinen vernünftigen Grund haben und die mich sehr stören. Ich habe keine Lust zum Studieren. Ich will nur träumen, lachen und singen. Wie in längst vergangenen Tagen fühle ich mich im Unterricht wie eine geistlose Gefangene, und sobald ich draußen bin, könnte ich den Heimweg tanzend zurücklegen. Heute abend mußte ich lange mit mir selbst sprechen. Ich bat, ich befahl, ich flehte und schimpfte. Und dann bereitete ich mit der tröstlichen Vorstellung, einen asketischen Entschluß gefaßt zu haben, langsam und schwerfällig meinen

---

* Persischer Dichter des 14. Jahrhunderts

Unterricht vor: eine Buchbesprechung für Mr. Seitz. Ich wählte *Thelma* und schämte mich, mit so wenig Begeisterung über eine Geschichte zu sprechen, die ich liebe. Ich muß den unverschämten kleinen Teufel besiegen, der mich jedesmal zur Auflehnung treibt, wenn ich *gezwungen* bin, etwas zu tun. Ich muß daran denken, daß die wilde Blume frei ist, weil sie es verdient, denn sie ist schön und duftet. Ich muß daran denken, daß alles und jeder, der nur das tun will, was er möchte, sich zuerst dessen würdig, dessen fähig erweisen muß. Ich muß lernen, es sei denn, ich beschließe, wie Thoreau in der Einsamkeit der Wälder zu leben. Doch dann könnte ich mein Ideal, in der Welt nützlich zu sein, nicht verwirklichen, denn das Leben eines Eremiten ist egoistisch. Dennoch, wie zufrieden und glücklich muß man sein so ganz, ganz allein.

Meine Sehnsucht nach Eduardos Briefen könnte ich auf diesen Seiten nicht festhalten. Sie ist flüchtig wie ein Schmetterling, mal hier, mal da (was bedeutet, mal in meinem Herzen, mal im Kopf). Und ich habe nicht das Herz, sie abzuschütteln, wie sie es verdient, aus Angst, ihre zarten Flügel zu beschädigen. Ich denke manchmal über die Zukunft nach und frage mich, wer denn wohl Eduardos Ehefrau sein wird. Und wie werde ich mich fühlen, wenn er heiratet? Sobald er sie findet (sie wird vielleicht so wie Thelma sein), wird er mich ganz und gar vergessen. Vielleicht auch schon lange bevor er sie findet. Wie werde ich mich fühlen, wenn ich seine Freundschaft verliere? Es wird sehr wehtun, denn nichts außer der Liebe könnte ihr gleichkommen oder sie übertreffen. Ich werde alleinbleiben mit meinen Erinnerungen, mit Briefen, die von blauen Bändern zusammengehalten werden, mit welken Rosenblättern zwischen Buchseiten gepreßt und einem vertrockneten Arbutuszweig in einem Korb. Allein. Allein, ja, wenn mir nicht die Liebe widerfährt.

Was für merkwürdige, glückliche Gedanken kamen mir heute abend in den Sinn. Sie füllen nun das kleine Zimmer, das vor einigen Minuten noch so kalt und leer war. Und wer, ich bitte dich, wer brachte sie dorthin? Eduardo natürlich. Er schlüpft immer an jeden Platz, den ich mir irgendwo zum Träumen wähle, und allein der Klang seines Namens öffnet eine geheime Tür zu einer Welt aus Erinnerungen und frohen Gedanken. Er ist der Prinz der Zauberer, doch glücklicherweise kann er trotz all seiner Macht nicht erraten, was ich von ihm denke. Eines Tages, bevor ich sterbe, werde ich wohl meine Gedanken einen nach dem anderen im kalten Ozean versenken müssen, damit sie niemand entdecken kann.

21. April
Heute abend fühlte ich den starken, mächtigen Ruf von außen. Nein, es war kein Ruf, es war eher wie ein liebender Arm, der sich mir aus dem Schatten entgegenstreckt, um mich fortzutragen. Ich streifte eine leichte Jacke über und glitt beinah unbemerkt aus dem Haus, um spazierenzugehen. Ich ging ganz allein, träumend und nachdenkend. Ich ging unter einem Dach, halb Himmel, halb Äste, das mich manchmal an eine große, stille Kathedrale erinnerte, mit den Straßenlaternen, die hier und da zwischen dem jungen Laub hervorschimmerten wie Kerzen. Und dann die wundervolle Ruhe des Landes am Abend.
Traum: Eine Kathedrale, weiß, leer und still, ohne Statuen, Altar oder Orgel. Und dann trete ich ein und gehe den Mittelgang entlang, um zu beten: Ein seltsames Gebet kommt mir auf die Lippen: Ja, lieber Gott, ich danke dir für dieses schöne Leben. Und dann wieder Stille. Die Lichter funkeln, aber sind es nicht Kerzen? Stille und Dunkelheit. Wann wird die Musik beginnen, die Engelstimmen, das majestätische Tönen der Orgel? Ich bin allein in der großen Kathedrale. Ich gehe langsam, wie ein Gespenst. Schließlich bin ich zu Hause, und die Stimmen, die ruhigen Lichter wecken mich aus diesem mystischen Traum. Die Kathedrale ist verschwunden, doch ich werde meinen Weg zu ihr wiederfinden, denn ich verstehe Gott dort, und ich kann dort besser beten als in der Kirche.

22. April
Nimm einmal an, du gingest mit deinem Bruder ins Theater, und nimm an, du wünschtest dir einen neuen Hut für diesen Anlaß – weißt du, was zu tun ist? Ich werde es dir sagen: Dreh einen deiner alten Hüte von innen nach außen. Ich habe gerade einen sehr hübsch gemacht, den kein neuer übertreffen könnte.

23. April
Macbeth war es, was Thorvald und ich gestern abend sahen,

und durch diesen unerklärlichen Charakterzug, der mich so beeindruckbar macht, prägte sich Macbeths erschöpftes, blutiges Gesicht in mein Gedächtnis ein, suchte mich heim in meinen Träumen: das Kreischen und das entsetzliche Gelächter der Hexen, das Rauschen des Windes, das Blitzen, jede Szene voll Blut und Angst. Hinter uns saß eine Gruppe Schulmädchen, die kicherten und flüsterten. Sie lachten leise, wenn jemand tot dazuliegen hatte und durch das regelmäßige Auf und Ab seines Atmens verriet, daß es nur ein Schauspiel war; und sie kritisierten Soundsos Perücke, die »*wirklich* zu rot« war und machten weitere Bemerkungen dieser Art, denen Thorvald und ich zuhörten, manchmal mit unterdrückter Heiterkeit. Es gibt wirklich zwei Dinge, die im Theater von großem Interesse sind: das Stück selbst und die Bemerkungen des Publikums.

Walter Hampden ist ein bewundernswerter Schauspieler: Er legt sein ganzes Herz und seine Seele in seine Arbeit, und ich bin sicher, daß er am Ende erschöpft von seiner lebendigen Vorführung der seltsamsten menschlichen Leidenschaften zu Boden sinkt. Ich hatte das Gefühl, als *litte* er wahrhaftig, ehrlich und tief bei allem, was er darzustellen versuchte. Ich erinnere mich, ihn in *Hamlet* gesehen und dabei dasselbe empfunden zu haben.

Was für ein Leben muß das sein! Abend für Abend auf der Bühne stehen und seine Seele in Worte und Handlungen legen, die nicht die eigenen sind. Abend für Abend sein Ich in einem anderen Charakter verlieren, ganz und gar und absolut nicht Walter Hampden, sondern Macbeth zu sein, Macbeth der Ruhmreiche, Macbeth, der in Versuchung gerät, der die Qualen der Unentschlossenheit und der Angst leidet. Macbeth der Mörder, der schlaflose König, der von Visionen geplagte Verrückte, Macbeth im Tode. Ich schauderte, als er dalag, das Gesicht blutverschmiert, und war sehr glücklich, als er dann aufstand und sich vor dem Publikum verbeugte, obwohl er dabei nicht lächelte. Wie hätte er auch lächeln können? Er war noch immer Macbeth, er atmete noch immer in jener von Shakespeare geschaffenen Tragödienwelt.

Shakespeare. Ich denke gerade an jenen Jungen, Carnival, den ich umwandeln wollte. Ach, was für ein sinnloser Traum! Werde ich jemals genau in Menschen lesen können? Ich kann mit Mr. Carnival nichts anfangen. Gestern in der Klasse sah ich, was zu sehen ich heimlich befürchtet hatte: die absolute, völlige, hoffnungslose Leere und Oberflächlichkeit in ihm. Er sagte zu mir – und sprach dabei von Shakespeare –, daß ihn diese dummen Stücke langweilten.

Mama versuchte mir zu erklären, daß ich nicht immer erwarten könne, bei jedem, den ich treffe, geistige Gemeinsamkeiten mit mir zu finden, daß es Tausende einfacher Leute gebe, mit denen ich ganz einfach Spaß haben könne. »Wenn du die Menschen immer so beurteilst, als würden sie in Zukunft mit ewigen Fesseln an dich gebunden sein, wirst du niemals beliebt sein, meine Liebe«, sagte Mama. »Du könntest wenigstens nett sein zu Carnival.« Ich weiß, sie fürchtet, daß ich ihn durch meine Ideen verschrecke, und dann werde ich bald allein und vergessen sein. Ich werde wenigstens »nett« sein, um meiner Mutter zu gefallen, doch dafür muß ich all meine Ideen und Ideale hinwegfegen. Es wird schwierig werden, denn ich bin nicht *von Natur aus* nett. Meine natürlichen Charaktereigenschaften sind eher Exzentrik, Ernsthaftigkeit und Pedanterie. Der arme Carnival weiß nicht, was für stürmische und doch philosophische Gedanken sich hinter meinem Gesicht verbergen, das er zufällig attraktiv findet. Wenn er es wüßte, würde er sich entsetzt abwenden und mich mit Shakespeares Tragödien gleichsetzen.

Er nennt mich das hübscheste Mädchen in der Klasse und versäumt es niemals, sich fünfzigmal während der Vorlesung nach Mademoiselle Linotte umzudrehen. Doch hüte dich, du armer Junge, die merkwürdigen Gedanken eines merkwürdigen Mädchens sind bodenlos, aber sehr elastisch, und manchmal gehen sie ganz unerwartet auf irgendwelche Leute los, kurz: ich könnte eines Tages in Versuchung geraten, einen Spaß mit dir zu treiben. Nimm dich in acht!

Wie ist das eigentlich, »nett sein«? Muß man scheu sein oder selbstsicher? Lustig oder dramatisch? Sei nett. Sei nett. Ich fürchte, ich weiß nicht wie. Du kannst nett genannt werden, wenn du ein wenig schmeichelst oder wenn du viel lachst. Manchmal sagen die Leute, du bist nett, weil du allem zustimmst, was sie sagen, oder weil du ein hübsches Kleid anhast oder weil dein Gesicht hübsch ist. Wie soll ich nett sein? Ich werde es probieren, doch ich weiß, ich werde in Versuchung geraten, statt dessen tragisch zu sein.

25. *April*

Ich sitze draußen auf der oberen Terrasse, derjenigen, die man nur erreicht, indem man aus dem Fenster steigt. Hier saß ich meistens letztes Jahr, wenn ich lernte, und als ich heute morgen den warmen Wind und den sanften, wohltuenden Sonnenschein spürte, sehnte ich mich danach, wieder nah an den Baumkronen und scheinbar isoliert von den übrigen Hausbewohnern zu sitzen. Ich könnte dies mein Studio nennen, denn es ist jetzt Mode, mit seinem Studio zu prahlen. Ich bin sicher, daß kein Studio besser sein könnte als diese einfache Terrasse mit dem Himmelsgewölbe als Dach, den Baumspitzen als Wänden, um mich vor neugierigen Nachbarn zu schützen. Füge dem einen Stuhl hinzu, die Freiheit zu atmen, zu singen, die Erde und die Blumen zu riechen, die Vögel zu hören, die Wolken zu beobachten ohne irgendein Hindernis (denn ich muß keine Fenster öffnen und keine Vorhänge beseiteschieben). Was könnte ein menschliches Wesen noch mehr begehren?

Was die Hausarbeit betrifft, so habe ich nichts zu tun. Es braucht nicht gefegt zu werden, dieses merkwürdige Studio – das besorgen Regen und Wind –, und ich brauche mir keine Sorgen um sein Aussehen insgesamt zu machen, denn es gibt nichts, was ich daran verändern könnte. Wenn ich mein Studio verlassen will, nehme ich meinen Stuhl und springe durch das Fenster ins Haus. Was für einen Gebrauch ich davon mache? Ich werde studieren und lesen und schreiben und träumen darin.

Gestern, Sonntag, haben wir nichts anderes getan, als einfach nur zu existieren. Heute morgen brachte der Briefträger einen Brief von Papa, und ich dachte darüber nach, während ich im Garten arbeitete.

Ich habe einen schrecklichen Traum über Enric gehabt, und ich habe ein Gefühl, als ob ihm etwas passiert wäre. Ich glaube, es war vorgestern nacht, er war blutüberströmt, und sein schmerzverzerrtes Gesicht verfolgt mich seitdem. Ich erinnere mich, daß ich ihm die Hände auf die Schultern legte und ihn vorwurfsvoll beim Namen nannte. Er wurde auf der Stelle ruhig, und die entsetzliche Angst verschwand aus seinem Gesicht, das nur noch blaß und unbeschreiblich traurig war. »Du kommst zu spät, Anaïs, zu spät.« Wie sehr hoffe ich, daß er bald bestätigt, daß diese schlimmen Vorahnungen grundlos sind! Der arme Enrique!

26. April

Eduardo schreibt:

»Ach, Cuisine, ich wußte, Du würdest ihn verstehen, ihn gernhaben, diesen kleinen Arbutus, ich wußte, Du würdest von ihm entzückt sein. Ich habe mich gefreut, daß Du von ihm als von einem Gedicht sprachst – oh ja, in der Tat ein Gedicht. Fandest Du nicht in seinem Duft eine stille Botschaft an Dich, die diesmal nicht von der Natur, sondern von jemand geschrieben war, der »armer Cousin« genannt wird? Ach, ich wollte eine Lobeshymne mit ihm zusammen schicken, doch ich vergaß es, und so habe ich sie in meinem Tagebuch aufgehoben als Erinnerung an den Frühling und an eine Prinzessin. Ich danke Dir für die Bilder. Ich war entzückt von dem einen, das Unser Haus zeigt, das zärtlich bedeckt ist von einem Samtmantel aus Schatten: alles verströmt Romantik, es ist das ideale Heim für eine einfache Prinzessin oder für einen Engel.«

Bin *ich* es, die Eduardo eine Prinzessin oder einen Engel nennt? An einem Tag wie diesem, so unbeschreiblich schön, erreicht mich Eduardos Brief wie die Deutung dessen, was die Bäume einander zuflüstern oder worüber die Vögel in den Zweigen zwitschern. Wir merkwürdig das ist! Sind dies die hinreißenden Auswirkungen, die Ekstasen der wahren Freundschaft? Oh, soll die Illusion doch andauern, wenn es nichts ist als eine Illusion. Ich habe schließlich Eduardos Freundschaft gewonnen, doch ich hatte sie auch letztes Jahr gewonnen und sie wurde mir fortgenommen, vielleicht von einem Mädchen aus Kuba. Werde ich sie wieder verlieren? Diese Freundschaft hat sich als schöner erwiesen, als ich es mir je hätte träumen lassen, aber das Ideal wird zerbrechen, wenn es nicht der Prüfung durch die Zeit und die Trennung standhält. Und die Prüfung wird bald kommen, wenn Eduardo nach Kuba geht, wo das Lilienmädchen lebt. Wird er mich dann vergessen? Ich bin so einfach, auch wenn er mich heute eine Prinzessin nennen mag.

Eduardo erzählt mir, daß John Burroughs über Emersons Werk sagt: »Er ist der Philosoph der jungen Menschen ... Emerson spricht die Jugend und das Genie an.«

Spricht die Jugend und das Genie an! Dann hat er in mir die Jugend angesprochen! Wie eigenartig ist es, daß man weniger findet, wenn man allein ist, weniger Bücher, meine ich. Mit Eduardo zusammen habe ich Hildegard Hawthorne gelesen, Kingsleys *Hypatia* und das *Journal of Opal Whiteley,* und demnächst werde ich John Burroughs lesen. Doch natürlich muß man, um etwas zusammen zu erforschen, denselben Geschmack und dasselbe Gefühl haben. Uns stacheln mehr oder weniger dieselben Gefühle an, wir lassen uns leiten von den gleichen Impulsen, wir werden von nahezu derselben Umgebung, denselben Personen beeinflußt. Und dennoch gibt es in unserer Beziehung immer die wunderbaren Unterschiede zwischen Mann und Frau. Obgleich ich wirklich glaube, daß ich beständiger bin als Eduardo. Ich hänge mit mehr Beharrlichkeit an Vorstellungen oder Tatsachen, und obwohl ich nicht seine Stärke, die Stärke des Mannes besitze, habe ich eine größere Kraft in mir, die Kraft der Frau nämlich: Gerade ihre Schwäche ist ihre größte Stärke. Manchmal frage ich mich, wer von uns im Leben mehr erreichen wird.

27. April

Mit Marraine zusammen sah ich heute *The four Horsemen of the Apocalypse,* nach Blasco-Ibáñez' berühmtem Buch. Es beeindruckte mich so tief, daß mir die Tränen kamen, dumme, nicht zu unterdrückende Tränen. Ich war nicht die einzige, denn die tragischen Schrecken des Kriegs wurden so lebendig, so anrührend dargestellt, daß es noch viele außer mir in Aufregung versetzte. Ich fühlte, wie wenig ich von der Tragödie mitbekommen hatte, während ich für die Soldaten strickte. Wie glücklich und ruhig im Vergleich dazu unser Leben war, während die Alte Welt blutete und grausam kämpfte. Für mich bedeutete das nur die Arbeit für das Rote Kreuz und Gebete. Für mein Alter arbeitete ich viel, das ist wahr, doch wie unendlich gering war meine einfache Arbeit gegen die ungeheuren Opfer, das Heldentum, den wundervollen Wagemut und die Kühnheit unserer geliebten Soldaten, ihrer Familien, Frauen, Kinder, Schwestern.

Als ich aus dem Kino in das flimmernde Tageslicht hinaustrat, in das pralle Leben, in die schwatzende, lachende Menge, die durch die Jahreszeit noch angeregter war als sonst, war ich geblendet und schämte mich über mein tränenüberströmtes Gesicht. Alles, was ich gerade gesehen hatte, war lange vorbei, es war Geschichte. Jetzt war ich in einer anderen Welt, einer Welt voller Sonnenschein und Glück. Meine Stimmung hob sich schnell wieder.

Liebe gab es in dieser Geschichte auch. Liebe, die mein Blut kribbeln, mein Herz vibrieren und antworten läßt, die mir lodernde Flammen in die Wangen treibt; ein großes Bedürfnis zu verstehen überkommt mich, das *nie* zuvor dagewesen ist. Und so lese ich und höre zu, wann immer Menschen sich in Büchern, Geschichten oder sonstwie lieben. Ich sehe, wie sie überall um mich herum lieben; ich weiß, wie sie einander ansehen, niemand kann den Blick der Liebe verbergen. Ich beobachte sie, und ich fühle eine große Einsamkeit. Ibáñez' Geschichte ist sehr spannend, doch vielleicht besteht ihre beste Eigenschaft in ihrer spannungsgeladenen Wirklichkeit. Wenn sie nicht so real gewirkt hätte, wäre meine Welt heute nicht so von Tränen verschleiert gewesen.

Abend. Ich dachte gerade an das, was Mama und ich vor einigen Tagen beim Missionsabend[*] hörten. Der Prediger beantwortete schriftliche Fragen von Gemeindemitgliedern. Eine der Fragen lautete:

»Wo ist die Hölle? Ist sie auf Erden?«

»Ich weiß nicht, wo sie ist«, antwortete der Priester.

Was für ein schreckliches Leben muß der Mensch, der diese Frage stellte, wohl ertragen! Ich jedenfalls glaube überhaupt nicht an die Hölle, und noch weniger an die Hölle auf dieser unserer Erde. Ich glaube an etwas ganz anderes: daß wir unsere Fehler auf der Erde durch Opfer und durch Leiden büßen, daß wir jeden Tag für unsere großen Schwächen büßen, doch das ist nicht die Hölle des Aberglaubens, der Ort der Flammen und der körperlichen Qual. Ein solcher Ort existiert nicht. Gott hätte ihn nicht erschaffen können. Zu unendlich sind Seine Güte und Seine Vergebung. Aber dies sind nur meine Glaubensvorstellungen zu einem Thema, das große Denker, Theologen, Philosophen und sogar Dichter vergebens untersucht haben. Nur in meinem Tagebuch wage ich es, von solchen Dingen zu sprechen.

---

[*] Bei den Katholiken eine Reihe von Gottesdiensten, die den Glauben anregen sollen

29. April

»Papa Chéri:[*]

(...) Was Thorvald betrifft, so liest er nur Bücher, die zum Lernen wichtig sind. Ich habe nie verstanden, wie Thorvald so viel wissen kann, wenn er so wenig liest. Er weiß tausendmal mehr als ich über Geschichte, Naturwissenschaften, über das Tagesgeschehen, die Politik – es ist unglaublich! Ich schreibe dies ebenso seiner Intelligenz zu wie auch seiner wunderbaren Art, alles logisch zu beurteilen. Er verliert nie den Kopf, und seine vernünftige Art gibt allem, was er lernt, eine ruhige Ausgeglichenheit. Ich kann einen Tag lang damit zubringen, Philosophie zu lesen (die ich ungeheuer mag), und Thorvald kann den Tag mit Tennisspielen verbringen, doch wenn wir anfangen zu diskutieren, bringt er mich augenblicklich aus dem Gleichgewicht. Zur Zeit spricht er mit jedem, den er zu fassen bekommt, über Einsteins Relativitätstheorie, und ich höre zu, ohne ein Wort zu verstehen.

Ich erzähle Dir das, weil Du vielleicht denkst, Du solltest traurig sein über Thorvalds Einstellung zum Lesen, doch Du siehst, es gibt Menschen, die es auch ohne schaffen. In diesem Punkt ist er überhaupt nicht wie Mademoiselle Linotte ... Ein Kurs in englischem Aufsatz hat mich mit Hoffnung erfüllt. Nur in der Klasse, wo du von Konkurrenten umgeben bist und streng von einem Lehrer korrigiert wirst, der dich nicht kennt, kannst du wirklich sagen, ob du in irgend etwas gut bist. Erinnerst Du Dich an meine kindischen Zukunftsvorstellungen? Wie ich zur Académie Française gehören wollte? Stell Dir vor, was für eine Ohrfeige mir diese ehrwürdigen Herren verpassen würden, wenn sie das wüßten! Du darfst es ihnen nicht verraten! ... Ich muß vor allem studieren. Ich habe die komplizierte Aufgabe zu lernen, eine Sprache absolut zu beherrschen, die nicht meine eigene ist.

Und zu Joaquin: Es geht nicht so sehr um das, was er spielt (Clementis Sonatinen, Klavier-Bearbeitungen der Bach-Präludien), als vielmehr um seine Interpretation der einfachsten Stücke. Der Junge hat einen Zauber in seinen Fingern.

Ich werde jenen Abend nie vergessen, als ich in meinem Zim-

---

[*] Brief französisch im Original

mer saß und meine Träume und Eindrücke niederschrieb, wie
ich es jeden Tag tue. Thorvald lernte in seinem Zimmer. Mama
las. Unten im Wohnzimmer saß Joaquin am Klavier. Plötzlich
hörte ich eine Melodie – unendlich lieblich, zart, anrührend –,
die das Haus mit wundervollen Klängen erfüllte. Man fühlte
sich fortgetragen auf dem Flügel eines Traums, den dieses Kind
wie einen Duft in die Noten hineingoß.
Ich dachte, es sei eins der schönsten Musikstücke, die ich je gehört hatte. Ich ging lautlos hinunter, gerade als seine kleinen,
von der Sonne und dem Spiel im Freien gebräunten Hände die
letzten Noten spielten. Es waren nur die Hände eines kleinen
Jungen, nicht die eines großen Pianisten, und das Stück war
eine einfache Barcarole, die man kaum klassisch nennen könnte, und doch war das Wunder geschehen – wir hatten es gespürt, erfahren, erkannt. (...)

Anaïs

P. S. Thorvald sieht nie gut aus auf Photos, er sieht viel besser
aus als auf diesen. Ich nehme an, es liegt daran, daß die Bilder
nicht die Fröhlichkeit einfangen, die in seinen blauen Augen
blitzt, den Charakter und die Offenheit in seinem Gesicht, seinen Ausdruck von Gesundheit und Glück ... Er sieht immer
aus wie ein Frühlingstag.«

30. April
An Eduardo:
»In unseren Briefen ist etwas so Phantastisches und Unwirkli-
ches, daß ich mich frage, ob ich nicht eines Tages aufwachen
und feststellen werde, daß alles nur ein Traum gewesen ist.
Emerson sagt: ›Wenn du edel bist, werde ich lieben; bist du es
nicht, werde ich dich und mich nicht durch heuchlerische Aufmerksamkeiten verletzen.‹ Was bedeutet das? Ich vermute,
›edel‹ heißt liebenswert, gut. Meint Emerson, daß es nicht
recht ist, seine Abneigung gegen eine Person, die nicht edel ist,
zu besiegen? Stell Dir vor, jemand in meiner Nähe ist rauh, bitter, zynisch, unfreundlich; kurz, er besitzt irgendeinen dieser
Fehler, die mich so abstoßen. Ist es Heuchelei, meine Abneigung nicht offen zu zeigen, um nicht zu *verletzen* und zu verwunden? Emerson ist ein großer Denker, doch dieser Gedanke
ist nicht barmherzig. Wer kann sagen, ob dieses Geschöpf

nicht meine ›Aufmerksamkeit‹ braucht, *um edel zu werden?*
Ist es freundlich und vernünftig, sich von einem Menschen abzuwenden, weil er keine Tugenden besitzt? Sind wir auf dieser
Welt, um *an uns selbst* zu denken, an unsere Neigungen und
unsere Abneigungen, oder um anderen zu helfen? Und zu ertragen, den *Versuch* zu machen, andere Menschen edel zu *machen*, ist nicht Heuchelei, kann nicht Heuchelei sein, sondern
ein Weg, der Welt zu helfen, sie vielleicht zu verbessern. Was
denkst Du? Denkst Du nicht, Philosophie ist manchmal un-
barmherzig? Man darf nicht immer denken, man muß auch ein
wenig fühlen. Und es ist so grausam zu sagen: ›Du bist nicht
edel, ich werde dich nicht lieben.‹ Ich glaube, Liebe darf nicht
nur denen gegeben werden, die man leicht lieben kann, weil sie
gut oder schön sind; nein, Liebe ist für *jeden, der sie braucht,*
oder zumindest denkt Mimi so …
In gewisser Weise hat dies etwas zu tun mit dem, was Du über
Menschen sagst, die wie ein Schmetterling fortfliegen von einer
Blume, die keinen Honig mehr hat. Weißt Du, Eduardo, ich
bin zu dem Schluß gekommen, daß es Eigensucht ist, jemanden zu idealisieren und sich dann abzuwenden, weil er nach
kurzer Zeit schon nicht mehr unserem Ideal entsprach. Ein
Idealist sollte zuerst sich selbst befragen, ob er ein Recht hat,
zuviel von einem anderen Wesen zu erwarten. Lebt *er* gemäß
seinem Ideal? Ist er selbst so gut, wie er sich den anderen
wünscht? Du kannst erraten, woran ich denke. Ich habe jemanden idealisiert, mich dann traurig abgewandt, weil dieser
Jemand voller Fehler war. Und plötzlich frage ich mich: Nun,
bin *ich* etwa nicht voller Fehler, bin ich nicht vielleicht weitaus
schlimmer als dieser Jemand? Dann habe ich kein Recht, zu
idealisieren! Ich muß verzeihen, ich muß tolerant sein, um für
all die Male zu büßen, da ich vielleicht *den Traum eines anderen von mir* zerstört habe. Ich muß meine eigenen Fehler büßen, indem ich diejenigen der anderen ertrage.
Ich dachte an Marcus. Bist Du überrascht? Ich denke manchmal an Marcus und frage mich, was aus ihm geworden ist. Werde ich ihn jemals wiedersehen? Denkt er jemals an mich? Und
was in aller Welt denkt er wohl? Ich spüre, daß ich viel gelernt
habe, seit wir uns gestritten haben, und ich würde gerne mit
ihm sprechen. Ich war damals so erschreckt, so verwirrt von
dem Gedanken, daß jemand möglicherweise in mich *verliebt*

sein könnte, daß ich fast ein wenig Angst vor ihm hatte. Nun weiß ich, daß Liebe etwas Natürliches, daß sie möglich ist und daß sie, wie ein Blitz, jeden treffen kann. Ich habe heute mehr Selbstvertrauen, ich würde lachen, wenn er mich ›liebes Kind‹ nennen würde. Und ich wäre nicht eingeschüchtert durch seine selbstsichere, bestimmte Art, seine seltsame Arroganz. Ich könnte ihn besser ertragen und würde nicht mehr versuchen, ihn zu etwas zu machen, was er nicht ist (um mich daran zu erinnern, was *ich* nicht bin). Da ich inzwischen also so praktisch denke, würde ich ihn einfach bewundern um der Begabung willen, die er unleugbar besitzt. Doch die komische Seite dieses kurzlebigen Abenteuers ist die Tatsache, daß Marcus mich niemals liebte. Oh, ich kenne die verschiedenen Arten der Liebe intuitiv: abstruse Liebe, eigensüchtige Liebe und unbeständige Liebe, die, verglichen mit der wahren und edlen Liebe, nicht einmal diesen Namen verdient. Sie ist einfach das Ergebnis von Hirngespinsten, Eitelkeit, Eigenliebe und Selbstsucht! Das klingt alles ziemlich dramatisch, und doch habe ich während des Schreibens vor mich hingelacht. Die Zeit heilt viele Wunden und Liebesaffären und gibt dir ein wenig Sinn für Humor.«

Eduardo schrieb vier Worte auf die Blütenblätter einer schönen, weißen Blume: »Glaube, Hoffnung, Liebe, Barmherzigkeit.« Und vor ein paar Tagen stand ich bei einem meiner einsamen Abendspaziergänge auf den Zehenspitzen, um den herunterhängenden Ast eines Baumes zu riechen und erkannte die Blume. Heute eilte ich trotz bedrohlichen Himmels hinaus und kehrte mit einem Arm voll zarter Hornstrauchzweige zurück. Nun regnet es, aber ich habe all die Fröhlichkeit im Haus festgehalten. Weiße Zweige in großen Vasen, und in der Mitte des Eßtisches eine grüne japanische Schale voller Stiefmütterchen und Gänseblümchen. Meine Stiefmütterchen sind besonders schön, sie sind groß geworden und haben die schönsten Farben, die man sich vorstellen kann. Ich liebe alle Blumen, aber Stiefmütterchen wirken besonders anziehend auf mich. Sie sind nachdenkliche Blumen, scheint mir. Die purpurfarbenen sind in traurige, beständige Nachdenklichkeit versunken, die blauen wirken träumerisch und entrückt. Wenn ich vor ihnen knie, um sie zu pflücken, halte ich sie in meiner Hand und sehe mir in schwärmerischer Stille ihre Farben an, und dann küsse ich sie sanft. Es regnet, vielleicht ist es das, was meine Stimmung plötzlich sinken ließ. Ich las irgendwo von einem Musiker, der sagte, er werde von jedem Wetterwechsel beeinflußt wie ein Barometer. Aber er war Musiker und hatte einen Grund, während ich ...

Später. Ich glaube, ich habe Mr. Canterbury oft namentlich erwähnt. Er wird eine Rolle in einem meiner Schulabenteuer spielen, also stelle ich ihn dir besser vor. Canterbury ist einer meiner Klassenkameraden in der Grammatikvorlesung (er sitzt neben Carnival). Ich könnte nicht genau sagen, wie sich die Bekanntschaft ergab, doch ehe ich es überhaupt merkte, begleitete er mich immer bis zur 42. Straße zur Untergrundbahn. Wir redeten über sehr viele Dinge. Er ist Jack sehr ähnlich, ein guter Junge mit einer direkten und ehrlichen Art. Ich habe jetzt herausgefunden, wie man feststellt, wenn ein Junge einen mag. Er redet über sein Steckenpferd. Und Canterbury erzählte mir, daß er Schlangen gezähmt habe, kleine Schlangen als Haustiere. Zuerst erschrak ich. Alle Mädchen tun so, als hätten sie Angst vor Schlangen und Mäusen. Ich tue manchmal auch so, aber ich sah, daß ich nicht wirklich Angst hatte, als er eine von ihnen in seiner Tasche mit in die Klasse brachte. Er hielt sie in seiner Hand, eine glatte, gesprenkelte, kleine Schlange, eng zusammengeringelt und ruhig. Ich sah, wie wenig angriffslustig sie war, zumindest in seinen Händen, und ich glaube, ich bin kuriert von der dummen Angst vor kleinen Schlangen. Wohlgemerkt, vor den *kleinen*. Ich wage nicht zu sagen, was ich tun würde, wenn ich im Wald eine große träfe.

Nun, da du ihn ein wenig kennst, erzähle ich dir, daß er mich bat, nächsten Freitag zu einem Tanzabend zu gehen, und als ich Mama um Erlaubnis bat, stimmte sie zu. Thorvald soll mich nach Hause bringen. Der Tanzabend wird vom Club der Columbia-Studenten veranstaltet, die aus dem Krieg zurückgekehrt sind. Holt* hatte mir gesagt, daß er mich einladen würde, doch er war kürzlich krank. Ich habe nicht ja gesagt, noch nicht, doch es spricht meine Liebe zum Abenteuer an. Wer weiß, was passieren wird? Einer Sache bin ich sicher: Ich

---

* Ein Mitschüler

werde meinen Fremden nicht bei einem Tanzabend treffen. Vielleicht an einem seltsamen, wilden Platz in den Bergen, irgendwo im Herzen der Natur. Menschen, die mich bei Tanzabenden mögen, mögen nicht wirklich mich, und ich möchte jedesmal lachen über den schrecklichen Fehler, den sie begehen. Sie halten mich für einen Schmetterling, und in Wirklichkeit bin ich ein kleiner Grashalm, der im Wind hin und herschaukelt. Und wenn ich ihnen das sagen würde, wären sie schockiert. Das Beste, was ich tun kann, ist, mich zivilisiert zu benehmen und zu warten, bis ich heimkomme zu dir, um meinen Beobachtungen freien Lauf zu lassen. Wenn also jemand mit mir über das Wetter redet (und du weißt, daß über dieses veraltete Thema jedermann etwas zu sagen hat) und sagt: »Es ist ein schöner Tag«, werde ich *nicht* antworten: »Mein Herr, Ihre Beschreibungsgabe ist unglücklicherweise außerordentlich armselig. Dies ist in der Tat ein entzückender Tag, wie ihn die Dichter beständig preisen und die einfachen Leute tief bewundern. Es ist ein Tag von außergewöhnlichem Zauber, der den Betrachter zu erhabenen Gedanken und unendlich edlen Gefühlen anregt.« Nein. Ich werde sagen: »Oh ja, wirklich. Sie haben recht!« und dümmlich lächeln. Dann wird jener Mensch sich zu einem anderen umwenden und ihm ins Ohr flüstern: »Sie ist ein reizendes Mädchen, nicht wahr?«

Abend. Ab und zu ändere ich die Reihenfolge der Bilder in meinem Zimmer. Das nenne ich dann Besuchstag: Das heißt, ich lasse Stevenson Mark Twain besuchen, indem ich sie nebeneinander hänge, und sie führen lange Gespräche miteinander. Oder ich lasse Mark Twain dorthin wechseln, wo ein Mädchengesicht hängt, und ich bin sicher, daß ihm die hübsche Zeichnung gefällt und so weiter. Ich habe die Hornstrauchzweige skizziert und sie unter mein Ideal einer Frau und eines jungen Mädchens gehängt. Nun sehen meine Bilder von ihrem neuen Aufenthaltsort aus auf mich herunter. Ich lasse ihnen keine Zeit, einander zu langweilen. In wenigen Wochen werde ich alles wieder ändern.

Wenn eine Märchenfee vor mir erschiene, um mich zu fragen, was ich mir wünsche, und mir nur wenig Zeit zum Nachdenken gäbe, würde ich augenblicklich antworten: eine kleine Skizze von Walter Scott und einen neuen Käfig für meinen Vogel. Wenn sie mir natürlich mehr Zeit zum Nachdenken gäbe, würde ich um eher praktische Dinge bitten, nicht für mich selbst, sondern für Mama. Deshalb muß man immer erst nachdenken, bevor man spricht. Es wäre sehr merkwürdig und schön, wenn wir reich wären (ich meine, wenn wir jetzt reich würden, denn ich bin froh, daß wir all die Jahre arm gewesen sind), dann bekäme mein Vogel einen neuen Käfig, und ich würde eine Million Bücher und Pflanzen kaufen und einen japanischen Garten in einer Schale. Mama würde das Haus gestrichen bekommen und das Dach gedeckt und ausgebessert. Joaquin würde ... Aber was soll's? Wir sind glücklich, so wie wir sind, vereint, zufrieden, eng verbunden durch Träume von Dingen, die wir nicht haben. Wir lieben einander, und alles andere ist wenig dagegen.

2. Mai

Es ist zehn Uhr, und ich sollte mein Referat für die Schule vorbereiten. In dieser Absicht schob ich einen schweren, gemütlichen Sessel auf die große Veranda und kuschelte mich hinein wie eine faule Katze ... Doch wie in aller Welt soll man an einem solchen Morgen studieren oder arbeiten? Ich kann meine Gedanken nicht sammeln. Sie flattern im Wind wie das Laub. Übrigens kann kein Mensch zum Klang eines ununterbrochenen Konzerts ein Referat schreiben: Die Vögel schwatzen, während sie frühstücken, und ab und zu sieht man am wolkenlosen Maihimmel kleine Punkte mit schwarzen Flügeln, denen jeder gerne folgen würde. Eichhörnchen spazieren die Bäume hinauf und hinunter und wedeln dabei mit den Schwänzen – anmutiger und zauberhafter als Damen mit ihren aufwendigen Fächern. Ich lege meine Notizen und Fragen beiseite. Deduktionen, Induktionen, Vorschläge und Entscheidungen harmonieren nicht mit einer unlogischen Stimmung.
Und wie ich hier so in den großen Armsessel gekuschelt sitze, sehe ich hinaus in die Welt und denke an meine Freundschaften, an die Dinge und Menschen, die ich so liebe, daß ich wünschte, ich könnte sie an meinem Herzen halten. Eduardo stiehlt sich sanft in meinen Tagtraum. Da steht er nun vor mir. Oh, ich liebe Eduardo, wie ich die Natur und die Bücher liebe: Es gibt niemanden, den ich in derselben Weise lieben könnte: Es ist wie die Liebe einer Schwester, einer Freundin, einer Cousine und einer Gefährtin vermischt mit der Liebe zur Na-

tur. Ich dachte darüber nach, als ich über die Freude staunte, die mir seine Briefe bereiten. Plötzlich sagte ich mir selbst: Eduardo, ich liebe dich. Ich liebe dich in einer Weise, die kein Mensch verstehen kann. Es ist nicht die Liebe, die wirkliche Menschen fühlen.

Vor langer Zeit, erinnerst du dich, war es in einem Spiel sein Wunsch, daß ich ihn lieben sollte. Es ist wahr geworden, doch ich könnte es ihm niemals sagen, aus Angst, er würde es mißverstehen, denn es ist nicht das, was seine Familie befürchtete, als sie unserer Freundschaft ablehnend gegenüberstand. Es ist etwas, was ich geschaffen habe, es gehört mir und wird für immer als wunderschöner Traum geheiligt und in meinem Herzen und den Seiten meines Tagebuches verborgen liegen.

Canterbury war so neugierig auf meine Antwort wegen des Tanzabends, daß er an der Eingangstür des Journalistik-Gebäudes wartete, wo ich meine Aufsatzstunde habe. Er konnte nicht bis morgen warten. Heute abend denke ich mit Gleichgültigkeit an dieses Vorhaben. Es reizt mich keinen Deut. Vorsicht vor meinen tragischen Stimmungen! Ich fühle, wie sich eine davon leise bei mir einschleicht. Ich werde den Abend damit verbringen, in Descartes *Discours de la Méthode** und seinen *Méditations Métaphysiques*** zu lesen.

7. Mai

Allein im stillen Wohnzimmer, auf einem Sofa zusammengerollt, mit offenem Haar und einem weiten Pullover, bin ich bereit, dich zum Erlebnis der vergangenen Nacht zurückzuführen. Ich konnte es kaum erwarten, mit dem Anziehen zu beginnen, denn am Mittwoch kaufte mir Mama ein neues Kleid, und da hing es nun und wußte wenig von all dem, was es noch sehen würde. Schließlich kam der Moment, hineinzuschlüpfen. Es ist aus kopenhagenblauem Chiffon, sehr zart und leicht, es schwingt bei jedem Schritt, den ich mache, und so erinnert es mich an einen Elfentanz mit Schleiern. Hier und da

---

* Abhandlung über die Methode, seine Vernunft richtig zu leiten und die Wahrheit in den Wissenschaften zu suchen

** Meditation über die metaphysischen Grundlagen der Philosophie, in der die Existenz Gottes und der unsterblichen Seele bewiesen wird

lugen kleine rosafarbene Rosen hervor. Mir kam der Gedanke, daß es wie eine Wolke aussieht, die vom Himmel gefallen ist. Außerdem mußt du dir vorstellen, daß ich vor Glück leuchtete und strahlte von den Haarspitzen bis zu den Zehenspitzen. Ich traf Mr. Canterbury am Pennsylvania Bahnhof, und etwas später betrat ich den hochglanzpolierten Boden eines riesigen Raumes mit einer Decke, die sich hoch über unseren Köpfen wölbte, mit Nischen in den Wänden für würdige Statuen großer Männer und einigen ernsten Porträts. Doch das waren die einzigen feierlichen Dinge dort, denn die Musik, die Lichter, der Rhythmus des Tanzes ließen schon bald jedermanns Herz im Takt der Albernheit schlagen. Und von allen Anwesenden war ich die albernste. Mein Lachen brach leise, aber ständig hervor, und schließlich besteht das Geheimnis eines gelungenen Tanzabends darin, ein hübsches Kleid und ein glückliches Gesicht zu haben: Dann will jeder mit mir tanzen. Ich tanzte jeden Tanz, außer wenn Canterbury ein kleines Gespräch vor einem nicht von Menschen umlagerten Kamin zu bevorzugen schien, obwohl sich dann in dieser Ecke bald eine Gruppe lachender Plauderer einfand, denn mehrere Jungen umringten mich. Man sagte mir viele verwirrende Dinge, wie zum Beispiel: »Ich hätte nicht gedacht, daß Sie so wundervoll tanzen können, denn in der Klasse waren Sie so scheu, daß ich dachte, Sie seien die Tochter eines Pfarrers …« (hm … hm … hm …) Doch was mich am meisten interessierte, war nicht Canterbury und der Tanzabend selbst. Ich fürchte, es war Carnival. Mr. Carnival war in einer Stimmung, die ich nie zuvor an ihm beobachtet hatte. Als er mich zuerst sah (ich tanzte gerade mit Mr. Canterbury), war er überrascht und voll Bewunderung, was all meine philosophischen Entschlüsse verschwinden ließ. Kein Mensch kann mit Mr. Carnival philosophisch sein. Er beobachtete mich, als ob er diesen Teil von Miß Nin niemals vorher geahnt hätte. Als er sich zu der Gruppe um den Kamin gesellte, nahm er meine Hand und verbeugte sich vor mir mit der Geste eines Prinzen. (Ich glaube wirklich, er hielt mich für jemand anderen wegen meines Wolkenkleides!) Dann sagte er, schrecklich ernst, respektvoll, emphatisch und scheinbar ehrlich: »Sie tanzen *göttlich*.« Woher hatte er dieses Wort? Eine Hälfte von mir plauderte und lachte, die andere staunte. Liest er Gedichte? Er kann nicht sooo unwissend sein, wenn er in

254

der Lage ist, seine Meinungen mit solcher Eleganz auszudrük-
ken. Wieviel weiß er? Canterbury machte sich später lustig
über das Wort und sagte, er dächte auch, daß ich auf *diese Weise* tanze. Natürlich hatte ich wenig Zeit zum Nachdenken,
denn die Musik begann »Bright Eyes« zu spielen und Mr. Carnival bat um einen Tanz. Und wir tanzten: Oder flogen wir?
Ich hätte nie gedacht, daß ich so gut mit jemandem tanzen
könnte, der Shakespeare verachtet! Und dann, oh, die traurige
Unterbrechung, jemand »klatschte ab« (bitte vergib mir diesen
gräßlichen Modernismus). Carnival war sehr unangenehm berührt. Dann klatschte Canterbury den gedankenlosen Menschen ab, der meinen Tanz mit Carnival verdorben hatte, letzterer klatschte Canterbury ab, wurde jedoch bald von einem
Mr. MacLean weggeschoben, der wiederum ersetzt wurde von
irgendeinem unbedeutenden Jemand. Um Mitternacht gingen
die Lichter aus. Mr. Carnival versuchte, ein Stück vom letzten
Tanz zu ergattern, doch Canterbury lehnte ab, und Carnival
sagte, er sei sehr gemein. Dann fuhren wir mit der Untergrundbahn zum Pennsylvania Bahnhof, und dort traf ich Thorvald,
der mich nach Hause brachte. Während ich mein Haar vor dem
Spiegel bürstete, lächelte ich mir zu und dachte nach.
Ich merke, daß ich vor einigen Tagen eine tragische Stimmung
prophezeit habe, doch sie wurde von drei Tagen heftigem
Nordwind fortgeblasen. Hüte wurden heruntergeweht und
Schirme von innen nach außen umgeschlagen, Damen hielten
ihre Röcke fest (vergeblich, denn sie blähten sich auf mit jedem
Windstoß, flatterten hoch über dem Boden und benahmen sich
sehr respektlos), Haarnadeln wurden weggeweht und Haar
flog über Wangen, die vor Kälte gerötet waren – dieser Anblick
ließ dich selber wie eine Windbö fühlen, viel zu leicht im Kopf
und im Herzen, um das Gewicht unvernünftiger Traurigkeit
zu tragen. Ein merkwürdiges Wetter für den Mai, doch heute
kehren Wärme und Sonnenschein langsam und schüchtern zurück. Und nur das Flattern und die Aufregung dieser letzten
Stunden hat momentan die Erinnerung an einen meiner glücklichen Augenblicke ausgelöscht. Eduardo hat mir noch mehr
Blumen geschickt, Veilchen und andere, die wie wilde Tulpen
aussehen. Von allen Zeichen der Bewunderung, die von Jungen kommen, sind mir seine die liebsten. Ist nicht jedes gerichtet an einen anderen Teil von mir? Wie kommt es, daß meine

augenblicklichen Klassenkameraden mich mögen? Sie kennen mich nicht. Ihre Zuneigung gründet auf Dingen, die nicht zählen. (Sie meinen, daß ich hübsch bin.) Eduardo kennt mich, wie ich bin, innerlich und äußerlich, und mein Inneres mißfällt ihm nicht. Das ist das Wunder.

8. Mai

Ich habe mit dir einen literarischen Triumph zu teilen. Ich finde, du hast das Recht zu wissen, daß du nicht dazu bestimmt bist, das Tagebuch eines frivolen und flatterhaften Mädchens zu sein. Nein, freu' dich, mein geduldiger Vertrauter! Ich habe eine wundervolle Entdeckung gemacht über Mademoiselle Linottes literarische Möglichkeiten. Und das kam folgendermaßen zustande: Selbst in meiner Rip-van-Winkle-Welt konnte ich nicht umhin, soweit es um moderne Bücher geht, immer und immer wieder den Titel des meistbesprochenen Buches der Saison zu hören: »*Main Street* von Sinclair Lewis. Das Buch starrte mich aus jedem Bücherstand und jedem Buchladen an, sein Titel war in aller Munde. Ich kam zu dem Schluß, daß es wohl eine Beleidigung der Literatur sei, *Main Street* nicht zu lesen. Also kaufte ich es mit klopfendem Herzen, las es und ging voller Entsetzen und Abneigung in meinem Zimmer auf und ab, wobei ich zu mir selbst in einfacher, alltäglicher Sprache sagte: »*Was* ist denn *los* mit *mir*? Hier ist ein Buch, das jeder mag. Warum in aller Welt sollte gerade ich so ›wählerisch‹ und altmodisch sein? Bin ich etwa im Begriff, eine ›Intellektuelle‹, eine Pedantin zu werden?« Dann setzte ich mich traurig an meinen Schreibtisch und kritzelte folgendes Urteil auf ein paar Fetzen Papier: »*Main Street* hat mir einen gnadenlosen, radikalen geistigen Schock versetzt. Aber die Reaktion darauf ist schreckliche Mutlosigkeit und Trauer: darüber, daß ein solches Buch so gepriesen, vom amerikanischen Publikum so begrüßt wird und so beliebt ist. Ich für meinen Teil gestehe, daß ich es nicht mag. Ich gestehe es im stillen. Ich fühle mich so allein mit dieser seltsamen Meinung, daß es wohl mit meiner eigenen Dummheit zu tun hat. Dieses Buch zieht einen hinunter, es treibt den Geist des Lesers in die Vulgarität, hinunter, tief hinunter in ein schwarzes Dasein in einer düsteren Welt. Diese Seite des Lebens, die ich mir nie hätte träumen lassen, schien eher wie ein Alptraum. Es kann nicht wahr sein. Es ist nicht wahr, ein so simpler, kurzangebundener, häßlicher, widerwärtiger Stil, keine Ideale, keine Poesie. Im ganzen gesehen hat das Buch mich erstickt, gelangweilt und traurig gemacht. Was hat Entmutigung zu tun mit dieser harten Kritik? Das Publikum, dem Sinclair Lewis gefallen hat, ist jenes Publikum, dem ich eines Tages auch zu gefallen hoffe, um damit mein Brot zu verdienen. Daran hatte ich noch nie gedacht, an dieses amerikanische Publikum, und da ist es nun, und *Main Street* ist das Buch, das es haben will. Unter diesen Voraussetzungen werde ich niemals schreiben können. Meine Sachen würden sie zu Tode langweilen. Ich kann schreiben, aber nicht für sie. Ich muß nach einem anderen Weg suchen, um zu leben ... Himmel hilf!«

Natürlich war dies die denkbar pessimistischste Aussicht. Ich verfalle fast immer zuerst in Verzweiflung: Es ist eine Gewohnheit. Glücklicherweise zieht mich dieselbe Sache, die mich in die Tiefe zieht, nämlich zuviel Phantasie, auch schnell wieder in die Höhe. Wenige Stunden später sprach ich mit Frances, und ich fragte sie, »Ist *Main Street* typisch?«

»Es ist ein Typus«, antwortete Frances, »aber nicht typisch.«

»Warum hat es diesen Erfolg gehabt?«

»Es fiel in die Hände von guten Verlegern, die viel Werbung dafür gemacht haben. Das amerikanische Publikum weiß nicht, was es mag und ist froh, wenn man es ihm sagt. Es wurde ihm gesagt, daß es *Main Street* mögen würde, und so schluckte es das Buch, einfach wie eine Mode.«

Ich kam hochgestimmt nach Hause. Und nun kommt der Höhepunkt. Heute lese ich im *Times Book Review* eine Rezension mit dem Titel »Verspäteter Spaziergang auf der Main Street« von Catherine Beach Ely: »Überall verfolgt vom Echo auf *Main Street,* machte ich als letzte Bewohnerin dieses Landes die Bekanntschaft mit dem Buch. Eine Vorahnung meiner eigenen Idiosynkrasie muß mich veranlaßt haben, die Tortur hinauszuschieben ... das von einem Freund geliehene Exemplar veranlaßte mich zu einem angestrengten Studium des Wunderwerkes der Saison – angestrengt verwende ich absichtlich, denn die Verfasserin dieses Artikels muß gestehen, daß sie mit dem grenzenlosen Psycho-Sinclairismus ganz und gar nicht in Einklang steht. *Main Street* hat mich zu Tode gelangweilt. Ich habe es gehaßt, wie man altes, trockenes Brot haßt,

das man sieben Tage in der Woche zu essen bekommt ... die Düsterkeit von *Main Street* ... *Main Streets* Mangel an Stil verletzt auf Schritt und Tritt den Leser, der schlecht Geschriebenes nicht leide kann. Wenn diese *Main Street*-Schreiber sich nur selbst aus dem Sumpf des Gewöhnlichen ziehen und ihre Seelen etwas durchlüften würden ... Eine solche Schlammpfütze von schäbigem Geschwätz ist *Main Street* ... Besser niemals eine Zeile schreiben, als etwas schaffen, in dem man sein Bemühen um Charaktergröße aufgibt, um sein Spiegelbild in einer Schlammpfütze zu betrachten.«
Ich habe zwei Tanzabende, auf die ich mich freuen kann, einen am Dienstag, eine Wohltätigkeitsveranstaltung, und der andere bei Frances am vierten Juni. Als Partner für mich hat Frances einen jungen Mann eingeladen, der ihrer Beschreibung nach siebenundzwanzig Jahre alt ist, groß, gutaussehend und ein guter Tänzer. Schließlich ist das Leben eines jungen Mädchens eine Summe von vielen verschiedenen Dingen. Von Literaturkritik bis zu Bällen – à propos Leichtsinn, ich frage mich, wie sich Carnival benehmen wird, denn er war beim letzten Tanzabend enttäuscht, und danach habe ich ihn nicht mehr gesehen. Es gibt zwei psychologische Fragen, die man hierbei untersuchen muß: Er kann es ganz und gar vergessen haben, oder es kann sein Interesse an der Tochter eines Pfarrers, die göttlich tanzen kann, gesteigert haben.

9. Mai

Über ruhige, wohlgeregelte Tage läßt sich am schwierigsten schreiben. Bei dieser Seite des Lebens gibt es eine vage Heiterkeit, eine süße Zufriedenheit, die niemand versteht, außer dem, der sie so erlebt hat. Ich erwache früh, um zu lernen, zu lesen und zu nähen. Nachmittags gehe ich dann zur Schule mit einer schwarzen Schultasche, in einem hübschen Kleid und mit wohlgeordneten Gedanken. Um halb sechs bin ich wieder zu Hause, schnell lege ich meine Bücher beiseite, schlüpfe in ein Baumwollkleid und erlaube meinen armen Gedanken umherzuschweifen, wie es ihnen gefällt. Nach dem Abendessen stehle ich mich fort in den Wald, um spazierenzugehen und die ganze Schönheit des Monats Mai zu trinken, seine Düfte, seine Frische, seine sanften, warmen Winde, den unendlich blauen Himmel und den herrlichen Abend. Gestern abend gingen Mama und ich zu einem kurzen Gottesdienst in die Kirche von Forest Hill. Die Sonne ging unter, während wir hinspazierten, und wir kehrten auf dem dunklen Waldweg zurück. Der Neumond warf nur wenig Licht durch die hohen, dunklen Bäume. Meine Seele scheint in ein Blatt verwandelt zu sein, sie zittert beim leisesten Lufthauch: ein Blatt, das sich immer zum Himmel wendet, zur Sonne, zu den Sternen. Und das Blatt überlegt Tag und Nacht: Was von diesen drei Dingen brauche ich am meisten? Mein Problem ist das des Blattes, wenn der Himmel das Wissen wäre, die Sterne der Ruhm und die Sonne die Liebe.

11. Mai

Dies ist eine Wiederholung von »allein im stillen Wohnzimmer, auf einem Sofa zusammengerollt, mit offenem Haar und einem weiten Pullover«. Ich glaube, es liegt ein Zauber in diesem blauen Kleid, ich fühlte dies, sobald ich mit Mama in die großen, hellerleuchteten Räume des hübschen Pouch-Mansion in Brooklyn trat; denn stell dir vor, wir gingen völlig allein, und noch bevor der Abend zur Hälfte vorüber war, hatte Mama einen Walzer mit einem Jugendfreund getanzt, und ich … doch laß mich der Reihe nach erzählen, methodisch. Am Eingang wartete ich mit Mama auf Belica und ihren Begleiter, Mr. Hernandez, als ich zwei junge Männer bemerkte, die durch die Räume wanderten und mich anstarrten, während sie sich durch die Menschenmenge schoben. Kein rüdes Anstarren, weißt du, nur eine Folge von verstohlenen Blicken. Thorvald hatte sich geweigert mitzukommen, also setzte ich mich, nachdem ich einmal mit Mr. Hernandez getanzt hatte, neben Mama und war in philosophischer Haltung darauf gefaßt, den Tanzenden zuzusehen. Auf der anderen Seite des blauen Raums saßen die beiden jungen Männer, ebenso beschäftigt. Einmal bemerkte ich, daß sie miteinander flüsterten, und noch ehe ich den Grund erraten konnte, hatte sich einer von ihnen seinen Weg durch die Tänzer gebahnt und fragte mich mit einer Mischung aus jungenhafter Schüchternheit und Kühnheit, ob ich tanze. In dieser kritischen Situation wendete ich mich ratsuchend zu Mama um; sie lachte und nickte, und gleich darauf tanzte ich meinen ersten Tanz mit Mr. Herbert Orces aus Ecuador. Natürlich bat mich sein Freund, Mr. Garcia, um den nächsten Tanz. Ich tanzte die ganze Nacht. Ein paar Stunden waren verflogen, seit wir gekommen waren: Mein blaues Kleid übte einen magischen Bann aus. Es wäre ein perfektes Abenteuer gewesen, außer daß die jungen Männer für die Rolle nicht sehr geeignet waren. Mr. Garcia erinnerte mich an Enric, von kleiner Statur, mit schwarzen Augen und glänzendem schwarzem Haar. Ich konnte ihn nicht unsympathisch finden, denn er hatte einen flehenden Blick und nette, höfliche Manieren, doch ich konnte ihn auch nicht wirklich mögen, weil er so jung war und so zerbrechlich aussah. Es gibt etwas in mir, das stärker ist als jedes Urteil oder alles Argumentieren: die Bewunderung von Virilität, von edler, starker, dominierender Männlichkeit bei Männern. Ich verachte eine Xanthippe, eine maskuline Frau, doch ich hege nur mütterliche Gefühle gegenüber einem halbwüchsigen Jungen. Du siehst, ich bin kein kleines Mädchen mehr. Mr. Orces war sehr nett, mehr amerikanisiert und fröhlicher als Mr. Garcia, ein guter Tänzer, doch ebenfalls äußerst jungenhaft (und nicht viel größer als ich). Er war der erste, der mich um einen Tanz gebeten hatte. Beide fragten nach meiner Telephonnummer und möchten mich ins Theater einladen. Mir tat es so leid, daß mein blaues Kleid so viel Unfug angerichtet hatte, daß ich froh war, um Mitternacht zu entkommen, obwohl der Tanzabend noch nicht zu Ende war. Ich hoffe, sie werden mich bald vergessen.

Ausgerechnet jetzt habe ich Ärger mit Canterbury. Voller Begeisterung lud er mich gestern zu einem weiteren Tanzabend ein, und zwar am sechsundzwanzigsten im Hotel Pennsylvania, und ich sagte, ich würde Mama fragen, obwohl ich schon wußte, daß ich die Einladung nicht annehmen konnte. Ich kann nicht eine Freundschaft fortführen oder sogar festigen, aus der ich mir wenig mache. Es ist nicht fair, und ich bin für Fairneß in meinen Beziehungen zu Männern. Es ist so feige, einen Vorteil aus dem zu ziehen, was der Himmel den Frauen gegeben hat, um zu gefallen und zu bezaubern. Feige und verachtungswürdig. Ich habe festgestellt, daß es sehr einfach ist, Männern und Jungen zu gefallen. Es ist schade, ihnen die Illusionen zu zerstören, und ich, die ich so sehr an meinen Idealen hänge, ich werde wenigstens versuchen, ihre nicht zu zerstören.

13. Mai

Mr. Orces hat mich nicht vergessen. Er rief gestern an. Er

konnte mich so schlecht verstehen, daß ich ihn bat, zu schreiben, und in meiner Antwort werde ich ihm sagen, was Mama
vorgeschlagen hat: ihn bitten, mich zu besuchen. Er wollte
mich ins Theater einladen, eine Idee, die Mama heftig verurteilte. Ich höre ihn noch sagen: »Ich habe jeden Tag von Ihnen
geträumt.« Oh, dieses schreckliche blaue Kleid! Ich werde von
jetzt an zittern, wenn ich es trage, doch es könnte mir auch
meinen Fremden bringen.

Ich weiß nicht, ob ich dir von der letzten Aufgabe erzählt habe,
die man uns für den englischen Aufsatz gestellt hat: eine Erörterung von etwa zweitausend Wörtern. Ich habe lange daran
gesessen, doch zum Ende hin fing mein Federhalter Feuer,
bildlich gesprochen, und ließ Flammen über die Seiten hinweg
schlagen. Ich schloß mit einem eleganten Schwung und betrachtete dieses Meisterstück im Leben eines Dichters: ein
Meisterstück, das darin besteht, daß es jemandem gelingt, zehn
Minuten lang logisch zu erscheinen! Wahrhaftig, während dieser ganzen Erörterung liegt ein ganz klares Feld von diskus-
sionswürdigen Argumenten vor dir ausgebreitet, von Beweisen durch Induktionen und Deduktionen, Appellen an Gefühl
und Verstand, psychologischen und abstrakten Theorien, hit-
zigen und vernünftigen Gegenargumenten und schließlich
folgt eine praktische, beinah ausgewogene Zusammenfassung.
Wir diskutierten das »Honor System«, eine moderne Methode
der Disziplin für unsere modernen Schulen. Natürlich ergriff
ich für die konservative Seite Partei und plädierte für meine altmodischen Prinzipien. Mrs. Normans Kritik war, daß es meinen »visionären Charakter« verrät.

14. Mai

Sieh dir die Welt unter einem Regenschauer an. Sieh, wie der
Briefträger sich unter seinem Regenschirm nähert. Was bringt
er für die Person, die hinter den Vorhängen wie ein Gespenst
aussieht und ihn beobachtet? Keinen Brief von Eduardo, dessen Stille nicht Vergeßlichkeit sein kann, denn sie wurde zweimal von dem Geschenk der wilden Blumen unterbrochen.
Nein. Es ist Herbert Orces, der schreibt: »In jeder Minute, seit
ich Sie traf, habe ich an das wunderbare Mädchen gedacht, das
Sie sind ...« etc. etc. Kein Mensch wird jemals die wider-
sprüchlichen Seiten meines Wesens verstehen. Bei einem Tanz-

abend schwinden meine ganze Ernsthaftigkeit und Pedanterie dahin. Ich werde jemand, den ein Teil von mir staunend und überrascht beobachtet und nicht wiedererkennt. Und jeder, der mich ansieht, glaubt, daß ich wunderbar und nett bin. Doch nachher, wenn ich mein frivoles Kleid zur Seite lege, wenn ich mich einfach anziehe und mich an meinen Arbeitstisch setze, um zu schreiben, dann ist die Verwandlung da. Ich ziehe mich tief in mein Schneckenhaus zurück und bleibe dort stundenlang, traurig vor mich hin brütend. Und wer könnte mich so wohl mögen? Doch es ist mein wahres Ich, das abseits von der Welt sitzt und das schmerzhafte Gedanken denkt. Zum Beispiel mag ich tief in meinem Herzen keine Jungen. Und in der letzten Zeit haben so viele von ihnen meinen Seelenfrieden gestört. Ich habe sie beobachtet, als sie meine Klassenkameraden waren, und nun werde ich in ein paar Tagen keinen von ihnen mehr sehen, denn mein Studiengang geht zu Ende. Ich kann wirklich sagen, ich habe an der Columbia-Universität vier Fächer studiert: Aufsatz, Grammatik, Französisch und Jungen. Von zwei Fächern bin ich froh, daß ich sie los bin: Grammatik und Jungen. Und dennoch versuche ich von ganzem Herzen, so zu werden wie andere Mädchen: interessiert zu werden. Und was passiert dann? Jungen, so wie Herbert Orces, glauben, ich sei wie andere Mädchen. Falls meine Bekanntschaft mit ihm andauern sollte, wird er irgendwann entdecken, wie ich geschaffen bin, oder merken, daß ich unmöglich bin. Von all meinen Fehlern gibt es noch einen anderen, der mir sehr zu schaffen macht: Es ist meine Geistesabwesenheit. Ich habe immer davon gewußt, ich habe sie gespürt und versucht, dagegen anzugehen. Trotzdem ist sie vorherrschend unter allen meinen Charakterzügen und kommt jeden Tag stärker zum Vorschein. Bald werde ich vollends unerträglich sein, und ich werde mich in den Wäldern verstecken müssen.

Findest du, daß ich gestern freundlich war, als ich es ablehnte, mich von Canterbury zu einem Besuch, den ich zu machen hatte, begleiten zu lassen? Ich spürte, daß ich seine Gesellschaft nicht ertragen konnte, während mir schwermütig und unerklärlich zumute war. Er war verwirrt und leicht beunruhigt, aber ich kümmerte mich nicht darum, und ich floh beinahe vor ihm. Oh, niemand kann es verstehen, und ich hoffe, niemand wird es versuchen, denn mich genau zu untersuchen ist

262

der Anfang einer Reihe von traurigen Entdeckungen. Etwas muß ich hinzufügen. Wenn ich von Jungen spreche, ist Eduardo völlig ausgenommen. Ich finde oft, daß er irgendwie außerhalb der Wirklichkeit steht, weil er so sehr einem meiner Träume ähnelt, einem Traum, der atmet und sich bewegt; und Träume kommen und gehen. Eduardo kann nicht ein Teil meines wirklichen Lebens sein, denn in der Wirklichkeit treffen sich die Menschen fast immer auf ganz natürliche Weise und einfach an wirklichen Orten. Wir beide treffen uns auf Bergspitzen, werden von Windböen zusammengeweht, und unsere Gedanken verschmelzen miteinander wie vorüberziehende Wolken.

15. Mai

Ein Sonntag wie dieser ist wie ein Flüstern aus einer anderen Welt, ein Vorgeschmack auf ein Leben, das irgendwo existieren muß: vollkommene Heiterkeit, Frieden und Frömmigkeit. Wir begannen den Tag mit dem Empfang der heiligen Kommunion in der kleinen Kapelle von Forest Hills. Wir kehrten heim unter einer blassen Sonne, die schließlich doch noch beschlossen hatte, zu erscheinen und die einen zarten Dunst wegwischte, der über uns hing, wodurch schon bald der ganze triumphierende Glanz eines vollkommenen Maitages zum Vorschein kam. Eine Weile störte Miguels schillernde Persönlichkeit eine Szene, die zum Träumen einlud, doch nach dem Essen verließ er uns, und Mama und ich vertieften uns bald in unsere Bücher, wobei wir uns leicht auf den kleinen Schaukelstühlen auf der Veranda wiegten. Mama bahnte sich ihren mühsamen Weg durch die langweiligen Seiten von *Main Street,* während ich die Welt vergaß in Gesellschaft von Oliver Goldsmith, [David] Garrick und [Samuel] Johnson, im Rahmen einer Geschichte mit dem Titel *The Jessamy Bride* von [Frank] Frankfort Moore. Oliver Goldsmith wurde in diesem freundlichen Buch idealisiert dargestellt, und schon deshalb liebe ich das Buch, so wie man jemanden liebt, der die eigenen Freunde liebt.

Wir unterbrachen nur, um einen langen, schönen Spaziergang durch den Wald zu machen. Die Bänke, die einsamen Wege waren voller Liebender. Ich fühlte keinerlei Verlangen danach, an ihrer Stelle zu sein. Ich sehne mich nach etwas Höherem als diesen verschlungenen Händen und diesem Flüstern. Nach einer Liebe, die zugleich frei und wild ist. Ich kann die verschwommene Idee nicht beschreiben, die in meine Seele gedrungen ist. Vielleicht ist es nur eine Illusion, die ich von meiner Liebe habe – daß sie nämlich, wenn sie mir widerfährt, ungeheuer anders sein sollte als alle anderen Lieben: groß und seltsam, unbeschreiblich rein, wunderbar, unzerstörbar. Sie sollte auch mit meinen geliebten Büchern und meiner Verehrung der Natur übereinstimmen. Kann irgend etwas größer sein als eine solche vollkommene Vereinigung – von Dingen, die ewig dauern und derer man niemals müde wird? Wenn ich von Menschen höre, die einander überdrüssig sind, glaube ich, daß es daran liegt, daß sie nur in sich allein den Reiz und die physische Schönheit gesucht haben. Haben sie ihre Liebe auf die Gedanken des anderen gegründet? Wer kann müde werden bei Gedanken, die sich täglich ändern?

Miguel prahlte, er werde spät heiraten, er werde seine Freiheit, seinen Frieden solange wie möglich bewahren; er verkündete, daß Frauen zum Vergnügen geschaffen seien und daß es unmöglich sei, eine Frau immer zu lieben, als ob Heirat eine traurige Einkerkerung bedeutete, als ob Beständigkeit eine schwere, unerträgliche Kette wäre! Vertrat Charles nicht einen ähnlichen Standpunkt? Arme Jungen, die den unendlichen Zauber der Partnerschaft nicht kennen! Zum Vergnügen! Wir sind nicht nur dazu geschaffen. Der Himmel weiß, welche Bürde die Frau in dieser Welt trägt. Der Himmel weiß auch von der Zärtlichkeit im Herzen der Frau, die es zu mehr Güte befähigt als das des Mannes. Ich wünschte beinahe, daß es nicht so wäre, denn es gibt nur wenige Männer, glaube ich, die verstehen. Sie denken, wir seien romantisch. Miguel und Charles werden vermutlich eines Tages das Bedürfnis verspüren, daß eine Frau ihr Leben vervollkommnen möge, obwohl sie im Augenblick vielleicht ganz zufrieden sind mit sich selbst als Freund und Spielgefährte.

Mr. Garcia rief an, als ich nicht zu Hause war. Ach, dieses kleine Buch, das ich so gerne dem Studium und der Abgeschiedenheit, der Ernsthaftigkeit und dem Denken widmen wollte, ist voller Dinge, die weit fort sind von meinem Herzen und meinen wahren Bedürfnissen. Bevor ich mich von dir trenne, mußt du noch die Beschreibung von zwei Tanzabenden ertragen.

Und noch etwas wurde geplant, das mich sehr stört. Ich sehne mich nach Einsamkeit, nach der regelmäßigen, ruhigen, intimen Atmosphäre unseres Familienlebens, doch Miguel wird den Juni bei uns verbringen. Einsamkeit! Einsamkeit! Mein ganzes Herz schreit danach. Meine körperliche Widerstandskraft scheint mit dem Ende meines Studiums zu erlöschen. In Wirklichkeit habe ich wenig getan, und es ist schrecklich festzustellen, was für Veränderungen in letzter Zeit mit mir vorgegangen sind. Mein Gesicht ist weiß und durchscheinend, meine Augen groß und müde. Mama macht sich Sorgen, und schon deshalb wäre ich gern gesund. Ansonsten würde ich mich keinen Deut darum kümmern, glaube ich. Es gibt nur eine kleine Freude, die bei meinen Plänen für die Zukunft in der Ferne leuchtet, eine wahre und tiefe Freude, die mit zuteil werden könnte, wenn Eduardo einige Tage hier verbringt, bevor er nach Kuba geht. Doch bisher ist nichts gesagt worden. Wenn er anstelle von Miguel den ganzen Juni hier verbringen würde, würde ich mich dann auch noch danach sehnen zu flüchten?

16. Mai

Ich habe mein Abschlußexamen in englischem Aufsatz und französischer Literatur gemacht. Beide waren unglaublich einfach. Trotzdem machte ich einen schrecklichen Fehler, der mich jedesmal erröten läßt, wenn ich daran denke. Nachdem ich alle Fragen richtig beantwortet hatte, stieß ich auf mein Waterloo. Eine Weile runzelte ich die Augenbrauen in tiefem Nachdenken, doch was nützt mir das Denken? Ich sollte die Definition von »Syllogismus« und »Induktion« geben. Ich schrieb etwas Dummes über beides und besonders über die Induktion, deren Bedeutung ich völlig umdrehte.

Als ich die Klasse verließ, fühlte ich Bedauern bei dem Gedanken, Mr. Seitz zu verlassen. Er war einer meiner freundlichsten Lehrer, und obwohl er wenig Unterschied zwischen der Klasse und Mademoiselle Linotte machte, spürte ich Hilfsbereitschaft und Interesse gerade in seinem Schweigen seit dem Tag, an dem er mit mir über meinen »Stil« gesprochen hatte.

»Ich werde versuchen, im Herbst wieder zu Ihnen zu kommen«, sagte ich.

»Ich werde nicht mehr hier sein, Miß Nin, aber ich hoffe, wir werden uns irgendwo wiedertreffen.«

Plötzlich wurde ich wieder zu meinem alten Ich. Meine Zunge verweigerte die Bewegung, und ich wollte fliehen. Und so verließ ich Mr. Seitz ohne Dank, ungeschickt und entsetzt über die Dreistigkeit, die mich zu seinem Pult gehen ließ. Ich dachte, ich hätte die absurde Zurückhaltung von vor langer Zeit überwunden, doch sie ist in letzter Zeit während meines Schullebens oft wiedergekehrt.

Nach der Englischprüfung absolvierte ich die Hälfte der Fragen in Französisch. Der zweite Teil folgt am Donnerstag. Auch auf diesem Gebiet hatte ich das Vergnügen mit vertrauten Fragen konfrontiert zu werden, die ich nicht fürchtete. Ich schrieb über Voltaire, Victor Hugo, Lamartine, Alfred de Vigny, führte von jedem ein Zitat an, und gab einen Kommentar und eine Zusammenfassung von Zadig.* Ich kehrte früh nach Hause zurück, war heiter und zufrieden und stellte dann fest, daß meine Antwort auf Mr. Orces' Brief einen ganzen Tag lang vergessen und vernachlässigt in der Tiefe meiner Tasche herumgereist war. Morgen ist Grammatik an der Reihe, und ich sage Canterbury, Carnival und dem Rest meiner verehrten Mitschüler auf Wiedersehen.

Abend. Ich machte Notizen zu *The Jessamy Bride;* mein ganzes Interesse konzentrierte sich auf diese liebenswerten Seiten. Allmählich kam mir ein seltsamer Gedanke, als ich hier saß und las und schrieb. Diese Geschichte war so wie eine Geschichte in meinem eigenen Leben, eine meiner Liebesgeschichten, und ich kannte einmal jemanden, der irgendwie Oliver Goldsmith ähnlich war. Wer kann die Veränderungen erklären, die mit Menschen im Laufe der Zeit geschehen? Ich für meinen Teil weiß, daß ich heute gewisse Dinge völlig anders beurteile, als ich es vor einigen Jahren tat.

Ich habe Marcus nicht vergessen, doch meine Denkweise hat sich ungeheuer verändert. Ich erinnere mich, wie ich ihn zum ersten Mal bei Dorothys Tanzabend sah. Ich war an jenem Abend blind für alles, außer für diesen Schimmer von Intelligenz, den ich in seinen Augen bemerkt hatte, und für seine Art zu reden, die ganz anders war, als die der anderen Jungen. Dann kamen seine schönen, eloquenten Briefe. Sie sprachen

---

* Voltaire: Zadig oder das Schicksal. Eine orientalische Erzählung

meine Vorliebe für Talent, poetische Gefühle, poetisches Verständnis des Lebens an. Gemeinsam liebten wir die Literatur und die Poesie. Wie gut Marcus schrieb! Und wie schön er über Liebe schrieb!

Wir trafen uns selten. Ich war immer noch blind und sah nicht *ihn*, sondern sein Talent. Ich war verletzt, weil Mama und Mrs. Thayer sich über seine äußere Erscheinung lustig machten. Ich erinnere mich, daß ich gezwungen war, Schuhe mit flachen Absätzen zu tragen. Marcus war kleiner als ich. Eines Tages standen wir wie Oliver Goldsmith und Mary Horneck zusammen vor einem Spiegel. Doch darin liegt der große Unterschied; Marcus dachte nicht an den pathetischen Vergleich, den Oliver Goldsmith zog. Er sah sich *selbstgefällig* an. Er, mit seinem zarten Körper, seinen ungraziösen Bewegungen und seinem unattraktiven Gesicht. Doch ich bewunderte ihn. Ich glaubte, daß sein Körper nicht gut entwickelt sei, weil er zuviel lernte. Ich fühlte nicht seinen Mangel an Männlichkeit, ich dachte nur an seine Belesenheit. Er war nicht stark genug, um mich zu beschützen, doch er war beredt genug, um mich zu bewegen. Seine Gedichte an mich schienen die Eigenschaften leicht zu ersetzen, die andere Jungen im Sport und in Übungen von Stärke und Schnelligkeit an den Tag legten. Wenn ich seine Schule besuchte, verbrachten wir Stunden zusammen. Ich fühlte dann etwas, was ich nicht in mein Tagebuch schrieb, denn ich versuchte, Marcus zu mögen in Erwiderung seiner Liebe. Seine Klassenkameraden spotteten über ihn und hielten wenig von mir, weil ich seine Freundin war. Seine Tante hatte Gesten der Verachtung für die Freundschaft, die ich dem unglücklichen Jungen gegenüber zeigte. Doch ich kannte bald den wahren, echten Marcus. Die letzten Stunden, die wir zusammen verbrachten, erstickten mich. Übrigens, Eduardo war damals hier, er sah ihn und sprach ernsthaft gegen ihn. Doch ich hing treu an meinem Dichter. Ich schob alle Vergleiche zwischen Marcus und meinem Cousin beiseite, meinem Cousin, den ich damals zu lieben begann.

Ich kämpfte mit allen Gefühlen der Abneigung gegen die Fehler, die zu sehen ich mich geweigert hatte. Dann befreite mich Marcus selbst von den schmerzhaften Fesseln durch einen Akt von Eifersucht, der in trauriger Weise lächerlich und unverschämt war. Ich will Marcus nicht mit Oliver Goldsmith vergleichen. Der Himmel bewahre mich davor! Es waren nur einige zufällige Zeilen, die mich an ihn erinnerten, eine Anspielung darauf, wie der Dichter Lieder über die männlichen Leidenschaften schreibt; Gedanken waren hier und da in eine Geschichte eingestreut, in der ein Dichter der Liebhaber ist. Nur das und sonst nichts, denn ich liebe Goldsmith, einen Mann »von solch hinreißender Einfachheit, daß jedes Wort, das er sprach, aus seinem Herzen kam«, während ich für Marcus nur noch die schwindenden Überreste einer mädchenhaften Schwärmerei empfinde.

18. Mai

Der heutige Tag stellt den Beginn eines neuen Lebens dar. Als ich gestern aus der Schule kam, nachdem ich meine Grammatikprüfungen gemacht hatte, verbrachte ich meine Zeit folgendermaßen: Ich band alle meine Klausuren mit roten Bändern zusammen, alle meine Aufsätze mit blauen Bändern und begrub sie zuunterst in einer Schublade mit anderen Manuskripten. Dann setzte ich mich an das, was ich meinen Schreibtisch nenne, und notierte mir, welche Bücher und Autoren ich im Sommer lesen will.

Nach dem Abendessen brach ich zu einem Spaziergang in der Dämmerung auf, und dort auf den einsamen Straßen, die an schattigen Bäumen vorbeiführen, machte ich viele Pläne und träumte viele Träume.

Zuerst fragte ich mich, was ich an der Universität gelernt hatte. Ich plazierte alle Antworten auf diese Frage in einem Winkel meines Kopfes. Dann dachte ich einige Minuten lang über die Anzahl der Dinge nach, die ich nicht wußte. Dann verglich ich und war verblüfft. Doch während ich ging und dabei mein Gesicht dem Himmel zuwandte, dachte ich an alles, was ich zu sagen hatte, an alles, was in mir rumorte. Unerfahrenheit, Jugend, das alles muß ich wohl überwinden, allein, und es bleibt nur ein beruhigender Gedanke, nämlich, daß ich die Grundzüge meiner Kunst gelernt habe und daß ich den Sommer damit verbringen werde zu schreiben. Ich kenne die Grundregeln des Metiers. Warum sollte ich erschrecken und zurückweichen, an mir selbst zweifeln? Überall um mich herum schreiben Menschen über meine Gedanken, meine Ideale, meine Beobachtungen. Ich habe Bücher gelesen, von denen ich einige Seiten geschrieben haben könnte. Ich dachte an den Essay über Selbstvertrauen, und während ich im Dämmerlicht über staubige Straßen ging, faßte ich viele Entschlüsse.

Den ganzen Winter habe ich an meinem Tisch gesessen und zahllose Seiten gefüllt, doch jedesmal, wenn mich meine Arbeit nicht befriedigte, zerriß ich sie in Stücke, alles außer meinen Aufsätzen für die Schule und meinem Tagebuch. Ich habe in Wirklichkeit mein halbes Leben an meinem Schreibtisch zugebracht, wenn ich nicht gerade lernte oder im College war. Ich sage, daß mit dem heutigen Tag ein neues Leben anfängt, weil er das Ende meiner Studien bedeutet und das Ende jener Stunden, die ich in meinem Zimmer verbrachte. Von jetzt an beginne ich neue Studien ohne Lehrer, und ich werde auf der Veranda leben. Mai, Sonnenschein, laue Abende und kühle Morgendämmerungen, und mit ihnen kommt die große Sehnsucht, im Freien draußen zu leben. Darum habe ich mein blaues Nest aufgegeben für diese Veranda, wo ich viele Stunden verbringen werde und auf der ich viel, viel schreiben werde. Ich werde alles schreiben, was mir in den Kopf kommt, während der Rest von mir herumgeht und nicht weiß, was er tut – zur großen Verzweiflung der ganzen Familie. Wenn ich scheinbar für nichts einen Kopf habe, wenn meine geistige Abwesenheit allerorts Empörung hervorruft, dann, und das ist eine Tatsache, dann ist dies der Zeitpunkt, in dem tausend Gedanken hineinstürmen in einen Kopf, der offensichtlich allen menschlichen Erkenntnissen über einen Kopf widerspricht. Aber ach, es gibt Köpfe und Köpfe. Meiner ist ein unpraktischer Kopf, deshalb denken praktische Menschen, ich hätte keinen. Das ist der Lauf der Welt.

Die Veranda selbst werde ich beschreiben, um dir zu zeigen, ob der Schreiber seine Inspiration aus seiner Umgebung oder aus seinem Inneren bezieht. Es ist eine sehr lange und ziemlich breite Veranda, die an der Längsseite des Hauses entlangläuft und auch ein Stück weit an der Vorderseite; nicht wie das »breite Lächeln« der Veranda der Heldin, von der ich gelesen habe, aber sie erinnert an ein halb unterdrücktes Lächeln, weil das Haus weiß, daß es einen neuen Anstrich braucht. Die Farbe meiner Veranda ist nicht zu beschreiben. Es kann weiß gewesen sein in den Tagen des Spinnrads, es kann vor einigen Jahren grau gewesen sein oder cremefarben oder gelb oder grün. Nun hat es einen weichen und ruhigen Ton, dessen Ursprung nur Historiker herausfinden können. Als Schutz gegen Eindringlinge (gegen Landstreicher oder Moskitos) ist diese Veranda von einem Fliegengitter umschlossen. Um sie herum stehen viele hohe Bäume mit weitverzweigten Ästen, die beinahe die Dachspitze berühren. Wenn ich in die Ferne schaue, verliert sich mein Blick dort, wo die Straße, nachdem sie sich bergauf geschlängelt hat, eine plötzliche Kurve abwärts macht, und soweit mein Blick reicht, stehen Bäume, Bäume und Bäume in Reihen und Gruppen überall um mich herum, mit einem Flecken blauen Himmels hier und dort oder einer Wolke, die zwischen den Zweigen hindurchguckt. Und das ist alles. Die Nachbarn sind durch Bäume ausgeschlossen; meine Veranda erscheint fast wie eine kleine Lichtung inmitten eines riesigen Waldes in ihrer ruhigen Zurückgezogenheit, ihrer einfachen Heimeligkeit und Gemütlichkeit. Hier kann ich die Welt angreifen oder sie preisen. Ich kann die menschliche Natur beschreiben oder sie verzerren. Ich kann philosophieren oder ohne Verstand schwätzen. Ich kann argumentieren wie ein Dichter oder Verse schmieden wie eine Geschäftsfrau. Ich kann alle Tinte verbrauchen, die ich will, ich kann deine Geduld auf die Probe stellen, ich kann Zeit und Papier verschwenden. Ich kann nichts tun. Ich kann *alles* tun. Hast du dich jemals gefragt, warum ich nicht, wie jedermann, Abkürzungen gebrauche, wenn ich in mein Tagebuch schreibe? Ich habe mich oft selber gefragt. Es scheint pedantisch, ein so gewähltes Englisch zu benutzen, um vom täglichen Leben zu erzählen. Ich will, daß du einen weiteren Fehler von mir kennst. Das Englisch, das ich gebrauche, um mit dir zu plaudern, ist *nicht gewählt;* es ist das, was mir auf ganz natürliche Weise einfällt, und die Art, die ich am liebsten mag. Obwohl vielleicht die ganze Welt das Gegenteil behauptet, scheint mir, wenn ich ständig Abkürzungen gebrauche, bedeutet das, daß ich allmählich in den Gebrauch einer anderen Sprache verfalle – nenn' es Umgangssprache, Slang, was immer du willst, aber nicht Englisch. Und doch ist dies nicht mein wichtigster Grund. Ich gebrauche auch deshalb keine Umgangssprache, weil ich nicht weiß, wie man die entsprechenden Abkürzungen schreibt! Lach mich aus, wenn du willst: Wenn du gelernt hast, das Wort »anmaßend« zu buchstabieren und dafür die Schreibweise von »frech« vergessen hast, ist es dann nicht besser, das erstgenannte Wort zu benutzen? Und ach, wie selten gefällt mir Slang. Von einigen seiner Ausdrücke weiß ich, daß sie kraftvoll und direkt sind, doch für mich hören sie sich an wie ein Streitgespräch, das man durch Schläge gewinnt statt durch Argumentation. Natürlich gebe ich zu, daß gutes Englisch im Munde eines Landstreichers oder eines Zeitungsjungen fehl am Platze erscheinen würde; Slang paßt gut zu denen, die ihn benutzen. Doch Umgangssprache liegt nur ein kleines Stück darüber, und ich glaube nicht, daß die, die Stevenson, Walter Scott und Washington Irving lieben, Umgangssprache mögen können. Können diejenigen, die die denkbar ausgesuchtesten Köstlichkeiten gegessen haben, sich an einen Krug Wasser und ein staubiges Stück trokkenes Brot gewöhnen?

Abend. Ich habe immer meine Mama für die Frau gehalten, die der Vollkommenheit am nächsten ist. Ich habe Tausende von Dingen an ihr bewundert: ihren Optimismus, ihren Mut, ihre Uneigennützigkeit. Man würde Bücher brauchen, um so über sie zu sprechen, wie sie es verdient. Doch diesmal ist es Mamas Philosophie, die ich bewundere. Heute komme ich mit einer Überraschung zu dir, mit etwas, nach dem ich nie im Traum bei meiner fleißigen kleinen Mama gesucht hätte, deren Kopf ich mir immer mit Geschäftsdingen und -plänen angefüllt vorstellte. Ich komme so gebannt von meiner Entdeckung zu dir, daß ich dir alles erzählen werde, was ich zu Papier bringen kann, obwohl es Stunden dauern würde, die lange Unterhaltung, die wir bei einem Waldspaziergang führten, genau niederzuschreiben.

Natürlich war ich es, die fragte. Ich bin so voll von Fragen, daß sie hin und wieder überfließen, und diesmal wurde Mama von der Flut beinahe ertränkt. Millionen von Fragen strömten auf sie ein, hastig, umfangreich und betäubend. Ich fragte und fragte und fragte, oft unvernünftig, dann wieder in Tiefen hinabtauchend, die sie irgendwie schockierten. Ich haderte mit dem Schicksal, mit der Ungerechtigkeit, mit dem ständigen Existenzkampf, dem wir ausgesetzt sind. Ich fragte nach dem Sinn des Leidens, der Schicksalsschläge, dem Sinn des Lebens, dem Sinn des Lernens. Ich fragte zuerst, ob der Mensch an sich sinnvoll sei, ob alle Dinge sinnvoll seien. Warum leben und lernen und sich anstrengen, gut zu sein, tugendhaft, selbstlos;

warum die Antwort auf Probleme suchen, warum so viel leiden
– um dann zu sterben? Wofür das alles? Mama antwortete, daß
Schicksalsschläge und alles Leiden uns auferlegt seien, um uns
etwas zu lehren. Uns etwas zu lehren! Eine Weile lang hörte ich
Mama zu, Mama, die ungeheuer gelitten hat, sagt mir, daß alle
Dinge einen Sinn hätten und daß alle Dinge für irgendeinen
Zweck geschaffen worden seien. Leiden lehre uns Duldsam-
keit, Selbstlosigkeit, Mut, tausend Dinge. Ich stimmte zu.
Also lernen wir durch Leiden.
Und warum studieren wir, lesen wir etc.? Um zu lernen.
Dann ist der Sinn des Lebens zu lernen? Doch was ist der Sinn
des Lernens. Denen zu helfen, die nach uns kommen. Dann ist
der Sinn des Lebens, soviel wie möglich für andere zu tun, dein
Bestes in der Welt zu geben. Ich überlegte.
Dann kehrte ich zu meiner ersten Frage zurück: »Du sagtest,
alle Dinge, die geschaffen sind, haben einen Sinn?«
»Ja.«
»Was ist der Sinn des Verbrechens?«
»Uns den Unterschied zwischen gut und böse zu zeigen. Zum
Beispiel wüßtest du nicht, was schlecht ist, wenn du es nie gesehen hättest.«
Ich überlegte wieder und sprach eine Weile darüber. »Warum
ist uns Intelligenz gegeben, um Fragen zu stellen, die von
menschlicher Intelligenz nicht zu beantworten sind?«
»All diese Dinge, die wir nicht wissen, lassen uns ständig wei-
terdenken. Wir müssen unser ganzes Leben hindurch etwas zu
tun haben. Deshalb stellen wir uns Fragen, und deshalb müssen wir arbeiten, um leben zu können. Denkst du, ich könnte
glücklich sein, wenn ich nicht dieses ständige Kommen und
Gehen hätte, die Höhen und Tiefen in meinem Geschäft, die
Schwierigkeiten bei der Kindererziehung, die mich davon ab-
halten, über kleinen, unwichtigen Sorgen zu brüten?«
Im stillen stellte ich mir Gott vor, der auf diese Welt herunter-
schaut, wie ich auf eine Puppenstube hinunterschauen würde.
Wie klein unsere Leidenschaften Ihm erscheinen! Wir, in Seinen Händen, wir, die wir gegen das Unsichtbare, das Unvermeidliche kämpfen, sind es nicht wert, bemitleidet zu werden,
doch wir brauchen Hilfe.
Manchmal frage ich mich, ob die Antwort auf all diese fieber-
haften Fragen nicht letztendlich in der gesegneten Ergebung in

unser Schicksal liegt, die der katholische Glaube lehrt. Ergebung, um unsere Kleinheit zu erkennen und zu wissen, daß, was auch immer mit uns geschieht, von einer unendlichen Vorsehung geplant ist. Wie schön ist es, zu glauben, zu lächeln, zu vertrauen und zu hoffen! Manchmal ist es gut, vor zuviel Nachdenken zu fliehen und seine Zuflucht im christlichen Glauben zu finden.

Mama beantwortete alle meine Fragen und legte unbewußt den Egoismus meiner Zweifel vor mir bloß. Hör auf, nach menschlichen Gründen zu fragen für Dinge, die nicht von Menschen geschaffen sind. Ja, ich muß mich nur daran erinnern, daß wir hier sind, um der Welt etwas zu geben. Wenn andere vorher nicht so gedacht hätten, hätten sie uns nicht gerade die Bücher hinterlassen, die ich schätze, die Bilder, die Skulpturen, die Musik, die Erfindungen, all die Dinge, die Geist und Genie hervorgebracht haben.

Mama war eine wundervolle Mutter. Alles, was sie allein gemacht hat, mit ihrem scharfen Verstand und ihrem robusten Körper, ist der beste Beweis für ihre Philosophie, die Philosophie des Handelns. Was für eine Lektion für mich! Ich, mit all meinen unverschämten Forderungen, meinen liliputanischen Empörungen und Erwartungen, ich verdiene keine so edle, kluge Mutter, die meine wirren Fragen beantworten, mich trösten, mich etwas lehren kann, Ordnung in mein chaotisches Inneres bringen und meine aufgewühlte Seele beruhigen kann. Ich verdiene es, durch schmerzhafte Jahre harter Erfahrungen zu lernen. Wahrhaftig, die ganze Welt gibt mir mehr als ich verdiene, und wenn ich wenigstens meine eigenen Fehler im Gedächtnis behielte, wäre ich liebenswürdiger, toleranter anderen gegenüber und nicht so furchtbar neugierig und kritisch. Und nun, da ich mir selbst gepredigt habe, gehe ich zu Bett, um Buße zu tun und mich ordentlich zu beschimpfen, anstatt an Eduardo zu denken.

20. Mai

Viele seltsame Stimmungen sind meinem Ausbruch von Zynismus in der vergangenen Nacht gefolgt, und ich glaube wirklich, ich habe etwas gelernt. Liebes Tagebuch, du wurdest dazu ausersehen, der Vertraute des verrücktesten Mädchens auf Erden zu sein, und eines sehr schlimmen Mädchens außerdem.

Und doch habe ich in diesen Tagen mich selbst vielleicht besser verstanden als in all den vergangenen Jahren. Eine Weile habe ich völlig enthüllt dagestanden, um beurteilt zu werden, nicht nach den Maßstäben der Welt, sondern nach meinen eigenen Gesetzen und Vorstellungen. Diese Enthüllung verursachte mir großes Leiden. Sie zeigte mir meine absolute Wertlosigkeit, meine verachtungswürdige Hingabe an Stimmungen und mein verzerrtes Verständnis des Lebens.

Von Emerson wurde gesagt, daß er der Meister des geheimen und unterdrückten Herzens ist. Wie richtig! Er ist auch jemand, der dich gesundes Denken, ruhige Betrachtung und Selbstbeherrschung lehrt. Ich werde dir erzählen, wie es dazu kam, daß ich ihn gerade dann fand, als ich ihn am meisten benötigte. Als ich mit Mama sprach, empfand ich große Bewunderung für ihren widerstandsfähigen, praktischen, gesunden Verstand und ihr ausgewogenes Urteil. Ich bewundere die Art, wie sie hoch über der beschämenden Sklaverei der Gefühle stand – der unkontrollierten Gefühle, meine ich. Ich bewunderte ebenfalls die Art, wie sie mir riet, einfach und vertrauensvoll zu leben, ohne ständig neugierig zu sein und zu fragen. Ich sah auf zu ihrem herrlichen Lächeln, dem Lächeln des Optimismus, des Vertrauens, der Tat, und dann hinunter auf meine Undankbarkeit und Dummheit und fühlte, daß ihre Philosophie weit über meinem Verständnis stand.

Ich versank in einen unendlich tiefen Abgrund, gequält durch meine ständige intensive Selbstbetrachtung, die, wie ich jetzt erkenne, der grundlegendste Akt von Egoismus ist. Ein Egoist! Ich begann das Leben mit Wissensdurst, ich reiste weiter mit meinen Fragen und Beobachtungen, erreichte aber nichts, gar nichts. Irgendwo an einer Kreuzung bog ich in die falsche Straße ein und versuchte die ganze Zeit einfach nur, die klarsten Zeichen von Egoismus zu verschleiern, indem ich sie das Studium der Welt nannte! Stundenlang verweilte ich bei diesen Gedanken und endete immer damit, daß ich sagte: Ich habe nichts getan, gar nichts. Ich muß meine Schritte nachvollziehen, muß am Anfang beginnen, und mit meinem neuen Verständnis muß ich dem Leben noch einmal gegenübertreten. Was mich all die Jahre hindurch geblendet hat, war das ständige Nachdenken über mein eigenes Ich. Ich will, ich muß mich vergessen. Stundenlang litt ich mehr, als ich mit Worten beschreiben kann.

Ich ging zum letztenmal zur Schule, wie jemand, der in Trance ist. Dann kam meine Rettung. Im Zug schlug ich lustlos Emersons *Essays* auf, und mein Blick fiel auf die erste Zeile des Essays über Erfahrung. Wie dankbar war ich für diese Seiten! Ich nahm Zuflucht zu ihrer heiteren Festigkeit, und zwar mit dem ganzen Eifer eines Menschen, der in einem schlimmen Sturm einen Schutz gefunden hat.

Emerson sagt: »Die Stunden auszufüllen, das ist Glück: Die Stunde auszufüllen und keine Lücke zu lassen für Bedauern oder Zustimmung ...«

Jeden Tag habe ich meine Stunden ausgefüllt, doch ich habe freiwillig eine Lücke gelassen für Bedauern oder Zustimmung. Auf deinen Seiten habe ich das Denken absolviert. Deshalb leide ich mehr in dir. Ich dachte immer, Denken sei angenehm. Denken tut weh. Und der größte Fehler bei meinem Denken ist, daß es von meinen wechselnden Stimmungen beeinflußt wird, von meiner großen Fähigkeit, das Leiden herauszufordern, und von meiner starken Empfindsamkeit. Emerson sagt: »Es gibt Stimmungen, in denen wir das Leiden herausfordern, in der Hoffnung, dort schließlich die Wahrheit zu finden, den Höhepunkt und die Grenzen der Wahrheit zu finden ...« Das Denken, wie ich es praktiziere, führt zu Pessimismus, Zynismus oder Wahnsinn. Doch ich habe es rechtzeitig bemerkt. Ich habe meinen Idealismus, der mir hilft, gegen diese entsetzlichen Meister anzugehen, die mich nie besiegen werden, solange ich lebe und solange ich Emerson als Freund habe. Emerson! Emerson! Vielleicht verstehst du die große Krankheit meines Geistes besser als irgendeiner auf der Welt, denn du hast geschrieben, wie ein großer Arzt schreibt, wenn es ihm um Menschlichkeit geht. Oder vielleicht nur um Jugend, Jugend, die so wenig weiß und so viel will, die nichts gibt und alles erwartet.

Diese Tage des Leidens und des Kreisens um Gedanken, die selbst im Kreis laufen und kein Ende nehmen, haben mich sehr verändert. Sie kennzeichnen vielleicht einen Wandel in meinem Tagebuch. Wenn ich früher eine Stunde lebte und dann schnell zu dir floh, um diese Stunde zu analysieren, so werde ich nun immer nur leben, mich selbst vergessen, meine Wertlosigkeit vergessen, statt über sie zu brüten und nichts zu vollbringen, um für sie zu büßen.

Diese ständige Selbstbetrachtung, dieses ständige Auseinandernehmen und Hinterfragen hat ein Ende gefunden. Ich dachte, durch diese Wachsamkeit Glück zu erringen. Indem ich einen geistigen Gerichtshof unterhielt, vor dem stets mein Wesen stand und sich rechtfertigte, indem ich neugierig in die geheimsten Winkel meines Herzens drang, indem ich zustimmte oder anzweifelte, indem ich über die Vergangenheit nachbrütete und über die Zukunft nachdachte, habe ich die Flamme des Lebens fast getötet. Ich habe sie zittern sehen, erstickt von Dunkelheit und Mangel an Luft: Und dann habe ich von schwacher Gesundheit gesprochen, als die Farbe meine Wangen verließ.

Nein. Ich werde nicht getötet werden. Ich werde jede Stunde ausfüllen; ich werde nähen, lesen, spazierengehen und tanzen. Ich werde niemals müßig dasitzen, mit müde zurückgeworfenem Kopf, mit verschränkten Händen, grübelnd, grübelnd, grübelnd. Leben! Leben wie die anderen Mädchen, ein leichtes Herz und ein glückliches Gesicht haben und eine Weile meine eigene Gesellschaft meiden, mich selbst vergessen, aufhören, anders zu sein und eigenartig und ernsthaft. Sogar in der Schule stand ich außerhalb und entfernt. Stolz und Zurückhaltung kennzeichneten meine Haltung, bis ich erkannte, da ich nun zurückschaue auf Tage, die niemals wiederkehren, daß ich nicht als Mädchen behandelt wurde, als einfaches, nettes Mädchen (obwohl ich Beweise der Bewunderung, der Achtung erhielt und jungenhaftes Verlangen nach einem Wort und einem freundlichen Blick), sondern als eine königliche, entfernte Merkwürdigkeit: Es ist gefährlich, sich ihr zu nähern, und kein Mensch würde mit ihr sprechen wollen, wäre sie nicht hübsch genug, die anderen zu ermutigen. Dieses Bekenntnis steht am Ende eines Heftes.

24. Mai

Ich ging zu einem Tanzabend im Club und litt unter starker Sehnsucht nach meinen Büchern und der Einsamkeit. Und dies nur wenige Stunden, nachdem ich mir selbst gelobt hatte, wie andere Mädchen zu sein. Ich kann mich nicht in einem Tag ändern, leider! Ich werde damit fortfahren, wie ich es stets getan habe, alle Überlegungen über meine Verrücktheiten auf deinen Seiten auszubreiten, frei, ehrlich und impulsiv. Was meine

Versuche in Kameradschaftlichkeit und Frivolität angeht, so werden du und ich zusammen über die pathetischen Ergebnisse lachen, wie wir es im Schutz meines Zimmers abends immer getan haben.

Laß mich mein Gewissen untersuchen: Das habe ich vier Tage lang nicht getan, weil du nicht da warst, um mir zu helfen. Ich hatte dich nämlich noch nicht gekauft! Du magst über die Extravaganz des heutigen Tages lachen. Ich verbrachte den ganzen Morgen auf der Jagd nach Büchern in der Stadt und kam zurück mit Thoreaus *Walden** und Carlyles *Hero Worship*** (was mich sechzig Cents kostete). Und ich brachte dich mit, doch es wäre eine Schande, zu erzählen, was ich für dich bezahlt habe. Die Welt kennt nicht deinen Wert, sie sehen auf deine leeren Seiten, deinen einfachen Einband und entscheiden über deinen Wert nach Gewicht und äußerer Erscheinung. Wenn ich dem Verkäufer erzählen würde, daß deine Seiten die magische Gabe des Zuhörens haben, würde er mir ins Gesicht lachen!

25. Mai

Ich habe diesen Tag mit Erinnerungen verbracht, denn ich beschloß plötzlich, etwas Ordnung in meine Papiere zu bringen. Ich kniete mich vor meine Manuskript-Schublade und warf ihren Inhalt auf den Boden. Unten in die Schublade legte ich in sauberen Stapeln einige Geschichten und Skizzen, deren schlichte Albernheit sie vor der Zerstörung bewahrte. Ich will, daß sie mich an meine Mädchenzeit erinnern – Kindheit, sollte ich sagen, da einige von ihnen geschrieben wurden, als ich neun war. Den größten Teil von allem zerriß ich in Stücke und warf es in meinen Papierkorb. Ich konnte kaum meine Heiterkeit über diese dummen Versuche unterdrücken. Es gab sogar eine Geschichte, die ich schrieb, als ich gerade genügend Englisch für den täglichen Gebrauch gelernt hatte – wenn ich das englische Wort nicht kannte oder vergessen hatte, sagte ich es einfach auf Französisch. Und was für ein Englisch! Was für Ge-

---

* Walden oder Leben in den Wäldern, 1854
** Genauer Titel: Über Helden, Heldenanbetung und das Heldenhafte in der Geschichte, 1841

schichten! Selbst aus meinen jüngsten Bruchstücken von Gedichten, meinen unvollendeten Versuchen, gehen nichts als Unerfahrenheit und Mangel an Talent hervor.

Mein Spott und meine Kritik waren mit Traurigkeit gemischt. Als ich mich erhob, sah ich nachdenklich auf meine kleinen Stapel aus Tinte und Papier und sagte vor mich hin: »Ich werde niemals irgendeinen praktischen Nutzen aus meinem Schreiben ziehen. Es ist alles Abfall!« In meinem Alter habe ich nichts geschaffen, worauf ich stolz sein könnte, während Mama den ganzen Tag arbeitet. In diesen Tagen habe ich viele Gedanken in meinem Kopf herumgewälzt und bin zu dem Schluß gekommen, daß in meinem Fall das Schreiben nicht vernünftig ist. Es wäre Egoismus, auf einer solchen Illusion zu beharren. Hätte ich ein außergewöhnliches Talent, so wäre das etwas anderes. Aber so wie es ist, habe ich nur die Leichtigkeit in der Formulierung und die Liebe zum Schreiben, die mir vererbt wurde. Großvater war ein Gelehrter, wenngleich ein eher armer. Papa ist ein Kritiker und ein meisterlicher Musikkenner und ist daran gewöhnt, den Federhalter zu gebrauchen, wenn er nicht gerade am Klavier sitzt. Ich habe Tinte im Blut. Doch muß ich deshalb davon ausgehen, daß ich auch ihr Talent besitze? Es stimmt, daß ich in der Schule gut war und schnell die Grundlagen des Handwerks gelernt habe. Doch Columbia hat mich gelehrt – in einer Weise, die ich nicht erklären kann –, daß ich möglicherweise irgendwelche Gaben besitze, doch keinesfalls die, andere Menschen zu amüsieren und zu unterhalten. Niemand hat es mir gesagt, doch ich weiß, daß mein Stil langweilig, gespreizt und weitschweifig ist. Ich weiß, daß ich zum Moralisieren neige, was in Verbindung mit meinem Alter die Geduld älterer Menschen sehr auf die Probe stellt.

Darum verschloß ich für eine Weile meinen Ehrgeiz in dieser Schublade, und ich ging mit meinen Sorgen zu Mrs. Norman. »Ich möchte arbeiten, Mama helfen, etwas Nützliches und Ernsthaftes tun.«

Mrs. Norman behauptet, ich tue viele Dinge (vernünftige und dumme), die sie in meinem Alter auch tat, so daß sie mich sehr gut verstehen kann. Ich mußte mit ihr sprechen, denn immer, wenn ich Mama auf das Thema ansprach, verwarf sie die Idee aufs heftigste. Mama ist zu gütig und hält mich nicht für stark genug, doch ich bin entschlossen, nicht nutzlos zu sein. Bei unserer Unterredung kamen wir zu dem Schluß, daß ich eines von zwei Dingen tun kann: Ich kann auf kleine Kinder aufpassen, sie Französisch lehren und ihnen Geschichten erzählen; oder ich kann Modell stehen für Köpfe und Hände. Bist du überrascht über das letztere? Ja, ich habe dir nie von einem meiner Abenteuer in Columbia erzählt. Es war zu … schmeichelhaft! Ich traf einen Maler, einen jungen, hübschen und intelligent aussehenden Jungen in meiner Aufsatzklasse. Er war sehr aufmerksam und füllte sein Skizzenbuch mit Zeichnungen von Mademoiselle Linotte. Am letzten Tag rannte ich die Treppe hinauf und stieß mit ihm zusammen. Er sah so vollkommen vergnügt aus, daß ich an ihn immer als ein Musterbeispiel männlichen Widerspruchs denken werde. Stell dir vor, irgend jemand ist an einem solchen Tag vergnügt! Wie dem auch sei, er gab mir seine Karte und sagte sehr ernst: »Wenn Sie mir eines Tages die Ehre machen würden, mein Atelier zu besuchen, würde ich Sie überzeugen, daß kein Antlitz dieser Welt so sehr dazu geschaffen ist, einen Maler zu inspirieren wie das Ihre – wie Ihr Madonnengesicht.« Ich nehme an, ich sah so erschrocken aus, daß er sehr ernst hinzufügte: »Bitte, bitte seien Sie nicht verärgert. Ich sage Ihnen dies nur um der Kunst willen. Auf Wiedersehen.« Er streckte mir seine Hand so höflich und galant entgegen, daß ich irgendwie den Mut fand, zu lächeln und die Geste zu erwidern. Anstatt meine Hand zu drükken, begann er, sie zu betrachten! »Die Hand einer Träumerin, einer Dichterin.« Daraufhin verflog all meine Schüchternheit. Es war so komisch, daß jemand meine Hände lobte, nicht ahnend, wieviel Geschirr sie schon abgewaschen hatten! Wie kam es, daß er es nicht erriet? Doch ich behielt meine Fröhlichkeit für mich und floh mit einer raschen Bewegung, während mein Maler mich mit einem eigenartigen Lächeln beobachtete. Auf halbem Weg nach Hause warf ich einen Blick auf die Karte und schaute nach seinem Namen; dann zerriß ich sie in Stücke. Und das war das Ende des Abenteuers.

Als ich das jedoch Mrs. Norman erzählte, der Mama schon von [Francisco] Pausas erzählt hatte, dem katalanischen Maler, der wollte, daß ich ihm Modell stehe, nahm sie die Idee auf und meinte, sie könnte doch wirklich ausgeführt werden. Sie kennt einen Kunstverein, wo ich mich eintragen lassen und dann warten kann, bis ich gebraucht werde. Geld verdienen! Mama alles nach Hause bringen, was ich verdienen kann! Ihr bei ihrer Last helfen. Denk nur, ein paar Tage lang haben wir in der schrecklichen Furcht gelebt, unser Heim zu verlieren. Mama konnte nicht zahlen, und die Kew Gardens Corporation drohte und schimpfte. Sie befürchtete außerdem den Verlust ihres Kredits. Doch in der Krise hat ihr ausgezeichneter Verstand einen Plan hervorgebracht – eine neue Art, Geld zu verdienen – und allem Anschein nach erweist er sich als erfolgreich. Die Idee wird langsam zum klügsten von Mamas Versuchen. Oh, ich möchte reich sein, nur um ihretwillen. Alles, was ich tun kann, so gering es auch sei, ist für sie, und wir brauchen Geld für unser Haus, für Joaquins Schule, seine Klavierstunden, für Thorvald. Angenommen, ich allein könnte genug für Joaquins Klavierstunden verdienen, ich wäre so glücklich! Ich kann mein Gesicht im Spiegel sehen – mein eigenartiges, altmodisches Gesicht. Ich kann mir vorstellen, daß ich kleinen Kindern Geschichten erzähle.

Der Gedanke, das Gesicht, das der Himmel mir gegeben hat, oder meine Liebe zu Kindern zu gebrauchen, um Geld zu verdienen, macht mich nicht gerade stolz. Ich wünschte, ich könnte meinen *Geist,* meine Gedanken, meinen Federhalter gebrauchen; aber fort mit dem Gedanken! Ich bin nicht klug genug, und in diesem Fall heiligt der Zweck die Mittel!

Abend. Ich fürchte, ich habe mich verloren, ich habe mich verloren seit dem Tag, an dem ich dir von meiner Sehnsucht erzählte, meine Gedanken zu melden; sie quälten mich, bis ich sie allmählich fürchtete. Ich habe mich verloren, seitdem ich mir selbst versprach, daß ich »leben« würde, daß ich »die Stunde ausfüllen« und keine Lücke für Bedauern oder Beifall lassen würde. Wenige Stunden später scheiterten meine Versuche. Ach! Ich litt mehr beim Tanzabend im Club als während der gesamten Stunden der Meditation. Ich werde etwas versuchen, was zwischen den beiden Extremen liegt, zwischen dem ständigen Brüten und der Einsamkeit, und den frivolen Stunden gesellschaftlicher Tätigkeit. Ich will mich selbst wiederfinden – mein merkwürdiges Ich, irgendein Ich, doch ich kann nicht so bleiben, wie ich heute abend bin.

Eduardo hat wiederum sein unerklärliches Schweigen gebrochen durch ein Zeichen der Erinnerung. Er schickte mir ein Telegramm: »Bin stets Eduardo.« Ich erkenne jetzt, daß er einer der Gründe für meine Traurigkeit ist. In meinen Unterhaltungen mit Mrs. Norman tauchte irgendwie sein Name auf, und wegen eines Satzes, den sie fallen ließ, fragte ich sie, was sie wohl von ihm halte.

»Er ist sehr anziehend, sehr gutaussehend, doch etwas in seinen Augen, seinem Ausdruck, sagt mir, daß er wohl ›die Mädchen mag‹. Er ist irgendwie flatterhaft, das, was man einen ›Liebhaber‹ von Natur aus nennen könnte.«

»Glauben Sie, daß er auf seine Weise intellektuell ist?« fragte ich.

»Nein. Ich könnte mir eher vorstellen, daß er zum Gegenteil neigt. Er ist von Natur aus träge, und ich glaube, er läßt sich außerdem gerne lieben und verwöhnen.«

Wir sprachen noch über andere Dinge, doch ich konnte an nichts anderes denken, als ich am Fenster stand und den schweren Regentropfen lauschte.

»Nimm ihn nicht ernst«, fügte Mrs. Norman lachend hinzu.

Mama sagte mir: »Glaub ihm nicht.«

Marraine hatte mir gesagt: »Nimm ihn nicht zu ernst.«

Und ich gebe ihm das Beste in mir, vertraue ihm, teile mit ihm meine Geheimnisse, meine Ansichten, meine Träume. In meinen Briefen gebe ich ihm Beweise heiligster Freundschaft. Und wird er sich bei all dem als flatterhaft und vergeßlich erweisen? Er ist der Sohn reicher Leute. Wird sein Leben mit allem, was dieser Wohlstand bieten kann, mit Schönheit, Charme und Intelligenz, nur eine Befriedigung der sinnlichen Begierden sein? Das Leben seines Vaters ist so gewesen.

Vererbung – kenne ich nicht ihre schreckliche Macht? Und doch, wenn man Eduardo so sieht, wenn man ihn mit seinem Vater vergleicht, diesem harten, gefühllosen Mann – Eduardo, der einzige in der Familie mit einem künstlerischen Temperament, der einzige, der Bücher, Natur und Musik versteht, der liebt, der selbstlos ist! Können die niederen Instinkte all das besiegen? Ich leide unter diesem Problem, weil es mein Wunsch ist, meine ehrlichste Sehnsucht, Eduardo glücklich zu sehen, zu sehen, daß er sich zum schönsten, edelsten Beispiel von Männlichkeit entwickelt. Ich weiß, daß wirkliches, ehrliches, dauerhaftes Glück nicht von den Sinnen, sondern aus dem Intellekt – dem Geist – kommt. Niemand könnte den Ehrgeiz verstehen, den ich für ihn hege, für das, was er erreichen kann.

Ich fühle auf seltsame Weise, daß auch er das Beste seines Wesens in meine Hände gelegt hat, daß er mir seine Ideale anvertraut hat, und ich für ihn verantwortlich bin. Ich muß bereit sein, ihm zu helfen – mich erheben über die Zweifel, die alle anderen an ihm haben. Ich glaube an ihn. Ich glaube an ihn – bis ich es aus seinem eigenen Mund höre: »Ich bin jemand, der für die Sinne lebt.« Nur ein Junge! Und ich werde seine große Schwester sein, solange seine Vorliebe für mich anhält. Solange seine Sympathie für Mimi andauert, kann ich sein schwächeres Ich besiegen. Ich werde ihn erst aufgeben an dem Tag, wenn er Perla oder ein anderes Lilienmädchen aus Kuba heiratet.

26. Mai

Ich habe mich wiedergefunden, doch erst, als ich am Nachmittag aus der Stadt zurückkehrte, erst als ich meinen Hut abnahm und auf meinem Bettrand saß und dabei überlegte, wie ich die kommenden Stunden ausfüllen könnte. Und plötzlich vergaß ich mich, ich vergaß meine eingebildeten Probleme, mein sorgenvolles Grübeln und machte aus einem schönen Stück alter Spitze, einem Bund kleiner Rosen und einer Hutform einen hübschen Hut für Mama. Danach gestaltete ich die Veranda um, befahl Flora, einen kleinen Korbtisch vom Dachboden zu bringen, legte Kissen auf den Schaukelstuhl, Bücher und Zeitschriften auf die Tische, lief in den Garten und pflückte Stiefmütterchen; ich stellte einen Strauß in die Mitte des Eßtisches und einen anderen auf den Verandatisch. In wenigen Minuten verlieh ich dem Haus ein gepflegtes Aussehen. Und dann brachte ich dich lächelnd und zufrieden hinunter auf die Veranda, um dir mein Geheimnis mitzuteilen: Um dich selbst zu finden, arbeite für andere und vergiß dich selbst.

Ich bin so glücklich. Jede Minute springe ich auf, um zu sehen, ob Mama nach Hause kommt. Die Überraschung, die ich für sie habe, verdoppelt meine Sehnsucht, sie zu sehen. Mein Vergnügen wird vergrößert durch den Gedanken an das, was ich für sie bereithalte. Wenn ich darüber nachdenke, wie selbstsüchtig ich die ganze Zeit gewesen bin, schaudere ich – doch warte, ich werde dafür büßen.

Ich ging in die Stadt, weil Mama wollte, daß ich Georgina Menocal treffe, die Tochter des Ex-Präsidenten von Kuba. Als wir kamen, schlief sie, und nachdem ich lange Zeit gewartet hatte, schüttelte ich schließlich die Hand eines angenehmen und liebenswerten Mädchens, etwa in meinem Alter, doch mit weitaus größerer Gewandtheit in Ausdruck und Benehmen, als ich jemals zu besitzen träumte. Ich sah sie kurz, denn sie eilte mit ihrer Großmutter zur Messe in die Kathedrale. Heute ist Fronleichnam, einer von Spaniens schönen, malerischen Feiertagen, dessen Einzelheiten ich niemals vergessen könnte. Weißt du, der Raum, in dem ich wartete, war wie ein Garten roter Rosen. Sträuße, viel größer, als ich sie mit den Armen halten könnte, waren in großen Vasen verteilt. Sie stellten einen so hohen Geldwert dar (Mama arbeitet so hart, um ein wenig Geld zu verdienen), daß ich mich nicht daran freuen konnte, nicht so, wie ich mich über die wenigen freute, die ich einmal geschenkt bekam.

»Was hältst du von den Rosen?« fragte Mama.

»Ich würde nicht so viele auf einmal wollen«, antwortete ich. Noch Stunden später verfolgte mich der Rosenduft, und ich dachte über das Unglück nach, das manchmal mit dem Reichtum zugleich kommt – zu viele schöne Dinge zu besitzen, bis du die Liebe zu ihnen verlierst, denn ist nicht die Hälfte der Freude im Leben *wünschen, begehren?*

30. Mai

Am Sonntag hatten wir Besuch, und ich war sehr gesellig. Am Tag zuvor waren Mama und ich zu einem absurden musikalischen Tee im Waldorf gegangen, und am Abend ins Kino in Richmond Hill. Heute sind Miguel und Marraine hier, und nach dem Abendessen gehen wir wieder aus. Ich habe nur ein paar Minuten für mich gestohlen, weil ich bemerkte, daß Mama und Marraine über Geschäfte sprechen und deshalb mein Verschwinden vermutlich nicht tadeln werden.

Oh, ich bin so unglücklich! Es gibt keinen sichtbaren Grund für diese Stimmung, und doch ist vielleicht Herbert Orces der eine Grund. Weißt du, er kam am Sonntag, und ich hatte die Möglichkeit, ihn zu beobachten. Ich wünschte nur, ich könnte etwas über ihn sagen; die Menschen, über die es nichts zu sagen gibt, sind die uninteressantesten, und in diesem Fall ist Herbert Orces ein Nichts. Er ist ein netter Junge, ja, natürlich, doch was sonst noch? Hätte er mit mir über China gesprochen, ich hätte keinen tieferen Abgrund zwischen uns spüren können.

Seine Aufmerksamkeiten, sein albernes Jungengerede, seine Komplimente, seine Bewunderung waren einfach nur eine Qual. Wir gingen spazieren und redeten. Ich dachte, für ihn würde die Zeit zum Heimgehen niemals kommen. Das Schlimmste ist, daß ich nicht ihm die Schuld an der Situation gab – armer blinder Junge! –, sondern mir selbst. Warum in aller Welt muß ich *Jungen* nett vorkommen, halbwüchsigen, einfältigen *Jungen* mit entsetzlichen Manieren – ich, mit meiner Ernsthaftigkeit, meinen altmodischen Gedanken? Ob du es glaubst oder nicht, ich war ganz und gar gedemütigt, wenn ich Herbert Orces ansah und daran dachte, ich sei die Verkörperung seines »wunderbaren Mädchens«. Nenne es Eitelkeit, oder nimm irgendein anderes schlimmes Wort, aber es kann einfach nicht sein, daß ich dazu bestimmt bin, nur für eine hübsche Puppe gehalten zu werden, mit der man spielt. Habe ich nicht meine ganzen Mädchenjahre damit verbracht, mir ein Ideal des Frauseins zu schaffen und darauf hinzuleben – ein Ideal, das aus all den immateriellen Vorzügen wie Erziehung, Intellekt, Wissen besteht? Und als *unwichtigsten* Vorzug rechne ich Schönheit. Es ist die Ironie des Schicksals, daß ich geliebt werde für meine Augen, meinen Mund etc. Ich könnte wirklich schreien, wenn ich ihm zuhöre, und diese Empörung, die er in mir wachruft, Empörung, die er für Leidenschaft halten mag!

»Ich glaube, du liebst jemand anderen«, sagte er und gab die Hoffnung auf, daß ich jemals seine glühende Neugierde auf die Zukunft teilen würde.

»Vielleicht tue ich das«, sagte ich, schelmisch lachend. Und ich dachte an Eduardo, den starken, männlichen, intelligenten und verständnisvollen Eduardo. Ich dachte an meinen Fremden, meinen weisen Mann, meinen zukünftigen Ehemann. Ich hätte antworten sollen: »Ich liebe *mehrere* andere!«

Er kommt nächsten Sonntag wieder, in der Hoffnung, von Mama die Erlaubnis zu erhalten, mich ins Theater auszuführen. Wenn Herbert Orces nur die geringste Vorstellung von dem hätte, was ich in mein Tagebuch schreibe – wenn er, mit anderen Worten, irgendeine Vorstellung hätte, wie ich bin –, er würde nicht wiederkommen. Und das müßten wir feiern!

31. Mai
Heute ist ein Tag zum Träumen. Ich werde ihn ganz und gar in

der Gesellschaft meiner Gedanken und Bücher verbringen; ich werde ihn ganz in mir selbst verleben, in meinem Schneckenhaus – kurzum, ich werde meinem wahren Ich entsprechen.

Mama ist in die Stadt gegangen, Thorvald und Joaquin sind in der Schule. Miguel ist hier, aber er sitzt unten und liest. Wie oft ich so gesessen habe, allein mit meinen Gedanken. Wie oft habe ich das große, stille Haus mit Schatten und Bildern von Vergangenheit und Zukunft gefüllt. Und dann plötzlich, weil meine Gedanken traurig wurden und ich zuviel brütete, kam mir der Wunsch, ihnen zu entfliehen, frei zu sein, leicht zu leben. Einige Tage lang hörte ich dann den Gedanken (oder auch der Gedankenlosigkeit) anderer Menschen zu, redete, auch wenn ich nicht das Geringste zu sagen hatte, wie es den Regeln der Gesellschaft entspricht. Ich fand das Haus voller wirklicher Menschen, die Stille wurde unterbrochen von den Stimmen der Besucher, ich wurde sogar geliebt. Was für ein Gegensatz! Wenn ich dachte, ich hätte vorher gelitten, so war nun der Schmerz entsetzlich. Ach, man braucht Erfahrung, um einen Narren etwas zu lehren. Ich weiß nun besser als je zuvor, für welches Leben ich bestimmt bin. Ich bin glücklicher, wenn ich denke, träume, Selbstgespräche führe, als wenn ich plaudere und lache und mich verbeuge. Ich bin zufrieden, wenn ich das Flattern meiner Traumflügel beobachte, zufrieden, wenn ich lausche und nur mit den Wolken und dem Laub spreche – und mit mir selbst, wenn ich einen Tadel benötige. Doch vor allem möchte ich gerade jetzt wirkliche Menschen so weit wie möglich von mir fernhalten, leichtlebig verbrachte Stunden, gedanken- und traumlose Unterbrechungen im sanften Lauf der Zeit.

Zwei Fragen kamen mir in diesen Tagen plötzlich in den Kopf: Warum glaubt die Frau mehr als der Mann an Gott und die Religion? Tun wir mit der Vernunft mehr Gutes in der Welt als mit dem Gefühl?

Wie wird Eduardo sein merkwürdiges Schweigen erklären? Ich fürchte, daß er krank ist. Ich versuche zu verstehen, warum er mir Beweise dafür schickte, daß er an mich denkt und mir doch nicht den Brief geschrieben hat, von dem er weiß, daß ich ihn erwarte. Fehlt Eduardo nur eine Eigenschaft, von der ich überzeugt werden soll, daß er sie nicht besitzt, nämlich Standhaftigkeit?

Mein ganzer Stolz rebelliert gegen den Gedanken, daß so viel von meinem Glück von Eduardos Freundschaft abhängt und daß sein Herz sich ständig ändert wie die Wolken. Gerade an diese Veränderlichkeit habe ich versucht, nicht zu glauben – und ich glaube an Eduardo, solange er will, daß ich an ihn glaube, vielleicht *für immer*. Du siehst, vielleicht ist es mein Fehler: Vielleicht bin ich eine treue, standhafte Freundschaft nicht *wert*. Und etwas in mir *veranlaßt* Eduardo zu seiner Flatterhaftigkeit. Wenn das wahr ist, dann ist Eduardo standhaft; Eduardo ist denen treu, die es *verdienen*.

Miguel war traurig und hatte Heimweh, er bat mich, mit ihm zu reden, also setzten wir uns auf die Veranda und plauderten lange Zeit, wobei wir versuchten, nicht ernst zu sein. Ich wunderte mich über seine Sehnsucht danach, »etwas Aufregendes« zu tun, und warum er das Gewicht der Stille fühlte und versuchte, seiner eigenen Gesellschaft zu entkommen. Als er gegangen war, fragte ich Mrs. Norman danach, und ihre Antwort stimmte mich nachdenklich. Sie sagte, ich vergleiche alle jungen Menschen mit mir, aber sie kenne niemanden in meinem Alter, fügte sie hinzu, der so zufrieden damit sei, allein zu Hause zu bleiben und sich still mit Büchern oder mit Schreiben zu beschäftigen. Es überrascht sie, zu sehen, daß ich keine Gesellschaft habe außer der Mamas und daß ich nicht das Bedürfnis nach einer anderen äußere, auch nicht das Bedürfnis nach Vergnügungen, nach dem »Spaß«, den alle Mädchen so sehr wollen.

Miguel äußerte nur die normalen Wünsche eines Jungen, der, obwohl er Bücher mag und gerne lernt, ebenso Spaß an Freunden und Unterhaltung hat. Ich erinnere mich, daß ich mit Thorvald spielte, als ich sehr klein war, doch der Großteil meiner Mädchenjahre, von zehn bis fünfzehn oder sogar sechzehn, war ernst und sorgenvoll. Deshalb bin ich der ernsthafte Mensch geworden, der ich jetzt bin.

Was tun die meisten Mädchen mit elf? Ich weiß es nicht. Ich nahm Joaquin immer mit in den Park, ich saß auf einer Bank, stopfte Strümpfe und wachte über sein Herumtollen. Dasselbe bei Thorvald. Marraine hatte mir erzählt, daß Mama arbeiten mußte, um Geld für unser Essen zu verdienen. Für mich wurde Essen sogar etwas Unangenehmes, und ich dachte, je weniger ich essen würde, desto besser sei es für meine kleine Mama.

Mit sechzehn hatte ich Hausarbeit zu machen, wenn ich nicht in der Schule war, und ich konne kaum jemals lesen oder lernen, weil die Türklingel für unsere Untermieter fünfzigmal am Tag läutete, und das Telephon war genauso tyrannisch. Mama fuhr im Zusammenhang mit ihren tapferen Versuchen, zu Geld zu kommen, zweimal nach Kuba, dabei ließ sie das Haus nach außen hin in der Obhut gewisser Personen, aber das wahre Gewicht lastete auf Monsitas schmalen Schultern und auf meinen eigenen, die nicht schmal waren, aber sehr unerfahren. Was den »Spaß« betrifft, so vermißte ich ihn nicht sehr. Mama verwöhnte mich sehr, denn sie gab mir mehr Liebe, als ich es verdiente. Ich erinnere mich, daß ich mich nur dann verlassen und unerwünscht fühlte, wenn viele Menschen da waren, alle sorgfältig gekleidet, freundlich plaudernd, strahlend, lachend und tanzend. Dies waren die Feste, bei denen Germaine Sarlabous der funkelndste Stern war. Ich zog es vor, nachdem ich Dinge beobachtet hatte, die ich nicht verstehen konnte, mich traurig in irgendeine Ecke zu verziehen, um zu lesen, und niemand vermißte mich jemals.

So wuchs ich zu einer unmöglichen Person heran. So wuchs ich heran, um mir eines Tages den Kopf zu zerbrechen, weil Miguel mir sagt, daß er sich danach sehnt, etwas Aufregendes zu tun. Sehne ich mich auch nach Aufregendem? Hin und wieder vielleicht bewegt mich ein wildes, seltsames Verlangen nach unbändiger Freiheit, es bewegt mein Herz. Ich sehne mich danach, zu rennen, zu schreien, Wettrennen mit dem Wind zu veranstalten, nach den Sternen zu greifen, einem blauen Vogel nachzufliegen, zu lachen. Statt dessen gehe ich leise nach oben, um nachdem Tintenfaß zu greifen; ich ziehe ein merkwürdiges Buch heraus und setze mich irgendwohin, um sanft und nachdenklich zu schreiben. Mein Herz besteht aus Krimskrams – meist Verrücktheiten. Wie irgend jemand mich lieben kann, ist mir ein Rätsel. Und doch möchte ich, auch wenn ich nichts sage, wie andere Mädchen geliebt werden – aber wer würde meine Ernsthaftigkeit ertragen? Eduardo würde es tun. Ja, hin und wieder fühle ich mich wirklich wie ein Kobold und werde sehr lustig, und ich will glücklich sein auf die leichte Art zivilisierter Menschen, doch dann verlieben sich Menschen in mich, die ich in meiner normalen Stimmung nicht ertragen kann. Hier habe ich all meine schwermütigen Gedanken in das Thema für einen

Scherz verwandelt, denn es ist schon eine lächerliche, mißliche Lage, nur dann geliebt zu werden, wenn ich nicht *ich selbst* bin.

1. Juni

Wie seltsam mein Leben ist! Gestern abend machten Mrs. Norman und ich einen langen Spaziergang und redeten. Unter anderem sagte sie mir, sie könne meine Freundschaft für Eduardo nicht gutheißen. Du siehst, meine Vorlieben und Gefühle sind sehr durchsichtig, und Mrs. Norman weiß alles und errät den Rest. Das läßt sie zu mir einfach und ehrlich sprechen, wie eine Mutter, und ich höre ihr mit Vergnügen zu. Ich lauschte also, während sie mir erzählte, daß eine enge Freundschaft zwischen Cousins nicht richtig sei, weil alle Charakterzüge, Gefühle und Vorlieben in einer solchen Kameradschaft verstärkt würden. Ich wußte augenblicklich, daß sie nicht verstand, und erzählte ihr vom Zweck der ganzen Sache. Ich erzählte ihr, daß ich wüßte, wie ich in Eduardo das Beste zum Vorschein bringen könnte und daß er der beste von allen meinen Cousins werden solle, da er jene Art von Eigenschaften besitzt, die man formen kann. Ich erzählte ihr, daß ich wüßte, daß der Einfluß einer Frau das Leben eines Mannes »gestalten oder zerstören« könne, und daß ich Eduardos guter Einfluß sein wolle, solange er meine Meinung schätze.

»Nun, meine Liebe, natürlich ist dies ein hohes Ideal und Ziel, und es ist schön, daß du so denkst, doch wir sind alle schrecklich menschlich, und wenn ich an deiner Stelle wäre, würde ich an die Risiken denken.«

»Fürchten Sie, daß Eduardo sich in eine einfache, schlichte Cousine verliebt, wenn er unter all den hübschen kubanischen Mädchen, die seinem Stand und Vermögen entsprechen, wählen kann?« unterbrach ich sie heftig. »Nein, Sie werden sehen, Mrs. Norman, wie diese Freundschaft ihm nur guttun und einen nützlichen, großherzigen Mann aus ihm machen wird.« Wir sprachen weiterhin immer nur von ihm, dann wechselten wir das Thema und kehrten langsam nach Hause zurück.

Und dann nahm ich heute mein Nähzeug heraus und besserte alle meine Kleider aus, eines nach dem anderen. Ich sang, während ich nähte und hielt fröhliche Selbstgespräche. Ich hatte ein Baumwollkleid fertig und nahm mein Tanzkleid heraus, mein

288

schönes, altmodisches rosa Kleid. Meine ganze Fröhlichkeit verschwand.

Ich hielt das glänzende Stück in den Armen und träumte von dem Tanzabend im Club, zu dem mich Eduardo begleitete; ich träumte von der Zeit, als wir auf der Treppe saßen und er mir ein Gedicht schrieb, mich merkwürdig ansah und mir Dinge sagte, die er nie zuvor gesagt hatte. Ich träumte von den Tänzen, die wir zusammen tanzten. Mein Herz sehnte und sehnte und sehnte sich nach *ihm.* Ich brauchte ihn, ich wollte seine Stimme wieder hören, ihn sehen. Die Sehnsucht war so groß, so unerwartet, daß ich ängstlich und verwirrt in mein Herz schaute und versuchte, zu verstehen. Wir sind schrecklich menschlich … doch soll ich die erste sein, die die geistige Beziehung zerstört? Bin ich so willensschwach, daß ich keine selbstlose Aufgabe beenden kann, ohne zusammenzubrechen und selbstsüchtigen Wünschen nachzugeben? Mrs. Norman wußte, daß es ein Risiko gab, doch wir dachten beide zunächst daran, daß er sich verlieben könnte und nicht an *meine* Unwürdigkeit. Oh, es kann nicht wahr sein. Ich dachte, ich sei so stark, so erhaben über menschliche Fehler. Ich hätte mir nie träumen lassen, daß mein Verlangen, Gutes zu tun, mir so viel Kummer bringen würde. Wenn ich mich selbst nicht besiegen kann, hält das Leben so wenig für mich bereit – unerwiderte Liebe, eine unmögliche Liebe, nichts als mich an ein Wesen zu verschwenden, das ich nicht lieben kann, nicht lieben darf. Nein, es ist Verrücktheit. Es wird vorübergehen. Es ist nur, weil ich jung und zu sehr mit mir selbst beschäftigt bin, weil ich zu wenig Menschen sehe, die in der Lage sind, meinem Bedürfnis nach geistiger Gemeinsamkeit zu entsprechen, und weil ich denke, da ich nun einen solchen Menschen gefunden habe, er sei lebenswichtig. Oh, es ist nur eine momentane Blindheit – bald werde ich wieder mit den Augen meines Ideals sehen und Scham, unaussprechliche Scham wegen dieser Abwegigkeit empfinden.

Und nun überdenke ich ruhig, nachdenklich die Erinnerungen, die sich mir in den Sinn geschlichen haben – Erinnerungen an den liebenswürdigsten Jungen der ganzen Welt, der nicht bestimmt sein kann für eine einfache, ernsthafte Linotte, wie ich es bin. Natürlich werde ich weiterhin alles für ihn tun und jeden Wunsch ersticken, der das Vertrauen nicht wert ist, das er in mich setzt. Ich, zu der er aufschaut, weil er mich für das Symbol des Ideals hält, das er erreichen will. Ich werde mich seines Glaubens würdig erweisen und mich nicht genau den niedrigen Dingen beugen, die ich verachte und verdamme: Schwäche, menschliche Unzulänglichkeit, Abhängigkeit von den Sinnen, Vergeßlichkeit der Seele und des Geistes.

Abend. Ich komme heute abend zu dir, weil ich mit niemandem reden kann – ich brauche einen Freund. Oh, ich kann kaum sehen, was ich schreibe! Ich habe zu schreiben aufgehört, weil mich die Tränen blind machten. Mein ganzes Sein wird verzehrt von einem schrecklichen inneren Aufstand; niemand ahnt etwas von der Bitterkeit in meinen stillen Anfällen von Leidenschaft. Und dann höre ich auf zu fühlen oder zu denken, erschöpft, beschämt und niedergeschlagen versinke ich scheinbar in einen Zustand der Lethargie, in dem mich nichts kümmert und ich mich frage, warum ich nicht sterbe. Oh, was nützt es, solche Dinge in Worte zu fassen! Ich werde allmählich eine Frau, und nur Schmerz kann meinen Charakter formen. Deswegen ist es nur gerecht, wenn ich die Leiden eines Mädchens ertrage.

2. Juni

Durch einen komischen Zufall fand ich einen langen Artikel in einer Zeitschrift, der sich mit der Freundschaft zwischen Männern und Frauen auseinandersetzt. Der Titel lautet: »Können wir Kameraden sein?« Mit Mrs. Normans Warnungen und Ratschlägen im Sinn, untersuchte ich ernsthaft die Frage und beginne zu glauben, daß sie alle mehr wissen als ich – Mama, Mrs. Norman und Mr. W. L. George, der Autor. Ich werde dir einige der Dinge erzählen, die mich am meisten verblüfften, und du und ich werden dann bereit sein, die Wahrheit selbst zu entdecken. »Es (Europa) ist bereit, zuzugeben, daß es sehr gut wäre, sowohl für die Männer als auch für die Frauen, ehrliche und einfache Beziehungen zu haben, doch Europa hält dies für unmöglich, weil wir einander verwirren, weil wir unweigerlich neugierig aufeinander sind und weil wir nicht anders können, als von der Fremdartigkeit des anderen, von den Entdeckungen, die unsere Neugierde macht, angezogen zu werden. Es gibt ein anderes Wort für diese Anziehungskraft, und das ist ›Liebe‹. Tolstoi gab einen zynischen Kommentar zu diesem

Thema, als er sagte: ›Man erzählt mir, daß es zwischen Mann und Frau Kameradschaft geben kann, Gemeinsamkeit der Interessen, Seelenverwandtschaft, doch es ist merkwürdig, daß junge Männer so selten die Kameradschaft und die gemeinsamen Neigungen genießen oder die Seelenverwandtschaft mit einer Frau entdecken, wenn diese zufällig alt und häßlich ist.‹ (Zwischenbemerkung: Dies erscheint mir sehr richtig, obwohl ich Zynismus selten gutheiße.) ›Ohne so weit gehen zu wollen, zu behaupten, daß Kameradschaft nur zwischen Männern und Frauen möglich ist, die unfähig sind, Liebe zu erfahren, meine ich doch, daß sie nicht zwischen Menschen existieren kann, die leidenschaftlich veranlagt sind.‹«

Ich fürchte, ich bin einer dieser »Menschen, die leidenschaftlich veranlagt sind«. Hier sitze ich nun, angesichts schwerwiegender Wahrheiten, der Weisheit älterer Leute. Habe ich nicht die entsetzlichen Schwankungen meines Idealismus erlebt, bin ich nicht schwach geworden, und habe ich nicht meinen Gefühlen erlaubt, meinen Verstand zu regieren? Sollte ich Eduardo heute schreiben, daß ich mich von ihm losreiße, weil diese Kameradschaft jetzt zu gefährlich ist? Habe ich den Mut, eine Freundschaft zu zerstören, die für mich unvergleichlich ist? Wenn ich vernünftig überlege, wenn ich meine menschliche Schwäche gegen meine von mir selbst gelehrte Verehrung des Ideals abwäge, zittere ich und zweifle an der Stärke meines Geistes. Was, wenn mein Geist unterliegt? Es bedeutet Hunger des Herzens, Schmerz und Scham. Was, wenn mein Geist die Oberhand gewinnt? Dies würde die Fortführung der süßesten Erfahrung meines Lebens bedeuten. Soll ich meinem Geist trauen? Ja, ich werde es wagen, gegen die Meinung der ganzen Welt. Allein, trotzig, überzeugt, werde ich beweisen, daß wirkliche geistige Kameradschaft existieren *kann*. Meine Liebe zu Eduardo ist Hunger des Geistes. Ich habe zur Zeit niemanden in meinem Alter als Gefährten. Ist es nicht natürlich, daß meine Sehnsucht sich ihm zuwendet? Sein jetziges Schweigen erstaunt mich. Er hat mir solche begeisterten, ungezwungenen Briefe geschrieben; sie drückten mehr Tiefe des Gefühls und der Gedanken aus als je zuvor; sie waren persönlicher, des Adressaten sehr bewußt, sie waren mit viel Zärtlichkeit und großem Verständnis geschrieben und spiegelten doch immer ein Gefühl von Freiheit wider, von Impulsivität und absoluter

Ehrlichkeit, wie es niemand haben kann, der nicht Erwiderung und Zustimmung beim anderen erkennt. Es gibt nur einen Punkt, in dem er die Gedankenlosigkeit eines Jungen an den Tag legt: Er ist sich kaum, wenn überhaupt, meiner Empfindsamkeit und meiner Feinfühligkeit bewußt, wenn es um Beweise der Freundschaft geht. Während seiner ersten Entfremdung schrieb er in sein Tagebuch, daß er, wenn er meine Freundschaft verlieren würde, sie nie ersetzen oder wiedergewinnen könnte. Diese Erkenntnis spornte ihn an, den Brief zu schreiben, von dem er wußte, daß ich ihn beantworten würde. Nicht ein einziges Mal, glaube ich, dachte er, ich könnte unter seiner beabsichtigten oder zufälligen Vernachlässigung leiden. Ich kannte damals den Grund nicht, und vielleicht werde ich trotz seiner wiederholten Beweise der Erinnerung nichts von ihm hören, bis er nach Kuba geht. Doch genug des Grübelns. Laß die Zeit uns ihre eigenen Freuden und Sorgen bringen, ohne daß wir uns bemühen, auf sie zuzugehen.

3. Juni

Die Zeit hat ihre eigenen Freuden und Sorgen gebracht. Zwei große Ereignisse haben diesen Tag meines Lebens mit unvergeßlicher Kraft gekennzeichnet. Die Freude war ein Besuch, den Mama und ich gestern abend Pater McLaughlin* abstatteten, aus dessen Haus ich mit fünf Büchern unter dem Arm und dem Versprechen zurückkehrte, daß er mich lehren und anleiten werde im Studium der katholischen Philosophie. Heute morgen empfing ich die heilige Kommunion, und als ich zu Füßen des Kreuzes kniete, versprach ich, zu meinem Glauben zu stehen bis zum Tod. Fortgetragen von der Tiefe meines Gebetes spürte ich plötzlich einen so überirdisch großen Frieden, daß die Erkenntnis, Gott zu besitzen, meine Seele überkam wie eine Vision. Ich fühle mich gegen tausend Übel beschützt, verteidigt, gestärkt. Heute nachmittag werde ich mit dem Studium der Bücher von Pater McLaughlin beginnen.

Vergleiche mit diesem erhobenen Seelenzustand den Kummer, der mich zu Hause erwartete. Ich fand einen Brief von Eduardo vor, eine Enthüllung seines unbeständigen Wesens, seines

---

* Pfarrer der Our Lady Queen of Martyrs-Kirche in Forest Hills

Mangels an Standhaftigkeit. Es war das einzige, was mir bei der Entscheidung helfen konnte. Es zeigte mir, daß ich mein Glück aufs Spiel setzte und seine Freundschaft zu ernst nahm. Mein Stolz rebellierte gegen eine solche Sklaverei, und heute unternahm ich die höchste Anstrengung, mich von Eduardo loszureißen. Er schreibt: »Cuisine, hier in der Schule bin ich ein einsamer Hund, ich brauche niemanden, ich will niemanden. Manchmal will ich Gesellschaft, doch nicht oft. Ich wandere allein, ich denke allein, ich handle allein. Cuisine, wenn ich bei Dir bin, denke ich immerzu über Dich nach, ich frage nach Dir, ich bin glücklich mit Dir, für Dich, ich bin traurig wegen Dir, kurz, ich lebe, und ich lebe nur für Dich, Dein Leben ist mit meinem verknüpft. Und wenn ich Dich verlasse, bist Du nicht mehr da, also läßt der Magnetismus langsam nach, und ich höre auf, der Mensch zu sein, der ich vorher war. Ich denke an Dich, ja, aber nur wie an einen Traum. Ach … Mimi, ich bin wie eine Flamme, die ständig genährt werden muß. Ich bekomme Deinen Brief, und ich werde genährt, ich werde wieder entzündet, und ich beantworte ihn sofort – aber leider –, wenn ich nicht gleich antworten kann, wenn drei oder vier Tage verstreichen, verliere ich das Interesse, meine Hand wird kalt, und es scheint sogar, daß ich die Fähigkeit verliere, Briefe zu schreiben. Wenn Du schreiben möchtest, wenn Dein Herz danach verlangt, dann bitte ich Dich, jemand Unwürdigem zu schreiben, der sich dessen auch bewußt ist. Adieu, et à bientôt. P. S. Cuisine, Du kannst es ebensogut wissen, mir wurde verboten, Dich zu sehen. Ich hätte Dich – damals wußte ich es nicht – Ostern nicht sehen dürfen. Sie wissen nicht, was Du mir bedeutest!«

Ach, einen Moment lang war ich versucht, ihm zu vergeben. Ist es so falsch, daß er einer jener Menschen ist, deren Leben von kurzen Eindrücken bestimmt wird? Einen Augenblick lang ist er zu mir hingezogen, und gleich danach wandert er fort; seine träge Natur hindert ihn daran, beständig zu sein. Es ist Trägheit, die ihn vom Schreiben abhält, Trägheit des Geistes, und vielleicht auch die Tatsache, daß ich ihm gezeigt habe, daß er immer auf mein Verständnis zählen kann. Sogar heute wird alles, was in mir liebend, verzeihend, zärtlich ist, durch den flehenden Ton seines Briefes aufgewühlt – die Zärtlichkeit, mit der er meine Namen benutzt, »Mimi«, »Cuisine«. Es liegt manchmal in meiner Natur zu versuchen, andere aufzuwerten, doch dadurch werte ich mich selbst ab. Darum konnte ein Teil von mir wieder verzeihen. Doch alles, was stolz und empfindsam in mir ist, erhebt sich in schrecklicher Empörung bei dem Gedanken, daß Eduardos Familie, nur weil sie reich ist und mächtig, ihre Arroganz und Verachtung gebraucht, um ihrem Sohn zu *verbieten*, sich mit mir abzugeben, mich zu sehen. Hier werden mir schließlich die Augen geöffnet. Nicht gut genug, um Eduardos Freundin zu sein? Ja, weil ich arm bin, weil mein Vater nur ein Künstler ist. Verachtungswürdige Vorteile, die die weltlich Reichen gegenüber den anderen besitzen! Ich würde seiner ganzen Familie trotzen, über sie lachen, mich nicht um ihre Meinung scheren – wenn Eduardos Freundschaft es wert wäre. Doch leider enthüllte er mir in seinem letzten Brief das, was andere sagten, aber was ich mich zu glauben weigerte. Ich, die ich so übertrieben ernsthaft, hartnäckig bin, würde hin und hergeworfen bei jedem Wechsel seiner plötzlichen Wünsche und Eindrücke. Oh Eduardo, mein Leben war von dir erfüllt, doch du hast dich nicht als das erwiesen, wofür ich dich hielt!

Als Mama nach Hause kam, war sie zutiefst verletzt von der Handlungsweise von Eduardos Familie. Einen Moment lang wurde uns die Ungerechtigkeit des Schicksals bewußt, und diese Erkenntnis erfüllte uns mit Bitterkeit. Wir fühlten den schneidenden Schmerz, beleidigt zu werden und es ertragen zu müssen. Meine kleine Mama dachte nur an mich, sagte mir, ich habe diese Demütigung nicht verdient. Sie dachte an die Vergangenheit, an all die kleinen Dinge, die ich tat, meine Versuche, zu helfen – dachte nur an das Gute in mir. Dagegen aufgewogen, haben die anderen nur *Geld* – keine Barmherzigkeit, keine Nächstenliebe, keine Ideale, nur enge Seelen und kleine Herzen. Wäre Eduardos Freundschaft alles in meinem Leben gewesen, sie hätten nicht gezögert, sie mir fortzureißen – in der Angst, daß ich ihm schaden könnte, weil ich arm bin. Oh Gott, wie dankbar bin ich, daß Du mir die Augen rechtzeitig geöffnet hast – daß Du mir die Unwürdigkeit dessen gezeigt hast, für den ich vielleicht mein Leben ruiniert hätte! Nur sehr schwer kann ich die aufsteigende Woge von Zorn und Bitterkeit unterdrücken. Von allen Dingen darf niemals Haß in mein Herz einziehen. Der Himmel wird Arroganz und Gemeinheit bestrafen und *uns* später das Glück bescheren. Er wird Mamas unermüdliche Anstrengungen belohnen. Es scheint mir, daß wir bereits tausend Gnaden mehr empfangen haben als die Sánchez'. Wir kennen die Freuden der Arbeit, des Leidens, wir sind zufriedener, und vor allem lieben wir einander mit einer Liebe, die niemand von ihnen je gefühlt hat – mit selbstloser Liebe, hilfreicher Liebe, ergebener Liebe. Die Seiten, die ich herausriß, sind die Dinge, die ich auf Eduardos Brief antworten wollte, doch Mama verbietet mir zu schreiben, und ich gehorche. Hätte ich ihr nur lange vorher gehorcht, diese Enttäuschung und Demütigung wäre mir erspart geblieben. Ich schweige für immer!

5. Juni

Etwa um neun Uhr ging ich gestern in Frances' Wohnung. Der Tanzabend hatte schon begonnen. Zuerst wurde ich meinem Partner, Richard Jeffrey, und einigen Jungen vorgestellt, aber plötzlich sah ich mich von einer Gruppe Schulfreundinnen umringt, die mich küßten und auf mich einredeten; ich fand nicht einmal die Zeit, die Fragen zu beantworten. Wir waren sehr neugierig aufeinander, neugierig, die Wandlung von Schulmädchen in Schmetterlinge festzustellen. Doch meine Überraschung war weitaus größer als ihre. Zunächst war da Natalie Lederer, die ich sehr bewunderte, als sie noch in meiner Klasse war. Ich hielt sie für originell und intelligent. Sie war meine einzige Rivalin im Aufsatz, und ich dachte, daß sie später eine wunderbare Frau werden würde. Unsere Wege trennten sich für zwei oder drei Jahre, und in der Zeit schrieben wir uns hie und da. Dann bekam ich letzte Nacht einen schlimmen Schock. Sie stand vor mir, äußerlich unverändert, doch die Natalie Lederer von einst ist für immer verschwunden. Ihr Kleid war aus schwerem, silbernem Stoff, in den Scheren so hoffnungslos hineingeschnitten hatten, daß nichts davon übrig war. Es hatte keine Ärmel, keinen Rücken, nur ein kleines Stück vorne, und dann folgte es jeder Rundung ihres schmalen Körpers und endete abrupt über den Knien. Der Ausdruck ihres Gesichtes erschreckte mich: unverschämt, ein leeres Lachen. Ihre Sprache war vulgär, ihr Humor grob, ihr Benehmen unbeschreiblich gewagt. Die Jungen behandelten sie wie ein Spielzeug. Auch Lois Jacoby war dort, mit kurzgeschnittenem Haar, und auch andere, alle jetzt erfahren in der Kunst des

Plauderns und Kokettierens und Schminkens. Da war auch Albert Rosett, der vor einem Jahr bei meinem ersten Tanzabend eine große Neigung für mich zeigte und dann meiner Ernsthaftigkeit müde wurde. Gestern abend sah er blasiert aus, gelangweilt. Was den Eindruck angeht, den ich auf die anderen machte, konnte ich ihn klar in ihren Augen lesen. Einst ein blaßgesichtiges, dünnes Schulmädchen mit dummer Zurückhaltung, begegnete ich ihnen nun in einem wunderschönen Kleid, das einer Königin angemessen wäre, das Gesicht leuchtend vor Erwartung, mit einem hübschen Fächer in der einen Hand, die andere spielte mit einer Perlenkette (Mrs. Normans). Ich trug sogar eine schmale Krone aus Perlen, die in einem Kamm steckten, den Mama vor langer Zeit getragen hatte. Sie schauten mich alle bewundernd an. Es fehlte nichts, was mich hätte daran hindern können, mich ihnen anzuschließen, mit ihnen eins zu sein, es sei denn ein unbeschreiblicher Hauch von »Sauvagerie«, von Unnahbarkeit in mir.

Einmal erwischte ich Frances allein, und sie lehnte sich an mich. »Du siehst wundervoll aus, Liebes«, sagte sie.

»Ich fühle mich nicht wundervoll, ich fühle mich bäurisch«, antwortete ich lachend. Ich tanzte bis ein Uhr, als Mama mich abholte. Ich schloß besonders mit einem Jungen Freundschaft, an dessen Namen ich mich aber nicht mehr erinnere.

6. Juni

Ich bin bereit für einen Überblick über mein Universum. Ich werde dir zuerst erzählen, was gestern darin stattgefunden hat. Herbert Orces und Jacinto Garcia hatten geplant, am Nachmittag zu kommen. Ich beobachtete viele Dinge: Daß ich Orces nicht ertragen kann; daß ich Garcia eher mag, ebenso Miguel. Weißt du, Orces vereinnahmte mich völlig, und Miguel und Garcia waren der Gesellschaft des anderen ausgeliefert. Ich hörte, wie sie sich angenehm und nett unterhielten, während ich mich der Qual von Orces Konversation unterzog, die entweder unsinnig oder nichtssagend ist. Er ist ein absoluter Niemand und hat übrigens eine sehr unangenehme Direktheit in Sprache und Benehmen. Er ist einer jener Menschen mit ausweichenden Augen. Er ist dumm und äußerst eingebildet. Von Garcia bekam ich eine bessere Meinung. Seine großen schwarzen Augen sind sanft und ehrlich; er hat eine ruhige und unaufdringliche Art, eine respektvolle Sprache und, wie ich glaube, ein wenig Intelligenz. Er scheint bald nach Spanien zurückzukehren, so daß ich ihn nicht sehr viel sehen werde. Ich werde irgendeinen Weg finden, um Orces abzuschrecken. Miguel war höchst amüsiert über ihren langen Besuch, und ich war empört. Ich würde lieber das ganze Leben lang einsam sein, als mich zu solcher Gesellschaft und solchen Bewunderern zu erniedrigen. Doch der Abend löschte den unangenehmen Eindruck aus. Mama, Joaquin, Miguel und ich gingen ins Theater nach Richmond Hill. Miguel ist ein so guter Kamerad, mit seiner strahlenden Persönlichkeit, seiner Intelligenz, seiner feinen Art. Da ich nur Eduardo im Kopf hatte, bin ich meinen anderen Freunden gegenüber nicht sehr gerecht gewesen. Selbst Ostern dachte ich, daß Miguel »de trop« sei, wenn meine Unterhaltungen mit Eduardo persönlich und phantasievoll wurden. Doch nun, da ich Eduardo verloren habe, kann ich mit mehr Aufmerksamkeit urteilen, mit meinem Kopf, der nun wieder mir gehört.

Nachmittag. Man sagt, daß die Zeit das beste Heilmittel für Liebeskummer ist. Ich sehne mich nach der Zeit, wenn ich die Dinge vergessen haben werde, die mich heute zutiefst verletzen. Vor einer Weile saß ich und nähte, ich machte mir ein Kleid aus alten Stoffresten. Sie werden immer hübsch und originell, und jedermann mag sie. Ich machte vor einigen Wochen eines, das irgendwie eine Stimmung widerspiegelte. Es war rot und weiß, verziert mit schmalen schwarzen Samtbändern – Würde und Ernst vermischt mit viel Fröhlichkeit. Eine seltsame Vorstellung befiel mich, und ich versprach, ich würde es tragen, wenn Eduardo käme. Was nützt es nun, hübsche Dinge zum Anziehen zu nähen? Ich werde Eduardo niemals wiedersehen, weil seine Familie es verboten hat. Oh, niemand weiß, welchen Schmerz mir diese Trennung verursacht. Jedes kleine Ding, frivol oder ernsthaft, mit dem meine Tage angefüllt sind, erinnert mich an Eduardo. Ich denke an ihn, wenn ich das Pfeifen des Briefträgers höre. Er wird nie wieder einen Briefumschlag mit der vertrauten Schrift bringen. Ich sehe Eduardo am Kamin sitzen, lesen, schreiben, nachdenklich rauchen. Ich treffe ihn, wenn er die Treppe hinaufgeht, denn einmal, als wir beinahe zusammenstießen, dachte jeder von uns an dasselbe: Er verbeugte sich tief, und ich grüßte in der altmodischen Weise. Ich sehe ihn am Klavier, ich kann noch den Klang hören von »Sweetheart« und »Narcissus«. Er spielte keine Klassik, weil es niemanden in seiner Familie gab, der es ihm hätte beibringen können. Selbst die Wälder sind voll von ihm, die Spazierwege um das Haus herum. Und oben in meinem Schrank, verschlossen in einer kleinen Schachtel, die von schwarzen Bändern zusammengehalten wird, ein Stapel Briefe. Dort liegt auch eine Handvoll welker roter Rosen. Es gibt ein helles Licht in all meiner Trauer: Dies geschah nicht, weil er mich vergaß. Er vergaß mich nicht, aber seine Familie war erfolgreich im Löschen der kleinen Flamme, die wir entzündet und genährt hatten.

Am Abend, als Mama und ich nach unserem Besuch bei Pater McLaughlin nach Hause gingen, unterhielten wir uns gerade ernsthaft über Tia Juanas Religion und über Glauben im allgemeinen, als ich Gelächter hörte, das von einer nahegelegenen Veranda kam, wo mehrere Jungen und Mädchen spielend und plaudernd zusammensaßen. Ich dachte über den Gegensatz nach. Während andere in meinem Alter sich amüsierten, bereitete ich mich auf ein neues Studium vor: Ich dachte nach über feierliche Themen, hatte ernsthafte Gedanken. Sehnte ich mich danach, an jemand anderes' Stelle zu sein? Ich lernte, sie spielten; wer von uns würde später einen größeren Anteil an Glück bekommen? Wir wollen alle Glück (obwohl wir es manchmal durch eigensüchtige Mittel erlangen). Gibt es Glück beim Studieren? Mir scheint, daß die Welt in zwei große Klassen geteilt ist: diejenigen, die glauben, das Leben ist kurz – »Amüsiere dich soviel du kannst« – und die Lernenden. Ich will eine Lernende sein, was auch immer ich jetzt sein mag, und ich frage mich oft, ob das bedeutet, daß ich die Vergnügungen meines Alters aufgeben muß – ob ich das Glück aufgeben muß zugunsten des Wissens. Ach, bedeuten die anderen Dinge denn *Glück?* Oder ist das wahre Glück im Intellekt und im Geist zu finden? Ich würde es gern wissen. Ich werde es eines Tages wissen.

Inzwischen bin ich sicher, daß ich nicht wünschte, an der Stelle jener Lachenden und Plaudernden zu sein. An meinen Besuch bei Pater McLaughlin werde ich mich mein ganzes Leben lang erinnern. Er ist der bemerkenswerteste Priester, dem ich je begegnet bin. Ich erinnere mich an das erste Mal, als ich ihn sprechen hörte. Ich hatte immer Angst vor Predigten; sie verursachten mir all die seltsamen Gefühle, die sie auch David Copperfield verursachten (alle außer Schläfrigkeit natürlich, weil ich viel älter bin). Doch als er begann, war ich gezwungen, meinen Kopf zu heben und zu lauschen. Augenblicklich spürte ich die Anziehungskraft der Ehrlichkeit und der Einfachheit. Mama war ebenfalls beeindruckt. Seit jenem Tag gehen wir jeden Sonntag zu seiner kleinen Kirche, auch wenn der Weg dorthin doppelt so weit ist. Pater McLaughlin hat die Stirn eines Träumers und eines Sehers. Seine großen blauen Augen sind unschuldig, unbeschreiblich rein und vertrauensvoll, ernsthaft und intelligent. Die Linien seines Mundes und seines Kinns sind Zeichen fester Entschlossenheit, und man weiß, daß sein Leben nicht nur aus Visionen besteht, sondern auch aus Taten, Erfolgen. Es gibt etwas im »ensemble« seiner Züge, seines Ausdrucks, das beinah unirdisch ist – eine solche Geistigkeit und Rechtschaffenheit, wie man sie heute selten bei einem Menschen, ob Mann oder Frau, findet. Und doch macht ihn keine dieser Eigenschaften unnahbar, wie man es erwarten könnte.

In dem kleinen Raum, wo er uns empfing, saß er, in aller Einfachheit redend, doch unfähig, seine umfassende Kenntnis nicht nur der Religion, sondern auch der Menschen zu verbergen. Unter anderem fragte ich ihn, ob er glaube, Neugierde sei falsch. Ich erzählte ihm von meiner Liebe zur Philosophie, meiner natürlichen Neigung zum Erforschen. Er antwortete, daß gerade in meinem Alter der Geist von Natur aus beweglich sei. Wenn ich Philosophie liebte, warum studierte ich nicht die katholische Philosophie? Dann verließ er uns für einen Moment. Er kehrte mit fünf Büchern zurück. »Ich habe eine ganze Bibliothek für dich«, rief er lachend. Ich soll in einem Monat wiederkommen.

In Anbetracht von Pater McLaughlins intelligentem Verständnis des Glaubens schämte ich mich meines Schwankens und meiner schweren Zweifel. Ich fühlte, daß ich niemals das Licht in anderen Philosophien suchen würde, wenn ich meine Religion so verstehen und so viel Glauben haben könnte wie er. Doch ich brauche eine Philosophie. Was haben mir all die anderen Bücher, die ich gelesen habe, gegeben? Diese Theorien und Glaubenssätze haben abwechselnd nur Zweifel und Verzweiflung in mein Herz gepflanzt und haben mich zum Wahnsinn getrieben vor lauter Denken und Überlegen, sie haben mich ohne eine Lösung oder ohne Verstehen zurückgelassen, und was boten sie mir zum Ausgleich an? Nichts als die Möglichkeit, mit Kenntnissen zu prahlen, die keine Kenntnisse sind, Kenntnisse von Fragen, auf die es keine Antwort gibt, von Widersprüchen und Geheimnissen.

Ich bin römisch-katholisch durch Geburt, durch Gewohnheit, durch Gehorsam, doch jetzt werde ich es aus Vernunftgründen sein. Ich will meine *Intelligenz* befriedigen. Ich will verstehen.

Abend. Joaquin sitzt am Klavier und improvisiert auf seine eigene, seltsame Weise. Er spielt traurig, sanft, und alle Sehnsüchte meines Herzens verschmelzen mit den zärtlichen Tönen. Ich sehne mich nach Eduardo. Ich kann die Dinge in mir nicht so leicht herausreißen wie andere. Weil ich wenig Freunde habe, weil ich wenigen Freundschaften erlaube, in meinem Herzen zu wachsen, liebe ich jeden einzelnen mehr und kümmere mich um jeden mit meiner ganzen Stärke und Kraft. Meine Zuneigung zu Eduardo ist zu etwas Starkem, Ruhigem und Dauerhaftem geworden, und selbst die Tatsache, daß ich ihm oftmals verzeihen mußte, gefiel mir. Ich liebe es, zu geben. Und nun ist es ihm plötzlich verboten, mich zu sehen, als ob ich schlimm und böse wäre, als ob man mir nicht trauen könnte – ich, die ich jedem trauen möchte und wünsche, daß jeder mir trauen soll. Oh, wenn ich heute abend weiterschreibe, wird es sein, als schaute ich in einen tiefen, tiefen Brunnen. Zu lang hineinsehen würde bedeuten, hineinzufallen. Und sag mir, wer würde sich die Mühe machen, nach mir zu suchen?

7. Juni

In diesen letzten Tagen scheint es mir, als ob mein Geist in die Welt der Empfindungen und der Eindrücke hinuntergezogen worden wäre. Ich durchlebte eine Krise, wie sie denen oft zustößt, die nicht stark genug sind, das alles beherrschende Gefühl zu unterdrücken und auf die Vernunft zu hören. Ich wurde gnadenlos von jeder Windböe geschüttelt und umhergestoßen, einmal war ich glücklich, weil ich ein kleines Licht gefunden hatte, dann wieder traurig, weil es fort war. Emerson sagt uns, daß wir uns selbst nicht erlauben dürfen, in solche Extreme zu verfallen. Es gibt einen mittleren Seelenzustand ruhiger Selbstbeherrschung, wenn man nicht von jeder Stimmung geschüttelt wird und doch intensiv lebt und neugierig und empfindsam ist. Es muß falsch sein, wenn ich mich nicht daran hindere, in ein Leben reiner Empfindungen zu verfallen, und heute befreite ich mich davon. Ich bin in den tiefen Brunnen gefallen, von dem ich schrieb, in den ich zu lange hineingesehen habe, doch heute morgen machte sich jemand die Mühe, nach mir zu suchen, fand mich und trägt mich nun sanft nach oben, nach oben zu einem höheren, reineren Reich der Gedanken. Ich habe das Ende meiner Reise beinahe erreicht; es gibt da, wo ich jetzt bin, keine Finsternis, keine Verwirrung, keinen Schmerz und keine Trauer. Der Wandel in mir geschah, als ich eines von Pater McLaughlins Büchern herunterbrachte. Oh, ich hatte in meiner Unwissenheit vergessen, daß Bücher den zärtlichsten und wahrhaftigsten Trost spenden. Ich kann kaum beschreiben, welchen Einfluß das Lernen offenbar auf den Schmerz ausübt. Es scheint, als ob etwas, das hoch über menschlichen Leidenschaften und Trieben steht, herabgestiegen sei, um mich von ihnen fortzuführen, als ob eine Stimme mir gesagt hätte, ich solle alles vergessen außer der Tatsache, daß Wissen, Kunst und Wissenschaft auf mich warten, damit ich ihnen mein Leben widmen kann. Ich fühle mich stark, moralisch stolz und unbesiegbar – und doch habe ich nur *hineingesehen* in die Straße, die sich einladend vor mir erstreckt. Ich habe meine Studien noch nicht begonnen, und ich fühle doch bereits, daß die Freude, die sie mir geben, alles andere übertrifft. Wie seltsam, daß ich manchmal so blind bin, mich der menschlichen Natur als Gesellschaft zuzuwenden.

Wahrhaftig, ich weiß, daß der menschliche Verstand unvollkommen ist. Ich weiß, daß ich von falschen Theorien, falschen Prinzipien umgeben bin. Jung, unerfahren vielleicht, mit einem beweglichen Geist, kann ich jahrelang denken, studieren, theoretisieren und dann feststellen, daß mein Denken ungenau, meine Studien durch einen falschen Schritt verdorben und wertlos gemacht wurden, daß meine geistigen Spekulationen in einem Teufelskreis enden. Dann werde ich als Frau und als Lernende versagt haben. Versagt als Frau, weil ich die Gesellschaft, die Häuslichkeit, die Pflichten der Frau und Mutter zugunsten meiner Suche nach der Wahrheit aufgegeben haben werde; als Studierende werde ich versagt haben wegen meiner falschen Deutungen und verzerrten Ergebnisse. Aber ich könnte auch bei einer Sache Erfolg haben. Angenommen, ich kann die katholische Philosophie mit meinem Verstand fassen, angenommen, ich bringe meine Ergebnisse in richtiges, perfektes Englisch, so könnte ich vielleicht andere überzeugen oder anleiten und erziehen, so, wie ich es an mir selbst erfuhr.

Ich habe gerade *Walden* beendet. Da das Buch mein eigenes ist, machte ich mir den Spaß, jeden Abschnitt zu bezeichnen, und in einigen Fällen kritzelte ich sogar eine Bemerkung an den Rand der Seite. Thoreaus Art, von seinem Leben in den Wäldern zu erzählen, erstaunte mich. Ich kann schwerlich sagen, was ich erwartete, doch ich weiß, daß das Buch meine Erwartungen nicht erfüllt hat. Etwas in meinem eigenen Wesen empfindet starke Abneigung gegenüber Zwietracht, und die großen Gegensätze zwischen einigen Seiten sind schockierend. Ich würde das Buch gern zerschneiden und nur die Seiten übriglassen, die voller Schönheit, Gefühl und Zauber sind. Warum sollte Thoreau so berechnend erscheinen, so praktisch, stoisch, arrogant und kalt in Kapiteln wie zum Beispiel »Wirtschaft«, dem letzten Teil von »Einsamkeit« und anderen, wenn er sich in anderen als Dichter, Naturalist, gutherziger und verständiger Mensch erweist? Wie auch immer, ich kann wirklich sagen, daß, obwohl ich Thoreau nicht lieben kann, es Tausende von Eigenschaften in ihm gibt, die Bewunderung und Sympathie hervorrufen. Vielleicht kann ich, wenn ich älter, weniger idealistisch, menschlicher und praktischer bin, dem großen Thoreau gerechteren Tribut zollen.

8. Juni

Seitdem ich von dem großen Wandel schrieb, der mit mir geschah, bin ich in jeder Stunde glücklich gewesen – als ob ich hoch über die irdischen Leidenschaften und Verletzungen gehoben worden wäre und nur die Freude und Zufriedenheit auf Erden sehen könnte. Eduardo scheint weit weg zu sein, wie jemand, den man vor langer Zeit verloren hat, und wenn ich an ihn denke, so geschieht es mit Freude und Zärtlichkeit und nicht mit Bedauern und Sehnsucht.

Gestern nahm mich Mama in die Stadt zum Einkaufen mit. Während ich die Fifth Avenue hinauf und hinunterging, vor mich hinsummte und vor den verlockenden Schaufenstern stehenblieb, besuchte Mama Mrs. Menocal. Ihre Tochter Georgina scheint den Wunsch geäußert zu haben, mich zu sehen, und hat Mama gebeten, nach Richmond Hill zu telephonieren und mir zu sagen, ich solle gleich herkommen. Man sagte ihr, ich sei bereits in der Stadt, und einige Stunden später fand ich mich im Ritz Carlton ein, um mit ihr, ihrem Verlobten, Mrs. Ortega und Ester Gonzales, einer seltsamen, begabten und komplizierten Verwandten der Familie, zu Mittag zu essen. Danach gingen wir ins Theater und lachten viel, denn das Stück, das aufgeführt wurde, war *Snapshots of 1921* mit Nora Bayes. Bei der Rückkehr fanden wir das Zimmer voller Besucher. Ich traf Guillermo de Blanc*, einen Schriftsteller und Freund von Papa und Mama, und andere, deren Namen ich vergessen habe. Später traf ich den Ex-Präsidenten von Kuba, Mario Menocal. Er hat ein freundliches, intelligentes Gesicht. Die ganze Familie ist sehr liebenswert, nicht affektiert und großzügig. Georgina hat mir ein schönes Tanzkleid aus blaßblauem Tüll geschenkt. Ich unterhielt mich gut mit diesen vornehmen Leuten und war so interessiert daran, ihr Benehmen zu beobachten, ihre Freundlichkeit, wenn sie Menschen gegenübersitzen, deren Namen ich überall höre, daß ich, wieder zu Hause, beim Einschlafen dachte, daß die Welt doch wirklich ein sehr interessanter Ort ist.

Vor wenigen Minuten hat Orces angerufen – das letzte Mal, hoffe ich. Ich sagte ihm, daß ich den Sommer über fortginge; er fragte mich, ob ich seine Briefe beantworten würde, ich antwortete, daß ich es nicht versprechen könne. Er sagte mir, daß er mich liebe, ich antwortete, daß es mich nicht kümmere. Er sagte, ich sei grausam, und ich antwortete, ich sei es noch nicht genug. Er sagte, ich sei dafür geboren, sein Schatz zu sein, und ich wurde fast ohnmächtig vor Zorn. Dann, nachdem ich mich gefaßt hatte, sagte ich fröhlich auf Wiedersehen unter dem Vorwand, daß Mama mich rufe. Natürlich bedeutet das, daß ich auch Garcia nicht mehr sehen werde.

13. Juni
Draußen fällt der Regen in Strömen und ich kann den Donner

---

* Bekannter unter dem Namen Willy de Blanck

rollen hören. In solchen Zeiten kommen mir die Gedanken schnell und in großer Zahl. Ich möchte, daß meine Feder fliegt, statt die Zeilen entlangzukriechen. Vielleicht kann ich einige von ihnen festhalten, bevor sie wie Regentropfen in der Erde verschwinden.

Ich war einige Tage lang so glücklich, daß ich alle anderen auch glücklich machte. Miguel sagt, er habe mich niemals so frohgelaunt, so koboldhaft gesehen.

Thorvald nahm mich zu einem Tanzabend mit, den seine Studentenverbindung im Hotel Pennsylvania gab, und wir hatten beide den vergnügtesten Abend, den man sich denken kann. Der große Ballsaal war prachtvoll, der Boden sah aus wie ein großer Spiegel und jeder Tänzer so, als ob er Flügel hätte. Ich hatte bald ein volles Programm, und du hättest mich die ganze Nacht lachen und plaudern hören können, hättest sehen können, wie ich überall gute Laune verbreitete und viele neue Freunde gewann. Ich hatte mich selbst vergessen, und dadurch gefiel ich anderen und genoß ein paar Stunden lang Trubel und Freude. Zwei von Thorvalds Freunden kommen mich heute abend besuchen. Es gab viele Dinge, über die ich Freitag nacht glücklich sein konnte, doch das Beste von allem war, daß Thorvald stolz auf mich war! Ich bemerkte dies nicht, bis wir heimgingen und er seine Zufriedenheit in wenigen kurzen Sätzen ausdrückte. Ich glaube wirklich, dies ist das erste Kompliment, das Thorvald mir in seinem Leben je machte! Er begibt sich niemals in die Niederungen von Schmeichelei und Zustimmung, das liegt ihm nicht. Das verdoppelt die Ehrlichkeit all dessen, was er sagt.

Samstag und Sonntag wirbelte ich im Haus herum, machte lange Spaziergänge mit Miguel, der sehr galant ist, las wenig und dachte an überhaupt nichts. Miguel nimmt meine ganze Zeit und mein Interesse in Anspruch. Er fährt am kommenden Samstag nach Havanna ab. Bis dahin hat er nichts zu tun und ist gern in Gesellschaft und bittet mich, bei ihm zu sitzen und mit ihm zu reden. Er ist einer der angenehmsten Kameraden, die ich je erlebt habe, wenn er sich nur selbst ein wenig vergißt. Doch selbst wenn er sich an sich selbst erinnert oder nur von sich selbst redet, ist sein »Selbst« nett genug, und du wirst nicht müde oder schläfrig, wie in Gegenwart gewisser Egoisten! Intelligenz und Kultur ziehen mich bei einem Menschen immer an. Ich hoffe, daß ich, wenn ich eine Frau bin, immer solche Freunde haben werde, wie ich sie jetzt auch suche.

Obwohl jedermann meine Veränderung bemerkt, weiß niemand, woher sie kam. Ich habe versprochen, ich würde gut sein, und ich halte mein Versprechen. Mein Gesicht strahlt Zufriedenheit aus. Ich will jeden glücklich machen, aufhören über Sorgen zu brüten, die ich vor Tagen hatte. Ich träume selten; gestern überflutete mich in der Dämmerung nur für einen Moment eine große Woge der Einsamkeit, ein Gefühl von Herzenshunger. Ich ging am Bahnhof vorbei und bemerkte, daß die Rosen blühten. Vor einem Jahr waren Eduardo und ich an ihnen vorübergegangen, und er hatte eine für mich gepflückt. Unsere Freundschaft hatte vorher schon begonnen, in unseren Briefen, aber an diesem Abend schienen wir sie besiegelt zu haben, ein heiliges Abkommen, während wir in der Dämmerung gingen und über Bücher und die Welt sprachen. Doch das war nur eine Erinnerung an Eduardo während vieler Tage, und mit der Zeit erscheint er weiter und weiter entfernt, ein verschwommenes, undeutliches Bild, das ich vollkommen vergessen muß.

14. Juni

Gestern abend war Mama sehr krank. Überarbeitung, fortwährende Beanspruchung ihrer sämtlichen Fähigkeiten, Prüfungen und Sorgen haben ihre Gesundheit stark angegriffen, und manchmal bekommt sie Anfälle von Nervosität, die an Hysterie grenzen, was mich so erschreckt, daß ich mich tagelang fühle, als ob ich unter einer schweren Last gebeugt ginge. Es ist nur meine Liebe zu Mama, die mich die Krankheit so sehr fürchten läßt; an ihre Gesundheit denke ich immer wie an etwas schrecklich Bedrohtes. Als sie sich besser fühlte und Thorvald und ich sie in ihr Zimmer hinaufgebracht hatten, und als sie schließlich auf ihrem Bett lag, still und ruhig, wollte ich von ganzem Herzen wegrennen, weit weg, wo ich allein nachdenken und meinen aufgestauten Gefühlen freien Lauf lassen könnte, und vielleicht wollte ich beten.

Statt dessen mußte ich mich zusammenreißen und mich für Thorvalds Freunde vorbereiten. Als sie kamen, saßen wir auf der Veranda und redeten und lachten. Ich brachte ihnen Orangeade und Kuchen und versuchte, eine angenehme Gastgeberin zu sein. Ab und zu vergaß ich, daß sie da waren und lauschte dem Wind, träumte ... dann brachte mich ein Wort zurück auf die Erde, und mit meinem Akzent, meinem eigenartigen Tonfall, meinen Gesten verwandelte ich ganz normale Sätze in Dinge, die sie zum Lachen brachten. Ich hoffe, sie haben Spaß gehabt. Beide waren kultivierte, angenehme Jungen, nur wenig älter als Thorvald, doch ich konnte sie nicht so beobachten, wie ich es bei anderen Jungen tue. Meine Gedanken wanderten allzuoft in Mamas Zimmer.

Heute geht es ihr viel besser. Das Haus ist voller Sonnenschein und dem Geräusch des Windes, der weiterhin stark weht. Dabei denke ich an einen Ozean, wenn die Flut sich zurückzieht und wieder vorwärtsdrängt, die flüsternden Seemuscheln, Gischt und Algen. Überall im Haus hört man Miguel und Thorvald, der heute keine Schule hat. Sie trampeln die Treppe hinauf und hinunter, rufen und reden, beschließen dann plötzlich, Tennis zu spielen und gehen, nur für ein paar Stunden. In der Küche wäscht Flora zum letzten Mal das Geschirr ab. Sie verläßt uns (kulinarische Kriegskunst – Haushaltsstatistiken). Ich sitze allein hier, höre zu und mache Notizen, wie ich es so oft tue; das ist nun mein Leben, etwas unregelmäßig, aber insgesamt natürlich. Ich könnte sagen: ausnahmsweise wie das Leben anderer Mädchen. Ich benehme mich immer noch wie es sich gehört und versuche, alles in mir zu kontrollieren, was mich ununterbrochen aufwühlt und glühend aus mir hervorbricht wie ein Vulkan. Ich bin eine vulkanische Person, doch momentan ist mein Vulkan gerade zugestöpselt.

16. Juni

Ich fürchte, daß Jungen allmählich abstoßend auf mich wirken, so wie es Frances lange Zeit ging. Einige Tage lang habe ich Miguels Gesellschaft ehrlich genossen. Wenn wir nicht über Philosophie und Literatur sprachen, wurden wir lustig und albern, doch in einer uns eigenen Weise, das heißt, mit dem Humor und der Verspieltheit von Dichtern, Bücherwürmern und Möchtegern-Philosophen. Es machte mir Vergnügen, das vielseitige Spektrum seines Geistes zu beobachten, und da er männlichen Geschlechts ist, machte es ihm noch mehr Vergnügen, es mir zu zeigen, indem er mich auf alles hinwies, das ich womöglich unbemerkt hätte übergehen können, und indem er das Wort »ich« hier und da betonte, so daß ich nie vergessen konnte, daß es *sein* Geist war, den ich da prüfte. Dann plötzlich, als ich glaubte, ich hätte mir eine Meinung über ihn gebildet und dachte, er sei außergewöhnlich, ein »anderer« Junge, stellte sich heraus, daß Miguel wie jeder andere Junge ist, mit einer Vorstellung von »Vergnügen« wie die jedes anderen Jungen, mit seiner Bewunderung für »hübsche Gesichter« bei Mädchen und Abneigung gegen alles, was diese hübschen Köpfe *enthalten* könnten. Manchmal weiß ein Junge mehr als ein anderer, scheint Bücher zu lieben, andere Dinge im Kopf zu haben außer Mädchen, Tanzen, Sport, doch was kommt am Ende heraus? Manchmal erscheint ein Junge intelligenter als der andere, ernsthafter, gesetzter, doch was kommt am Ende heraus? Sie sind *alle* gleich. Sie sind alle jung, unerfahren, unwissend, flatterhaft. Sie haben alle die Selbstzufriedenheit männlicher Wesen von achtzehn Jahren, glauben, sie wissen alles und daß sie das Ziel des Lebens erkannt haben, glauben, daß sie die Frauen verstehen, daß man das Beste aus dem Leben herausholen muß. Deswegen beginnen sie zu tanzen, jedes Mädchen zu lieben, das ihnen über den Weg läuft, hübsche Reden zu halten, ihre Siege zu diskutieren; kurz, sie beginnen, wie Männer zu handeln, wo sie doch eigentlich das Abc der Männlichkeit lernen sollten.

Vielleicht vergleicht Miguel *mich,* während ich dies schreibe, mit anderen Mädchen und sagt sich, daß wir alle gleich sind. Ich bin auch achtzehn. Ich habe sämtliche Absurditäten der Achtzehnjährigen – doch nein, nicht alle. Ich habe die Ernsthaftigkeit älterer Mädchen, obwohl ich vielleicht nicht ihr Wissen besitze.

Und doch habe ich noch nicht das Stadium der Abneigung erreicht, das Frances erreicht hat. Selbst wenn ich schreibe, denke ich an ein neues Exemplar von einem Jungen, das ich am Samstag treffen werde. Es ist wieder ein *Junge,* leider, doch er ist *vielleicht* interessant. Er hat Thorvald oft angerufen, und zufällig immer dann, wenn Thorvald nicht zu Hause war. Daher wurden wir beinahe Freunde, indem wir Nachrichten weitergaben und entgegennahmen. Er mochte meine Stimme, und nun lädt er Thorvald zu einem Tanzabend zu sich nach Hause ein und bittet ihn, seine Schwester mitzubringen. Er heißt Marsh McCurdy, er ist einer der Jungen aus der Studentenverbindung, und ich werde die anderen auch wieder treffen, mit denen ich Freitagabend tanzte. All das klingt komisch, und doch schreibe ich es ohne ein Lächeln. Es ist wirklich traurig zu wissen, daß die halbe Welt voller Männer ist und daß sie so hohlköpfig sind.

19. Juni

Laß mich dieses Datum als das eines meiner glücklichsten Erlebnisse niederschreiben. Ich bin so begierig, so ungeduldig, dir davon zu erzählen, daß ich die Geschichte von gestern abend überspringen werde. Erinnerst du dich an die Freude, die mir der Guiler-Tanzabend machte? Ich kam zu dir voller Begeisterung für Hugo Guiler und interessiert an der Ähnlichkeit unseres Geschmacks. Ich dachte, daß ich ihn wiedertreffen würde, vergaß jedoch die Bräuche dieses Landes und unternahm nichts, um es Wirklichkeit werden zu lassen. Im Laufe der Zeit dachte ich, er hätte mich vergessen. Nun ist seine Familie nach Europa gegangen, und er verbringt jedes Wochenende bei Mrs. und Mr. Parker*, denen ein schönes Haus hier ganz in der Nähe gehört, das heißt, es liegen zwei Häuser und einige Bäume zwischen uns. Stell dir vor (mit deinem geistigen Auge), ich sitze auf der Veranda, und Hugo Guiler geht ab und zu vorbei. Jedesmal blieben mir die Worte im Hals stecken, und ich verlor meine Fassung. Wenn ich nicht stotterte, so nur deshalb, weil ich nie mehr sagte als: »Wie geht es Ihnen?« Ich wage nicht zu denken oder mir vorzustellen, was er von mir dachte, weil ich so dumm und unhöflich war. Mama rettete jedoch die Lage, und heute nachmittag, noch bevor ich merkte, was geschehen war, saß Hugo Gailer neben mir, und wir redeten und nahmen keine Notiz von Martha und den anderen, die mit ihm spazierengegangen waren, als Mama sie alle entführte. Mr. Guiler trägt Emerson in seiner Tasche, liebt Stevenson und schreibt ein Tagebuch! Während wir sprachen, wünschte ich mir, er würde mich gern genug mögen, um mich als seine Freundin zu betrachten. Weißt du, es scheint, als ob alles, was ich an Eduardo liebte, in jemand anderem zu mir zurückgekommen sei, in einem älteren Menschen, und zwar vermischt

---

* Hugh Guilers Tante und Onkel

mit noch mehr Ernsthaftigkeit und *Weisheit*. Das ist der Eindruck, den ich von Mr. Guiler habe: daß er *weiß*, daß er stark ist, vertrauenswürdig, männlich, und doch das Herz und den Geist eines Dichters hat. Oh, was mag von diesem Fremden kommen, der im Namen der Poesie, der Bücher an die Tür meiner inneren Welt geklopft hat? Er hat geklopft, und ich bin freudig erregt, schon beinahe bereit, meine Tür weit zu öffnen und zu rufen: Willkommen! Willkommen!

20. Juni

Ach, es gibt soviel Stoizismus in mir, wie es in einer Fliege Weisheit gibt. Ich lese, ich schreibe, und deshalb denke ich, ich sei vorbereitet, den unerwarteten Wendungen meines Lebensweges ruhig, gelassen, weise zu begegnen. Und dann verliere ich den Kopf, weil ich Hugo Guiler treffe. Ich verliere den Kopf und bin voll von Freude, Staunen, Erwartung, eine Aufregung nach der anderen spielt eine fröhliche Melodie auf den Saiten meiner Phantasie. Es ist schwierig, dir zu erzählen, was geschah. Es scheint, als seien wir beide zwei Flüsse – unsere Gedanken, sollte ich sagen –, die in verschiedene Richtungen flossen, bis ein schwerer Sturm kam, ein Befehl des Schicksals, und der Damm dazwischen brach ein und wurde weggeschwemmt. Dann vereinten sich die Gewässer mit großer Kraft, wirbelnd, sprudelnd, und flossen weiter, verdoppelt in ihrer Stärke und Macht. Und all das an einem Tag! Als er am Nachmittag kam, waren die Worte, die wir wechselten wie das Toben eines heftigen, unkontrollierbaren Windes durch die Bäume, das die Welt mit tausend neuen Harmonien füllt, und es schien, als seien durch diese Magie tausend kleine Türen geöffnet worden, nicht eine nach der anderen, sondern fast unisono, sanft und lautlos.

Am Abend haben Mama und ich einen Spaziergang durch den Wald gemacht. Wir kehrten zurück und fanden Hugo Guiler mit einem Freund vor, die gerade fortgehen wollten, nachdem sie entdeckt hatten, daß ich nicht zu Hause war. Mr. Guiler brachte mir ein Buch mit Essays von John Erskine, einem Englischprofessor an der Columbia-Universität, den er sehr bewundert. Wir setzten unseren Spaziergang noch eine Weile fort, Mama unterhielt sich mit dem Fremden und ich mich mit Mr. Guiler. Einmal machten wir eine Pause oben auf einem

Hügel, um den Mond zu betrachten. Wir hatten ihn nie so schön gesehen. Er stand an einem klaren, absolut wolkenlosen Himmel, eine strahlende runde Welt der Geheimnisse, die in jenem Moment sehr nah erschien, weil ihre Reinheit und Klarheit sie so abgehoben vom übrigen, unendlichen Weltall stehen ließ.

Schließlich trennten wir uns. Ich sang mir beinahe meinen Weg ins Bett, und als die Lichter gelöscht waren, lag ich lange Zeit hellwach, meine Augen auf das kleine Stück Himmel gerichtet, das von meinen blauen Vorhängen eingerahmt wurde, ich träumte, träumte, träumte. Ich dachte, daß ich nach meiner tiefen, starken Freundschaft mit Eduardo und ihrem plötzlichen Ende nur langsam, vorsichtig, ängstlich neue Freunde gewinnen würde, doch Hugo Guiler ist einer der Menschen, die man augenblicklich mag, als würde der Blitz einschlagen. Wie sehr hoffe ich, daß er mich auch mögen wird!

Ein Abend mit meinen Büchern. Nein, es gibt nichts, was diesen liebenswürdigen Freunden gleichkäme. Stundenlang schaute ich in das Herz eines jeden, und stellte sie ordentlich auf, staubte sie ab und drückte sie fest an mein Herz, mein kleines Buch von Emersons Essays, meinen *Philosophe sous les Toits*, das *Journal* von Eugénie de Guérin (das ich endlich gefunden habe), Shelleys Gedichte, Tennysons, Brownings, Mussets und Keats Werke und viele andere. Ich liebe sie so sehr. Meine Phantasie wird weiter nach einer solchen Beschäftigung. Ich empfinde die Welt als größer, und ich selbst bin verändert. Ich bin nichts als Zärtlichkeit und Verehrung für jede kostbare Seite und vergesse alles andere über dieser wahren, anhaltenden Liebe.

23. Juni

Ich weiß kaum, was mit mir geschehen ist. Denn ich habe schnell, geschäftig, gedankenlos gelebt. Marraine kam; es kamen Näherinnen ins Haus, neue Dienstmädchen, Monsita kam, um zu helfen; ich hatte nicht einen Augenblick für mich, und selbst nachts, wenn ich im Bett lag, konnte ich nicht träumen und nachdenken, weil Marraine und Mama so lange redeten, bis ich einschlief. Kein Wunder, daß ich nicht in mein Tagebuch schreiben konnte. Ich merke, daß ich sogar vergessen habe, dir zu erzählen, daß Miguel am Samstag seine Überfahrt nach Kuba angetreten hat. Thorvald und ich begleiteten ihn zum Hafen. Ich werde nie die letzte Studie vergessen, die ich von ihm machte, denn er war ein ganz anderer Mensch. Ein Miguel, dessen Angeberei vollkommen verschwunden war, der plötzlich ehrlich war und der sich selbst vergaß. Es tat mir leid, daß er ging, und doch war ich glücklich zu wissen, daß er New York verließ, um einer äußerst glänzenden und angenehmen Zukunft in Kuba entgegenzugehen, denn der neue Präsident, Alfredo Zayas, ist ein Verwandter von Miguels Schwester und ein sehr guter Freund von Miguels Vater, der Zayas bei verschiedenen Gelegenheiten seine Ergebenheit bewies, wofür dieser ihm dankbar ist. Und doch wird Miguel sicherlich nicht durch Beziehungen und fremde Hilfe, sondern durch seine eigenen guten Eigenschaften, seine Intelligenz, seine Persönlichkeit, seine Erziehung einer von Kubas bemerkenswertesten Männern werden. Mit achtzehn Jahren zeigt er bereits alle Anzeichen eines zukünftigen Denkers und klugen Redners.

Ich bemerke ebenfalls, daß ich nichts zu Marsh McCurdys Tanzabend gesagt habe. Es war einfach albern – Musik, Eiscreme und Kuchen. Wirklich, dies ist seit vielen Tagen mein erster Moment des Rückblicks. Das Haus ist still, beinahe unbewohnt, und wenn alles um mich herum still ist, wenn ich mit meinen Gedanken, meinem Federhalter, meinem Tagebuch allein bin, ist es nicht Miguel, an den ich denke, und es sind auch nicht die Tanzabende. Plötzlich kehrt alles, was ich auch immer an Einsamkeit oder Sehnsucht und Trauer in den Tagen, in denen ich den Haushalt besorgte, verdrängt habe, in einer riesigen, erdrückenden Woge zurück. Ich denke an Eduardo. Er rief heute morgen an, um Mama zu sagen, er käme morgen abend nach New York. Ich denke an ihn trotz allem, was geschehen ist, um die Erinnerung an ihn auszulöschen. Vor allem wüßte ich gerne, was er denkt. Ich war es so gewohnt, alles, oder beinahe alles, was in seinem Herzen vorging, durch sein Tagebuch zu erfahren. Nun ist sein Leben, seine Gedanken, alles, was zu ihm gehört, wie ein verschlossenes Buch – ein Buch, in dem so viel Süße und Zauber lag. Man wird mir vielleicht oft erzählen, was er tut, niemals jedoch, was er wirklich denkt und fühlt. Und wie sehr Taten die Gefühle manchmal verleugnen, wie Menschen die Taten eines anderen verzerrt darstellen! Ich werde nie wieder den wahren Eduardo kennen, den Cousin, den ich immer noch für so gut und liebenswert halte.

Gerade auf dieser Veranda gedachte ich so viel zu schaffen. Dann kamen die Tage, als ich es nötig fand, zu arbeiten. Und nun? Nun ist Flora fort, und ich bin das Dienstmädchen. Ich kann weder draußen arbeiten, noch mich den Dingen widmen, die ich liebe.

Ich muß einkaufen, ich muß kochen und fegen und staubwischen und flicken. Glücklicherweise sind die Tage länger geworden. Nach einem arbeitsreichen Tag sitzen wir alle auf der Veranda, bis die Nacht hereinbricht. Der Himmel verwandelt sich, die Welt ist voller Geheimnisse. Ich könnte zu dieser Zeit ewig lang träumen. Wovon? Wer kann sagen, woraus Träume sind? Nur Dichter mit ihrer Zauber-Feder, nur die, die kostbare Bilder aus Worten weben können – und selbst dann ist nur die Hälfte gesagt, nur die Hälfte geflüstert. Wir haben alle unsere eigenen Träume, und die Feder keines anderen kann wahrheitsgetreu von ihnen sprechen.

25. Juni

Gestern schien es einen Moment lang, als ob mein Leben zu einem plötzlichen Stillstand gekommen wäre – nur einen Moment lang, und dann eilten alle Gefühle und Gedanken weiter, einmal mehr in ihrer gewohnten Bahn. Es war, als ich Mama einen Brief vorlas, den Eduardo ihr geschrieben hatte. Er lautete: »Du hast Deine Pflicht getan, Tia Rosa, doch Du vergißt, daß Dein Neffe dies auch tut. Bindungen können nicht so leicht getrennt werden, besonders in der Jugend. Nun, wenn Du ein wenig stolz auf Deinen Neffen bist, ein wenig Liebe für ihn fühlst und Dir ein wenig Gedanken über sein Wohlergehen und seine Zukunft machst, dann erlaube ihm, Anaïs zu schreiben, selbst wenn sie meine Briefe nicht erhalten möchte. Wenn nicht, werde ich zum Prinzen und werde den ›Drachen‹ töten. In der Hoffnung, daß Herzen weich werden etc. etc. Eduardo.« Du kannst dir nicht vorstellen, welchen Eindruck dieser Brief auf mich machte. Ich hätte nie erwartet, daß Eduardo *bittet!* Doch was für ein jungenhafter, impulsiver Brief dies ist! Er zeigt, wie tief verwurzelt seine Zuneigung zu mir ist, doch er erinnert mich auch daran, wieviel jünger er ist als ich – und sicher wird er in einem solchen Alter bald vergessen.

Wie stark mein Wunsch auch sein mag, ihn zu sehen, seine Gedanken und Gefühle zu teilen, ich darf es nicht, ich kann es nie wieder tun. Eduardo erkennt den Grund für die Opposition seines Vaters nicht in vollem Umfang. Es ist ihm mit seinem Hang zum Idealismus nie bewußt geworden, daß sein Vater die Folgen der Freundschaft seines Sohnes mit der *bettelarmen* Tochter eines Musikers fürchtet. Er fürchtet meinen Einfluß auf Eduardo. Es ist auch mir nie in den Sinn gekommen, doch ich habe meine kleine Mama, die mir hilft und mich führt. Genau in diesem Moment ist Mama mit Eduardo im Hotel Pennsylvania, nur wenige Minuten von hier, und doch bin ich dazu verdammt, hier allein zu sitzen und ihn nicht zu sehen. Morgen fährt er nach Kuba zu seiner Familie, in der niemand ihn so schätzt, wie er es verdient. Was wird das Schicksal eines solchen Jungen sein? Wenn er sich nicht selbst von der Härte und berechnenden Tyrannei seines Vaters freimacht, wird er jede Neigung und angeborene Liebe zur Kunst aufgeben müssen. Nur, wird er den Mut dazu haben? Eduardo hatte einen Onkel, dessen Leben auch so begann: ein reicher Junge mit einer großen Begabung zum Malen. Er traf nur auf Widerstand und Kritik. Er wurde buchstäblich erstickt von einem Leben, das ihm ein Greuel war, er wurde gezwungen, gegen seinen Willen zu heiraten, er wurde tyrannisiert, mißverstanden – er brachte sich um!

Oh Eduardo, wie weh es mir tut, an all das Leiden zu denken, das du erfahren wirst! Wie sehr wünsche ich mir, immer deine treue Freundin zu sein, dir zu helfen. Wenn ich denke, daß du niemals wissen wirst, daß jeder Gedanke, den du für mich hattest, erwidert wurde, vielleicht noch verdoppelt und verstärkt.

Oh, das schöne, schöne Ende unserer Geschichte! Mama brachte mir zwei Bücher mit, die ich Eduardo geliehen hatte, und ein geheimnisvolles Päckchen. Ich öffnete es und fand ein schweres, in Leder gebundenes Buch mit leeren Seiten, für ein Tagebuch. Seine braunen Einbanddeckel mit den goldenen Rändern werden von einem kleinen Schloß zusammengehalten, und der Schlüssel hängt an einem Band, der Schlüssel zu meinem Herzen. Auf das Vorsatzblatt hat Eduardo geschrieben: »An meine verlorene Prinzessin: Wenn meine Flügel einmal nicht mehr gestutzt werden – dann werde ich meine

Schwingen ausbreiten und zu Dir fliegen mit meiner ganzen Freude, der ganzen Inbrunst und Leidenschaft der Jugend. Die Zeit kann niemals eine wahre Zuneigung zerstören!! E. S.«

Nie hätte ich mir träumen lassen, daß Eduardo erst mein Freund sein könnte, wenn er alt genug ist, um sein eigener Herr zu sein. Eines Tages werden wir dann also, wenn er mich nicht vergißt, wieder vereint sein. So ist diese Trennung, die mich so tief betrübte, nur vorübergehend. Inzwischen wird er ein Mann werden, er wird sein Herz und seinen Geist so gut kennen, daß er ein treuerer, besserer Freund sein wird, wie auch ich eine Frau sein werde mit mehr Verständnis, eine Frau, die ihm mehr geben kann.

Ich werde mich in Zukunft oft auf diese Wiedervereinigung freuen. Wie dankbar ich bin, solche wundervollen Erinnerungen zu besitzen, die bei mir sind, während ich warte, die Eduardo ersetzen, bis er zu mir zurückkommt, in Freiheit. Nur eines könnte uns für immer voneinander trennen: Während der Zeit des Wartens begegnen wir vielleicht der Liebe.

Abend. Was für ein Friede manchmal herrscht, wenn sich die Schatten über das Land gebreitet haben. Die Seele selbst erscheint wie ein Schatten, der sich leise die verlassenen Straßen entlangschleicht, bis er ein Gehölz findet und es sich dort bequem macht und ganz still und unbeweglich bleibt.

Es ist spät. Ich sitze allein in meinem Zimmer, und meine Feder bewegt sich fast von selbst. Ich wußte nicht, daß ich heute abend überhaupt etwas zu sagen hätte, doch plötzlich fühlte ich, daß ich diesen Zauber einer Sommernacht ausdrücken wollte, diese wunderbare Losgelöstheit vom Rest der Welt, die ich nun spüre. Ich fürchte, daß ich allmählich sehr seltsam werde. Jeden Tag erzähle ich dir weniger von dem, was ich *tue;* es ist immer nur das, was ich denke und träume. So habe ich vergessen, daß ich Donnerstag mit Joaquin zum Strand gegangen bin, daß ich gestern mit Onkel Gilbert und Gilbert jr. das französische Schiff »Paris« besichtigt habe. Warum? Weil ich, sobald ich zu Hause bin, alles vergesse, was mit diesen Dingen zusammenhängt, und wieder in Introspektion verfalle.

26. Juni

Gestern abend gaben die Parkers einen verspäteten Maitanz für die Kinder aus der Nachbarschaft. Hugh Guiler konnte natürlich das Haus nicht verlassen, doch er kam kurz nachdem wir heute morgen aus der Kirche zurück waren. Er hat mich für Freitag ins Theater eingeladen, und Mama vereinbarte, daß er vorher zum Abendessen kommen soll. Oh, ich war glücklich bei dem Gedanken, ihn als Freund zu haben. Wenn ich ihn sehe, bin ich so an dem interessiert, was er sagt, daß ich ihn dir noch nicht beschreiben kann.

27. Juni

Ich habe viel Zeit mit Alan Seeger* verbracht. Ich habe die Veranda ganz für mich, ich kann träumen, mich in jegliche Gedankenwelt flüchten, die mich anzieht. In solchen Augenblikken verändert Alan Seegers Lyrik meine Welt. Alle Schranken fallen, ich bin keine Gefangene mehr. Von diesem Buch auf dem Schoß, mit einem Finger auf einem Wort, wird mein Geist augenblicklich fortgetragen. Es war eine Stunde, die der Verehrung der Schönheit durch Zauberworte galt, die nicht meine eigenen waren. Von dort ging ich über zu Carlyles *Heroes and Hero Worship* und las »The Hero as Man of Letters«.** Was ich fand, waren nicht phantasievolle Bilder und Melodien, sondern strenge Einfachheit der Gedanken – was für ein Gegensatz! Und doch habe ich an beidem große Freude. Ich liebe es, Leidenschaft und Reflexion zu vereinen, ich kann es nicht ertragen, wenn sie getrennt werden, als seien es zwei vollkommen unterschiedliche Zustände. In dem Essayband, den Hugh Guiler mir lieh, fand ich vieles, was beinahe dieselbe Frage betraf: »Die Neigung, alle Schriftsteller als unpoetisch abzutun, die sich intensiven intellektuellen Prozessen hingeben, die wirklich denken, und ausschließlich diejenigen zu rühmen, die unsere Gefühle ansprechen, hat die Fähigkeit zu lesen weithin zerstört.«

Kürzlich habe ich meiner Neigung zum Studium und zum Nachdenken viele Gedanken gewidmet. Es ist eigenartig festzustellen, welche Dinge mithelfen, unser Wesen zu formen, unseren Charakter und unsere Gewohnheiten zu beeinflussen. Ich begann, Gedichte zu schreiben, als ich ein Kind war, weil

---

* Ein Lyriker des Ersten Weltkriegs
** Kap. »Der Held als Schöngeist«

alles, was schön oder rein war oder auf irgendeine Art anregend, mich sehr tief berührte, und ich mußte dies ausdrücken, nur war mir nicht bewußt, daß meine kindliche Sprache unpassend war, um Gefühle zu übersetzen, die nicht kindlich waren. Weil ich zerbrechlich und kränklich war, und weil ich so viele Stunden im Bett verbringen mußte, kehrte ich dann zu den Büchern zurück: als Gesellschaft und als *Genuß*. Ich sage Genuß nur, weil ich dir eine gewisse Beobachtung aufzeigen will, die ich gemacht habe. Im Lauf der Jahre las ich immer viel Verschiedenes und ohne Anleitung. Langsam bin ich vom ersten Zweck meines Lesens fortgewandert. Ich bin in diese Liebe zu Büchern hineingewachsen und sehe nun nicht nur das *Vergnügen*, sondern auch das *Wissen*. Dann muß es wohl so sein, daß Literatur Wissen *ist*. In meinem Fall hat sie sich zum Wissen entwickelt, suchend, ohne daß jemand eingriff oder Vorschläge machte, mich etwas lehrte oder mich leitete. Wenn ich die Möglichkeiten betrachte, die aus dieser Vereinigung mit Büchern entstehen könnten, fühlte sich mein Geist eine millionmal freier. Er steigt in so unendliche Höhen auf, daß alles, was zurückbleibt, nur sitzen und staunen kann. Meine Freude ist eine doppelte – das Vergnügen, das ich im Flug der Phantasie finde, und das Vergnügen, das ich in diesem Geist finde, der uns gegeben worden ist, um in etwas hineinzusehen. Der Geist, der fragt, zweifelt und in seiner eigenen Art vorgeht, um die Wahrheit zu suchen, die Antwort – Philosophie. Der Geist, der uns nachdenken, meditieren, überlegen, untersuchen und finden läßt.

Wie sehr ich mir wünsche, meine Sprachbeherrschung reichte aus, den endlosen Zug von Ideen verständlich zu machen, der mir durch den Kopf geht. Genau in diesem Moment sehe ich alles so klar, als ob meine eigenen Gedanken vor mir auf dem Boden lägen anstelle ihrer Widerspiegelung, wie es so oft geschieht. Ich kann sie wirklich sehen, klar umrissen, nicht als Phantome, Schatten, umwölkte und vage Abbilder von Gedanken, die deswegen in die Irre führen. Könnte ich sie nur so niederschreiben, wie ich sie sehe!

Irgendwo habe ich von einer Welt gelesen, die erweitert, vergrößert wird durch Poesie, durch Lesen. Niemand kann die Wahrheit, die in diesen Worten liegt, begreifen, wenn er nicht einige Stunden nur mit Büchern, Feder und Papier verbracht hat. Zu einem solchen Zeitpunkt fühlt man diese Ausdehnung der Welt, diese Erweiterung der Phantasie und der Seele. Es ist ein solch großes, großes Gefühl, daß das Herz es nicht aushält: es fließt über, und man fragt sich, ob menschliche Wesen dazu geschaffen sind, solche starken Gefühle zu empfinden.

30. Juni

Von meinem Lehnstuhl auf der Veranda aus kann ich alles beobachten, was in meiner Welt vor sich geht. Was ich nicht sehen kann, errate ich – wie zum Beispiel, was sich im Haus abspielt – durch die vagen Geräusche, die mich erreichen: Joaquin am Klavier, Mama und Belica im Arbeitszimmer, Monsita in der Küche, Thorvald, der irgendwo pfeift. Und nachdem ich mich umgeschaut habe, bin ich bereit, in mein eigenes Herz zu sehen. Was sehe ich? Keine tiefgründigen Gedanken, die sich gegenseitig die Kehle durchschneiden, keine Einsamkeit, die anklopft und mit ihren Händen gegen eine eiserne Tür poltert, keine flüchtigen Gefühle, verfolgt von mitleidloser Vernunft. Statt dessen Friede, Zufriedenheit, Freude. Mein Herz ist wie ein einziger großer weißer Raum, den die Geister auf einen Besucher vorbereiten. Morgen, fragst du? Ja, morgen kommt Hugh Guiler, und morgen werden wir zum erstenmal mehrere Stunden zusammen sein, frei, um von Poesie, von Büchern, von der Welt zu sprechen, von allem, was uns gefällt. Ich will bereit sein. Wenn wir reden und die Art des anderen entdecken werden, wird Hugh Guiler an die Tür des großen weißen Raums klopfen, die Tür wird auffliegen, und ich werde sagen: »Willkommen in meinem Königreich der Freunde.«

5. Juli

Es gibt gewisse Dinge, die man nur zögernd niederschreibt. Schreibe über Kummer, und der Kummer kriecht in die Worte hinein, doch wird Glück sich in deine Seiten einsperren lassen? Heute erschrecke ich bei dem Gedanken, daß ich dir von Hugo erzählen soll, und ich bin mir der Geringfügigkeit all dessen, was ich schreiben mag, voll bewußt. Hugos unendliche Weisheit und Güte, seine tiefen, feinen Eigenschaften lassen mich verstummen. Ich bin zufrieden damit, zuzuhören, zu staunen, und ich möchte noch nicht beschreiben.

Freitag abend besuchten wir ein Freiluftkonzert in Columbia.

Manchmal flüsterten wir, anstatt zuzuhören, über jene Dinge, die ein Teil der Musik sind. Später tanzten wir in einem Dachgarten im Bossert (Hotel)* in Brooklyn. Der Himmel über uns war dunkel und ohne Sterne, es schien, als ob alle seine kleinen Lichter auf die Welt heruntergefallen seien, auf den Fluß, der sich zu unseren Füßen erstreckte, und auf uns. Als wir gingen, rezitierte Hugo:

> »Oh See! Stumme Felsen. Höhlen! Dunkler Wald
> Ihr, die von der Zeit verschont oder verjüngt werdet,
> Bewahr von dieser Nacht, bewahre schöne Natur
> Zumindest die Erinnerung.«**

Dann kam gestern abend. Was soll ich über gestern abend sagen? Es war die traditionelle Nacht des amerikanischen Nationalfeiertags. Der offene Platz in Forest Hills war mit Flaggen und sanften Lichtern geschmückt, die Mitte dicht mit Matten ausgelegt zum Tanzen, und die Kapelle erfüllte von ihrem erhöhten Platz aus die Abendluft mit den fröhlichen Weisen der Tanzmusik. Hugo kam mit Martha und einem anderen Mädchen, dessen Namen ich vergessen habe. Wir gewannen schnell neue Freunde, unter ihnen zwei Jungen aus Columbia, mit denen wir kommenden Samstag ins Gasthaus tanzen gehen. Hugo tanzte oft mit mir, und dann verschwanden wir eine Weile zwischen den Tänzen, gingen spazieren und redeten wie Wasserfälle. Es war eine der glücklichsten Nächte meines Lebens. Hugo tanzt sehr gern, und ich ebenso. Andere Jungen kamen, und ich tanzte mit vielen, doch ich freute mich immer auf meine Tänze mit Hugo, und niemals vergeblich! Denn das größte Wunder von allen ist, daß Hugo mich trotz all seiner Klugheit mag.

Oh, mein Glück ist zu groß. Es erfüllt nicht nur mein Herz, sondern auch die ganze Welt. Daß ich es wert sein soll, eine so unschätzbare Freundschaft zu besitzen! Hugo ist etwas mehr als zwanzig Jahre alt; er kennt sein Herz und seinen Geist, und nichts, was er tut, ist schwankend oder unsicher. Es gibt niemanden, in den man größeres Vertrauen haben könnte. Ich hatte von Martha gehört, er sei ungesellig, hätte wenig oder gar

---

* Später bekannt unter dem Namen St. George Hotel
** Französisch im Original; aus »Le lac« (»Der See«) von Lamartine

kein Interesse an Mädchen, und ich bin stolz auf sein Interesse, wenn ich merke, wie selten es ist. Stück für Stück, Pinselstrich für Pinselstrich, Linie für Linie werde ich vielleicht in der Lage sein, ein Porträt von ihm zu malen oder ihn zumindest zu skizzieren.

Wir sprachen über Erskines Buch, über *Walden,* über Carlyles *Heroes and Hero Worship,* über Dryden und Shelley, über unsere Tagebücher, über alle Gedanken, die uns kamen, manchmal meditativ, manchmal tauchte ein Lachen in unseren Augenwinkeln auf, oder noch öfter lachten wir laut und fröhlich, nicht so sehr wegen witziger Redensarten, sondern wie Menschen eben lachen, wenn sie glücklich sind. Und nun zähle ich die Tage, bis er wiederkommt.

6. Juli

Ich habe den Tag singend verbracht; ich sang, während ich flickte und nähte. Wovon sang ich? Von Hugo. Es gab keine andere Art, die Freude in meinem Herzen auszudrücken, und meine Gedanken an ihn waren so vollkommen, so märchenhaft, daß sie sich in ein Lied verwandelten, so natürlich wie … (Mama las über meine Schultern hinweg, und als sie über mich lachte, verflog meine Inspiration!)

7. Juli

Hitze, Hitze, Hitze. Den ganzen Tag gießt die Sonne brennende Strahlen auf die Welt. Die Straßen sind ausgedörrt, die Pflanzen sind durstig. Ich kann nicht einmal meine Gedanken sammeln; ich nehme an, sie fächeln sich in irgendeiner kühlen, entfernten Ecke meines Gehirns Luft zu. Mein Tag ähnelte in gewisser Weise dem Leben eines normalen Mädchens, denn ich arbeitete mit Thorvald im Garten und spielte eine Stunde lang *Tennis,* schlief, spielte andere Dinge, öffnete niemals ein Buch oder nahm einen Tropfen Tinte aus meinem Tintenfaß, bis jetzt. Ich erhielt eine Einladung, mit den College-Jungen, die wir neulich abends getroffen hatten, zum Strand zu gehen und lehnte ab. Aber wir werden am kommenden Samstag ins Gasthaus tanzen gehen – die zwei Jungen, Martha und ich, vielleicht auch Thorvald.

Wie selten ich so schreibe, so sachlich und über Tatsachen. Es ist wie ein Photo, das ich von meinen Handlungen mache. Ge-

wöhnlich tupfe ich mit einem kleinen Pinsel in einen Malkasten, nehme etwas Farbe von hier, etwas von da, mische sie,
schüttele sie, tupfe und retuschiere – und mache, kurz gesagt,
eine merkwürdige, halb wirkliche, halb phantasierte Skizze
eines Lebens, das halb sterblich, halb das eines Kobolds ist.
Das Photo würde nie die Farben, die unantastbare, die wilde
und freie Schönheit meiner Welt, meines Lebens wiedergeben,
wie ich sie durch meine Stimmungen und mit einem Malkasten
sehe.

10. Juli

Ich sah Hugo gestern eine Weile, heute morgen noch eine Weile, und schließlich machten wir mit Martha zusammen einen
langen Spaziergang durch den Wald. Martha und ich brachten
ihn zum Lachen mit den Geschichten über unser Abenteuer
mit den zwei College-Jungen, wie wir mit ihnen ins Gasthaus
gingen, bis Mitternacht tanzten und heimkehrten, fest überzeugt von ihrer … hm … ihrer Dummheit!

11. Juli

Gestern hätte ich es gern gehabt, wenn der Wald einfach nur
mir und Hugo gehört hätte. Statt dessen erfüllten wir drei die
Luft mit fröhlichem Geplauder und unwiderstehlichem Gelächter und waren sehr glücklich, doch ich konnte ihn nicht beobachten und studieren. Jene vielen kleinen Türen, die am ersten Abend geöffnet wurden, den wir zusammen verbrachten,
zeigten mir nur kleine Ausschnitte von ihm und machen mich
neugierig auf mehr. Doch ich sehe ihn nicht oft allein. Eine Minute lang fragte ich mich, ob ich *jemals* seine Freundin sein
würde; es war, als ob eine große, weiße Wolke herunter-
schwebt, um einem Baum oder etwas noch kleinerem, einem
Grashalm, etwas zuzuflüstern. Doch inzwischen ist die Wolke
sehr freundlich zu dem Grashalm (er kam gestern abend, um
mir ein Buch zu bringen), doch wenn ich daran denke, daß ich
fünf Tage warten muß, um ihn zu sehen, wünsche ich mir, daß
Hugo nicht so klug und gut wäre.
Mama geht es nicht gut, und deshalb habe ich die Veranda verlassen, wo ich leise vor mich hin gesungen hatte, um ihr Gesellschaft zu leisten. Sie sagt, sie hört gern das Kratzen meiner Feder – wenn nur dieses Kratzen nützliche Arbeit bedeuten

würde und nicht, wie es der Fall ist, einfach nur ein weiteres Vergnügen, zusätzlich zu denen, die mein Dasein bereits in reichem Maß erfüllen. Was habe ich getan, daß ich wie eine wilde Blume leben soll, ganz frei in einer so wundersamen Welt?

12. Juli

Es ist eigenartig, daß ich studiere und lese und ständig schreibe und doch so absolut unwissend bin, was die einfachsten Erfahrungen des Lebens angeht. Stundenlang spielte ich heute Tennis mit Thorvald und Martha. Einen Moment lang war ich so überrascht, mich beim Spielen in einer Flut von Sonnenschein wiederzufinden, so überrascht, die frische, reine Luft zu atmen, draußen zu sein, frei, in wilder Bewegung, mit prickelndem Blut und begierig *zu gewinnen*, daß ich vergaß, den Ball zurückzuschlagen, als er zu mir flog. Nun, seit diesem Moment ist eine neue Liebe in meinem Herzen gewachsen. Eine Liebe zu dem fremden Leben des Sports und der Gesundheit, das alle anderen um mich herum so gut kennen. Ich fühle, daß ich ein neues Buch geöffnet habe und die erste Seite lese; das Buch heißt Jugend. Und ich bin jung, obwohl ich, wenn ich auf alle diese Jahre und mein ruhiges, nachdenkliches Dasein zurückblicke, mich frage, wie ich es geschafft habe, nicht *einzurosten*. Ich habe jedoch noch Zeit, und auf eine eigenartige Weise weiß ich, daß meine Feder nicht wegen meiner mangelnden Ernsthaftigkeit leiden soll – nein, Sonnenschein und Wind und aufregende Spiele werden meine Lebensgeister neu erwecken und Stagnation vermeiden.

»Cher Papa,*

Ich werde einen kühlen, stillen Tag nutzen, um Dir einen langen Brief zu schreiben. Wenn es sehr heiß ist (und es ist sehr, sehr heiß gewesen in den letzten Tagen), und wenn mir gleichzeitig viele kleine Abenteuer geschehen, fliegen meine Ideen fort – und wie soll ich Dir schreiben ohne Ideen?

Seit meinem letzten Brief hat sich unser Leben sehr verändert, weil wir Ferien haben. Thorvald hat all seine Prüfungen abgelegt und war außerdem der Zweite in seiner Schule in Algebra!

---

* Brief französisch im Original

Joaquin war auch ganz gut, und was mich betrifft, ich hatte die leichtesten Prüfungen der Welt. Du wirst froh sein, zu erfahren, daß ich in Französisch die Note A, also die beste Note bekommen habe. Ich hatte eine Prüfung in Literatur. Ich habe ein wenig von Voltaire, Victor Hugo, Lamartine, Alfred de Vigny gelesen, und habe einiges auswendig gelernt – Gedichte wie ›Der See‹ und ›Préludes‹ von Lamartine. Kennst Du sie? Wie schön ist die französische Lyrik! Und wenn man bedenkt, daß ich mich trotz meines französischen Herzens, soweit es Literatur betrifft, besser auf Englisch ausdrücken kann! Ich mußte sogar die Sprache meines Tagebuches wechseln, und nun findet mein ganzes Leben seinen Ausdruck in Englisch. Als dies geschah, begann ich Englisch von ganzem Herzen zu lieben, fast so sehr wie Französisch. Diese Liebe ist so natürlich wie die Liebe eines Musikers zu seinen Instrumenten, eines Malers zu seinem Pinsel. Was immer unsere Ideen, unsere Gefühle, unsere Philosophie ausdrücken kann, sollte uns teuer und heilig sein. Dem Französischen gegenüber fühle ich nur eine tiefe Liebe, vermischt mit der Trauer des Exils, doch für das Englische empfinde ich die Zärtlichkeit eines Künstlers.

Wenn Du nur wüßtest, Papa, wie oft wir darüber sprechen, wie sehr wir Europa vermissen! Unser größter Wunsch ist es, Europa wiederzusehen, dort wieder zu leben, es vielleicht nie mehr zu verlassen. Es ist seltsam, nicht wahr, wie die Kinder der Alten Welt diese bewundern – eine Bewunderung, die nach so vielen Jahren unangetastet bleibt und ewig. Wir sind wie Vögel, deren Flügel zittern, die sich kaum zurückhalten können, fortzufliegen zu den sonnigen Ländern, aus denen sie kamen.

Und doch sind wir nicht blind – wir empfinden eine ungeheure Dankbarkeit gegenüber diesem großen und großzügigen Land. Niemand kann das verstehen, der nicht seine Wohltaten erfahren hat, die Erziehung, die Existenzgrundlage, die Amerika so großzügig gibt. Hier lernt man zu kämpfen, sich zu verteidigen, praktisch und stark zu sein. Wenn wir einige Dinge versäumt haben, *so ist es zu spät*, sie aufzuwiegen. Thorvald und Joaquin sind Amerikaner im wahrsten Sinn des Wortes, besonders Thorvald. Joaquin wird immer bereit sein, jenes *andere Leben* zu verstehen und anzunehmen, weil das Blut Europas in seinen Adern fließt. Wir müssen daran denken, daß wir

nicht alles in dieser Welt haben können. Man muß immer wählen – wählen zwischen zwei Geheimnissen. Die Umstände
zwangen uns, die Neue Welt zu wählen, und vielleicht ist es
besser so. Manchmal habe ich eine Vorahnung, Papa, daß,
wenn ich heirate, ich einen Amerikaner heiraten werde.
Bei all diesen Abschweifungen habe ich Dir nichts von dem erzählt, was Du wissen willst – nämlich was Thorvald und Joaquin tun. Seit sich die Tore von Thorvalds Schule schlossen (zu
seiner großen Freude), spielt er viel und arbeitet gelegentlich.
Er hat lange Zeit nach einer Arbeit gesucht, doch die Lage ist
nicht günstig. Es gibt gerade jetzt keine Arbeit, die Geschäfte
gehen schlecht, die Straßen sind voller arbeitsloser Männer,
und es ist noch schwieriger für einen Jungen, etwas zu finden,
wenn er im September wieder zur Schule gehen muß. So schläft
er nun morgens lange, und wenn er aufwacht, läßt seine laute
Stimme das ganze Haus erzittern, und wir müssen ihn hinaus-
schicken. Er mäht das Gras, arbeitet ein wenig im Garten, ißt,
spielt den ganzen Nachmittag Tennis, ißt wieder und geht hinaus zum Spielen oder um mit Freunden spazierenzugehen, bis
es Zeit ist, schlafenzugehen. Manchmal geht er ins Kino, zu
einem Ball oder ins Theater, und das ist alles! Joaquin tut etwa
dieselben Dinge, außer, daß er auch noch jeden Morgen am
Klavier übt. Er hat gerade etwas komponiert, was er den »Teu-
felstanz« nennt, eine phantastische und grandiose Sache, mit
wunderbaren Akkorden für einen Jungen seines Alters. Er
spielt ziemlich gut Tennis, doch das Leben im Freien ändert
nichts an seinem Gewicht – er ist braun, dünn, gewandt und
stark und so lebhaft wie eine Heuschrecke. Ein Teufel? Ziemlich – doch hier hat er mehr Platz, er hat Wälder und Felder und
viele kleine Freunde und Feinde, mit denen er seinen Spaß hat
und die ihn beschäftigen. Und das Geheimnis, Joaquin Benehmen beizubringen, ist, ihn zu beschäftigen …
Ich würde Dir gern von den Tanzabenden erzählen, zu denen
wir gehen, von unseren Freunden und auch von anderen Dingen, Papa, doch dieser Brief wird allmählich sehr lang. Auch ist
es ein wenig traurig, Briefe zu schreiben, die Du nicht beant-
wortest. Ich weiß nie, was Du über die Dinge denkst, die ich
Dir schreibe, oder ob ich Dich langweile. Wenn ich meinen
Brief in den Briefkasten stecke, fühle ich mich, als steckte ich
ihn in ein bodenloses Loch, und daß all diese Seiten, so voll mit

Nachrichten von uns, nie gelesen oder beantwortet werden. So werde ich jetzt aufhören, in der Hoffnung, daß Du einen Moment findest, um einen kleinen Faden aus Deinem Leben mit meinem zu verknüpfen, so wie ich es mit meinen Briefen versuche. Doch man braucht zwei Fäden, um einen Knoten zu machen, Papa!

Mit Zärtlichkeit und tausend Küssen von Deiner Tochter, die Dich liebt,

Anaïs«

14. Juli

Dies ist die Stunde, die ich am meisten liebe, die Stunde, in der ich oft in mein Tagebuch schreibe. Dämmerung. In der Dämmerung verschmilzt mein Herz mit dem Herzen der Natur. Die Ruhe, die Sanftheit, ihre mystische Schönheit dringen in mein innerstes Sein wie die süße Melodie eines Gedichtes oder eines Liedes. Vielleicht mag ich auch im Leben die Dämmerung. Ich wende mich eher den Schatten zu, der Traurigkeit, der vagen, ungewissen Traumwelt der Visionen und Erinnerungen. Ich kann nun träumen, doch nur als Vorbereitung auf die Zukunft. Vielleicht werde ich bald einer großen Morgendämmerung begegnen, dem Tag der Enthüllung und Entscheidung. Ich werde meine ersten unsicheren Schritte auf meine Verwirklichung hin tun, sei es ein Leben als Schriftsteller oder als Frau.

17. Juli

Gestern beobachtete ich stundenlang die Straße und wartete auf Hugo, doch er ging nicht vorüber, und als der Abend kam, saß ich auf der Veranda und dachte an ihn, während Mama, Belica und ihr Freund, Mr. Hernandez, redeten, und plötzlich hörte ich, wie er mich vom Garten aus rief. Er war zusammen mit einem Freund, Mr. Hazin, gekommen, um mich ins Kino einzuladen. So vergaßen wir wieder einmal beinahe, wo wir waren und flüsterten. Hugo brachte mich oft zum Lachen, mich, die ich mich für so hoffnungslos ernst gehalten hatte. Und da saßen wir im Freien, unter dem Himmel, sehr weit entfernt von der Geschichte voller Probleme, Haß und profaner Liebe, die sich vor uns entfaltete, wenngleich Hugo ab und zu vorgab, sich zu schämen, und gespannt und gerade und still zu sitzen, in dem Versuch, interessiert an der Geschichte zu erscheinen – vergebens. Weißt du, wir erfanden eine Geschichte, die uns sehr viel besser gefiel, die Geschichte unserer Freundschaft, die jede Minute, in der wir zusammen sind, zu wachsen scheint, und diese Minuten sind wirklich selten, doch wir machen das Beste aus ihnen. Später nahm Hugo Erfrischungen an, und wir boten ihm unter anderem ein Stück Schokoladenkuchen an, den ich gebacken hatte. Ich gab ihm Mussets Gedichte zu lesen und seine Notizbücher mit Auszügen aus meiner Lektüre, und ich gab ihm bedauernd Erskines *Essays* zurück. Ich glaube wirklich, daß es Zeit für mich ist, Hugo so gut ich kann zu beschreiben, so daß du genausoviel von ihm weißt wie ich. Ich kenne ihn nicht so sehr durch mein Zusammensein mit ihm, sondern viel mehr durch meine *Intuition*.

Hugo ist sehr groß, von schmaler Gestalt und vollkommener Symmetrie. Mein erster Eindruck von ihm bei seinem Tanzabend war, daß er die Leichtigkeit und Anmut eines Gentleman besitzt, gemischt mit großer Einfachheit und Offenheit, dem Hauptkennzeichen seines Charakters, wie ich später herausfand. Sein Gesicht ist oval, das Oval des Idealisten und Träumers; seine Züge sind regelmäßig und klar. Seine ganze Stärke findet ihren Ausdruck in seiner hohen Stirn, in seinen intelligenten, klaren und ausdrucksvollen Augen. Seine Lippen sind weich und empfindsam, jedoch von fester, entschlossener Beherrschtheit. Seine Nasenflügel sind fein gemeißelt, zart, beweglich, doch das Kinn ist stark und fest. Diese Gesamtgestalt ist charakteristisch für sein Wesen – eine Mischung von Stärke und Entschlossenheit mit Gefühl, Tiefe und Zärtlichkeit. In seinem Lächeln sehe ich Güte, Herzlichkeit und Echtheit, und dieses Lächeln ist offen, ehrlich und einfach. Ich sehe Freundlichkeit, Verständnis und Feinheit in seinen Augen, und konzentriertes Denken und Klugheit sind auf seine Stirn geprägt.

Es gibt keine Geste, die nicht spontan und natürlich wäre, kein Wort, das nicht von Herzen kommt. Äußerlich ist er ganz und gar männlich, hinreißend, stark. Innerlich hat er die wunderbaren Phantasien des Dichters, ein ausgewogenes Urteil, klare Vorstellungen, eine praktische und kluge Art. Ferner, soweit ich es erkennen kann, eine große Selbstlosigkeit, keine Spur von Egoismus oder Dünkel. Sein sprühender Humor, sein ruhiger Optimismus und zugleich sein tiefes Verständnis für das Pathetische, sein Vertrauen in Menschen, seine Liebe zur Natur, zur Musik und zur Poesie, sein Idealismus machen aus Hugos Charakter etwas unbeschreiblich Harmonisches und Vollkommenes.

Ich kann ihn mit niemandem vergleichen. Eduardo glich mir, er war jünger und nicht halb so stark und bestimmt in seinen Zielen. Obwohl es seltsam scheinen mag, wenn ich sage, daß ich Hugo für besser und klüger als alle meine Freunde halte, da ich so wenig von ihm gesehen habe; mir ist, als würde ich Hugo schon lange kennen, wenngleich ich niemals von jemandem geträumt habe, der gleichzeitig alle besten und schönsten Eigenschaften besitzen könnte, die, die ich am meisten schätze.

Heute morgen rief Hugo an, um sich mit Thorvald für nächsten Samstag zum Tennis zu verabreden, dann fragte er nach mir und sagte mir, er denke nicht, daß er mich heute sehen werde, da die Parkers Gäste hätten. Ich fragte ihn, ob er ein wenig in meinem Notizbuch gelesen habe.

»Ich habe alles gelesen.«

»Mochten Sie einiges darin?«

»Ich mochte *alles.*«

»Sogar meine eigenen kritischen Anmerkungen?«

Und er antwortete: »Sie waren das Beste von allem.«

Es sieht so aus, als würden wir während der Woche einmal ausgehen, und später möchte Hugo, daß ich seinen besten Freund, Eugene Graves, kennenlerne, der das liebt, was wir auch lieben, und vielleicht sogar noch leidenschaftlicher, weil er sein Herz nicht mit anderen Dingen teilt. Er mag Einsamkeit, führt das Leben eines Eremiten, und nach den Maßstäben der anderen heißt es, er sei ungesellig. Hugo glaubt, daß er ein Genie ist.

Oh, wäre die Welt doch voll von Freunden wie diesen! Und doch macht gerade die Seltenheit vernünftiger Unterhaltungen und geistiger Verwandtschaften sie uns teurer und süßer, wenn sie uns begegnen. Einer meiner liebsten Träume ist es, eines Tages in einem Heim mit einem Ehemann und Kindern und mit Freunden zu leben, mit denen man die Liebe zu Büchern und Musik teilen kann, mit begabten, intellektuellen Freunden – keine Dummköpfe, eitle Frauen und nutzlose Männer, Gesellschaftsschmetterlinge, die erwarten, daß man sie unterhält, unfähig, ihre Gedanken zu denken oder auszusprechen, deren Lebenszweck es ist, die Zeit totzuschlagen, die sich keinen Deut darum kümmern, ob sie *etwas vollbringen,* jemandem helfen, die Welt schöner machen oder der Menschheit dienen. Hier habe ich von zwei Arten von Menschen gesprochen: von denen, die ich bewundere und denen, die ich verabscheue. Und ich weiß, daß ich im Recht bin; ich weiß, daß meine Wahl für immer getroffen ist, daß ich die Jahre hindurch unverändert bleiben werde – denn diese Verehrung für die geistigen Dinge ist tief in meinem Wesen verwurzelt.

Abend. Ich bin wieder am Ende eines Heftes angelangt. Meine letzten Worte an jedes dieser Hefte betreffen gewöhnlich Gedanken, die mir kommen, wenn ich zurückblicke. Doch heute abend enthält mein Herz nichts als Dankbarkeit – so wie es das schon einmal tat, als es über all das Gute nachsann, das mir geschieht.

Vor allen anderen Dingen sind meine Gedanken bei Hugo, und ich bin dankbar, daß er in mein Leben getreten ist. Es ist ein Ideal, das zum Leben erweckt wurde, ein atmender, lebendiger Traum, und all das geschah, weil ich glaubte, vertraute und hoffte.

19. Juli

Ein Beweis meiner Freude an der unmittelbaren Gegenwart ist der Gebrauch, den ich von diesem Buch (von Eduardo) mache, obwohl ich es hätte aufheben können, um einen großartigeren oder wichtigeren Zeitraum meines Lebens darin aufzuzeichnen. Manchmal denke ich, daß es schwieriger ist, über die Vorbereitungen, die man für die Zukunft für das große Abenteuer trifft, zu schreiben als über die Sache selbst, und deshalb zögere ich heute nicht, dieses seltsame, luxuriöse Buch aufzuschließen, es mit der Geschichte eines Herzens zu füllen, das keine Anregungen aus ungewöhnlichen Ereignissen oder einer merkwürdigen Umgebung bezieht, sondern aus der Betrachtung eines einfachen Lebens mit den täglichen Nöten und Sorgen, mit Stunden voll Sonnenschein und Spiel, Stunden der Dämmerung. Und übrigens macht es wenig aus, wenn ich in diesem Buch nicht besser schreibe als in den anderen. Die äußere Schönheit eines Buches muß nicht den Inhalt übersetzen. Jede Seite für sich mag häßlich sein, doch es wird immer mein

Tagebuch bleiben, das Tagebuch, das ich niemals mit dem Gedanken an Aufbau oder gewählten Stil geschrieben habe. Wenn ich jede Nacht, wenn ich dich abschließe, zu mir selbst sagen kann, mein Herz war aufrichtig, so wie das, was ich geschrieben habe, dann braucht sich das schöne Buch seiner Seiten nicht zu schämen. Und auch nicht meines Herzens – genausowenig wie meiner Feder.

Ich habe gerade einige Seiten aus Stevensons *Memories and Portraits* etc. gelesen. Stevensons Einstellung in *Virginibus Puerisque* mag ich nicht, doch wenn seine Auffassung von der Ehe mir auch nicht im mindesten zusagte, so setzte er mich doch rasch in Flammen mit seiner »Walking Tour«. Wie gut er die Segnungen eines schönen Spaziergangs beschreibt!

Ich liebe Stevenson und Emerson, weil sie beide große Freiheitsgeber sind, Namensgeber für alles, was in anderen Herzen zu oft stumm ist, oder worüber unangemessen gesprochen wird. Es scheint seltsam, daß ich ihre Namen vereine, denn diese ihre Gabe ist das einzige, was sie gemeinsam haben – in allem anderen sind sie grundverschieden und nicht zu vergleichen; auch ist Stevenson vielleicht nicht so wichtig wie Emerson, doch ich liebe sie beide innig und treu. Weißt du, inzwischen fühle ich Emersons Gegenwart zu jeder Stunde des Tages. Er ist unwiderruflich mit all meinen Theorien über das Leben verbunden, obwohl die meisten meiner Gedanken ihren eigenen Wegen folgen. Manchmal mache ich eine Pause vor einem seiner Essays; ich lasse das Buch offen auf meinem Schoß liegen, lese jedoch nicht. Ich will, daß meine eigenen Ideen Gestalt annehmen; aus einem unübersichtlichen Wust tauchen sie schließlich auf, klar, verständlich, präzise. Dann erst lese ich – doch ach, Emerson spricht! Es ist alles gesagt worden, und besser gesagt worden. Der Geist hängt an jedem seiner Worte, bescheiden geworden durch die Größe seines Lehrers. Das Herz wird weit vor Dankbarkeit und Liebe, weil es so gut verstanden – und erklärt wird. Doch wie großartig und klug Emerson auch sein mag, er hat mich niemals in Versuchung geführt, meine Feder niederzulegen. Nein. Seine Philosophie ist lebendig und tätig, durch sie ist die Botschaft des Mannes leicht zu lesen: Emerson sagt uns, befiehlt uns, fleht uns an *zu reden*. Zu reden, wenn wir dazu fähig sind, und wenn wir es nicht sind, es zu lernen. Darin ist er größer als viele große Menschen. Viele wissen, wie man große und solide Türme der Philosophie schafft, mit eigenen Händen errichtet. Ihre Theorien, Erklärungen und Beschreibungen sind wie riesige Pyramiden, die jahrhundertelang über dem Wüstensand emporragen und zu denen kleine Menschen mit Ehrerbietung, Schrecken und Furcht aufsehen. Ja, viele können schaffen, doch wenige können zum menschlichen Herzen sprechen und alles hervorlokken, was gut darin ist, ohne es zu erschrecken. Mache Lärm, und die erschreckte Auster wird in ihre Schale zurückkehren. Doch Emerson nimmt Mühen auf sich: Er sucht liebevoll, er spricht einfach – von Mensch zu Mensch, von Herz zu Herz – und heilt dann und baut wieder auf und führt mit einer starken, festen und doch freundlichen Hand jede Seele, die ihn benötigt. So geschieht es, daß ich mit jedem Tag, der vergeht und mit dem ich Emerson besser verstehe, noch stärker zu meiner Feder hingezogen werde.

22. Juli
Oh, ich bin so glücklich, so glücklich, daß die Welt mir zu klein erscheint. Ich erwachte singend, und ich singe noch – denn es ist einfacher, vor Freude zu singen, als darüber zu schreiben. Jedes Ereignis des Tages war wie ein neuer Tropfen in einen übervollen Kelch. Joaquin übertrug in seine Noten die Widerspiegelung einer seiner seltensten Stimmungen; elfenhafte, verrückte und fröhliche Melodien fluten zusammen mit dem Sonnenschein durchs Haus. Ich sollte nicht schreiben. Gewisse Stimmungen, so wie gewisse Menschen, brauchen nicht benannt zu werden, sie sind ein Teil von ...
Meine Idee wurde gewaltsam ausgelöscht, als Mama mich bat, ihr beim Strümpfestopfen zu helfen. Nun ist mein Kopf voll von anderen Dingen. Wie verschiedenartig und gegensätzlich die Aufgaben der Frauen sind – eine Feder für eine Nadel liegenzulassen, die Nadel gegen einen Besen einzutauschen, den Besen gegen ein Buch und letzteres wieder gegen die Feder! Was ist mir am liebsten? Alles sollte ich auf gleiche Weise mögen, obwohl ich mir nicht vorstellen kann, wie dies möglich ist. Der weibliche Teil von mir erkennt voll und ganz die Pflicht der Frau; der andere, namenlose Teil beherrscht die Feder ebenso wie die Nadel und fragt sich, ob er immer beides beherrschen kann. Bin ich klug genug, um eine Frau und eine

Schriftstellerin zu sein? Ist so etwas möglich? Oder werde ich eine schlechte Frau abgeben, eine nutzlose Frau, weil ich Bücher liebe? Wenn Willenskraft in mir existiert, dann werde ich so lange Pflicht und Neigung vermischen, bis man das eine vom anderen nicht mehr unterscheiden kann. Es liegt kein Verdienst darin, nur eine Sache gut zu machen, nein, du mußt alles gut machen – und was du nicht kannst, mußt du lernen – so daß du niemals müßig oder nutzlos bist. Das klingt wie ein Rezept oder eine Vorschrift, doch wenn ich mir nicht selber Ratschläge erteile, und wenn ich mir nicht ununterbrochen predige, wer wird es dann tun? Niemand tadelt mich je so, wie ich es verdiene. Mama vergibt mir im selben Atemzug. Und ich bin so oft versucht, nur die Dinge zu tun, die ich mag – ich meine, die Dinge, die Mimi die Schriftstellerin, Mimi der Schreiberling mag –, und nicht was eine gute Tochter oder gute Schwester zu Hause tun sollte.

Gestern abend sahen Mama und ich einen Film mit dem Titel *Sentimental Tommy* nach dem Buch von Sir James Barrie. Es ist eine der schönsten Geschichten, die ich je gesehen habe. Tommys »Leidenschaft fürs Flunkern«, seine verrückte Art, seine lebhafte Phantasie und Flatterhaftigkeit fanden in mir Widerhall und berührten empfindsame Stellen. Grizels Liebe zu ihm, ihre unerwiderte Liebe, ihr Wahnsinn, wie er sich selbst erlöst und sie aus den »Schatten« zurückbringt – all das berührte und verzauberte auf unerklärbare Weise. Joaquins Gefühle waren ebenfalls in heftigem Aufruhr. Man konnte es an seinen großen leuchtenden Augen erkennen. Wie leicht wir (beide) betroffen und erregt sind. Wie schnell unsere Phantasie angeregt wird. Ach, ich habe deswegen Befürchtungen, mehr seinetwegen als meinetwegen, denn da Joaquin ein Mann ist, wird er sich auf sich selbst verlassen, sich selbst verteidigen, allein kämpfen müssen. Er scheint aus lauter Flammen zu bestehen, ständig entzündet zu werden, sich selbst in leidenschaftlichen Ausbrüchen aller Art zu verzehren – Zorn, Verlangen, Sympathie, Einsamkeit.

Sentimental Tommy erinnerte mich sehr an Eduardo. Ich dachte letzte Nacht so viel daran, daß ich von meinem Cousin träumte, ich träumte, daß er sich ändere. Ach, dies ist leider nicht das erste Mal, daß ich an Eduardo gedacht habe, obwohl ich nie von ihm schreibe. Oft frage ich mich, ob er seinen Idealen – unseren Idealen – treu ist, und ich bete, daß seine Familie in ihm nicht völlig seine Liebe zur Kunst auslöschen möge. Weißt du, ich fürchte um seine Stärke. Eduardo war mein liebster Kamerad, ein guter Freund, aber während unserer Beziehung habe ich immer diesen Mangel an moralischer Stärke und Ausdauer bemerkt – sein einziger Fehler. Flatterhaftigkeit nennen sie es, jene, die ihn nicht verstehen, Flatterhaftigkeit des Herzens. Vielleicht, doch wenn Hoffnungen in den Händen des Schicksals zählen, dann wird Eduardo siegreich sein – und unverändert zu mir zurückkehren, oder wenn er verändert sein wird, dann zum Guten.

25. Juli

Ich war Samstagabend nicht lange mir selbst überlassen, denn Elsie kam mit einem jungen Mann, und der Abend wurde der Unterhaltung gewidmet. Wir sprachen über Bücher, aber es gibt verschiedene Arten, sich über Bücher zu unterhalten, und wir benutzten »le moyen banal«.* Der Sonntag brach an und brachte nichts als Hitze und strahlendes Wetter. Ich sehnte mich danach, meine traurigen Gedanken vor der ganzen Welt zu verbergen. Aber Hugo kam am Nachmittag, und wir gingen einige Minuten lang in Begleitung von Joaquin und Eric Parker spazieren. Sie sind beide gleich alt und beide verletzten mich unbewußt durch ihre Neckereien und ihre Blicke voll Bosheit und Spott. Wie könnten sie das tiefe Interesse verstehen, das Hugo und ich für die Vorstellungen des anderen hegen? Ich wollte Hugo zuhören, ich hatte ihm so viel zu sagen, und doch – am liebsten wäre ich fortgerannt. Es war einfach mein alter Fluchtinstinkt, von dem ich besessen war, die alte Scheu, die ich für überwunden hielt. Als Hugo am Abend wiederkam, hatte ich mich überwunden, aber er blieb nur kurz und ließ mir ein Märchenbuch zurück. Wir zeigten ihm einen Specht mit einem gebrochenen Flügel, den Jimmy in seinem Garten gefunden und mir zur Pflege übergeben hatte. Ein seltsamer Gedanke kam mir. Ich sagte mir, daß, wenn der Vogel am Leben bliebe, Hugo mein Freund bleiben würde. Der Vogel wurde heute morgen tot aufgefunden. Ich fürchte, Hugo erriet meine schreckliche Stimmung von gestern. Ich verdiene keine Freun-

---

* den gewöhnlichen Weg

de. Und ab heute muß ich eine lange, lange Woche aushalten, und dann ist Hugos letztes Wochenende hier, weil die Parkers für den Rest des Sommers weggehen.

Abend. Wieder habe ich in Büchern nach Trost gesucht, und was ich suchte, fand ich. Verletzt von unerklärlichen Dingen, durstig nach unerreichbaren Freunden, öffnete ich mein *Heroes and Hero Worship* und vergaß meinen Schmerz und fand meine Freunde. Ich glaube manchmal, Bücher sollen auf alle unsere Nöte antworten, alle unsere Bedürfnisse befriedigen. Ich erinnere mich, daß ich Hugo fragte, ob er dies für möglich halte. Er war nicht dieser Meinung. »Nachdem wir ein Buch gelesen haben, ein Ideal, eine Persönlichkeit entdeckt haben, sehnen wir uns natürlich danach, dieses Ideal in den Menschen in unserer Umgebung wiederzufinden. Wir suchen lebendige Persönlichkeiten wie die, von denen wir gelesen haben.« Wir sprachen darüber im Freilicht-Kino, und Hugo flüsterte nur, so daß ich mich nicht Wort für Wort an das erinnere, was er sagte, obwohl ich sicher bin, daß dies sein Gedankengang war. Aber ich wollte nicht darüber schreiben; ich wollte dir sagen, daß ich eine seltsame Wahrheit in meinem *Heroes and Hero Worship* gefunden habe. Carlyle spricht von der »Göttlichen Idee im Menschen« – daß alle Dinge, die wir auf dieser Welt sehen oder mit denen wir arbeiten, besonders wir selbst und alle anderen Menschen, wie eine Art Hülle oder sinnliche Erscheinung sind, daß unter all dem als wesentliches Element das liegt, was er die »Göttliche Idee der Welt« nennt. Dies ist die Wirklichkeit, die jeder Erscheinung zugrunde liegt. Für die Masse der Menschen ist keine solche »Göttliche Idee« in der Welt erkennbar; sie leben, sagt Fichte, nur zwischen den Oberflächlichkeiten, praktischen Erfordernissen und [Erscheinungen] der Welt, und können sich nicht im Traum vorstellen, daß es irgend etwas Göttliches unter ihnen gibt.

Erklärt die Göttliche Idee die höchsten Sehnsüchte, die Dinge, die uns ansprechen, die Dinge, die uns aufwühlen? Manchmal, wenn ich zu tief aufgewühlt wurde, wenn mein ganzes Sein zittert in der Ohnmacht von Enthüllungen, die unaussprechlich sind, habe ich mich gegen die Kleinheit unserer Körper aufgelehnt, in denen Seelen wie Gefangene leiden und glücklich sind mit einer Intensität, die wir offenbar kaum aushalten können. War dies nur ein Funken des Göttlichen in uns?

»Der Held ist der, der im Inneren der Dinge lebt, im Wahren, Göttlichen und Ewigen, der immer lebt, von den meisten nicht gesehen, unter den Banalitäten des Zeitlichen!« Dies spricht mich an, weil es erhaben und rein klingt. Es scheint vieles zu erklären, und vor allem macht es den Grund deutlich, aus dem Frieden und Ruhe in ein menschliches Herz einziehen, wenn es sich vom Trivialen und von den Ärgernissen und den Qualen, die mit dem Trivialen Hand in Hand gehen, abwendet. Aber es bedarf eines Helden, um dies zu vollziehen; es bedarf eines mutigen starken Herzens, um sich vom Trivialen abzuwenden. Kein Wunder, daß der große Mann, der es schafft, im Inneren der Dinge zu leben, jene meisterhaften Aufgaben erfüllen kann, unsterbliche Bücher schreiben, Prophezeiungen machen – Könige, Schriftsteller, Propheten, Poeten, sie alle sind getrieben von dem Wahren, dem Göttlichen, dem Ewigen und lassen sich inspirieren von dem Licht darin, einem Licht, von dem Fichte und Carlyle offensichtlich glauben, daß jedermann es besitzt, obwohl es nur selten erkannt wird.

Es erinnert mich an etwas, was Hugo mir sagte: daß in jedem menschlichen Wesen Poesie ist, doch sie bleibt manchmal verborgen, weil der Mensch sich dafür schämt und sie für eine Schwäche hält. Ich konnte das nicht glauben. Ich dachte an Eduardos Vater – ein harter, gefühlloser Mann. In ihm kann es keine Spur von Poesie geben. Auch nicht in anderen, die wie er sind. Darauf antwortete Hugo, daß die Poesie in einem solchen Fall gestorben sein könne, doch daß sie dagewesen sei, als der Mann noch ein Kind war. »Alle Kinder sind poetisch«, sagte Hugo. »Sie sehen das an ihrer Liebe zu Märchen, zu schönen Dingen, an ihrer Liebe zum So-tun-als-ob. Später verlieren sie dies, manche vollständig, manche nur teilweise, die es dann unter einem rauhen Äußeren verbergen. Viele verlieren es nie.« Poesie ist schließlich, da sie göttlich ist, nur ein anderer Name für die Göttliche Idee.

26. Juli

Dies ist beinah eine Fortsetzung der gestrigen Überlegungen. Seit ich dich gestern abend verschloß, habe ich nicht aufgehört, über das nachzudenken und von dem zu träumen, worüber ich schrieb. Im Schlaf nahm die Göttliche Idee die Gestalt eines Vogels an. Ich träumte, es gebe keine Göttliche Idee in mir, und ich sei dazu verdammt, so lange in der Welt umherzuwandern, bis ich sie gefunden hätte. Ich folgte ununterbrochen dem Vogel, durch fremde Länder und viele schwere Jahre lang. Dann sagte ich mir eines Tages, daß ich keine Kraft mehr habe; ich kehrte heim und fand den Vogel in meinem Zimmer. Es war wie die Suche nach dem Glück in Maeterlincks *Blauem Vogel*. Hugo hat eine Theorie über das Leben, und er möchte mich davon überzeugen. Ich bin selten von den Menschen in meiner Umgebung beeinflußt worden. Mein Charakter ist, glaube ich, überwiegend von Mama geformt worden, doch meine Theorien, mein Geist, sind den Büchern gewidmet. Und dennoch bin ich diesmal halb überzeugt, nicht von einem Buch, sondern, was seltener vorkommt, von einem Mann mit einer Idee! Aber Hugo würde mich mit seiner Idee nicht so tief beeindrukken, wenn er diese Idee nicht so meisterhaft ausdrücken würde – so meisterhaft, daß du dich auf Veränderungen in meiner Meinung einstellen mußt. Dies natürlich nur, wenn die Legende vom Vogel mit dem gebrochenen Flügel sich als unwahr erweist. Oh, meine Bücher haben immer alle meine Bedürfnisse befriedigt, doch nun sehne ich mich auf unerklärliche Weise nach guten, klugen und treuen Freunden. Ich sehne mich von ganzem Herzen nach ihnen. Freundschaft kann nicht trivial sein. Es ist das Schönste auf der Welt, sie kommt gleich nach der Liebe!

Abend. Ich werde Hugo Donnerstagabend sehen, da er Mamas Einladung annahm, zu uns zu kommen und Rafaelo Diaz* zu hören. Mr. Hamilton kommt ebenfalls, auch Vicente de Sola, der Rafaelo am Klavier begleitet, Tia Juana und andere Leute, von denen wir nicht ganz sicher wissen, ob sie kommen. Ich bin hin- und hergerissen zwischen Freude und Erwartung und – der Sehnsucht zu fliehen. Nie war etwas für mich ein so großes Rätsel wie Hugos Meinung über mich. Und hängt davon nicht unsere Freundschaft ab? Aber ich werde nicht nachdenken oder grübeln. Laß die Zeit einmal mehr ihre eigenen Freuden oder Sorgen bringen.

Ich habe Montaignes *Essais sur la Tristesse*** gelesen. Es stellt

---

* Ein amerikanischer Tenor
** Über die Traurigkeit

mich nicht zufrieden. Eines Tages möchte ich selbst gern über »tristesse« schreiben. Dabei würde es der Welt nicht sehr viel bringen. Es wäre besser, über erfreuliche Dinge zu schreiben. Denk nur, wie schön diese Bücher wären, wenn ich jede traurige Seite aus ihnen herausrisse und nur jene behielte, die voller Zufriedenheit und Glück sind. Wie schön und – wie leer!

27. Juli

Ich habe Stevensons Essay »Talk and Talkers« gelesen. Gute Gespräche sind sehr selten, doch ich vermute, daß jeder eine andere Vorstellung davon hat, was ein gutes Gespräch ausmacht. Weil ich konventionelle Gespräche, höfliches und gezwungenes Interesse und achtloses Geplauder so hasse, genieße ich ein gutes Gespräch so sehr. Was dies betrifft, bin ich wirklich verwöhnt. Ich habe so viele Menschen gekannt, die Intelligenz, Talent und Bildung besaßen, daß ich sehr unglücklich bin und mich ganz und gar nicht in meinem Element fühle, wenn ich plötzlich in eine Gruppe nur von Mädchen und Jungen meines Alters gerate, wie zum Beispiel die Mitglieder des Sans-Souci-Clubs. Ich erinnere mich an den Abend, als Manén mit Enric und Willy Shaeffer hier war. Ich wagte kaum zu atmen aus Angst, ich könnte ein Wort überhören, und obwohl meine eigene Zunge schmerzlich danach verlangte, eine Million Dinge zu sagen, war ich still, aus Angst, jemanden zu unterbrechen oder Gedanken zu vertreiben, die wichtiger waren als meine eigenen. Ich erinnere mich an meine Gespräche allein mit Enric, meine Gespräche mit Miguel, nicht immer über ernsthafte Dinge, weil seine Stimmungen oft von Ernsthaftigkeit zu Leichtsinn wechselten. Meine Gespräche mit Eduardo – oh, wie schön sie waren! Ich erinnere mich daran, als Miguel, Eduardo und ich zusammen waren, oder Miguel, Enric und ich. Bei all diesen Zusammenkünften wurde das Beste aus jedem hervorgelockt – Wissen, Persönlichkeit, Erfahrung –, und ob wir durch die Wälder gingen oder um das Feuer herum saßen, alles wurde verwandelt durch den Zauber der Gespräche. Wir lernten, wir teilten, wir gaben und nahmen; und unbewußt häuften wir die reichsten Schätze der Erde für uns selbst an – den Stoff, aus dem Erinnerungen gemacht sind. Ein weiterer Vorzug, der ebenfalls dieser Art von Austausch entspricht, ist, daß wir einander anregen, wir lassen einander teilhaben an unseren Entdeckungen. Ich glaube, daß dies uns allen geschah, und ich frage mich manchmal, ob alle diese Menschen, die ich genannt habe, sich im späteren Leben an die Dinge erinnern werden, die wir sagten und dachten, als »wir jung waren«. Oder werden wir über alles lachen und vorgeben, viel weiser zu sein?

30. Juli
Eines Tages werde ich umgeworfen und so weit fortgetragen werden, daß ich niemals den Weg wiederfinde, der zur Erde zurückführt. Was wird mich heute zurückbringen? Wo bin ich? Ist es möglich, ruhig dazusitzen und von Dingen zu schreiben, die plötzlich mein Leben in einer solchen Weise überrollt haben, daß ich mir wünsche, in drei Menschen geteilt werden zu können. Dann wäre jedem etwas passiert, und ich müßte nicht für alle drei denken und fühlen. Aber ach, ein einziger Kopf und ein einziges Herz, das ist sehr wenig!

Zuerst muß ich von Donnerstagabend erzählen, der so vollkommen wurde, wie man es sich nur wünschen kann – ein glanzvoller, interessanter Abend, der der Musik und der Unterhaltung gewidmet war, die meinem Herzen so teuer sind. Diaz kam zum Abendessen, und später brachte Thorvald Mr. Hamilton mit, mit dem er Tennis gespielt hatte. Gegen neun Uhr kamen die übrigen Gäste: Vicente, seine Mutter und seine Schwester, Madame Lhevinne und ihr Sohn; Paul Fox, der Schriftsteller; Leopold und Frank de Sola, Brewster Board, ein Maler – nicht in der Reihenfolge ihrer Bedeutung genannt, wohlgemerkt. Im Gegenteil, zuletzt nenne ich die Person, die ich am liebsten mag: Hugo. Marraine, Mrs. Norman, Captain Norman und Charles gehören sowieso zum Haus. Wie nutzlos Worte manchmal scheinen, wenn man sich danach sehnt, den Geist, den unfaßbaren Zauber eines Ereignisses auszudrücken. Menschen kommen zusammen: die Atmosphäre wird warm und gemütlich, das Gespräch wird lebhaft, jeder wendet sich an den, der seine Sprache versteht. Du hörst Sätze über viele Themen, auf Französisch, Englisch und Spanisch. Du fängst ein Lächeln auf, Blicke und ausdrucksvolle Gesten. Der Raum glüht vor Interesse und Begeisterung. Es ist die selbstloseste Zeit im menschlichen Leben, wenn gute, wertvolle Dinge diskutiert werden, in die jeder das beste einbringt, was er hat, zum

Wohl der anderen – Witz, Intelligenz, Wissen oder Freundlichkeit – »auf der Suche nach dem Fortschritt«. Und dann, Stille. Die Unterhaltung ist verstummt, die Gesten sind erstarrt, die Menschen sitzen still, bereit, zuzuhören; die Gesichter werden kontemplativ, versunken in die eine Persönlichkeit, die sich wie ein Gott über das kleine Publikum erhebt. Diaz singt! Wer einmal seine Stimme hörte, kann sie nie wieder vergessen.

Hugo und ich saßen auf der Treppe, von wo aus wir alles sehen konnten – ein kleiner Beobachtungsposten. Dort tranken wir viel von dem unbeschreiblichen Zauber der Stunde und redeten und schwiegen, zusammen. Es war ein großes Glück für mich, seine Begeisterung, seine Ansichten zu teilen. Er ist so aufrichtig, daß ich wünschte, ich hätte nicht solche Angst vor ihm – dann könnte ich mehr ich selbst sein. Momentan bin ich immer ich selbst, wenn ich bei ihm bin, doch auch bereit zu fliehen, wenn er je versuchen sollte, mich zu beobachten. Glücklicherweise tut er das nicht! Einmal wandte sich Diaz mir zu und sagte: »Dies ist für dich, Anaïs, nur für dich.« Und er sang: »Deine Augen, deine hübschen Augen«* etc. Hugo tat so, als höre er dies sehr ungern, und sagte lachend, es scheine, Diaz wisse nicht, daß er Französisch verstehe. Diaz sang »Tes Yeux« zweimal an diesem Abend. Es sei mein Lied, wiederholte er, und ich war dankbar und glücklich. Um Mitternacht zerstreuten sich die Gäste allmählich. Wie kurz der Abend mir schien! Wie oft meine Erinnerung bei jedem Ereignis, jeder Persönlichkeit noch verweilen wird. Diaz ist unglaublich schlicht, trotz seines Talents, er redet gern und öffnet sein Herz dabei. Auch Madame Lhevinne war interessiert.

Wenn nur dies allein geschehen wäre, so wäre es schon genug Nahrung für die Gedanken einer einzigen Person gewesen. Doch am Abend zuvor holten wir Tia Antolina, Antolinita und Charles vom Bahnhof ab. Antolinita ist inzwischen so groß wie ich! Gestern verbrachte ich den Tag mit ihr und nahm meine alten Debatten mit Charles wieder auf, der bei uns blieb. Mit Charles zu reden reicht aus, um den stoischsten Menschen zu entnerven. Doch ach, der Brief, der mich heute morgen er-

---

* Französisch im Original

reichte, war tausendmal verwirrender. Eduardo schreibt! Eduardo schreibt, und wieder steht meine Welt einen Augenblick lang still. Meine Gedanken sind verworren, meine Gefühle unerklärlich. Ich habe einen besseren Freund gefunden. Es ist wahr, daß selbst Hugo nicht mit Eduardo zu vergleichen ist, doch ich habe in meinem Herzen genug Platz für beide. Ach, Eduardo weiß nicht, wie mir die Hände gebunden sind, weiß nicht, wie streng mir verboten wurde, zu schreiben – obwohl ich es will. Er schreibt: »Cuisine, meine Familie hat mir nicht verboten, Dich zu sehen. Ich war nur ein Opfer meines eigenen Gewissens. Ich wünsche mir von ganzem Herzen, dies herauszuschreien. Cuisine, wie kann ich Buße tun? Erinnerst Du Dich daran, als ich Dir den Arbutus sandte? Ich dachte, Du würdest sofort antworten.« (Er erzählt mir dann, daß er glaubte, man hätte mir verboten zu schreiben, wie er Ostern – als sein Vater, der dachte, er käme her, um zu Tanzabenden und ins Theater zu gehen, es ihm verbot – den Grund mißverstand, da die Furcht schon lange in ihm gewesen war. Als er seinen Vater sah, wurde das Mißverständnis aufgeklärt.)

»Verstehst Du nun, Cuisine? *Könntest Du Dir vorstellen, mir zu verzeihen,* chère Cuisine? Cuisine, es war mein großes Glück, Dich so früh in meinem Leben gefunden zu haben. Man sagt, Frauen sind der Ansporn und die Inspiration des Mannes, seines Herzens und seines Ehrgeizes, doch Du bist mehr, Cuisine, Du bist meine Göttin, mein Engel, zu dessen Füßen ich die Früchte meines Strebens und meiner Schmerzen legen werde und von der ich Hoffnung, Wärme und Mut für die Zukunft erhalte. Andere Männer haben ihre Inspiration auf dem Höhepunkt ihres Lebens gefunden. Doch ich habe, wie Dante, die meine in der Jugend gefunden. Und was wäre bisher ohne Dich aus mir geworden, süße Inspiration?«

1. August

Wie ich in diesen letzten drei Tagen gelitten habe! Niemand kann ahnen, wie ich mich danach sehne, Eduardos Brief zu beantworten. Immer wenn ich allein war und träumen konnte, immer wenn ich Musik hörte, wanderten meine Gedanken zu Eduardo und seinem Brief. Mamas Warnung klingt mir in den Ohren: »Denk daran, Eduardos Freundschaft wird dein Leben zerstören!« Und doch erfüllen mich der Ton des Briefes, die

tausend Erinnerungen an Eduardos wundervolle Kameradschaft, die auf mich einstürmen, mit einer großen, großen
Sehnsucht. Und vor allem geben der Gedanke, daß er mich
braucht, daß er auch die Einsamkeit des Geistes fühlt, die Erkenntnis, daß er weder die Ideale, die wir schufen, noch mich
vergessen hat, meiner Feder Impulse. Ich habe geschrieben,
doch ich habe Angst, den Brief abzuschicken, denn er ist gegen
Mamas Wunsch geschrieben worden. Sein Gesicht verfolgt
mich. Ach, ich hätte vergessen können – wenn er vergessen
hätte. Was soll ich tun? Mama oder meinem Impuls gehor-
chen? Ich kann in diesem Fall nicht vernünftig sein – alles, was
mit Eduardo zusammenhängt, berührt eine empfindliche Saite
in mir; die Musik, die dann erklingt, ist schön und traurig,
doch die Ohnmacht läßt die Saite leblos.

2. August

Der Kampf geht weiter. Der Brief ist da; wenn ich ihn abschik-
ke, wird Eduardo merken, wie einfach es ist, mich zu rühren,
mich dazu zu bringen, ihm zu glauben. Darin liegt aller
Schmerz, denn sein Brief überzeugt mich, daß ich mein Ziel erreicht habe, daß Eduardos Gefühle aufgehört haben zu
schwanken, aber Mama ist nicht überzeugt. Sie glaubt, daß er
flatterhaft ist und beschuldigt ihn, mir etwas vorzumachen.
»Mach, was du willst, doch was das Ergebnis betrifft, wasche
ich meine Hände in Unschuld. Du wirst noch an meinen Rat
denken«, sagt mir Mama.
Wie gut ich meine Unfähigkeit kenne, Menschen zu beurteilen! Wie ich an mir selbst zweifle! Wie sehr ich fürchte, irrege-
leitet zu werden von meinem Gefühl, von meinem Mitleid wegen seiner Einsamkeit, von meinem unendlichen Vertrauen in
seine Worte. Immer die tiefe Kluft zwischen Mama und mir:
Sie sagt mir, ich solle nicht glauben, und ich glaube. »Er meint
nicht, was er sagt, er ist nur ein Träumer, ein romantischer Junge.« Die Worte treffen mich, eisig, streng, unfreundlich. Ich
frage Mama, ob sie nicht versuchen wolle, ein wenig Mitleid
mit Eduardo zu haben. Sie antwortet, daß sie es nicht will, daß
sie nur an *mein* Glück und *meine* Zukunft denkt; sie fleht mich
an, nicht zu vergessen, wie oft er mich vernachlässigt hat, an
das Schweigen zwischen seinen Briefen zu denken, an seine
Unfreundlichkeit, als seine Familie hier war. »Aber er hat sich

verändert. Die Tatsache, daß er sich heute erinnert, ist ein Beweis für seine Beständigkeit. Warum sollte er schreiben, wenn er mich nicht bräuchte?« »Er hat sich nicht verändert, kein Sánchez verändert sich jemals. Du kannst nichts für ihn tun, ohne von seiner gesamten Familie gehaßt und falsch beurteilt zu werden. Und nicht nur das: Indem du Eduardo hilfst, indem du dein Interesse an ihm zeigst, wirst du alle deine anderen Freunde und Möglichkeiten, glücklich zu werden, verlieren. Niemand wird dein Interesse an deinem Cousin auf deine Weise verstehen oder deuten. Man wird sagen, daß du auf sein Geld aus seist etc.«

Oh, mein unheilbarer Idealismus! Was für harte Lektionen ich manchmal erhalte, sie scheinen schlimmer zu sein, als ich es ertragen kann. Ich kann nichts für Eduardo tun, ohne mein Glück zu opfern. In meinen Augen zählt mein Glück so gut wie nichts, doch Mama bewacht und beobachtet es. Mama sieht weit in die Zukunft. Sie sieht voraus, was ich nicht erraten kann; sie ist weiser, und was mir unfreundlich, nein, fast grausam erscheint, ist nur ihre Verteidigung gegen die Welt, um gerade die Dinge zu verteidigen, die ich heute abend so gering schätze. Nein, niemand würde es verstehen. Warum sollen sie nicht glauben, daß ich auf sein Vermögen aus bin? Ist dies nicht die übliche Art, Handlungen zu beurteilen? Wer weiß von meinem Ideal, wer wird glauben, daß ich einen edlen Mann aus einem liebenswürdigen Jungen machen will, der Liebe und Trost und Fröhlichkeit und Kameradschaft braucht? Oh, ich glaube, ich habe Vertrauen, doch die Wirklichkeit ist rauh und gnadenlos. Sie ist zerstörerisch. Sie tötet den Geist.

»Alle meine Freunde verlieren.« Welche Freunde? Ich würde Hugo verlieren. Wie ein Donnerschlag bricht diese Erkenntnis über mein Bewußtsein herein. Ich kann es nicht ertragen, ihn zu verlieren! So bin ich hin- und hergerissen zwischen Pflicht und Gefühl, zwischen dem Gedanken an Eduardos Glück und meinem eigenen. Was für eine große Freundschaft ist es, die mich sofort an mein eigenes Glück denken läßt? Kann sie noch edler sein als meine Freundschaft zu Eduardo? Ein Name, ein Freund ist genug, um mir bei der Entscheidung zu helfen. Und auf geheimnisvolle Weise glaube ich, daß Eduardo es verstünde und zustimmen würde, wenn er davon wüßte. Er würde es nicht zulassen, daß ich irgend etwas opfere. Gott gebe ihm

340

Stärke, seinen Kampf allein durchzufechten, den Mut, stark zu bleiben angesichts der Verachtung und Demütigung, die seine Familie für die Dinge zeigt, die heilig und göttlich sind. Gott gebe ihm Erleuchtung und Verständnis für das, was er selbst das »göttliche Gesetz« nennt, und das ihn ruft, es zu befolgen. Es ist die Göttliche Idee, die sich in Eduardo regt. Oh, wenn sie sie töten, wie sie sie in sich selbst getötet haben!

3. August

Gestern abend war mein Kopf so voll von Eduardo, daß ich von nichts anderem geschrieben habe, aber eine Stunde etwa, bevor ich anfing mit Mama zu diskutieren, rief Hugo an. Morgen werden wir in Long Beach zu Abend essen – Hugo, Eugene Graves und ich. Hugo nennt es einen »literarischen Abend«, und jeder soll etwas von dem mitbringen, was er geschrieben hat. Zum ersten Mal in meinem Leben schäme ich mich schrecklich, daß ich so wenig geschrieben habe, ich schäme mich so sehr, daß ich gar nichts mitbringen werde. Weißt du, es scheint, als habe der Himmel endlich mein Gebet beantwortet, denn ich habe oft überlegt und mich selbst gefragt, ob ich ganz allein mit meinen Ideen und Neigungen sei. Wenn ich mich umsah, fand ich alle Gleichaltrigen in Vergnügungen vertieft. Niemand konnte auf irgendeinen meiner ernsthaften Gedanken eingehen. Niemand konnte die tausend Fragen in meinem Kopf beantworten noch die Wünsche meines Herzens befriedigen. Ich begann, an mir selbst zu zweifeln und an meiner Auffassung des gegenwärtigen Lebens. Ich fragte mich, ob ich einfach ein Phantast sei und deshalb auf das Unmögliche sehe und das Unerreichbare suche. Auch nannte ich mich »verrückt« und unvernünftig und unmöglich. All dies in einer Person – wie bezaubernd, wie süß, wie liebenswert ist das Bild, das ich von meinem Ego zeichnete. Sobald mir aber solche Gedanken kamen, kam ebenfalls ein Gebet: Ich betete um Freunde, wie die Freunde in Büchern. Plötzlich war meine Welt nur noch von erfundenen Wesen aus einer Scheinwelt bevölkert, mit Phantasien, mit Schatten. In sie hinein traten lebendige Freunde: Eduardo und seine verrückte Art; Enric, der lebhaft das *Vie de Bohème* widerspiegelte; Frances und ihre Originalität und Freimütigkeit; und andere – einige, wirkliche Freunde, viele waren einfach nur Besucher, und wiederum andere hielt ich fälschlich für Freunde. Und nun tritt Hugo herein, und ich bin verwirrt von dem Vergnügen, das ich durch die Gesellschaft meiner Freunde empfinde, und vor allem durch seine. Ich liebe sie wie meine Bücher und vertraue ihnen wie meinen Büchern, obwohl ich sie im tiefsten Winkel meines Herzens ein wenig fürchte. Warum? Freunde ändern sich und verletzen – Bücher sind treu und spenden Trost. Freunde können anregen, doch sie können auch ernüchternd sein. Bücher regen an und lehren die immer gleichen ewigen Wahrheiten. Dennoch glaube ich an die Freundschaft und werde meinen Freunden bis zuletzt vertrauen.

5. August

Ich habe niemals so lange gezögert, meine Feder in mein Tintenfaß zu tauchen, doch es gibt Zeiten, wo man sich fragt, wie man es wagen kann, sich mit einer einfachen Feder, die man in ein einfaches Tintenfaß taucht, Dingen zu nähern, die so unglaublich unwirklich und wundervoll sind. Und so etwas geschah gestern abend.

Gegen halb sieben erschien Hugo mit Eugene Graves. Als ich Hugo sagte, daß ich nichts mitbringen würde, protestierte er, und ich nahm einfach mein Tagebuch und mein Notizbuch mit Zitaten. Ganz plötzlich, fast als wären wir von einem fliegenden Teppich aus Tausendundeiner Nacht getragen worden, waren wir in Long Beach und sahen von der Strandpromenade aus auf ein Meer in so schönen Farben, daß ich an Spanien denken mußte. Die Natur feierte mit uns. Tagelang hatten wir nichts als Regen gehabt, doch gestern, als müßte unser Glück noch vervollkommnet werden, schien die Sonne, das Meer war herrlich, und später stand der Himmel voller Sterne. Die Sonne ging unter, als wir zum Ende der Promenade und in ein Hotel gingen, wo wir zu Abend aßen. Später suchten wir nach einem Platz, wo wir lesen und reden konnten. Auf der Promenade war es hell genug, wir zogen drei Schaukelstühle herbei, und nun öffneten Hugo und Eugene zum Geräusch der Wellen, die sich zu unseren Füßen brachen, ihre Tagebücher; und wir diskutierten und redeten nach Herzenslust, verglichen Erfahrungen, stimmten überein und waren verschiedener Meinung.

Eugene ist wirklich ein Genie. Was für ein Privileg war es, ihm zuzuhören, als er seine Gedanken vorlas. Niemand konnte sich ein falsches Bild von ihm machen; da stand er enthüllt und verwandelt. Ich bewunderte seine Begabung, seine Ehrlichkeit und Offenheit. Er drückte seine Gedanken, seine Philosophie auf seltsame Weise aus. Es gab nie ein überflüssiges Wort oder eine Abschweifung – immer Kürze, Gerafftheit. Ich staunte über diese ungeheure Konzentration auf das Thema, denn ich weiß, daß es ein Beweis für echtes Talent ist.

Eugene leidet ständig. Offenbar hat er schwere Kopfschmerzen, und es scheint keine Hoffnung auf Heilung zu bestehen. Das gibt seinem Charakter einen Hauch von Traurigkeit. Er wirkt, als würde er seine Umwelt vollkommen vergessen; das ist der Ausdruck, der am häufigsten auf seinem Gesicht wahrzunehmen ist. Er scheint in andere Dinge versunken zu sein, manchmal weit weg vom realen Leben um ihn herum. Hugos Treue ihm gegenüber, ihre Meinung über einander, die Qualität ihrer Freundschaft ist etwas, das nur mit dem Edlen in beiden erklärt werden kann. Sie sind oft zusammen, sie sind Freunde seit ihrer Schulzeit in Columbia. Manchmal bringt ihre Unterhaltung so seltsame Gedanken oder Tatsachen hervor, daß sie angefangen haben, auf Briefumschläge aufzuschreiben, was der andere sagt, und dies übertrugen sie dann in ihre Tagebücher.

Ich habe von dem Vorzug gesprochen, Eugene zu kennen, ihm zuhören zu dürfen. Und doch wurde mir gestern abend viel mehr geschenkt, denn da war Hugo, sein Tagebuch, sein Charakter. Er schreibt, wie er ist. Ich verstand ihn besser, als ich Eugene verstand, obwohl Hugos Philosophie grundverschieden ist von allem, was ich bisher kenne, und Eugene hat eine Art zu denken, die meiner ein wenig ähnlicher ist. Eugene ist derjenige, der lieber von einem engen Kontakt mit dem realen Leben und den realen Menschen Abstand nimmt; er mag die Einsamkeit. Hugos Philosophie erinnert stark an die Zeile: »Das Leben ist wirklich, das Leben ist ernst.« Seine Furchtlosigkeit ihm gegenüber – nein, mehr noch, die willensstarke Herausforderung und das Vertrauen in seine Haltung – ist bewundernswürdig. Er bringt den Idealismus zurück zur Erde, er bringt ihn uns ganz nahe; er macht ihn zu einem Teil des Lebens selbst und nicht zu dem, wofür ich ihn oft hielt – ich dachte immer, hier sei die Realität und dort hoch oben der beflügelte, schwer zu fassende Idealismus, der uns hilft, die Realität zu ertragen. Ich kann Hugo noch hören, wie er sagte: »Falsch, falsch, absolut falsch!« Ich erinnere mich nicht, was es bei Eugene war, das Hugo in seinem Tagebuch streng verurteilte. Als er endete, sagte der lachend: »Eugene ist vernichtet, am Ende.« Es war aber auch eine meiner Ideen, also sagte ich: »Nicht nur Eugene, ich auch!« Wir sind verschieden genug, um verschiedene Gedanken zu haben, aber doch nicht verschieden genug, um uns gegenseitig auf die Nerven zu gehen. Irgendwie stimmen wir überein, und nichts, was Hugo oder Eugene sagen, klingt für mich disharmonisch, und dasselbe gilt für das, was ich zu ihnen sage. Es erscheint so natürlich, daß ich weniger weiß, daß ich durch meine Unwissenheit besser geeignet bin, ihnen zuzuhören. Ich bete nur, daß sie mich immer für wert halten, zuzuhören.

Im Zug nach Hause warf ich einen Blick in Eugenes Auswahl dessen, was er vorgelesen hat. Er hat die größte Menge wertvoller und schöner Zitate angehäuft, die man sich denken kann, und sagt, daß ein Gedanke sie alle verbinde. Wenn man diese Sammlung veröffentlichte, würde daraus eines jener Bücher, die zu einem Teil des Lebens und zur Inspiration werden. An einem Abend bin ich mit Hugo übereinstimmend zu der Ansicht gelangt, daß wir für Eugene alles tun sollten, was in unserer Macht steht. Wenn er von seinen Schmerzen erlöst werden könnte, was würde er nicht alles tun oder schreiben! Ebenfalls im Zug zeigte ich Hugo und Eugene einige Zeilen meines Tagebuchs, im Zusammenhang mit den Dingen, über die wir gesprochen hatten.

Der Abend war zu kurz gewesen. Wir hatten gerade begonnen, einander zu verstehen, und ich, sie zu schätzen. Auf halbem Wege verließ uns Eugene und nahm einen anderen Zug. Noch ehe uns klar wurde, wo wir sind, mußten Hugo und ich an unserem eigenen Bahnhof aussteigen; wir spazierten langsam heimwärts. Hugo nahm nicht den kürzesten Weg zur Audley Street; er verlängerte den Weg ein wenig. Ich wünschte plötzlich, mein Haus würde sich in Luft auflösen oder daß wir etwas länger bräuchten, um es zu finden, doch alles Schöne hat einmal ein Ende, und unser literarischer Abend kam trotz meines schlimmen Wunsches zum Abschluß. Ein Dunst hatte sich über das Land gelegt, und in der großen, großen Stille der Nacht gingen wir wie zwei Menschen aus einer anderen Welt.

Als wir meine Tür erreichten, verabschiedeten wir uns mit nur wenigen Worten und einem Händedruck – nur für zwei Wochen, wenn Hugo daran denkt. Er sagt, wir werden uns wiedertreffen, wenn er zurückkommt. Wird sich ein solch vollkommener Abend je wiederholen?

7. August

Nun, die Szene hat gewechselt. Ich befinde mich weder an meinem Schreibtisch noch auf der Veranda, sondern im Bett und werde einige Tage dort bleiben. Ich bin ein Invalide und dazu verurteilt, still und beinah reglos zu liegen, denn ich muß von etwas geheilt werden, was ich einem Ritt mit Antolinita heute morgen zu verdanken habe. Ein seltsamer Schmerz, doch nicht die Steifheit, die normalerweise auf viel Bewegung folgt. Niemand, der sich ein wenig auskennt, würde glauben, daß Spartaner aus Schwäche im Bett bleiben. Nein. Es ist ein wenig ernster, und doch nicht ernst genug, um meine Fröhlichkeit zu dämpfen. Ich habe ganz leise vor mich hingesungen und viel nachgedacht, während ich die Decke genau betrachtete. Diese Fröhlichkeit ist nicht das Ergebnis eines natürlichen Zustandes der Befriedigung. Ganz im Gegenteil – in der tiefsten Tiefe meines Herzens war ich sehr traurig in diesen Tagen, doch ich hörte bei unserem literarischen Abend, daß man Stimmungen beherrschen kann, daß man sich nicht von ihnen beherrschen lassen muß. Woraufhin ich beschloß, meine nachdenkliche und traurige Stimmung zu besiegen. Aber es regnet, und mit jedem Geräusch eines fallenden Regentropfens schmilzt meine Fröhlichkeit dahin. Regen weckt viele Erinnerungen, viele schlummernde Gefühle, viele seltsame Gedanken.

8. August

Ich hatte viele Stunden Zeit, um meine Gedanken wieder auf den rechten Weg zu bringen, viel Zeit um zu träumen, um zurückzuschauen auf vergangene Ereignisse und um die Zukunft zu befragen. »Auf Regen folgt Sonnenschein.«* Wenn sich dieser Unfall nicht ereignet hätte, wäre ich nicht mir selbst überlassen; und ich wollte über die Dinge nachdenken, die ich

---

* Spanisch im Original

vor kurzem gehört hatte, ich wollte sie mir noch einmal überlegen. Seit ich mit Hugo und Eugene gesprochen hatte, sehnte ich mich danach, einen Moment zu flüchten und meine ganze Aufmerksamkeit auf diesen neuen Aspekt meiner Welt zu richten, diese Erleuchtung, die ihre Gedanken bewirkten. Statt dessen war ich mit Antolinita zusammen und versuchte, diese Ratlosigkeit und dieses »ennui« zu verstehen, die sie ewig zu aufregenden Unternehmungen treiben – Kino, danach auf dem See im Central Park rudern und am folgenden Tag ein Besuch im Zoo; ein Tanzabend im Gasthaus mit Thorvald, Luis Rey (ein absoluter Niemand) und Charles, und schließlich der Ritt am Sonntagmorgen. Keines dieser Dinge ist zu meinem Glück erforderlich, doch Antolinita kommt nicht ohne sie aus. Diese Einstellung zum Leben ist ein ständiges Problem für mich. Ich habe sie bei vielen Menschen beobachtet. »Gibt es nichts zu tun? Nichts Aufregendes?« Und wenn nicht, versinken sie in einem Meer von Melancholie und Langeweile. Mit solchen Leuten fühle ich mich nicht wohl, und ich bin absolut unliebenswürdig. Mir ist, als wären sie blind; sie versäumen alle Schönheit der Welt, und sie gehen wirklich durch das Leben, ohne sich selbst zu kennen, fliehen vor ihren Gedanken wie Wanderer, die von einem Fluch verfolgt werden. Natürlich ist es mit Antolinita ganz anders. Sie ist nicht dafür verantwortlich, sie ist unbewußt in diese Ziellosigkeit und dieses oberflächliche Leben hineingeraten. Aber ich liebe sie trotzdem, denn sie ist ganz und gar Sonnenschein und Übermut, und sie hat ein goldenes Herz. Kein ernster Gedanke kam ihr je in den Sinn; sie lacht in der Kirche, weil das Gewand des Meßdieners zu kurz ist, und sie lacht im Theater, wenn die Schauspieler eine leidenschaftliche Liebesszene darstellen, sie ist froh, wenn die Musik zu Ende ist, denn sie langweilt sie; sie nimmt ein Buch zur Hand, nur um sich die Zeit zu vertreiben, sie lächelt sarkastisch, wenn von Freundschaft zwischen Mann und Frau die Rede ist oder von einem Ideal oder von Kunst und Künstlern, von Ehe und Liebe. Leichten Herzens, leichten Sinnes! Bei ihr ist das Geistige in der Frau noch nicht erwacht. Sie ist allerdings erst vierzehn, aber so groß wie ich und viel gewandter als ich, was »das Gesellschaftsleben« angeht. Sie hat noch Zeit, in der Art der anderen Welt aufzublühen.

Meine Liebe zu Walter Scott, die keineswegs von meiner Liebe

zu anderen Schriftstellern zugeschüttet ist, sondern in einem dunklen Winkel meines Wesens verborgen liegt, trat heute plötzlich aufs lebhafteste zutage, als ich etwas las, was er für mich geschrieben zu haben scheint: »Ich fürchte, du hast einige sehr jugendliche Ideen im Kopf. Neigst du nicht zu sehr dazu, die Dinge an ihrem Bezug zur Literatur zu messen – zu glauben, daß jemand nicht besonders viel Aufmerksamkeit wert sein kann, der kein Wissen über diese Dinge besitzt oder keinen Geschmack daran findet? Gott stehe uns bei! Was für eine arme Welt wäre dies, wenn das die wahre Lehre wäre! ... Wir werden niemals lernen, unsere wahre Berufung zu fühlen und zu achten, solange wir uns nicht selbst beigebracht haben, alles für Unsinn zu halten, verglichen mit der Herzensbildung.«
Die Erkenntnis und das Verstehen der Wahrheit, die Scott in diesem typischen Abschnitt zum Ausdruck bringt, war stets eines meiner Lieblingsthemen. Ich habe darüber in meiner Beschreibung eines Gentleman geschrieben, ich habe darüber nachgedacht, ich habe bei gewissen Menschen danach gesucht. Und heute kann ich nur noch hinzufügen, daß ich zu Gott bete, er möge mich niemals vergessen lassen, daß Güte größer ist als Weisheit. Beim Streben nach Wissen ist man leicht versucht, viele Irrtümer zu begehen. Da ist die Pedanterie, da sind Eitelkeit, Stolz und falsche Vorstellungen. Wie Pater MacLaughlin sagte: »Mit achtzehn oder zwanzig wird uns das Werkzeug in die Hand gelegt, um die Wahrheit zu suchen, und wenn wir das Werkzeug haben, denken wir, daß wir vieles wissen, daß wir etwas schaffen können, daß wir weise und gebildet sind.« Ich weiß, daß achtzehn ein gefährliches Alter ist, das Alter der falschen Triumphe, wenn man glaubt, daß man etwas Neues gefunden hat und feststellt, daß es allgemein bekannt ist; wenn man bei dem Versuch, zu verstehen, glaubt, daß man selber erklärt. Das bißchen Wissen, das man hat, verdreht einem offenbar den Kopf. Ich, die ich so tief gesunken bin in dieses Verlangen nach Nützlichkeit, erkenne, wie schnell ich mich selbst in etwas Überflüssiges verwandeln kann, doch oh, laß mich daran denken, daß es nur Werkzeug ist, was ich in den Händen halte.

9. August
Wie kann ich so viel von meinem eigenen Ich erwarten? Mit

meinen Augen, die fest auf mein Ideal gerichtet sind, sehe ich nichts anderes; ich vergesse meine Fehler und meine Schwächen, ich vergesse alles, außer dieser strahlenden Idee, die mich leitet. Was ist mit den Hindernissen? Was ist mit den unsicheren Schritten, den falschen Wegen, den Entmutigungen? Ein seltsamer Glaube ist das, daß ich nicht mehr von anderen erwarten sollte, als ich von mir selbst bekomme, und nichts erwarten soll, bis ich das Recht dazu durch den Besitz eben dieser Eigenschaften erlangt habe! Ist es anmaßend? Ist es unmöglich? Ist es lächerlich? Die Menschen scheinen bisher die menschliche Natur anhand von drei Dingen beurteilt zu haben: Bücher, Beobachtungen und Gespräche. Meiner Vorstellung nach muß ich mich zunächst selbst üben, durch Betrachtung meines Inneren, durch Analyse, bis ich meine Gefühle, meine Stimmungen, meine Triebe und mein Temperament vollkommen beherrsche, bis ich meine Vernunft und meinen Verstand fest im Griff habe. Was folgt dann? Das selbst-verdammte, selbst-beurteilte, selbst-beherrschte und selbst-gemachte Geschöpf wird bereit sein, andere ausgewogen und gerecht zu beurteilen, freundlich und aufrichtig. Ich mag unrecht haben. Indessen habe ich ein Beispiel vor Augen, das überzeugend zu sein scheint.

Charles glaubt nicht an das Gute, nicht so sehr aufgrund dessen, was er um sich herum sieht und was er liest, sondern weil er nichts Gutes in sich selbst findet. Ich finde auch nichts Gutes in mir selbst. Darin stimmen wir überein. Der Gegensatz liegt darin, daß Charles nicht vom Guten träumt, während ich das tue. Da ich an das Gute glaube, werde ich so lange kämpfen, bis ich es in mir selbst finde. Wenn ich es erst einmal fühlen, erfahren, erkennen kann, werde ich die Welt mit den Augen des Guten sehen und es überall fühlen, erfahren, erkennen. Ich werde mein Herz gelehrt haben zu glauben. Ist dies ganz und gar unvernünftig? Kann man das Gute sehen, ohne gut zu sein? Und mit dem Guten meine ich natürlich das Ideal. Dieser Gedanke scheint klar und deutlich. Doch wer weiß, ob ich ihn, indem ich ihn niederschreibe, nicht bis zur Unkenntlichkeit verzerrt habe.

Du magst mich fragen, was ich inzwischen tue, wenn ich mich jetzt nur vorbereite. Wozu all dieses Schreiben, diese vereinzelten Gedanken, diese Beschreibungen? Es gehört noch zur

Vorbereitung; es ist die erste braune Saat, die zaghaft in der feuchten Erde aufgeht, es ist der Versuch, der Kampf, zum Licht zu gelangen, der Wunsch zu wachsen, zu blühen, es ist der Durst nach Vollkommenheit, die große, große Sehnsucht zu handeln.

Ich frage mich, wie oft ich mir selbst widerspreche. Doch ich schäme mich nicht, denn auf keine andere Art kann ich hoffen, klares Denken zu pflegen, mich zumindest darin zu *üben*. Ich frage mich auch, wie oft ich beim Denken stundenlang herumgeirrt bin, nach dem rechten Weg getastet habe und ihn bei tausend Versuchen nur ein- oder zweimal erreicht habe. Aber was soll's? Die viele Tinte und das Papier wird niemandem schaden, und sie bewahren mich vor Unglück. Ich bin niemals gelangweilt, niemals ruhelos oder unterhaltungsbedürftig, niemals (oder selten) einsam, wenn ich bei dir bin, und Mama ist zufrieden mit mir. Ist dies nicht ein angenehmes Bild für einen Sommertag? Denk nur, wie interessant es wäre, wenn ich zu dir käme und statt meiner ganzen Sammlung von Gedanken ohne Hand und Fuß, statt meiner endlosen Wanderungen und der Aufzeichnungen ihrer Ergebnisse so begänne: »Was soll ich tun? Ich langweile mich tödlich. Jeder ist beschäftigt, und ich kann mit niemandem reden. Es gibt keinen interessanten Roman im Haus. Wie sehr ich mir wünsche, gesund zu sein! Ich könnte mir *Sally* ansehen, eine recht beliebte Komödie. Ich will auch tanzen, ich kann nicht noch eine Woche verbringen, ohne auf den Ball zu gehen. Und ich habe fünf Tage lang keinen Jungen gesehen. Sie sind so nett, weißt du. Ich brauche wirklich ein neues Kleid und einen neuen Hut, andernfalls werden mich Jimmy oder Bill oder Tom oder Dick und Harry nicht mehr ansehen, davon bin ich überzeugt«, etc. Man sagt, daß man von zwei Übeln das geringere wählen soll. Fast jeder kann einfach und ausgeglichen sein. Wenige können verrückt und unmöglich sein, also werde ich weiterhin meine verrückten Gedanken und Unmöglichkeiten gestehen. Ich wähle das größere Übel. Es liegt mehr Unerwartetes darin.

In zwei Tagen habe ich fünf Bücher gelesen, und drei davon sind wie drei schwere Kisten Gold, die zu meiner Schatzinsel hinzukommen – drei Kisten mit wertvollen Ideen, edlen Gedanken, drei Kisten voll Wissen. Sie haben meine Phantasie angeregt und meine Begeisterung bis zu einem solchen Grad angefeuert, daß diese drei Bücher fortan auf meinem Kaminsims Seite an Seite stehen sollen, und wie du weißt, lasse ich an diesem Platz nur die edelsten und besten zu, und er ist überfüllt, jeder Zentimeter ist ein Privileg, das nur Neuankömmlingen gewährt wird, die ich für ebenbürtig halte. Da stehen: Longfellows Poetische Werke, *Compendium der Englischen Literatur* (neunzehntes Jahrhundert) und *Talks to Writers* von Lafcadio Hearn. Die *Englische Literatur* gehört Captain Norman, und ich werde nicht ruhen, bis ich ein eigenes Exemplar gefunden habe. Du ahnst nicht, was ich auf diesen vergilbten Seiten gefunden habe, die fast aus ihrem Einband fallen, ob durch die Zeit oder die häufige Benutzung kann ich nicht sagen. Essays, Auszüge aus Büchern, Gedichte jeweils mit einer kurzen Biographie des jeweiligen Autors zu Beginn, voll von Anmerkungen und wertvollen Kritiken, und zu alledem eine solche Genauigkeit der Details, ein solcher »Zauber das ganze Buch hindurch, daß jede Seite, die ich umblätterte, meine Freude und mein Verlangen nur vergrößerten, es zu besitzen«. Besitz! Die Hälfte der Bücher, die ich am innigsten liebe, an denen ich hänge, die ich berühren und immer wieder lesen möchte, sind nicht einmal meine eigenen. Aber ich denke manchmal, gerade diese Tatsache hat meine Wertschätzung für Bücher vergrößert und meine Liebe zu ihnen verdoppelt. Doch ich will dir von etwas Wunderbarem erzählen, das ich las.

Sydney Smith[*], ein »sehr guter und ein sehr origineller Schriftsteller« sagt über »weibliche Erziehung«: »Ein großer Teil der geringeren und verborgeneren Pflichten des Lebens fällt notwendigerweise auf das weibliche Geschlecht zurück. Die Organisation aller Haushaltsangelegenheiten und die Sorge für die Kinder, solange sie klein sind, muß natürlich von ihnen abhängen. Es gibt nun eine weitverbreitete Ansicht, daß in dem Moment, in dem man der Bildung der Frau eine bessere Grundlage verschafft, als dies gegenwärtig der Fall ist, jede häusliche Ökonomie zusammenbricht; und daß, wenn man es einmal zuläßt, daß die Frau vom Baum der Erkenntnis ißt, der Rest der Familie sehr bald auf dieselbe gehaltlose und unbefriedigende Diät gesetzt wird.« Er fährt fort und sagt, daß diese »weitverbreitete Ansicht auf einen großen und allgemeinen

---

[*] Essayist des frühen 19. Jahrhunderts

Irrtum zurückzuführen ist«; er erklärt diesen Irrtum, weist auf seine Absurdität hin und sagt dann: »Den Frauen Unterricht und Bildung zukommen zu lassen vergrößert den Bestand an nationalen Begabungen und setzt mehr Menschen zur Unterweisung und Unterhaltung der Welt ein; es erhöht das Vergnügen der Gesellschaft, indem es die Themen vervielfacht, an denen beide Geschlechter gemeinsames Interesse haben, und macht die Ehe zu einem Austausch von Meinungen und von Zuneigung, indem es dem weiblichen Charakter Würde und Wichtigkeit verleiht«, etc. All das ist viel mehr, als ich verlange. Die »weitverbreitete Ansicht« störte mich nur, weil sie nur eines zu bedeuten schien: Wähle zwischen deinem Heim, deinem häuslichen Glück – und deiner Feder und deinen Büchern. Die Wahl erschien mir unerträglich. Einen Moment lang dachte ich, ich könnte alle Gedanken an Liebe verbannen und mich in absoluter Einsamkeit in ein Leben des Studiums und der Arbeit zurückziehen, einen Moment lang wurde ich überwältigt von Sehnsucht nach menschlicher Gesellschaft, nach einem Herz und seiner Wärme, seinem Trost, seiner Fröhlichkeit. Ich sah überall Kindergesichter. Auf der Straße flog mein Herz ihnen zu. Verglichen mit dem Lächeln eines Säuglings hielt ich meine Bücher für langweilig und staubig. Und dann, beschämt über meine Schwäche, kehrte ich zu meinen Büchern zurück, stapelte sie um mich herum auf, damit sie zwischen mir und der Vorstellung von einem Zuhause und Liebe stehen sollten, die die weibliche Seite in mir so zärtlich lockte. Meine Liebe zur Literatur oder irgend etwas, was ich sorgfältig und wie ein Heiligtum pflege, wird »den Bestand an nationalen Begabungen« nicht vergrößern, noch brauche ich diese Liebe zur Literatur wegen des Vergnügens der Gesellschaft oder um meinem Charakter größere Wichtigkeit oder Würde zu verleihen. Ich bin nicht begabt oder gesellig oder würdevoll oder noch weniger heiratsfähig. Ich glaube nur, daß die Pflege solcher Dinge mein Verständnis gerade für jene »geringeren und verborgenen Pflichten« der Frau erweitern wird, mich zu einer besseren Gefährtin und Helferin machen wird für jeden, der mich braucht. Dem, was Sydney Smith sagt, könnte ich Dr. Hugh Blairs*

---

* Schottischer Autor des 18. Jahrhunderts (Vorlesungen über Rhetorik)

Zeilen über die »Pflege des Geschmacks« hinzufügen. Oh, nichts ist ungesagt geblieben. Ich würde alles zitieren, wenn es nicht so lang wäre, um dir die grenzenlosen Schätze zu zeigen, die in einfachen vergilbten Seiten verborgen sind. Du brauchst Ermutigung? Lies. Du brauchst Rat. Lies. Du brauchst Erleuchtung? Lies. Du wirst alles finden außer – Liebe. Heute abend habe ich die Furcht vor der »weitverbreiteten Ansicht« besiegt, weil Sydney Smith mit mir darin übereinstimmt, daß sie ein Irrtum ist!

11. August

Ich bin ins normale Leben zurückgekehrt. Welche Gedanken oder Überlegungen ich mir von jetzt an auch gestatte, sie werden zugunsten von anderen Dingen unterbrochen und beiseitegeschoben werden. Zerstreuungen aller Art werden wieder Dunkelheit und Verwirrung auf ein Verständnis werfen, das sich zu erweitern scheint, sobald ich allein bin. Ich denke manchmal, ich könnte etwas Wertvolles schreiben, wenn ich außerhalb der geschäftigen Welt lebte. Das mag dumm klingen. Es sieht auf dem Papier unvernünftig aus, doch es ist die einzige Erklärung, die ich für die Dinge geben kann, die mich ununterbrochen rufen. Siehst du, in wenigen Tagen wurde ich von der Szenerie meiner täglichen Gedanken fortgeholt. Die Empfindung, daß ich zumindest nahe daran war, die Vision zu fassen, die ich immer verfolgte und so oft verlor, war so seltsam, daß sich nicht einmal ein Schatten von ihr in meinem Tagebuch niederschlagen konnte. Jemand, der zwischen den Zeilen lesen kann, würde vielleicht ein schwaches Echo des Unbeschreiblichen auffangen. In mir ist nichts mehr übrig als eine unklare Erinnerung, wie man sie von einem Ort hat, den man im Traum besuchte, und nicht mehr. Ich werde noch eine Zeit der Einsamkeit und des Friedens brauchen, um wieder meinen Weg zu finden in die Welt, wo das Verstehen über die Seele kommt wie der Sonnenschein über die Blumen. Heilige und Märtyrer, deren Seelen im Gebet versunken waren, sahen Dinge, die keine anderen Augen sehen konnten. Ich glaube, es ist dasselbe mit allen menschlichen Wesen, egal, was sie anbeten, ob die Seele in Schönheit, in Freude oder Kummer versinkt; jeder Zustand, der absolut und ehrlich ist, wird irgendein Ergebnis bringen, irgendein *plötzliches Aufleuchten von Verständnis.*

Darum ist niemand, der nur die kleinen Dinge fühlt, groß. Nur die große Seele ist fähig zu großem Leiden und großer Freude, das Ergebnis sind große Gedanken, und deshalb auch große Schönheit, und mit ihrer Hilfe – und nur mit ihrer Hilfe – das Verständnis. Dies erklärt, warum nur der Mensch, der von seiner Idee heftig getrieben wird, fähig ist, Großes zu vollbringen.

Ich glaube auch, daß sich große Menschen meistens in der Einsamkeit dem heiligen Feuer genähert haben, das ihr eigenes Feuer entzündete und erweckte. In der Stille haben die meisten das Raunen gehört, das ihren eigenen Zungen Feuer und Beredsamkeit verlieh. Ich meine nicht, daß dies immer so ist. Wie oft ist das Genie aus Krieg entstanden, aus übervölkerten Städten, aus Elend und Dunkelheit. Kein Lärm ist groß genug, um es zum Schweigen zu bringen, kein Ereignis, kein Umstand kann es entmutigen. Dies ist das Genie der *Tat* – ein König, ein General, ein Redner, ein Prophet etc. Doch ich denke an Geisteswissenschaftler.

All dies habe ich unwillkürlich geschrieben, ein armseliger Versuch, einige der Gedanken zu übersetzen, mit denen diese Stunden angefüllt waren. Die Stunden vergingen zu rasch, und es bleibt keine Aufzeichnung außer dem, was meine ängstliche Feder einzufangen wagt. Doch wenn ich es nur wagte! Aber ich muß warten. Wenn ich schreibe, ist es so, als würde ich nur mit Pinsel und Wasser spielen. Ich brauche Gold und Rot und alle Farben des Regenbogens.

Ich zähle die Tage, bis Hugo von den Ferien wieder zurückkommt. Diese Freundschaft muß man sich verdienen. Hugos Urteil über Menschen gründet sich, soweit ich es erkennen kann, auf viele wesentliche Eigenschaften. Er macht mehr Gebrauch von seinem Kopf, und von dem, was er von seinem Herzen gibt, weiß man, daß es so treu und ehrlich ist wie sein ganzes übriges Wesen. Keine Heuchelei, keine Blindheit, kein Schwanken. Er erinnert mich an Emerson: »Wenn du edel bist, werde ich dich lieben.« Man sagt von Frauen, daß sie die Aufmerksamkeit von ihren Fehlern ablenken durch den Reiz ihrer Weiblichkeit. Ich hoffte, es wäre nicht wahr. Aber es ist wahr! Es ist mir passiert. Die verschiedenen Lieben, die man mir anbot, gehörten mir nicht. Darum schätze ich Freundschaft mehr, als ich es mit Worten ausdrücken kann. Sie ist auf Verdienst gegründet. Marcus idealisierte mich, bis er mich für schön hielt. Wie weit entfernt ich davon bin, wie einfach ich in Wirklichkeit bin. Jungen haben mir den Hof gemacht, weil sie mich für hübsch und süß und engelhaft hielten. Alles falsch. Enric stattete mich mit Tugenden aus, weil ich ihm Sympathie entgegenbrachte, die er Inspiration nannte. Miguel wäre nie ein so angenehmer Kamerad gewesen, noch hätte er mit mir geredet, wenn ich wirklich *häßlich* gewesen wäre. Was für eine Art von Bewunderung ist das? Eduardo kannte mich und war mein Freund. Selbst wenn er zu sehr idealisiert, so geschieht es doch in einer Weise, die der Wahrheit näherkommt.

Hugo steht über all dem. Es ist so wenig Übertreibung in seinen Gefühlen, daß er jetzt nicht daran denkt, zu schreiben. Wenn ich nicht wüßte, daß er fast immer nur handelt, wenn er sich seiner selbst ganz sicher ist, würde ich dies nach gewöhnlichen Maßstäben beurteilen und es Gleichgültigkeit nennen. Weißt du, ich glaube, Hugo beherrscht vieles, das impulsiv in ihm ist und verdrängt es. Wenn ich nicht seine Augen gesehen hätte, ihre Tiefe, und die weichen, aber fest zusammengepreßten Lippen, und wenn ich nicht Seiten aus seinem Tagebuch gehört hätte, hätte ich ihn vielleicht für die genaue Verkörperung des achtbaren, vernünftigen, praktischen, phlegmatischen, kaltblütigen Mannes der heutigen Zeit gehalten – entsetzlich! Aber weil seine Gefühle ihn nicht überwältigen, weil sie nicht aus seiner ganzen Haltung sprechen oder in Strömen von Worten und Taten überfließen, weil er sie nicht zur Schau stellt, spüre ich, daß sie seltener und edler sind als eine versteckte Perle in einer Muschel. Wenn Hugo mir sagt: »Ich mag das«, weiß ich so genau, daß es wirklich so ist, daß ich es mit der ganzen Welt aufnähme, wollte sie das Gegenteil beweisen. Wenn kleine Dinge dir seinen Charakter beschreiben könnten, könnte ich seitenweise darüber schreiben. Aber du mußt sie *sehen* und fühlen: Es ist zu schwierig, darüber zu schreiben.

Die Freuden und Sorgen eines Bücherwurms! Hier komme ich auf ein Gedicht von Longfellow, das er lieber nicht hätte schreiben sollen. Erinnere dich, vor einiger Zeit sagte ich gerade auf deinen Seiten genau dasselbe auf meine eigene unbeholfene, einbeinige, schildkrötenlangsame Art.* Aber ich sagte es!

---

* Siehe S. 239, Eintragung vom 21. April 1921 (»Etwas erinnerte mich an eine große, stille Kathedrale ...«)

Und nun hör dir dies an, und frage dich, ob ich ein Recht hatte, Longfellow zu imitieren, oder Longfellow das Recht, mir zuvorzukommen.

Meine Kathedrale
Wie zwei Kathedralentürme ragen ihre stattlichen Pinien empor,
Ihre unruhigen, zapfenbesetzten Wipfel erheben sich,
Das Gewölbe unter ihnen ist nicht aus Steinen gebaut,
Nicht Kunst, Natur zeichnete solche schönen Linien,
Und schnitzte diese anmutige Arabeske von Laub;
Keine Stimme, nur die des Windes stöhnt und klagt –
Komm herein! Der Boden, laubbedeckt,
Gibt deinen Schritten ein sanftes Echo zurück!
Hör! Der Chor singt, alle Vögel
Unter den belaubten Dächern
Singen! Hör, bevor der Klang verstummt,
Und lerne, daß es Anbetung ohne Worte geben kann.

Nun, ich werde mich selbst mit dem Gedanken trösten, daß Longfellow von *Pinien* schrieb und ich von Audley Street. Er vergaß, von den Lichtern zu sprechen; seine Kathedrale war dunkel, meine hatte Kerzen. Oh, er mag das Gebäude am hellichten Tag betreten haben, doch eine Kathedrale ist nicht vollständig ohne Kerzen oder etwas, was die Illusion von Kerzen vermittelt. Zur Osterzeit kamen Longfellows Gedichte von der Leihbücherei ins Haus, und seitdem habe ich mich immer nach dem Buch gesehnt. Nun ist es wieder in meinen Händen, doch diesmal ist es mein eigenes Exemplar, und wie ich es liebe! Süßer Tag voller Träume und kleinen Pflichten. Ja, ich bin ins normale Leben zurückgekehrt. Ich nähe, ich flicke, ich räume auf und überwache die Mahlzeiten, und dennoch teile ich die Stunden mit meinen Büchern und Gedanken. Aber ich habe ein glückliches Herz, und Glück verwandelt jede Pflicht einfach in ein Vergnügen. Nichts erscheint zu stumpfsinnig oder zu lang. Ich liebe das Leben und seine kleinen Sorgen. Ich sehe Poesie in allem. Ein kleiner, glücklicher Tag unter so vielen, die trostlos und traurig sind. Doch der Glückliche hat keine Geschichte. So ist es schließlich wohl besser für dich und auch besser für mich – wie es ist.

13. August

Ich wünsche mir manchmal, ich könnte aufhören, zu träumen, und meine Finger auf das eigentliche Leben um mich herum legen. Ich wünsche mir, daß ich mich der wirklichen Welt näher fühlen, sie enger an mich ziehen und die Dinge so sehen könnte, wie jeder andere Mensch sie auch sieht. Und manchmal wünsche ich mir auch, ich könnte meine Augen vom »inneren Kern der Dinge, dem Abstrakten, dem Visionären« abwenden. Ich bin es müde, ständig zu grübeln.

Gestern abend ging ich mit Thorvald, Charles und zwei anderen Jungen hinaus ins Freie. Sie lachten den ganzen Abend, sangen, redeten Unsinn – kurz, taten das, was man »aufschneiden« nennt, und obwohl ich nicht anders konnte, als mitzulachen, sehnte ich mich heimlich danach, fortzulaufen, mich zu verstecken. Ich fühlte mich so weit entfernt von ihnen. Dafür tadelte ich mich mitleidlos. Ich versprach, diese dummen Stimmungen zu beherrschen, diese unvernünftigen Sehnsüchte zu vertreiben. Ich muß daran denken, daß ich zumindest versuchen sollte, wie andere Mädchen zu sein, wenn ich mit Menschen zusammen bin. Wenn ich allein bin, kann ich sein, wie es mir gefällt – es schadet niemandem –, doch sonst, oh mein Herz, sei fröhlich. Sei leicht, sei einfach und zugänglich.

Abend. Du bist wahrhaftig der einzige Freund, den ich heute abend habe. Ich bin von Mama getadelt worden, und zwar ohne Grund, doch ehe Worte der Auflehnung und des Zornes über meine Lippen kamen, floh ich wie ein Feigling. Ich hatte Angst vor mir selbst und vor den starken Gefühlen, die ich den ganzen Tag zurückgehalten hatte.

Was ist das Problem bei mir? Ich habe mir vieles verboten – zum Beispiel auch, an Eduardo zu denken – doch was nützt es, diese Entschlüsse niederzuschreiben? Gedanken kann man nicht kontrollieren wie Handlungen, und es gibt Momente, in denen sich meine Gedanken natürlich und unausweichlich den Menschen zuwenden, die ich gerne in meiner Nähe hätte. Aber sind diese Gedanken der Grund meiner Verzweiflung? Oder Mamas Ungerechtigkeit? Ich fürchte, es gibt keinen Grund. Meine Sorgen scheinen von nirgendwoher zu kommen, sie fallen wie dunkle, schwere Wolken auf mich, und ich bin in ihnen so vollkommen gefangen, daß ich nicht den kleinsten Lichtschimmer sehe. Wenn ich den Mut hätte auszubrechen …

15. August

Ich habe den Schlüssel zur Zufriedenheit gefunden, den Zauber, der den Bann meiner »dunklen Wolken« bricht. Man kann ihn in wenigen Worten beschreiben: »Arbeite für andere. Hör niemals auf, für andere zu arbeiten. Denk nicht an dich selbst!« Arbeite! Dies ist der erste Tag, an dem ich nichts anderes tue als arbeiten. Ich bin früh aufgewacht und habe die Messe zu Ehren des Festes der heiligen Jungfrau besucht. Ich ging zur Kommunion in dem alten Bewußtsein kindlicher Anbetung und Inbrunst, das mich in Spanien so oft beseelte.

Zu Hause angekommen, bedeckte ich meinen Kopf mit einem roten Zigeunertaschentuch und begann mit meinem Hausputz. Stundenlang wischte ich Staub und fegte und schüttelte alles aus. Ich trug Papierkörbe die Treppen hinauf und hinunter, ich räumte auf, machte Betten, brachte Ordnung in die Schränke, polierte die Möbel, bis ich mich darin spiegeln konnte. Du hättest sehen sollen, wie der Staub aus dem Fenster flog und die Spinnweben ihre Stützpunkte aufgaben. Du hättest das Geräusch von Besen und Bürsten und Kehrichtschaufeln hören sollen, das die Treppe hinauf und hinunter klapperte, das Quietschen der Betten, die ich wegzuschieben versuchte. Und du hättest das Gesicht unter diesem roten Zigeunertaschentuch sehen sollen. Ich war stolz auf meine schmutzigen Hände – die langen Finger, die so oft um eine Feder geschlungen sind, konnten sehr gut einen Besen halten; es war nützlicher.

Und die ganze Zeit sang ich. Ich sang dem Sonnenschein zu, und ich sang von Hugo und allen meinen Freunden – natürlich nachdem ich mein Repertoire ausgeschöpft hatte. Um drei Uhr hatte ich das Haus von oben bis unten gereinigt, den Dachboden und den Keller ausgenommen, doch die Veranda und den Bürgersteig und den Gartenweg und die Küchentreppe eingeschlossen.

Zu diesem Zeitpunkt nahm ich mein Zigeunertuch ab und ging auf den Markt. Ich schenkte dem Zugschaffner eine Birne und jedem anderen etwa ein dutzendmal ein Lächeln – unnötiges, aber unkontrollierbares Lächeln –, und dann, als ich wieder zu Hause war, stopfte ich Socken und bereitete das Abendessen vor. Als Mama kam, wurde meine Freude natürlich durch ihre Zufriedenheit noch vermehrt. Ein vollkommener Tag, ein nützlicher Tag, ein glücklicher Tag. Wenn ich mich nur daran erinnern könnte, daß es das Größte und Schönste auf der Welt ist, für die zu arbeiten, die man liebt. Ich hätte stundenlang sitzen und über meine Fehler grübeln können. Ich hätte viele deiner Seiten mit Klagen füllen können, mit der Beschreibung trauriger Stimmungen, die die Auswirkungen des Müßiggangs sind. Statt dessen kehrte ich mit Besen und Kehr(icht)schaufel die Spinnweben aus dem Haus und aus meinem Kopf. Es vereinfacht das Leben so sehr – es mehr zu leben und weniger zu schreiben.

16. August

An Dick [Frances]:
»... Es hat damit zu tun, daß meine Ideen plötzlich erwacht sind – sie kriechen nicht, sie springen. Ich habe nie so viele Dinge oder Gedanken entdeckt wie in diesen letzten Tagen – und das Ergebnis war, daß ich mich einige Zeit heftig meiner selbst schämte und nur noch in mein Tagebuch schrieb. Ich beginne immer damit, daß ich mich schäme – es ist eine Gewohnheit –, dann finde ich mich allmählich mit meiner neuen Einstellung zurecht, lese Emersons Essay über Selbstvertrauen und komme voran, wenn nicht befriedigt, so doch wenigstens ergeben! ...«

18. August

Nur ein kleiner gestohlener Augenblick für mich selbst inmitten eines anderen geschäftigen Tages. Ach, wie wenig Mut in mir ist! Am ersten Hausarbeitstag sang ich, am zweiten Tag, nachdem ich meine Bücher abgestaubt hatte, hörte ich auf zu singen und wurde nachdenklich. Gestern konnte ich überhaupt nicht singen. Das Abwaschwasser, der Geruch der Kernseife, der Staub – das alles erstickt mich! Ich erinnere mich, daß ich mich einmal fragte, ob der Himmel die Frau für diese Art von Arbeit bestimmt habe. Joaquin spielte seine eigenen Kompositionen, und ich kochte, nachdem ich gerade seine Hemden und Taschentücher gebügelt und seine Socken gestopft – kurz für sein physisches Wohl gesorgt hatte. Wenn ich oben geschrieben hätte, wäre er nicht ernährt und gekleidet

worden, und demzufolge nicht in der Lage gewesen, zu spielen
und zu komponieren. Seine Arbeit am Klavier ist tausendmal
mehr wert als meine an meinem Schreibtisch, oder? Also gut,
Mimi, bleib in der Küche; dem Genie muß man dienen. Aber
als heute eine Putzfrau kam, oh, ich hätte sie umarmen können! Sie ist für heute die Königin der Besen und Staublappen.
Ich werde der demütigste Untertan ihres Königreiches sein –
willig und fröhlich.

Kein Tag ist vergangen, an dem ich nicht an Hugo gedacht hätte. Seine zwei Ferienwochen sind am Samstag vorbei, aber er
wird vermutlich Sonntagabend oder Montagmorgen zurückkehren. Und dann? Ich weiß es nicht. Wird er sich erinnern?
Wird er mich wiedersehen wollen? Ich habe jeden Abend ge-
kniet und gebetet. Wenn mir seine Freundschaft verlorengeht,
fürchte ich, daß mein Vertrauen in Freundschaft seine streng-
ste Bewährungsprobe nicht bestehen wird. Oh, die Trauer der
Ungewißheit – und noch dazu über Menschen, von denen ich
so wenig, so schrecklich wenig weiß. Wann werde ich in der
Lage sein, zu unterscheiden, zu urteilen, mein Vertrauen in
vertrauenswürdige Hände zu legen? Ich verrate mich immer
auf eigenartige Weise. Die Menschen wissen alles, was in meinem Herzen ist; sie lesen in meinem Gesicht, in meinen Augen.
Ich kann keine geheimen Neigungen oder Abneigungen haben. Nein. Dumm, kindisch, närrisch wie ich bin, zeige ich jedes Gefühl, das Blut steigt mir in die Wangen; es kommt
schnell und geht, um gleich wieder zurückzukehren. Dies ist
besonders mit Hugo zusammen geschehen. Wenn es mich
treibt, von meinem Stuhl aufzuspringen, wenn ich ihn kommen sehe, vergesse ich, daß die Konventionen von mir erwarten, stillzusitzen und gleichgültig auszusehen. Dies ist nur *ein*
Fehler! Man bräuchte den ganzen Tag, um sie alle aufzuzäh-
len!

Natürlich konnten mich nur wenige Menschen als Freundin
haben wollen. Die Menschen erwarten, daß du Manieren hast,
daß du genau weißt, was du bei jeder Gelegenheit zu tun und
zu sagen hast. Ich mache immer Fehler und sage verrückte
Dinge – ich sollte abgesondert werden von der höflichen Welt
und mit meinen Büchern und meinem Tintenfaß auf eine Insel
verbannt werden.

19. August

Dorothy [Eddins] kommt heute nachmittag. Das Haus ist fertig, in der Küche ist ein neues, kräftig aussehendes Dienstmädchen, das wäscht und bügelt, und ich muß nur kochen und mich um die Aufsicht, Anleitung und Planung kümmern. Niemals hat mein Tagebuch die Einzelheiten der »verborgenen und demütigen Pflichten der Frau« zu hören bekommen, doch ich schreibe gern in ungewöhnlichen Worten, solchen die zum Wortschatz des Haushalts gehören, um zu sehen, wie sie sich schwarz auf weiß ausnehmen. Bei näherer Betrachtung sehen sie ganz respektabel und sachlich aus. Doch was immer ich tue, wie sehr ich mich auch immer unter Kontrolle habe, ein Besen wird nie einfach ein Besen für mich sein, ebensowenig wie Töpfe und Pfannen nie nur Töpfe und Pfannen sind. Ich statte sie immer mit Intelligenz aus. So tun als ob, läßt mich so oft Dinge mit Vergnügen tun, die ich sonst ohne jegliche Begeisterung erledigen würde.

Habe ich Angst, dir zu erzählen, was wirklich in meinem Herzen vorgeht? Ich habe keine Spur von Mut mehr. Es liegt etwas in der Schönheit des Tages, seiner Sanftheit, seinem zärtlichen Wind, seinem herrlichen Sonnenschein, das einen krassen Gegensatz zu meinen Gefühlen darstellt. Ich würde mich gern irgendwo verstecken, um mit meiner »dunklen Wolke« allein zu sein. Kann ich diesmal siegen, wie ich vor einigen Tagen siegte? Ich werde wahrscheinlich bis Montag nichts schreiben. Das werden Tage sein, wie sie alle Mädchen erleben und mögen und genießen. Ich weiß so wenig von ihnen und fürchte sie. Du wirst inzwischen still unten in meiner Schreibtischschublade liegen. Laß uns beide hoffen, daß ich dich herausnehmen werde, um zu schreiben: »Ich habe von Hugo gehört!«

22. August

Ich habe von Hugo gehört! Ich habe von Hugo gehört! Es ist fast wie im Märchen, daß ich mein Tagebuch schließe und auf etwas hoffe und daß es dann wahr wird. Er schickt mir Postkarten und schreibt: »Liebe Anaïs: Ich dachte, ich könnte dieser schönen Straße einfach immer nur folgen, doch ich habe ›compañia de Dios‹ gefunden. So werde ich zurückkehren, um meine beiden Freunde zu sehen und die Reise mit ihnen wieder aufzunehmen. Hugo.« Er spielt auf das spanische Sprichwort an: »Compañia de uno, compañia ninguna; compañia de dos, compañia de Dios; compañia de tres, compañia es! Compañia de cuatro, compañia del Diablo.«*

Und außerdem hatte ich Tausende von Dingen, um einen frohen Tag zu erleben. Es waren hauptsächlich Erinnerungen an das Wochenende, das sich zu einem der vergnüglichsten und amüsantesten kleinen Hausfeste entwickelte, die man sich denken kann. Thorvald war von Dorothy verzaubert, und sie wurden gute Freunde. Homer [Eddins], der zwar erst fünfzehn ist, jedoch groß, witzig, redselig, und der weiß, wie man Damen den Hof machte, gab einen ganz zauberhaften Partner für mich ab. Wir vier tanzten am Sonntagabend im Gasthaus, machten lange Spaziergänge, und plauderten beinahe von Tagesanbruch zu Tagesanbruch. Sonntagnachmittag kam Mr. Eddins Mama besuchen, und wir begleiteten schließlich abends alle zusammen zum Bahnhof. Und dann verbrachte ich heute den Nachmittag mit Antolinita, so daß mein Kopf ganz leer und mein Herz leicht ist. Dies ist der Preis, den man für so viele leichtsinnige Stunden bezahlt. Nach so langer Abwesenheit von meinen Büchern fühle ich mich wie jemand, der lange in fremden Ländern umhergereist ist und begierig danach ist, in sein gemütliches Heim an seinen Herd zurückzukehren.

Homer steckte mir Blumen ins Haar, zeichnete mein Profil, überschüttete mich mit Komplimenten und bestand darauf, daß er solche Komplimente niemals jemand anderem gemacht habe (ich glaubte ihm nicht), und als wir Abschied nahmen, küßte er meine Hand – doch sag mir, ist das alles nicht Zeitverschwendung? Ich hätte in dieser Zeit drei Bücher lesen können. Doch natürlich kann man nicht ständig dasselbe tun, und ich muß lernen, mich mit dem Schicksal der Frau abzufinden, das sie zu einem Opfer von Komplimenten und unmöglichen, unglaublichen und uralten Tricks macht, die bei manchen Erfolg haben mögen, doch bei Mimi – oh, Mimi ist skeptisch!

In diesen ersten Sätzen, die ich von Hugo erhalten habe, finde ich viele charakteristische Züge. Es vermittelt den Eindruck

---

* »Gesellschaft von einem ist keine Gesellschaft; Gesellschaft von zweien ist Gesellschaft Gottes; Gesellschaft von dreien ist wahre Gesellschaft; Gesellschaft von vieren ist die des Teufels.«

von Offenheit und »Geradlinigkeit« und Einfachheit; gleichzeitig aber mit etwas Undefinierbarem, das man vielleicht »sachlich« nennen könnte, ohne zu sehr die Betonung auf »Sache« zu legen. Hugo verrät kaum etwas, was mit Phantasie zu tun hat – ich sollte sagen, nichts – in seiner Handschrift. Die Großbuchstaben sind so direkt und kurz gefunden. Vergleiche sie mit meinen. Oh, ich hoffe, der Gegensatz bedeutet nicht, daß ich nicht geeignet bin, ihm eine gute Freundin zu sein. Es wäre nicht gut, wenn wir genau gleich wären. Ich würde gar nicht wollen, daß er so ist wie ich, wie könnte er es auch sein, dann wäre er ja unmöglich und voller Fehler! Nein, Hugo ist er selbst. Und darum ist er auch tausendmal besser.

27. August

Die Woche ist vergangen, und ich habe mich verloren. Ich werde versuchen, dir zu erzählen, warum ich von meinem eigenen Handeln verwirrt bin – so verwirrt, daß ich es nicht wiedererkenne. Ich habe kein einziges Buch aufgeschlagen, ich habe nicht geträumt oder tiefsinnige Gedanken gehabt oder geschrieben. Jeder Tag war verlorene Zeit, wurde einfach gelebt und wohl ausgefüllt mit Handlung und Unterhaltung. Ich habe mit Antolinita, Charles und Thorvald Tennis gespielt, ich bin einmal die Köchin, die Haushälterin gewesen, dann wieder die gesellige und gesprächige junge Dame, die ich nach Mamas Meinung sein soll, die Athletin, die Thorvald bewundert, und tausend andere unerwartete Personen, zur großen Freude und Befriedigung der Familie. Abends bin ich müde, nicht vom Nachdenken und Lesen und Schreiben, sondern müde wie Thorvald oder wie das Dienstmädchen. Ich schlafe augenblicklich ein und träume von Hugo. Er hat nicht angerufen, und obwohl ich die Tage zähle, bin ich nicht traurig, weil er, ohne sein Wissen, fast jede Nacht mit mir spricht. Keine irdische Macht kann mir meine Träume nehmen, und sie geben mir so viel Freude, daß sie den ganzen Tag anhält.
Und so verging die Woche, leer, wenn ich sie mit meinen gewöhnlichen Maßstäben messe, ausgefüllt nach den Maßstäben derer, die um mich sind. Und ich bin nicht traurig, denn ich sehe das Leben wie die anderen, zufrieden, einfach – doch ich bin nicht glücklich, weil ich eine Fremde in dieser neuen Welt bin und Heimweh habe. Ich sehne mich nach meinen Büchern und

meiner Einsamkeit, meinen Träumen, meinen Gedanken. Was ich jetzt tue, ist, über die Oberfläche der Dinge fliegen – alles ist poliert und glatt und einfach. Gewöhnlich tauche ich in die Tiefen hinab, ich grabe und suche in diesen komplizierten, zerklüfteten Tiefen, ich werde vom Sturm umhergestoßen und verwundet, ja, doch nur so kann ich die Schätze finden, die sich *unter der Oberfläche* verbergen.

Heute habe ich zum ersten Mal die Süße der Natur gespürt, ich habe ihre Klänge gehört und bin mir ihrer Herrschaft über mein Herz bewußt – weil ich allein bin. Heute habe ich zum ersten Mal das Verlangen nach meiner Feder verspürt und die ehrliche Freude, mit meinem eigenen Herzen zu sprechen – weil ich allein bin. Ich bin allein, und die großen Gefühlswogen schwemmen alle Barrieren fort, unkontrolliert, erkannt. Ich werde fortgetragen von meinen Gefühlen, die zu lange schliefen, und meine Gedanken haben sich losgerissen und sind wie Herbstlaub in alle Winde zerstreut. Ich habe mich selbst gefunden.

Es gibt so viel zu tun, daß ich noch ein wenig länger versuchen muß, auf der Oberfläche zu reisen. Meine Erkundungen in den Tiefen werden nur zwischen dir und mir stattfinden, wenn ich Zeit dazu finde. Siehst du, ich habe die Verantwortung für das Haus, denn Mama macht mit ihrem Geschäft eine ernste Krise durch. Vielleicht kann ich ihr mehr helfen, wenn ich mir die Bücher verbiete. Dann scheine ich immer bereit zu sein für Arbeit und noch mehr Arbeit. Ich vergesse mich völlig. Abends teile ich ihre Zweifel und Hoffnungen, und wir spekulieren über die Zukunft und ihre Möglichkeiten. Die Geldfrage hängt immer über unseren Köpfen. Vor Tagen rief ich aus, daß ich wünschte, dem wirklichen Leben näher zu sein, und in diesen Tagen ist genau das geschehen. Ich bin den praktischen Erfordernissen, den Tatsachen, von Angesicht zu Angesicht begegnet. Und dann verliere ich den Kopf und frage mich, wo ich bin und wer ich bin. Es ist etwas falsch, ganz falsch an dieser Haltung, obwohl ich nicht sagen kann, was es ist. Das wirkliche, praktische Leben liegt vor mir, in greifbarer Nähe. Warum sollte ich mich fürchten, es zu berühren, es fest anzupacken? Mich selbst verlieren? Nein, ich sollte nur einige meiner dummen und nutzlosen Ansichten verlieren. Nun gut, ich bin bereit. Kein Zögern, kein Schreien, keine Klagen. Ich glaube

wirklich, daß es jene harten Dinge sind, die ich lange gemieden
habe, die das ausmachen, was ich die »Oberfläche« nenne. Die
Tiefen sind das Abstrakte, die Schatten, das Geisterhafte im
Leben, woran ich ein eigensüchtiges Vergnügen empfinde.
Wenn ich mehr für Mama tun kann durch meine Vernunft und
mein Ausführen der schweren Dinge, dann beginne ich heute
damit. Ich beginne, meine zarten Träumereien über die Natur
hinwegzufegen, meine Sehnsucht zu schreiben, meine sinnlosen Wünsche nach Freundschaft und Kameradschaft. Sei stark,
oh mein Herz – zumindest noch eine Woche lang. Sollte ich
diese feinen und zarten Gefühle verachten, die einen anscheinend nicht auf ein Leben voll erfolgreicher Handlungen vorbereiten? Kann es ein Verständnis der härteren Dinge, der stren-
geren Disziplin der täglichen Pflichten geben, wo es Visionen,
Ideale, ständiges Träumen gibt? Hugo scheint diese Dinge in
einer Weise zu vereinen, die ich noch oft nicht fasse – als ob sie
alle Teil eines einzigen Lebens seien, für dieses Leben nötig,
auf gleiche Weise nützlich und gerecht aufgeteilt.

29. August

Tagelang habe ich mich beherrscht, ich dachte immer, ich könne nützlicher sein, eher auf das Gute für andere bedacht, wenn
ich mich auf meine Arbeit konzentriere und nur auf meine Arbeit. Überall hört man: Anaïs erinnerte sich an dieses, sie hat an
jenes gedacht – wie gut, wie wundervoll! Oh, und ich werde
immer an alles denken. Endlich habe ich den Weg gefunden,
um zu helfen und Freude zu machen. Was ist, wenn ich Musik
höre, wenn mich eine Szene in der Natur anrührt? Alle meine
Gedanken und Gefühle erwachen sofort, doch sie sind nur für
mich selbst bestimmt, und es ist nicht recht, immer für sich
selbst zu leben. Wenn ich mir heute abend erlauben würde zu
träumen, würde ich den Tag traurig abschließen, ich würde an
den Freund denken, der vergißt, und den Mut verlieren ...
Doch ich verlasse dich, um Socken zu stopfen.

31. August

Der Himmel nimmt mir ein wenig von meinem Glück, indem
er Hugo gestattet, weiterhin zu schweigen, doch zum Ausgleich hat er einen meiner liebsten und am längsten gehegten
Träume wahrgemacht.

Eduardo schreibt! Und an dem, was er schreibt, sehe ich, daß er endlich den *Zweck* meiner Freundschaft versteht. Ich habe Erfolg gehabt, in jeder Hinsicht. Nach außen hin sieht es wohl so aus, als fügte ich ihm Leid zu, als bestärkte ich ihn in einer Haltung, die sein Glück gefährdet, was seine Familie und den Reichtum seines Vaters angeht. Doch ich *weiß*, daß er nun die einzig wahren und wichtigen Quellen des Glücks besitzt. Das Geheimnis gehört ihm für immer, niemand kann es ihm entreißen, keine irdischen Mächte können ihn berühren. Sein Geist und sein Herz *sind wach und stark*. Es gibt kein größeres Geschenk, das man erhalten könnte; in Wirklichkeit ist er tausendmal reicher als seine ganze Familie!

Dies ist die Freude, die ich durch seinen Brief empfand, doch es ist auch viel Traurigkeit darin. Hör zu: »Ach ja, die Traurigkeit! Warum sollte ich nicht traurig sein, da mir der Gedanke kam, daß Du vielleicht das Ideal verloren hast, für das ich stand? Ich weiß wohl, Cuisine, daß Du nicht anders kannst, als Deine Freunde zu idealisieren, wie ich es auch tue. Ich weiß wohl, daß ich ein Ideal hatte – und dann – jene Tat!! Wenn Du wüßtest, Cuisine, wie sehr ich versuchte und noch versuche, dieses Ideal zu erreichen! Und ich möchte, daß Du es weißt. Ich möchte, daß Du weißt, wie Du mir dazu verholfen hast, Güte, Ehrlichkeit, Edelmut und Wahrhaftigkeit zu sehen. Nachdem ich all das wahrgenommen habe, versuche ich mein Möglichstes, um mich an dieses Ideal zu halten – manchmal, Cuisine, gelingt es mir sogar, erfolgreich zu sein. Dann verleiht mir das Bewußtsein, Gutes getan zu haben, Frieden und Hoffnung. Mimi, meine Zuneigung zu Dir wird immer in meinem Herzen leben, ebenso wie Dein geliebtes Bild … Du wirst sehen, wie treu, wie fest ich bis zum Ende aushalten werde! Oh Cuisine, wenn ich Dir sagen könnte, was Du mir gewesen bist – doch vergib mir diese wilden Äußerungen; sie kommen aus einem Herzen, das es schwer findet, sich von Dir zu trennen! Tout à vous, Eduardo. P. S. Ich bitte Dich nur um einen Gefallen, den Du mir gewähren solltest, Cuisine: Denk manchmal an mich.«

Manchmal an ihn denken! Wo ich doch jeden Tag an ihn denke! Wenn er wüßte, daß mein ganzes einsames Herz aufspringt, wenn er von den »Träumen eines einsamen Herzens« spricht, bereit, zu ihm zu fliegen mit aller Sympathie, zu der ich die Kraft habe, und die ich gerne geben möchte. Ach, was hält meine Hand davon ab, die Worte zu schreiben, die uns vereinen würden? Mama, die sagt, es sei alles nur Unsinn von einem romantischen und überspannten Jungen – alles Worte, so zart wie Rosenblätter und so langlebig wie Schmetterlinge. Doch ich glaube ihr nicht! Nein, es ist nicht das, was sie *sagt;* nur weil sie mir *verbietet,* Eduardos Brief zu beantworten, tue ich es nicht, und ich möchte Mama niemals unglücklich machen. Vielleicht werde ich eines Tages *ihren* Standpunkt, *ihre* Gründe verstehen. Jetzt kann ich ergeben mein Haupt beugen. Das letzte Mal hatte ich mehr Mut, denn der Gedanke an Hugo half mir, doch heute stellt er nur einen scharfen Gegensatz dar, der durch seine Gleichgültigkeit und Eduardos Aufrichtigkeit noch verstärkt wird ... so sehr, daß ich in Versuchung gerate, mich von dem ersteren abzuwenden und Zuflucht zu suchen in der wahren Freundschaft von »mon cousin«.

Anaïs Nin bei nymphenburger

Das Kindertagebuch 1914–1920
in zwei Bänden
784 Seiten · Leinen

Die Tagebücher 1931–1974
in sieben Bänden
2711 Seiten · Leinen

Erzählungen und Romane

Kinder des Albatros
172 Seiten · Leinen

Haus des Inzests
zweisprachige Ausgabe: englisch-deutsch
mit Stichen von Ian Hugo
157 Seiten · Leinen

**Djuna oder
Das Herz mit den vier Kammern**
208 Seiten · Eupyrus

Labyrinth des Minotaurus
242 Seiten · Eupyrus

nymphenburger